류스페이 사상선집

류스페이 사상선집

초판 1쇄 발행 2017년 12월 28일

지은이 류스페이
옮긴이 도중만
펴낸이 강수걸
기획 이수현
편집장 권경옥
편집 정선재 박하늘바다 김향남 윤은미 이송이
디자인 권문경 조은비
펴낸곳 산지니
등록 2005년 2월 7일 제333-3370000251002005000001호
주소 부산광역시 해운대구 수영강변대로140 부산문화콘텐츠콤플렉스 613호
전화 051-504-7070 | 팩스 051-507-7543
홈페이지 www.sanzinibook.com
전자우편 sanzini@sanzinibook.com
블로그 http://sanzinibook.tistory.com

ISBN 978-89-6545-483-0 94080
      978-89-6545-329-1(세트)

* 책값은 뒤표지에 있습니다.
* 이 도서의 국립중앙도서관 출판예정도서목록(CIP)은 서지정보유통지원시스템
홈페이지(http://seoji.nl.go.kr)와 국가자료공동목록시스템(http://www.nl.go.kr/
kolisnet)에서 이용하실 수 있습니다.(CIP제어번호: CIP2018000940)

중국근현대사상총서
007 ____

류스페이
사상선집

劉師培 思想選集

류스페이 지음 • 도중만 옮김

산지니

차례

일러두기

1. 본문의 저자 협주는 글자 크기를 작게 하고 밑줄을 그어 구분하였다.
2. 번역은 가능한 처음 발표된 원문에 근거하였다. 일부의 원문은 여건이 여의치 않아서 이미 출간되어 있는 몇 종의 류스페이 선집에서 이용하였다.
3. 원문을 교감하여 교주로 처리하였다. 오자는 바로잡았다. 누락된 글자는 'ㅁ'로, 모호한 자는 '◆'로 표기한 뒤에 판독하였다. 교감에 활용된 일부 자료의 약칭은 다음과 같다.

    (1) 『遺書』: 劉師培 著, 錢玄同 編, 『劉申叔先生遺書』(1936)
    (2) 『遺書補遺』: 劉師培 著, 萬仕國 輯校, 『劉申叔遺書補遺』(2008)
    (3) 『李編本』: 劉師培 著, 李妙根 編, 『劉師培論學論政』(1990)
    (4) 『朱校本』: 劉師培 著, 李妙根 編, 朱維錚 校, 『劉師培辛亥前文選』(1998)

4. 본문은 최대한 우리말로 쉽게 풀어 옮기고자 노력하였다. 다만 각주에서는 한자 및 외국어를 그대로 썼다.
5. 중국의 인명과 지명은 한자의 한국어 발음으로 표기하였다. 다만 민국시기까지 생존한 인물은 교육부 고시 외래어 표기법을 따랐다.
6. 한자어를 병기할 때 한국어와 같은 발음은 '( )'로, 다른 경우는 '[ ]'로 표기하였다.
7. 원문은 문단이 없다. 기존의 류스페이 선집을 참고하고, 다시 우리말의 가독성을 고려하여 단락을 나눴다.

01
황제기년론[1]

　민족이란 국민이 우뚝 서는 본바탕이다. 무릇 한 민족은 자기의 기원을 거슬러 보지 않을 수 없다. 우리 4억 한족(漢族)의 비조가 되는 분은 누구신가? 바로 황제(黃帝) 헌원씨(軒轅氏)[2]이다. 이 황제란 분은 문명을 창조한 첫 번째 인물이자, 4천년의 교화를 열었던 분이다. 그러므로 황제의 공적을 계승하길 염원한다면, 마땅히 황제가 탄생한 해를 기년(紀年)[3]으로 제정하는 일에서부터 시작해야 된다.

---

1) 원제목은 「黃帝紀年論 (附: 大事表)」이고 지은이 서명은 '無畏'이다. 이 글은 1903년에 『國民日日報』에 처음 발표되고, 같은 해 『黃帝魂』에 「黃帝紀年說 (附: 大事表)」라는 제목으로 전재되었다. 두 잡지의 원문을 대조해 보면, 부록인 대사표의 내용상에 큰 차이가 있다. 『黃帝魂』의 원문은 『遺書』의 「左盦外集」에 수록되었다. 번역은 『國民日日報彙編』의 원문에 근거하였다.
2) 黃帝는 중국의 건국 신화에 등장하는 인물이다. 그는 중국을 최초로 통일한 군주이자 문명의 창시자요 한족의 시조로 칭송을 받고 있다. 수레를 발명하여 '軒轅氏'로 불렸다고 전한다.
3) 紀年이란 일정한 기원으로부터 계산한 햇수를 말한다. 세계의 각 나라와 민족은 역사적으로 자신이 경과한 햇수를 헤아릴 때, 서로 다른 기원의 근거에 따라 정치적 기년법·종교적 기년법·천문학적 기년법 등을 사용한다.

내가 서양의 각국을 보면, 예수[4] 탄생으로 기년하지 않는 경우가 없다. 이슬람의 여러 나라도 마호메트[5] 탄신으로 기년한다. 그러나 우리 중국의 기년은 전부 군주의 연호를 사용한다. 근래에 캉유웨이(康有爲)[6]·량치차오(梁啓超)[7]와 같은 무리가 점차 중국 기년의 오류를 깨달아서 공자(孔子)[8] 기년으로 그것을 대신하려 생각한다. 이것도 나는 옳지 않다고 주장한다. 대개 캉·량은 보교(保敎)[9]를 종지로 내세우므로 공자 탄신을 기년으로 삼지만, 우리는 보종(保種)[10]을 종지로 내세우기 때문에 황제 탄생을 기년으로 삼는다. 대체로 황제로 기년하면 그 장점이 세 가지나 있다.

황제 이전에는 역사 사실이 적고 공자 이전에는 역사적 사실이 많다. 그러므로 황제로 기년하면, 기사가 일괄적으로 간편하게 되어서 후대로부터 전대로 거슬러 올라가는 어려움이 없어진다. 이것이 그 첫 번째 장점이다.

일본에서 나라를 세울 적에 신무천황(神武天皇)[11]으로 기년한 것은 건국의 시작을 거슬러 보려는 까닭이었다. 중국의 제왕은 여러 번 성씨가 갈려서 일본의 만세 불변한 군통(君統)과 다르긴 하다. 그러나 예로부터

---

4) 예수(Jesus Christ: B.C. 4?-30)는 그리스도교의 창시자이다.
5) 마호메트(Muhammad: 570-632)는 이슬람교의 창시자이다.
6) 康有爲(1858-1927)는 청말·민국초의 사상가이자 개혁가로 변법자강운동의 주도자이다. 대표작은 『新學僞經考』·『孔子改制考』·『大同書』 등이 있다.
7) 梁啓超(1873-1929)는 청말·민국초의 사상가이자 개혁가이며 캉유웨이의 제자로 변법자강운동을 이끌었다. 대표작은 『飮氷室合集』이 있다.
8) 孔子(B.C. 551-B.C. 479)의 사적은 본서의 「공자전」을 참고하라.
9) 청말에 공자를 교주로 신격화하며 '孔子敎'를 창립하자는 사상운동이다.
10) 청말에 서양의 근대 민족주의를 전유한 이념 형태로 한족을 보존하자는 사상운동이다.
11) 일본 건국 신화의 주인공으로 현 日皇家門의 초대 군주이다.

지금까지 한족의 중국에서 주인이 되었던 모든 사람은 그 누가 황제의 후예가 아니겠는가? 그러므로 중국의 황제란 일본의 신무천황과 같은 존재이다. 일본을 본받아 좋은 점을 선택해 따라야 한다. 이것이 그 두 번째 장점이다.

중국의 정치체제가 전제의 극점에 이른 것은 순전히 천하를 군주의 사유물로 만든 탓이었다. 이제 기년에 황제를 채용하면, 군주 연호는 단지 빈 문서에 속하게 되어서 당연히 군왕존귀설은 장차 공격하지 않아도 저절로 무너질 것이다. 이것이 그 세 번째 장점이다.

아아! 북방의 적[12]이 기회를 틈타 쳐들어와서 중화의 주인이 되어 버렸다. 이것을 고금 이래의 일대 기변이 아니라고 말할 수 있겠는가? 그러므로 한족이 풍전등화의 위기 상황에 직면하여 한족의 생존을 보장하려면, 모름지기 황제를 높이는 것이 급선무이다. 황제란 분은 한족의 황제이다. 그분으로 기년하면 한족의 민족적 정서를 불러일으킬 수 있다.

위대하구나, 황제의 공적이여!
아름답다네, 한족의 백성이여!

황제 탄생 후 4614년(1903) 윤 5월 17일에 짓다.

---

12) '만주족'을 말한다.

부록: 황제 탄생 이후 큰 사건의 간명 연표

중국의 기년에는 획일화된 방법이 없다. 『죽서기년(竹書紀年)』[13] 이후로 연대순으로 편찬된 역사서치고 복잡하지 않은 것은 하나도 없다. 이제 황제 탄생으로 연대를 기록하고 황제 탄생 후의 큰 사건을 표로 열거하면 아래와 같다.

탄생 후 연대[14]	중국 대사기
11년(B.C. 2700)	황제가 즉위함
350년(B.C. 2361)	당(唐)의 요(堯)임금이 즉위함
498년(B.C. 2213)	하(夏)의 우(禹)임금이 즉위함
940년(B.C. 1771)	상(商)의 탕왕(湯王)이 즉위함
1586년(B.C. 1125)	주(周)의 무왕(武王)이 즉위함
1860년(B.C. 851)	주의 백성이 여왕(厲王)을 쫓아냄
1931년(B.C. 780)	주왕조가 견융(犬戎)을 피하여 동쪽으로 천도함
2140년(B.C. 571)	대철학자 공자가 탄생함
2488년(B.C. 223)	진시황(秦始皇)이 황제(皇帝)에 즉위함
2503년(B.C. 208)	진섭(陳涉)이 혁명군을 일으킴
2605년(B.C. 106)	진(晉)왕조가 오호(五胡)를 피하여 남쪽으로 천도함
3300년(589)	수(隋)의 문제(文帝)가 남북을 통일함
3638년(927)	돌궐 사타족(沙陀族) 오랑캐인 이극용(李克用)이 중국의 주인이 됨
3842년(1131)	금(金) 오랑캐가 송(宋)의 수도를 함락시켜 송이 남쪽으로 천도함

---

13) 編年體의 史書로 전설시대부터 전국시대 魏 襄王시기까지의 역사를 기록하고 있다.
14) 연대에 착오가 많이 보인다. ( ) 안의 서기는 번역자가 그대로 환산한 연수이다.

3993년(1281)	몽고 오랑캐가 송을 멸망시키고 중국의 주인이 됨
4081년(1370)	명(明)의 태조(太祖)가 몽고를 몰아냄
4359년(1648)	만주족(滿洲族)이 산해관(山海關)[15]을 뚫고 침입함
4560년(1849)	홍수전(洪秀全)이 금전촌(金田村)에서 기병함
4609년(1898)	광서제(光緒帝)가 변법(變法)을 실시함
4611년(1900)	8국 연합군[16]이 북경(北京)을 침입함

이 표에서 가장 주목할 사항은 모두 세 가지이다. 그 첫째는 민족이고 둘째는 정치체제이며 셋째는 문화이다.

주왕조가 견융을 피했던 사실을 기록한 대목은 이민족이 한족과 싸워 이긴 처음을 표기한 것이다. 진왕조가 오호를 피했던 사실을 기록한 대목은 이민족이 중화를 침입하여 주인이 되는 처음을 표기한 것이다. 사타족·금·원을 기록한 대목은 이민족이 참위했기 때문에 표기하였다. 수의 문제·명의 태조·홍수전을 기록한 대목은 한족이 광복했기 때문에 표기하였다. 8국 연합군이 북경을 침입했던 사실을 기록한 대목은 한족이 장차 서양인에게 통제받을 것이기 때문에 표기하였다. 이상은 중국 민족의 변천에 관한 내용이다.

하왕조 우임금의 즉위는 왜 기록하였을까? 군주를 세습했기 때문에 기재하였다. 상왕조 탕왕의 즉위는 왜 기록하였을까? 제후가 혁명했기 때문에 기재하였다. 주의 백성이 여왕을 쫓아낸 것은 왜 기록하였을까? 평민이 혁명했기 때문에 기재하였다. 진시황과 진섭은 왜 기록하였을까? 군권(君權)과 민권(民權)의 성장과 쇠퇴 때문에 기재하였다. 광서제의 변

---

15) 만리장성의 동쪽 끝에 위치한 關門으로 군사 요충지이다.

16) 영국·미국·러시아·독일·프랑스·이탈리아·일본·오스트리아의 연합군이다.

법은 왜 기록하였을까? 서구화가 중국에 수입되었기 때문이다. 이상은[17] 중국 정계의 활동에 관한 내용이다.

황제의 시대는 문화가 싹튼 시대이다. 당의 요임금시대는 문명이 점차 진전된 시대이다. 주의 무왕시대는 문치가 극성한 시대이다. 그러므로 그들의 즉위에 대해 특별히 기록하였다. 그리고 공자란 존재는 다시 중국의 학술을 집대성한 분이므로 그의 탄생에 대해서도 기록하였다. 이상은 중국 문화의 변천에 관한 내용이다.

위의 세 가지 사항 이외에는 다른 책에서 별도로 설명할 수 있으므로 여기에서는 기재하지 않는다. (1903)

---

17) 원문은 '足'인데 『黃帝魂』과 『遺書』는 '是'로 수정하였다. 번역은 『黃帝魂』과 『遺書』를 따랐다.

02
과격의 장점을 논함[1]

현재 어떤 부류의 사람은 날마다 평화를 외치고, 날마다 때를 기다리라 말하면서 이렇게 강조한다. "세상의 일은 전부 천천히 한 단계씩 해나가야지, 일의 성패를 고려하지 않고 오직 어지럽힐 줄만 알아서는 결코 안 된다." 아아! 이 주장은 틀린 말이다. 지금 이런 주장을 내세우는 사람들은 그 마음속에 몇 가지 생각을 품고 있다.

한 부류는 캉유웨이의 변법(變法)과 당재상(唐才常)[2]의 근왕(勤王)이 모두 느닷없이 성급하게 일을 저질렀다가 큰일을 망친 상황을 목격하였다. 그래서 우연히 그런 과격한 사람들과 마주치면, 곧 캉유웨이와 당재상 등의 옛 사안을 몇 건 떠올리며, "너희들은 절대 난동부리면 안 된다. 난동으로는 결코 사태를 해결할 수 없을 것이다."라고 말한다.

다른 한 부류는 지금 온건파 인사 중의 어떤 이들이 학당을 열거나 실

---

1) 원제목은 「論激烈的好處」이고 지은이 서명은 '激烈派第一人'이다. 이 글은 1904년에 『中國白話報』에 발표되고 『遺書補遺』에 수록되었다. 번역은 『遺書補遺』의 원문에 근거하였다.
2) 唐才常(1867-1900)은 청말의 개혁가로 변법자강운동에 참여하고, 무술정변이 일어나자 일본으로 망명하였다. 뒤에 귀국하여 '自立軍起義'를 책동하다가 체포되어 처형당했다.

업을 일으키는 실례를 보고, 도리어 어느 정도의 성과가 있다고 느낀다. 그래서 "이들이 취지는 비록 좋지 않으나 그래도 두어 가지 실질적인 일을 해내고 있다. 너희 과격파는 난동 부리는 것 외에는 무엇 하나 해낼 수 있는 일이 없다. 그렇다면 확실히 온건파에게 장점이 있지 않느냐!"라고 반문한다.

내가 보기에, 이 두 부류의 사람들은 모두 자기들이 해를 피하고 이익을 좇는다고 말한다. 무슨 이유 때문일까? 세상에서 오직 이런 온건파의 사람들만이 명성을 얻으면서 동시에 이득을 챙기고, 또 자신의 집안과 처자식도 보전할 수 있다. 이쪽의 유신적인 인사는 그들을 개방적이라고 말하고, 저쪽의 수구적인 사람도 그들을 패역무도하다고 지적하지 않는다. 그들은 수구적인 사람 앞에서는 비위를 맞출 줄 알고, 또 유신적인 사람 면전에서는 명분을 세우고자 한다. 그래서 그들이 추진하는 사업은 죄다 아주 순탄한 것들뿐이다. 사람들은 그들의 일처리가 순조로운 것을 보고 다수가 그들의 방법을 배우길 원해서, 예전에 몹시 과격했던 자들도 이제는 다 온건파로 전향하였다. 나는 앞으로 다시 2년이 지나면, 그런 과격한 인사들이 한 사람도 남아나지 않을까 우려한다. 온건파의 해로움이 정말 홍수나 맹수나 오랑캐와 같지 아니한가? 여러분은 이미 온건의 단점을 알게 되었다. 이제 나는 과격의 장점에 대해 차례차례 말해보겠다.

첫 번째는 꺼리는 바가 없다는 것이다. 중국 사람의 일처리는 더할 나위 없이 느리다. 이런 사람들은 세 가지 마음을 가지고 있다. 그 하나는 두려워하는 마음이고 또 하나는 근심하는 마음이며 다른 하나는 동정을 바라는 마음이다. 그래서 그들은 어떤 일이 눈앞에 닥치면 먼저 자기가 할 수 있을까 없을까를 고민한다. 또한 그들은 자기가 성공할까 실패할까를 염려하며 앞뒤를 재다가 마음이 극도로 혼란해져서 정작 일을 할 때가 되면 할 수 있는 것이 하나도 없게 된다. 이쪽의 과격파 인사들은 그들과는 달라서 어떤 일에 마주치면 자기가 할 수 있을까 없을까를 따지지 않는다. 또 자기가 성공할까 실패할까도 묻지 않으며 목숨을 걸고 해나간다. 이들은 실패하더라도 세상에 영향을 끼친다. 그래서 외국 사람도 "실패란 성공의 어머니이다."라고 말했으니, 실패한 일이 없었다면 어떻게 성공하는 일이 있겠는가?

진승(陳勝)[3]이나 항우(項羽)[4]와 같은 중국의 옛 영웅들을 보라. 대체로 그들은 모두 망명객으로서 어쩔 수 없게 되자, 나서서 한바탕 일을 벌였다. 그들도 기회를 잡았다면 성공할 수 있었을 것이다. 대체로 세상 사람들에게 가장 어려운 일은 죽음을 두려워하지 않는 것이다. 누구나 죽음을 불사하게 되면 무슨 일이든지 전부 벌일 수 있다. 따라서 옛날의 이름난 자객이나 유명한 협객이나 큰 도둑이나 몹시 사악한 자는 죄다 목숨을 걸고 일을 벌였던 사람들이다. 무릇 이런 부류의 사람이라면 모두가 과격파이지 온건파는 아니었다. 여러분은 캉유웨이나 탕재상이 너무 갑작스럽게 일을 저질렀다고 지적한다. 내가 보기에도 그 두 사람의 취지는 정말 그들을 깔보게 만드는 요소이지만, 그들이 과감하게 실행하고 용맹스럽게 추진했던 기개만은 여러분이 미치지 못하는 점이다. 그들은 벌인 일이 비록 성공하지는 못했지만 그런대로 두어 가지 실패한 일이라도 감행할 수 있었다. 우리가 만약 그 온건이라는 취지를 따른다면, 아마 다시 몇십 년을 기다려도 이런 변법과 근왕의 사건은 일어나지 않을 것이리라! 대체로 '기회'란 두 글자는 고스란히 우리들이 만들어내는 것이다. 오직 꺼리는 바만 없다면 자연히 세상에 어려운 일이란 없다. 이상이

---

3) 陳勝(?-B.C. 208)의 사적은 본서의 「중국 혁명가 진섭전」을 참고하라.
4) 項羽(B.C. 232-B.C. 202)는 秦末에 숙부인 項梁과 함께 거병하여 진을 멸망시키고 유방과 패권을 다투었던 명장이다.

과격파의 첫 번째 장점이다.

두 번째는 파괴를 실행한다는 것이다. 세상의 일이란 파괴가 없으면 곧 건설도 없다. 이제 온건파 인사들은 갖가지 사안에 대해 언제나 보존하길 바라나 과격파 인사들은 항상 파괴하길 요구한다. 나는 이런 파괴적인 인사들이 결코 건설할 수 없다는 사실을 명백히 알고 있다. 하지만 중국은 현재 국내 정부가 이미 버티지 못할 만큼 악화되고, 18개 성(省)의 강산도 송두리째 이민족에게 점령당해버린 상태이다. 중국의 인민은 혁명을 실행하지 않으면 결단코 나라를 세울 수 없다. 심지어 '파괴'라는 두 글자마저도 모름지기 피할 수 없게 되었다.

일본의 요시다 쇼인(吉田松陰)[5]과 이탈리아의 마치니[6]를 보라. 그들은 어찌 파괴적인 인사가 아니겠는가? 또한 프랑스의 파리혁명과 오스트리아의 헝가리[7] 분립도 어느 하나 파괴적인 사건이 아닌 것이 있는가? 하물며 중국의 사정은 마땅히 파괴하지 않을 것이 하나도 없다. 가족 내의 억압과 정치상의 전제와 사회풍속 상의 속박은 만약 나서서 파괴하는 사람이 없다면 영영 악화될 것이다. 비록 파괴할 때에 각종 사태가 벌어져서 중국의 백성이 모두 피해를 보겠지만, 그런 사소한 피해를 감수하지 않는다면 절대로 행복해질 수 없을 것이다. 따라서 내가 보기에는, 그 어떤 폭동사건이든 상관없이 전부 여러분이 나서서 저지를 수 있다. 설령 온 세상을 뒤엎어버릴 정도로 난동을 부려도 분명 사내대장부로서는

---

5) 요시다 쇼인(1830-1859)은 에도시대의 尊王派 사상가이자 메이지 유신의 정신적 지도자였다. 저서로는 『幽囚錄』과 『講孟箚記』 등이 있다.

6) 마치니(Giuseppe Mazzini: 1805-1872)는 근대 이탈리아의 혁명가로 오스트리아의 압제에 신음하는 조국의 독립과 통일을 위해 평생을 바쳤다. 저서로는 『인간 의무론』 등이 있다.

7) 원문은 '馬加'인데 'Magyar'의 음역명으로 'Hungary'를 말한다. '오스트리아의 헝가리 분립'은 1867년 오스트리아-헝가리 二重帝國의 성립을 가리킨다.

손색이 없다. 그러나 저 쓸모없는 부류들은 비록 매일같이 입으로 파괴를 주장하지만 그 누구도 실행할 수는 없다. 그들 과격파 인사야말로 바로 확실하게 그것을 해낼 수 있다. 그러므로 중국의 진말(秦末) 시기에는 항우·한 고조(漢 高祖)와 같은 파괴자가 나왔다. 수말(隋末) 시기에는 이밀(李密)[8]·양현감(楊玄感)[9] 등의 파괴자가 나타났다. 원말(元末) 시기에는 유복통(劉福通)[10]·진발량(陳發諒)[11] 같은 파괴자가 등장하였다. 이렇게 보자면 중국에서 파괴를 실행한 영웅들도 유럽과 동일하지 아니한가? 이런 과격파의 인사들이 없었다면, 전무후무하게 세상을 뒤흔든 대사업도 해내지 못했을 것이다. 이상이 과격파의 두 번째 장점이다.

세 번째는 인민을 선동한다는 것이다. 앞의 두 가지 사항에서 비교해 보자면, 빈말을 내뱉는 사람은 실속 있는 일을 추진하는 자에 견줄 수는 없다. 그러나 이런 사람도 현재의 중국에는 아주 유익하다. 예전에 프랑스에는 두 사람의 문호(文豪)가 있었는데 한 명은 루소[12]라 부르고, 다른 한 명은 몽테스키외[13]라 불렀다. 그들이 한 말은 모두 더할 나위 없이 과격한 주장으로 저 파리의 혁명이 바로 그들에게 선동되어 일어났던 것

---

8) 李密(582-618)은 수·당 교체기의 반란군 우두머리이다.
9) 楊玄感(?-613)은 수 양제 시기에 아버지의 후광으로 예부상서에 올랐다. 양제의 제2차 고구려 침공 때 반란을 일으켰다가 실패하여 자살하였다.
10) 劉福通(?-1363)은 원대 말기의 반란군 영수이다.
11) 陳發諒(1320-1363)은 원·명 교체기 반란군의 우두머리이다.
12) 루소(Jean-Jacques Rousseau: 1712-1778)는 근대 프랑스의 계몽사상가로 사회계약론을 주장하며 봉건적 전제 지배를 격렬하게 비판하였다. 그의 사상은 프랑스의 부르주아 혁명에 큰 영향을 미쳤다. 저서로는 『사회계약론』·『에밀』·『고백록』 등이 있다.
13) 몽테스키외(Charles De Montesquieu: 1689-1775)는 근대 프랑스의 계몽사상가로 입헌군주제와 삼권분립을 주장하며 봉건적 전제 지배를 강하게 비판하였다. 그의 사상은 프랑스의 부르주아 혁명에 지대한 영향을 끼쳤다. 저서로는 『법의 정신』 등이 있다.

이다. 또 일본에도 두 사람의 지사가 있었는데 하나는 다카야마 마사유키(高山正之)[14]라 부르고, 다른 하나는 가모 히데자네(蒲生秀實)[15]라 불렀다. 그들이 한 말도 무척이나 과격한 주장으로, 그때 일본의 '존왕양이(尊王攘夷)' 역시 그들에게 선동되어 일어난 것이었다. 그러니까 이런 종류의 저서·출판과 연설을 하는 사람들은 취지도 과격해야 된다.

여러분은 애국학사(愛國學社)[16]가 창립된 시기를 보라. 상해에서는『소보(蘇報)』[17]가 창간되고 일본 도쿄(東京)에서는 의용대[18]가 창설되었다. 이 몇 가지 일의 취지는 모두 대단히 과격한 것이었다. 이들 사안이 비록 중국의 내륙에는 큰 영향이 없었다고 말하지만 동남부 각 성의 사람들은 거기에서 감동받은 바가 적지 않았다. 지금 배만(排滿) 혁명[19]을 제창하는 사람들은 반 이상이 거기에서 영향을 받았다. 이것이 바로 과격파의 효험이다. 저 청정부에서는 이런 과격한 사람을 보면, 이들이 "요사스러운 말로 대중을 홀린다."라고 힐책하거나 "본심을 잃은 미치광이 같다."라고 힐난하면서 있는 힘을 다해 이들과 맞서고자 한다. 그러니 청정부도 분명 과격을 아주 두려워하는 것이 아니겠는가! 하물며 지금 사람들은 취지가 이미 과격해서 가령 책 한 권을 쓰고 말 한마디를 하더라도

---

14) 다카야마 마사유키(1747-1793)는 '高山彦九郞'으로도 널리 알려져 있다. 그는 에도시대 후기의 尊王派 사상가로 林子平·蒲生秀實과 더불어 '寬政의 三大奇人'으로 유명하다.

15) 가모 히데자네(1768-1813)는 '蒲生君平'이라는 이름으로도 널리 알려진 에도시대 후기의 유학자이자 尊王論者이다.

16) 1902년 말에 혁명지사들이 결집한 中國敎育會에서 설립한 근대식 교육 기구이다.

17) 1896년에 上海에서 창간된 근대식 잡지이다. 1902년경부터 애국학사의 교원 등 혁명지사가 대거 참여하면서 反淸革命을 고취하는 주요 언론 매체가 되었다.

18) 1903년 러시아가 중국 동북지역으로 세력을 확대하자, 중국 유학생이 무력 항쟁을 위해 결성한 '拒俄義勇隊'이다.

19) 만주족 정권을 배척하는 反淸革命을 말한다.

모두 극단적인 논조이다. 이는 그 어떤 온건한 인사와도 같지 않다. 신간 서적에 언급된 내용을 살펴보니, 책을 저술하려면 죽음도 겁내지 않아야 하는데 이런 과격파 인사들이 바로 죽음을 불사하는 자들이다. 이상이 과격파의 세 번째 장점이다.

이상의 세 가지는 모두 과격파의 장점으로 저 온건한 사람에게는 절대 없는 것들이다. 대개 중국이 나라를 망친 원인은 모두 그 잘못이 '평화'라는 두 글자에 있고, 이런 그릇된 평화의 원인은 '대시(待時: 때를 기다리라)'라는 두 자에 있었다. 그렇다면 지금 또 신학문을 배우는 사람들이 『군학이언(群學肄言)』[20] 등의 책 몇 권을 읽고 거침없이 평화의 장점을 말하면서, 이쪽의 과격한 인사들을 향해 진화의 단계를 모른다고 비난하거나 일처리의 수순을 무시한다고 매도하는 까닭을 알 수 있다. 지금 사람들 중에는 이런 논조에 현혹당한 자가 아주 많다. 나는 다시 몇 년이 흐르면 일을 해치우는 사람이 하나도 남아나지 않게 되어, 정말로 중국을 멸망시키는 것이 아닐는지를 염려한다. 그래서 내가 과격의 몇 가지 장점을 차근차근 설명하여 중국 인민이 모두 주저하지 않고 신속히 나서서 일을 해내도록 만들려는 것이다. 그러면 중국의 상황은 곧 나날이 좋아질 수 있으리라! (1904)

---

20) 嚴復이 1897년경부터 영국 학자 스펜서의 *The Study of Sociology*를 번역하여 1903년에 출판한 사회학 서적이다.

03
백화보와 중국 장래의 관계를 논함[1]

근래에 중국에서 교육에 열성적인 인사들은 점차 말과 글이 일치하지 않는 폐단을 알아차리게 되었다. 이에 백화보(白話報)[2]라는 양식을 창안하여 계몽에 힘쓰고 있다. 내가 보기에, 백화보란 문명 보급의 밑바탕이다. 백화보의 확산이 먼저 광범위해지면 중국 문명의 진보도 굳건히 견인할 수 있다. 다시 중국 문명이 더욱 진보하면, 장래 백화보의 발달도 추진해나갈 수 있다. 시험 삼아 이 문제에 대해 논의해 보겠다.

상고시대 초기에는 언어는 있으나 문자가 없었다. 아직 글자의 형태를 만들지 못하고 우선 글자의 발음만 있었던 것이다. 대체로 글자의 뜻은 전부 발음에서 나오지 그 형태에서 기원하지 않았다. 이에 대해서는 내가 전에 지은 「소학석례(小學釋例)」의 설명이 가장 상세하다. 그러나 지역이 다르면 각자 자기 지방 발음 중의 유사한 것을 선택하였다. 그러므로 같은 뜻인데 말하는 바가 다

---

1) 원제목은 「論白話報與中國前途之關係」이고 지은이 서명은 없다. 이 글은 1904년에 『警鐘日報』에 발표되고 『遺書補遺』에 수록되었다. 번역은 『警鐘日報』의 원문에 근거하였다.

2) 구어체의 신문을 말한다. 당시 중국에서는 글체를 크게 글말체의 文言文과 입말체의 白話文으로 나누고 있었다.

른 것이 생기고, 다시 말하는 바는 같으나 입안에서 나온 발음이 다른 것도 나타났다. 예를 들어『석명(釋名)』[3]의 천(天)자 풀이 및 유리초(兪理初)[4]의 주·야(朱·耶)자 풀이 등 몇 편은 죄다 이러한 의미를 파악하고 있었다. 사회가 진화한 이후가 되어서야 비로소 각각 방언에 근거해 문자를 만들었다. 따라서 한 글자에 여러 가지 뜻이 있거나 한 가지 물건에 여러 가지 명칭이 있는 사례는 그 종류가 아주 많아졌다. 그러나 글자 형태가 비록 다를지라도 그 발음을 자세히 살펴보면 모두 큰 차이는 없다. 그러므로 대개 두 글자가 발음이 비슷하고 뜻도 같은 것은 문자가 생겨나기 전에는 다 동일한 낱말이었다. 내가 전에 지은「소학발미(小學發微)」를 보라. 주대에 이르러 또 아언(雅言)[5] 및 방언의 구분이 생겨났다. 아언이란 지금의 관화(官話)[6]와 같다. 이것은 완운대(阮芸[7]臺)[8]의 학설이다. 그는 아(雅)자가 하(夏)자와 통용되고, 하는 중국인을 지칭하므로 아언은 곧 중국 사람의 말이라고 설명하였다.『이아(爾雅)』[9]란 방언 가운데 관화에 가까운 것이며, 이것도 역시 완씨의 견해이다. 방언이란 지금의 속어와 같다.『설문(說文)』[10]의「서문」에는 "진대 이전에 각 제후의 나라는 문자가 각자 다른 형태이며 말도 각기 다른 발음이었다."라고 나온다. 이런즉 (하·

---

3) 후한대의 훈고학자인 劉熙가『爾雅』를 모방하여 지은 책이다.
4) 청대 중기 安徽省 출신의 저명한 학자인 兪正燮(1775-1840)을 말한다. 理初는 그의 자이다. 저서는『癸巳類稿』와『癸巳存稿』등이 있다.
5) 표준어를 말한다.
6) 명·청시대 이래 북경어를 기준으로 삼은 표준말이다.
7) 원문은 '雲'인데『遺書補遺』는 '芸'으로 교정하였다. 번역은『遺書補遺』를 따랐다.
8) 芸臺는 阮元(1764-1849)의 호이다. 완원은 청 중기에 조정의 요직과 지방의 고관을 두루 역임하였다. 그는 학자를 모아서『經籍纂詁』와『十三經注疏校勘記』를 편집하고『皇淸經解』를 편찬하였다. 저서로는『揅經室集』과『積古齋鐘鼎彝器款識』등이 있다.
9) 중국에서 가장 오래된 字書로 儒家의 十三經 가운데 하나이다.
10) 후한대의 경학자 許愼이 편찬한 字典인『說文解字』를 말한다.

상·주) 삼대 이전에 각 나라에는 전부 자기만의 특별한 문자가 있었다. 그러므로 『공양전(公羊傳)』[11]에는 제(齊)나라 말이 많고, 「이소(離騷)」[12]에는 초나라 말이 허다하다. '사(些)'와 같은 종류의 글자들이다. 게다가 『육경(六經)』[13] 안의 말도 방언에서 나온 것이 있다. 『육경오론(六經奧論)』[14]을 보라. 그리고 제자백가의 저서에도 각각 자국의 언어를 문장에 집어넣었다.

진·한시대의 서적에는 속어가 존재하였다. 예를 들면, 『사기(史記)』[15] 「진섭전(陳涉傳)」의 '과섭(夥涉)'[16]이 그것이다. 정(鄭) 선생[17]이 경서를 주석할 적에 방언을 고치지 않았다. 『삼례주(三禮注)』[18]를 보라. 자운(子雲)[19]이 『방언(方言)』[20]을 저술할 때에 한 가지 사물의 명칭이 여럿인 경우에도 역시 각각 해당 지역의 호칭을 썼다. 이런즉 방언과 속어가 문장에 들어가지 않을 수 없었지만 단지 후대의 학자들이 그것을 저속하다고 배척했을 뿐이다.

다시 문장 진화의 이치에 대하여 관찰해 보자. 옛날 로마 문학의 발달 과정에서는 대개 운문이 완비된 뒤에야 산문이 나오고, 사시(史詩)가 성

---

11) 유가의 十三經 가운데 하나이다. 전국시대 제의 公羊子가 공자의 『春秋』를 풀이한 책으로 『春秋公羊傳』이라고도 불린다.

12) 전국시대 말기에 초의 대시인 屈原이 지은 중국 문학사상 가장 오래된 서정시이다.

13) 공자가 정립하였다는 『詩經』·『書經』·『禮記』·『樂記』·『易經』·『春秋』를 말한다.

14) 남송시대 학자인 鄭樵가 지은 책이라고 전하지만 『四庫全書總目提要』에서는 이에 대해 의문을 제기하고 있다.

15) 전한대 역사가인 司馬遷이 저술한 사서로 紀傳體의 효시이자 正史의 모범이다.

16) 『史記』「陳涉傳」의 원문은 "楚人謂多爲夥, 故天下傳之, 夥涉爲王, 由陳涉始."이다.

17) 후한 말기 경학의 집대성자인 鄭玄(127-200)을 말한다.

18) 鄭玄이 『儀禮』·『禮記』·『周禮』를 풀이한 주석서이다.

19) 후한 말기 저명한 정치가이자 대학자인 揚雄(B.C. 53-18)을 말한다. 子雲은 그의 자이다.

20) 揚雄이 저술한 중국 최초의 방언 연구서이다.

숙한 뒤에야 희곡이 생겨났다. 시부에 타모쓰(澁江保)[21]의 『로마문학사』를 보라. 중국의 문학을 살펴보아도 역시 로마와 같았다.

상고시대 초기에는 학술의 전수가 대부분 구전에 의지했으므로 옛날 사람의 저서도 반드시 대구와 운문을 섞어 넣어 기억하기 편리하게 써졌다. 완운대의 「문언설(文言說)」을 보라. 동주시대로 내려오자 문장이 점점 다양해지고, 육조시대에 이르러서는 '문(文)'과 '필(筆)'이 나뉘며, 운율(韻律)과 병려(騈儷)로 쓰인 글은 '문'이고, 산문은 '필'이다. 완씨의 「문필고(文筆考)」를 보라. 당·송에 이르자 '시(詩)'와 '사(詞)'가 분화되었다. 시는 사언(四言)에서 오언(五言)이 나오고 오언에서 칠언(七言)이 생기며 칠언에서 장단구(長短句)가 파생되었다. 이것은 죄다 문장 진화의 공리이다. 송대 이후로 문장이 더욱 평이해져서 유가(儒家)의 어록이 유행하고, 원대부터는 다시 사곡(詞曲)이 성행하였다. 이는 전부 말과 글이 일치되는 추세였다. 그러므로 소설이라는 체제도 바로 이런 흐름을 타고 유행하였다. 지금 『수호전(水滸傳)』[22]과 『삼국연의(三國演義)』[23] 등의 여러 책에 대해 보면, 이 양식은 곧 백화보와 역사 전기(傳記)의 선구가 아니겠는가! 고리타분한 학자들이 잘 살펴보지 않고, 이를 문장의 퇴보로 생각한다. 그러나 사물의 이치란 단순한 단계에서 복잡한 단계로 나아가지 않는 경우가 없으니 왜 유독 문장만 그렇지 않았겠는가! 그러므로 세상에서 고금의 문장을 토론하는 사람들은 형식과 본질의 차이, 그리고 높낮이의 격차가 있다고 여기지만 그들이 어찌 이것은 바로 진화의 공리인 것을 알겠는가! 스펜서[24]는 "세상이 진화할수록 문장

---

21) 시부에 타모쓰(1857-1930)는 본명이 '澁江成善'이며 호는 羽化로, 근대 일본의 저명한 번역가이자 계몽작가이다.

22) 원말·명초에 施耐庵이 입말체로 창작한 중국 최초의 장편 소설이다. 줄거리는 남송시대 梁山泊의 영웅호걸이 펼치는 활약상을 소재로 구성되어 있다.

23) 원밀·명초에 羅貫中이 삼국시대의 역사를 소재로 지은 대하소설이다.

24) 스펜서(Herbert Spencer: 1820-1903)는 근대 영국의 철학자이자 사회학자이다. 그

은 더욱 퇴화한다."라고 언급하였다. 여기서 이른바 퇴화란 형식에서 본질로 나아가고, 높은 데서 낮은 데로 변해가는 것일 뿐이다. 그러므로 문장 진화의 공리에서 말하자면, 중국은 근대 이후로 반드시 백화가 성행하는 한 단계를 거치리라는 것도 예측할 수 있는 바이다.

유럽은 16세기 이전에 학교의 교육과정이 겨우 옛 사람들의 서적을 암기하는 데 그치고, 본국의 언어는 끝내 문학에 사용되지 못하였다. 단테[25]가 자국어로 저술하면서부터 국민 의식이 그 덕택에 진작되었다. 『서양교육사』[26]를 보라. 이것은 분명히 서양인이 말과 글을 일치시킨 증거이다. 대체로 언어와 문자가 일치되면 글을 아는 사람이 많고, 언문이 일치되지 않으면 식자층은 적다. 중국에서 고대부터 말과 글을 일치시킬 수 없었던 상황은 유럽의 16세기 이전과 같다. 그 폐단을 바로잡으려면 백화를 사용하지 않고는 달리 방법이 없다. 그러므로 백화보의 흥성은 곧 중국 언문일치의 추세이다. 내가 중국의 고문을 폐지할 수 있다고 말하는 것은 아니다. 특별히 서양인의 교육과정에 따르면 국문과 고문을 두 가지로 구분하는데 중국에서 통행되는 문장은 고문 쪽에 편중되어 있다. 이는 글을 아는 사람이 갈수록 적어지는 이유이다. 이제 백화보의 장점에 대해 말해보겠다.

첫째로 문장의 한계를 보완한다. 중국에서는 근래에 들어 창간된 신문이 날로 증가했지만 신문을 보는 사람은 겨우 국민의 소수를 차지하고 있다. 그 어찌 국민들이 신문 보는 것을 좋아하지 않아서이겠는가! 그

는 다윈의 생물진화론을 인간 사회에 적용하여 사회진화론을 주장하였다. 저서로는 『종합철학체계』와 『사회학 연구』 등이 있다.

25) 단테(Alighieri Dante: 1265-1321)는 중세 이탈리아의 대시인으로 『신곡』을 지었다.

26) 원문은 '泰西教育史'이다. 이 책은 일본 학자인 能勢榮의 저작을 葉瀚이 중문으로 옮긴 번역서이다.

원인은 바로 중국에서 발행되는 신문이 모두 글말체를 사용하므로 오직 지식인의 눈에나 적합하지, 농민·공인(工人)·하층민의 눈에는 알맞지 않기 때문이다. 게다가 중국의 국민은 4억이라는데 농민·공인·하층민의 수가 지식인의 배나 된다. 지금 4억의 백성 가운데 신문업계의 영향을 받는 자들은 겨우 상류사회에만 국한된다. 이 얼마나 문명 보급의 취지에 위배되는가!

시골의 어리석은 백성들을 보면, 모두 소설 읽기를 즐기는데 백화보의 문체는 마침 소설과 일치하니 그것이 국민에게 호감을 받게 될 것도 알 수 있다. 옛날에 이정국(李定國)[27]은 『삼국연의』를 읽고 애국심이 샘솟듯 생겨났다.[28] 이것은 통속어가 사람을 감동시켰던 효과이다. 어찌 유독 백화보만 그렇지 않겠는가? 이상이 첫 번째 장점이다.

둘째로 연설의 한계를 보완한다. 옛날에 석가모니가 불경을 전파할 때 설법(說法)을 가장 중시하였다. 그리고 중국에서는 삼대시절[29]에 이른바 종횡가(縱橫家)라는 학파가 있었는데 역시 말로써 글을 대신하고, 아래로 송대에 이르자 어록(語錄)류가 이미 연설의 풍조를 열었다. 이것은 실로 강학(講學)하는 자들이 거기에 의지해 진리를 전수하는 매체였다.

중국은 근세 이래로 연설의 풍조가 점점 발달하지만 각 성의 방언이 들쑥날쑥 달라서 지역 간에 격리되어 말뜻을 이해하기가 정말로 어렵다. 게다가 연설의 실시는 겨우 한 고을에서만 효과를 볼 수 있고, 아주 먼 곳까지 두루 미치게 하기는 힘들다. 이런 연설의 효용은 시간적으로

---

27) 李定國(1621-1662)은 명·청 교체기에 활동한 농민 반란군의 우두머리로서 병으로 죽을 때까지 청에 항거하였다.

28) 원문은 '由然而生'인데 『遺書補遺』는 '油然而生'으로 수정하였다. 번역은 『遺書補遺』를 따랐다.

29) 원문은 '三代之時'인데 '先秦時代'를 가리킨다.

제한된다. 백화보의 시행은 비록 연설과는 다르지만 효과는 같다. 통속적인 문체로 백성의 각성을 증진시키는 쓰임새가 위로는 고관에 이르고 아래로는 만백성에 미친다. 대개 세상에 글을 좀 아는 이들이 모두 집에 한 권씩 두고 볼 수 있어서 세상을 깨우치는 힘이 더욱 광범위하다. 옛날 주(周)의 사관(史官)에게는 구두로 하는 풍간(諷諫)[30]이 있고, 『주례(周禮)』[31]를 보라. 초(楚)의 신하에게는 향토색 짙은 어조[32]가 있었다. 옛날을 지금과 견주면, 통속어가 저속하지 않다는 사실은 충분히 증명된다. 이상이 두 번째 장점이다.

이 두 가지로 볼 때 백화보의 효용성을 알 수 있다. 그렇지만 논자들은 오히려 두 가지 의문을 제기한다.

첫째는 방언이 적응하지 못한다. 백화체의 여러 신문은 다수가 관화[33]를 사용해서 성도(省都)에는 통용되나 외진 현(縣)에는 막혀버린다. 따라서 논자들은 그것이 교육 보급의 이기가 되기에 부족하다고 의심한다. 그러나 전국의 언어가 복잡하게 뒤섞이면 원래 국민 상호 간의 결집에 큰 장애가 된다. 각 성의 관화에 비록 약간의 차이가 없지는 않지만 대체로 서로 같다. 각 성에서 통용되는 관화를 통합하여 각 성에서 갈라져 나온 사투리와 비교해 볼 때, 관화가 그래도 대다수를 차지한다고 말할 수 있다. 전국의 언어를 통일하려면 어쩔 수 없이 각 성에서 방언으로 갈라져 나온 사람들이 모두 관화를 받아들이도록 추진해야 한다. 다시 관화를 수용하게 만들려면, 모름지기 교과서가 있어야 된다. 이제 백화보를 교과서로 삼고 성도의 사람들을 교사로 삼으면, 교재를 구하기가 아

---

30) 원문은 '聲音之諭'이다.

31) 유가의 十三經 가운데 하나로 주대부터 전국시대까지의 제도를 기록한 책이다.

32) 원문은 '土風之操'이다.

33) 원문은 '官音'이다.

주 쉽고 교사를 본받도록 요구하기도 어렵지 않다. 이렇게 한 성의 언어를 통일한 뒤에, 다시 더 나아가 각 성도의 약간 다른 발음들까지 제거하면서 차분히 전국의 언어 통일을 이끌어낸다. 그렇다면 이 어찌 별로 해될 것 없이 성과를 크게 거둘 수 있는 일이 아니겠는가? 이것이 의심할 필요가 없는 첫 번째 이유이다.

둘째는 쓰는 글자가 너무 번잡하다. 대체로 문어체에서 한 구절은 백화로 바꾸면 반드시 세 구절 이상을 차지하게 된다. 따라서 논자들은 매번 그 말이 장황하지만 뜻은 부족하다고 탓한다. 그러나 이것은 백화의 허물이 아니고 논자들이 문어체에 얽매여 생긴 잘못이다. 지금의 문어체는 본래 고문을 답습하였다. 진화의 예는 단순한 단계에서 복잡한 단계로 나아간다. 옛날에 대쪽과 비단 천에 글을 쓰면 편폭이 많고 무거워져서 어쩔 수 없이 간결함을 힘써 추구하였다. 그래서 문장에 깊고 엄숙한 기운이 감돌았다. 지금은 인쇄술이 발명되고 날마다 종이가 대량으로 생산된다. 다시 무엇을 아끼자고 반드시 옛날을 본받겠는가! 게다가 문어체의 책을 가지고 강론하자면, 반드시 수많은 말을 덧붙여야 비로소 이해하기 쉬워져서 번역과 마찬가지 일이 되어버린다. 그러므로 모든 사람이 그것을 백화로 바꿀 수는 없고 글을 아는 자들만이 온전히 해낼 수 있다. 곡(曲)을 사(詞)와 비교하거나 소설을 고문과 비교해 보면, 어느 쪽이 활용하기 좋은지 미루어 짐작할 수 있다. 이것이 의심할 필요가 없는 두 번째 이유이다.

이상으로 언급한 두 가지 장점을 취하고 두 가지 의심을 버리면, 백화보가 문화에 유익하다는 점을 알 수 있겠다. 백화보의 출현을 거슬러 보면, 상주(常州)에서 시작했으나 오래지 않아 중단되었다. 다시 『항주백화보(杭州白話報)』가 출간되자 크게 환영을 받았다. 뒤이어 출간된 것들이 결국 많아져서 안휘(安徽)나 소흥(紹興)에 모두 이른바 백화보가 생겨나고 강서(江西)에서 『신백화보(新白話報)』가 나오며 상해(上海)에도 『중국백화보(中國白話報)』가 발간되었다. 또 천진(天津)의 『대공보(大公報)』와 홍콩의 『중국일보(中國日報)』도 때때로 백화를 섞어서 썼다. 이것은 전부백화의 세력과 중국 문화가 서로 연동해서 발달한 증거이다. 그러나 우리나라 2억 방리(方里)[34]와 이 몇 종류의 백화보가 유행한 구역을 비율적으로 따져 보면, 아직 거의 만분의 1에도 미치지 못한다. 나는 백화보의 세력이 날로 점점 팽창해서 점차 문화를 각 지역에 전파시키고, 마침내 교육 보급의 목적을 달성하게 되기를 바란다. 나는 이런 이유에서 이 논문을 지었다. (1904)

---

34) 원문은 '二萬萬方里'인데 1方里는 대략 0.33156km²이므로 2억 방리는 약 66,312,000km²이다. 이 수치는 낭시 중국의 총면석과 전혀 부합하지 않는다. 뤼스페이와 캉유웨이 등의 청말 지식인은 중국에 대해 상징적으로 '中國二萬萬方里之地·四萬萬之民'이라는 표현을 즐겨 썼다.

04
공자교가 중국 정치와 관련이 없음을 논함[1]

근래에 시국을 걱정하는 인사들이 중국 정치의 폐단을 거울로 삼아, 중국의 정치는 고스란히 공자교(孔子敎)[2]의 영향을 받았다고 여겼다. 그래서 종교 개혁의 문제가 제기되기 시작하였다. 내가 보기에, 공자란 분은 중국의 학자이지 중국의 종교가는 아니었다. 왜 그러한가?

상고시대에는 본래 종교가 존재하고 종교의 기원은 신교(神敎)에서 비롯되었다. 조상께 제사를 드리던 것을 계기로 귀신에게 제사 지냈다. 교(敎)자는 의미 부분이 효(孝)이다. 『효경(孝經)』[3]에 "대체로 효란 가르침이 생겨난 근원이다."라고 나온다. 이것은 옛날의 종교가 조상 숭배에서 기원했다는 증거이다. '체례(禘禮)'로 말미암아 천신(天神)에게 제사지냈다. 조상께 제사 드리고 아울러 조상이 생겨난 근원을 소급해서 그 근원을 하늘에 가탁하였다. 그러므로 '체(禘)'는 먼 조상께 드리는 제사이자, 또한 하늘에 지내는 제사이다. '사(社)'에 제사 지내는 것으로 말

---

1) 원제목은 「論孔敎與中國政治無涉」이고 지은이 서명은 없다. 이 글은 1904년에 『警鐘日報』에 처음 발표되고 『東方雜誌』와 『萃新報』에서 전재했으며 『遺書』의 「左盦外集」에도 수록되었다. 번역은 『警鐘日報』의 원문에 근거하였다.
2) 원문은 '孔敎'이다.
3) 유가의 十三經 가운데 하나로 유교 윤리의 핵심인 효의 원칙과 규범을 밝힌 책이다.

미암아 땅 귀신에게 제사하였다. 이를테면, '사'는 토지의 신이고 25집도 '사'였다. 이는 고대 단체의 결성이 신을 받드는 데에서 유래하고, 동일한 신을 함께 모시면 한 지역에 같이 거주했다는 것이다. 지금 중국의 각 촌락은 비록 민가가 몇십 집일지라도 반드시 토지신에게 제사 지내는 장소가 한 곳씩 있다. 이것이 그 증거이리라. 또한 귀신에게 제사 드리는 것에서 미루어 덕을 숭상하고 공적에 보훈하는 의례가 두드러졌다. 제사법을 보라. 천신에게 제사 지내는 것에서 미루어 태양·달·별의 숭배가 정립되었다. 바람·비·장마·가뭄에 대한 제사도 마찬가지이다. 땅 귀신에게 제사 지내는 것에서 미루어 산릉과 계곡의 제사가 시작되었다. 『산해경(山海經)』[4]에서 언급한 것은 모두 토지신이다. 이러한즉 중국 고대의 종교는 세 가지로 구분할 수 있다. 하나는 다신교이고 다른 하나는 배물교(拜物敎)이며 상고시대 원시인들은 만물 운행의 이치를 깨닫지 못해서 만물에는 전부 신이 깃들어 있다고 여겼다. 그러므로 다신과 배물 두 종교는 모두 신과 만물의 일체설에서 생겨났다. 나머지 하나는 조상숭배였다. 이 세 종교는 세간의 습속으로 계승되어 지금까지도 변함이 없다. 조상숭배와 다신의 두 종교는 오늘날에도 물론 통행되는 바이거니와 배물교도 마찬가지이다. 중국에서 제사 지내는 금룡대왕(金龍大王)[5]·오통신(五通神)[6] 및 초목숭배·동물숭배의 풍속을 보면, 전부 이집트의 배물교와 차이가 없다. 한 마디로 말하자면, 세 종교는 모두 '신교'일 따름이다. 또는 샤머니즘이라 부를 수 있다. 이것들은 모두 공자 이전의 종교이다.

한·위시대 이래로 도교와 불교라는 두 종교가 연달아 흥성하자, 고루한 학자들이 옛날에 신봉하던 다신과 배물 등 여러 종교를 도·불 두 종교

---

4) 전한 말기에 劉歆이 정리해 출간한 중국에서 가장 오래된 지리서이자 신화와 전설의 寶庫이다.
5) 전설상에 하늘의 은하수와 지상의 황하를 관장하는 신이다.
6) 전설상에 부녀자를 간음하고 악행을 일삼는 요괴로 '五郎神' 또는 '五猖神'이라 부르기도 하였다.

의 교리에 섞어 넣었다. 도교 역시 종교가 아니고 고대 중국의 신교이다. 그 유파의 마지막은 연·제(燕·齊)의 방사(方士)[7]이다. 전한 시대에 그들의 학설이 유가와 도가 두 파에 섞여 하나는 참위(讖緯)가 되고, 다른 하나는 부록(符籙)이 되는데 뒤에 부록은 결국 도교가 되었다. 또한 불교는 본래 하나의 신에게만 제사 드리지만 중국의 스님들은 대개 여러 신을 변함없이 섬겼다. 이것은 바로 신교를 불교에 섞어 넣은 것이다. 그러므로 시골의 어리석은 백성 가운데 장도릉(張道陵)[8]과 원료범(袁了凡)[9]을 신봉하는 자들이 도릉은 본래 부록파이고, 료범도 중국의 권선징악 이론을 답습한데다가 다시 불교로 포장한 자였다. 이들 역시 불교라고 지목하면 안 된다. 대략 국민의 다수를 차지한다. 이것이 중국 고금 종교의 대체이니 과연 공자교와 무슨 관계가 있겠는가?

만일 공자가 정립한 『육경』을 보면, 모두 주대의 사관이 소장했던 옛날 전적으로 공자는 『역』을 노의 사관에게서 얻고 102개 나라의 보배로운 책을 주의 사관에게서 얻으며, 『예』·『악』을 장홍(萇弘)[10]·노자(老子)[11]에게 배우고 『시』는 또 공자의 먼 조상인 태사(太師) 정고보(正考父)[12]에게 전수 받았다. 공자 학파의 교과서이다. 『역』은 철학 강의본이고 『시』와 『서』는 노래와 국문 교재이며, 『춘추』는 자국의 근세사 교재이고 『예』는 윤리와 심리 교재이며, 『악』은 음악과 체육 교재이다. 『논어』와 『효경』에 대해 말하자면, 이 또한 공자 학파의 학안(學案)[13]이다. 따라

---

7) 神仙의 술법을 닦는 사람을 말한다.
8) 張道陵(34-156?)은 후한 시기에 활동한 道士이다.
9) 袁了凡(1533-1606)은 명말의 관료이자 사상가로 민간에다 '자선사업'과 '선행운동'을 펼쳐서 크게 성과를 거뒀다.
10) 萇弘(?-B.C. 492)은 춘추시대 주의 大夫로 간신의 모함을 받아 축출되어 자결하였다.
11) 老子(?-?)는 춘추시대의 사상가로 도가의 창시자이다. 저작은 『老子』가 있다.
12) 正考父(?-?)는 춘추시대 송의 대신으로 戴公·武公·宣公 세 군주를 보좌하였다.
13) 학파의 원류와 학설에 대해 해설하고 논평한 서적을 말한다.

서 공자의 학문도 당시에는 단지 제자백가의 아홉 유파[14] 가운데 유가
의 하나로 열거되었을 뿐이다. 『한서(漢書)』[15] 「예문지(藝文志)」를 보면 알 수 있
다. 공자 학파의 이른바 '교(教)'를 살펴보면, 모두 교육을 지칭해 말한 것
이지 종교를 지칭해 말한 것은 아니다. 내가 고찰해 보면, 『중용(中庸)』[16]에 "도
(道)를 닦는 것을 교(教)라 이른다."라고 나온다. 또 "밝음으로 말미암아 정성되어지는 것
을 교(教)라 이른다."라고 나온다. 정현(鄭玄)의 주석에는 모두 예의로써 그것을 해석하였
다. 『설문(해자)』에 "교(教)는 위에서 베푸는 바이자, 아래서 본받는 것이다."라고 나온다.
이런즉 고대에 이른바 교(教)란 순전히 교육과 교화를 가리켜서 말한 것이었다. 그러므로
「왕제(王制)」[17]에서는 일곱 가지 가르침[18]을 언급하고, 『순자(荀子)』[19]는 열 가지 가르침
을 언급하였다. 공자가 가르치기를 게을리하지 않았다는데, 이는 바로 교(教)자의 명확한
풀이이다. 설령 제도 개혁의 글이 있더라도 공양가(公羊家)의 설이다. 역시 종
교와는 관련이 없었다. 제도 개혁이란 정치 개혁이지 종교 개혁이 아니었다. 그러므
로 예수나 마호메트가 따로 종교를 창시한 상황과는 같지 않다. 가령 신에게 제사 지
낸다는 말도 이를테면, "(제사 지내야 할) 그 귀신이 아닌데도 제사 지낸다."와 "귀신에
게 제사 지낼 적에는 귀신이 계신 듯이 한다."라는 여러 구절은 모두 공자가 신교를 믿었
다는 증거이다. 공맹자(公孟子)[20]의 "귀신이 없다."라는 한 마디는 아마도 믿을 만하지 못

---

14) 『漢書』의 「藝文志」에서 분류한 儒家 · 道家 · 陰陽家 · 法家 · 名家 · 墨家 · 縱橫家 · 雜
    家 · 農家의 9개 학파를 말한다.
15) 후한의 班固가 저술한 전한의 正史로 紀傳體 斷代史의 효시이다.
16) 『禮記』의 편명이다. 송대 朱子는 『禮記』에서 「大學」과 「中庸」의 두 편을 떼어내어
    『論語』 · 『孟子』와 함께 '四書'라 명명하였다
17) 『禮記』의 편명이다.
18) 사람이 지켜야 될 7가지 가르침으로 君臣 · 父子 · 夫婦 · 兄弟 · 朋友 · 長幼 · 賓客에
    관한 도리를 말한다.
19) 전국시대 말기에 '성악설'을 주장한 유가 계열의 사상가인 荀況(B.C. 298-B.C. 238)
    이 지은 책이다.
20) 公孟子(?-?)는 유가에 속하는 사상가로 묵자와 논쟁을 벌였던 인물이다. 그 내용은

할 듯하다. 또한 대략 중국 옛날 책의 내용을 답습했던 것이다. 그가 학자
들에게 숭배와 신봉을 받는 이유는 오로지 저술이 방대하고 제자백가 가운
데 최고이다. 제자가 아주 많으며 총 3천 명인데다가 세력 있는 자도 많았다. 또 제
왕들의 표창을 받았기 때문일 뿐이고, 포교와는 역시 관련이 없었다. 모
융(牟融)²¹⁾이 처음으로 유・도(儒・道)라 언급하고, 모(牟) 선생은 유・도를 불
・도(佛・道)와 나란히 일컬었다. 고환(顧歡)²²⁾과 장융(張融)²³⁾의 무리에 이르
자 「이하론(夷夏論)」과 『제서(齊書)』²⁴⁾ 「본전」의 논찬(論贊)을 보라. 드디어 유・도
・불 삼교(三敎)라는 호칭이 생겨났다. 이런즉 공자교라는 명칭은 도교・
불교와 서로 대비되면서 정립되었다. 그러므로 당・송시대 이후로 대다
수가 공자교를 도교・불교와 나란히 견주었다. 예를 들어 해・달・별로써 유・
불・도 삼교를 비유한 것이 그렇다. 한유(韓愈)²⁵⁾가 유교를 신봉하여 도교와 불
교를 배척하고, 이지(李贄)²⁶⁾가 다시 세 종교는 근원이 동일하다고 주장
하면서 공자교는 결국에 엄연히 종교의 하나가 되었다.

요사이 서양의 종교가 중국에 침투해 오자, 학자들은 다시 공자교의
기치를 내걸고 그와 경쟁하길 바라서 공자교라는 명사가 더욱 부상하

『墨子』의 「公孟」 편에 실려 있다.
21) 牟融(?-79)은 후한의 정치가이자 사상가이다. 그는 젊어서부터 박학하고 음운학에
　　도 정통하여 『尚書』를 가르쳤는데, 제자가 수백 명에 이르렀다.
22) 顧歡(420-483)은 남조의 송・제 교체기에 활동한 사상가로 말년에 도교를 신봉하
　　였다. 대표작으로 「夷夏論」이 전한다.
23) 張融(444-497)은 남조 제의 정치가로 노장사상에 깊이 심취하였다.
24) 남조 양의 蕭子顯이 편찬한 『南齊書』를 말한다.
25) 韓愈(768-824)는 당대의 정치가이자 문장가이며 사상가이다. 그는 고문운동을 제
　　창한 '唐宋八大家'의 한 사람이다. 대표작은 『韓昌黎集』이 있다.
26) 李贄(1527-1602)는 호가 '卓吾'로 명말에 활약한 회족 출신의 사상가이다. 그는 양
　　명학 좌파의 거두로 남녀평등을 주장하고 반유교적 언설을 펼치다가 하옥되어 옥중
　　에서 자살하였다. 저서는 『焚書』・『續焚書』・『藏書』 등이 있다.

고 있다. 그들이 어찌 '공(자)교'라는 두 글자가 논리에 가장 부적합하다는 것을 알겠는가? 공자는 고대 학파의 한 사람이다. 만일 공자를 종교가로 삼으면, 대체로 노자·장자(莊子)²⁷⁾·관자(管子)²⁸⁾·묵자(墨子)²⁹⁾·신불해(申不害)³⁰⁾·한비자(韓非子)³¹⁾도 죄다 모 종교가로 불러야 한다. 이것이 어찌 논리적이겠는가? '공(자)교'라는 두 글자가 논리에 맞지 않다는 것을 깨달았다면, 공자가 종교가가 아니라는 사실도 알게 된다. 다시 공자가 종교가가 아니라는 사실을 깨우치면, 공자교는 정치와 관련 없다는 것도 파악하게 된다.

세상에서 공자의 학문이 정치에 영향을 끼쳤다고 언급하는 부분은 오로지 세 가지가 있다. 하나는 신분 등급을 구분해서 존비귀천을 나누었던 것이다. 이를테면, 군자가 신분의 고하를 분별하고 백성의 뜻을 안정시키며, 친족을 친애하되 차이가 있고 현명한 사람을 존중하되 차등을 두는 데에서 예법이 생겨난다고 여겼던 것이 그렇다. 다른 하나는 일의 성과를 경시하고 실속 없는 공론을 숭상했던 것이다. 예를 들어 맹자(孟子)³²⁾는 입만 열면 정의를 진술하였다. 동(董) 선생

---

27) 莊子(B.C. 369-B.C. 286?)는 전국시대에 도가를 대표하는 사상가이다. 저작은 『莊子』가 있다.
28) 管子(?-B.C. 645)는 춘추시대 제의 명재상인 管仲에 대한 존칭이다. 그의 사상은 법가의 선구로 간주된다. 저작은 『管子』가 있다.
29) 墨子(?-?)는 전국시대 초기에 활동한 사상가로 묵가의 창시자이다. 저작은 『墨子』가 있다.
30) 申不害(B.C. 385-B.C. 337)는 전국시대에 법가를 대표하는 사상가이다. 저작은 『申子』가 있다.
31) 韓非子(B.C. 280?-B.C. 233)는 전국시대 말기의 사상가로 법가 이론을 집대성하였다. 저작은 『韓非子』가 있다.
32) 孟子(B.C. 372?-B.C. 289?)는 전국시대에 유가를 대표하는 사상가이다. '성선설'을 주장한 그는 공자에 버금가는 '亞聖'으로 추앙받는다. 저작은 『孟子』가 있다.

³³⁾도 이익을 도모하지 않고 정의만 언급했다. 명도(明道)³⁴⁾도 공적을 따지지 않았다. 이는 모두 공자학 말류(末流)의 폐단이다. 마지막 하나는 가족을 중시하고 국가를 경시했던 것이다. 예를 들어 효도·자애·돈독·공경의 장려는 대체로 순전히 개인의 사적인 도덕을 가리켜 말한 것이지, 공적인 도덕을 지칭해 언급한 것은 아니다. 그런데 이런 것들은 죄다 신권 시대의 사상이고, 「홍범(洪範)」³⁵⁾에 "오직 왕만이 복을 내리신다."라고 나온다. 「북산(北山)」³⁶⁾에 "왕의 신민이 아닌 자가 없다."라고 나온다. 이는 바로 신분의 존비를 판별한 것이다. 순(舜)임금의 간우(干羽)춤이 유묘(有苗)국을 감동시키고³⁷⁾, 서려(西旅)국에서 바친 오(獒)라는 명견 때문에 소공(召公)이 주의 무왕(武王)에게 간언하였다.³⁸⁾ 이는 곧 실속 없는 공론을 숭상한 것이다. 요임금은 구족을 친애하고 상(商)의 설(契)임금은 오륜을 가르쳤다. 이는 가족을 중시한 것이다. 이런 것들은 모두 공자의 학문이 근거했던 바이다. 공자가 그런 견해를 계승했을 뿐이다. 아래로 후대에 이르자 습속으로 서로 답습하는데 사대부들이 공자의 학문을 신봉했기 때문이다. 이에 옛 경전을 포장하여 억지로 정치에 끌어다 붙였다. 이는 후대가 공자의 학문을 이용한 것이지, 정말로 정치가 공자교에서 기원한 것은 아니었다. 그렇지 않은 것이, 상군(商君)³⁹⁾도 저술하면서 등급을 엄히 나누었다. 예를 들어 군주를 높이고 신하를 낮춘다는 등의 여러 주장이 그렇다. 노자와 장자도 학설을 세울 적에 일의 성과를 경시하였다.

---

33) 전한 무제시기에 유교 국교화의 길을 닦은 대사상가 董仲舒(B.C. 179-B.C. 104)를 말한다.
34) 북송의 유학자인 程顥(1032-1085)를 말한다. 明道는 그의 호이다.
35) 『書經』의 편명이다.
36) 『詩經』의 편명이다.
37) 이 구절의 원문은 '干羽格苗'인데 '干羽'는 깃털과 방패를 들고 추던 춤이다.
38) 이 구절의 원문은 '旅□陳戒'인데 『遺書』는 '□'에 '獒'자를 보충하였다. 번역은 『遺書』를 따랐다.
39) 전국시대 진의 효공 때에 變法을 추진한 商鞅(?-B.C. 338)을 말한다.

소극을 주장하고 적극을 주장하지 않았다. 관자도 백성을 다스릴 때에 종족제도를 밝혔다. 예를 들어, 관자가 제(齊)를 다스릴 적에도 가장 먼저 육친의 화목을 중시했던 것이 그렇다. 공자의 학문을 제외하고도 저 법가와 도가의 책들 역시 중국 정치의 명백한 근거가 될 수 있었다. 공자의 학문이 정치에 영향을 끼친 것은 제자백가도 마찬가지 경우로 공자가 독창한 학설만은 아니었다. 어떻게 이것을 공자에게만 죄 지울 수 있겠는가?

내가 보기에, 진(晉)의 제왕과 양(梁)의 군주는 불교에 귀의하고서도 『진서(晉書)』[40] 「강제본기(康帝本紀)」와 『양서(梁書)』[41] 「무제본기(武帝本紀)」를 보라. 공자를 예전처럼 숭상하였다. 북위(北魏)와 당조(唐朝)에서도 도교를 시행하지만 공자의 숭배는 여전했다. 『위서(魏書)』[42] 「석노지(釋老志)」와 『당서(唐書)』[43] 「현종본기(玄宗本紀)」를 보라. 왕희지(王羲之)[44]와 사령운(謝靈運)[45] 같은 무리도 불교와 도교를 믿지만 아울러 공자도 추앙하였다. 이런즉 공자를 받드는 것은 본래 미신의 마음이 없으나 사람들을 서약시키는 것에도 어긋나지는 않았다. 하지만 서양의 종교가 강제로 사람들을 반드시 따르게 하는 취지와는 크게 상반되었다. 어찌 그를 종교가라 지칭할 수 있겠는가! 공자교는 기도가 없고, 입교의 의식도 없었다. 이는 모두 공자가 종교가가 아니라는 명확한 증거이다. 오늘날 국민을 선도하길 바랄 경우에는 마땅히[46] 중국의 신교를 혁파하고 국민의 지혜가 높아질수록 신교는 날로 쇠퇴한다. 공자

---

40) 당대에 房玄齡 등이 편찬한 晉의 正史이다.
41) 당대에 姚思廉이 찬술한 남조 梁의 正史이다.
42) 北齊의 魏收가 편찬한 北魏의 正史이다.
43) 오대 후진의 劉昫 등이 저술한 唐의 正史이다. 북송의 歐陽修이 편찬한 『新唐書』와 구별하여 『舊唐書』라고 부른다.
44) 王羲之(307-365)는 동진시대의 사상가이자 서예가이다.
45) 謝靈運(385-433)은 남조 송의 서정 시인이다.
46) 원문은 '何'인데 『遺書』는 '宜'로 수정하였다. 번역은 『遺書』를 따랐다.

의 학문을 제자백가 아홉 유파의 하나로 귀속시키면 그뿐이다. 주·진(周·秦)시대의 전례에 따라서 유가로 호칭한다. 왜 반드시 심오하고 고상해서 실행하기 어려운 이론을 창조해야 하겠는가! (1904)

05
중국의 계급제도를 논함[1]

옛날 인도는 상고시대에 국민을 네 등급으로 나누었다. 그리스와 로마의 여러 나라도 귀족과 평민의 구분을 두었다. 이런 계급제도는 확실히 야만사회가 반드시 거치던 단계였다. 중국도 고대에 귀한 사람은 항상 존귀하며 천한 자도 (정해진) 등급이 있고, 계급제도 역시 서양의 국가와 거의 같았다. 옛날에 한족이 동쪽으로 이동하여 묘족(苗族)과 싸워 이기고, 종족의 피부색으로 계급을 구분해서 묘족을 여민(黎民)이라 부르게 되었으니[2] 여민이라 말하는 것은 흑인이라 말하는 것과 같다. 서양인의 '파밀리아'[3]라는 명칭과 서양인은 가문[4]이라는 뜻의 단어를 '파밀리아'라고 부른다. '파밀리아'란 피부색이다. 동일한 맥락에서 나왔다. 이는 원래 종족으로 말미암아

---

1) 원제목은 「論中國階級制度」이고 지은이 서명은 '申'이다. 이 글은 1904년에 『警鐘日報』에 발표되고 『遺書補遺』에 수록되었다. 『民權報』와 『東方雜誌』에서 제목을 「階級制度論」으로 고쳐 전재했는데 내용상에도 차이가 있다. 번역은 『警鐘日報』의 원문에 근거하였다.
2) 이 구절은 黃帝와 蚩尤의 전쟁 신화에 근거한 내용이다.
3) 원문은 '法原那'인데 라틴어 'família'의 음역어로 보인다.
4) 원문은 '門地'인데 『東方雜誌』와 『遺書補遺』는 '門第'로 수정하였다. 두 단어는 의미상에 차이가 없다.

귀천을 구분했던 것이다.

한족의 백성을 보면, 대체로 종법제도를 성행시켜서 종족 중에는 항상 존귀한 이가 있었다. 『순자』를 보라. 주대의 시 구절에 "군주이시고 족장이시다."라고 나온다.[5] 이런즉 천자란 왕실 종가의 맏아들이다. 은대 사람은 천자를 태종(太宗)과 중종(中宗)이라 호칭하였다. 후대에 제왕들의 시호도 반드시 아무개조(祖)나 아무개 종(宗)으로 지칭하였다. 이는 모두 천자가 곧 종실의 장손이라는 명확한 증거이다. 그러므로 그는 세습되는 권력도 소유하였다. 천자에게는 은혜를 베푸는 법도가 있어서 자기와 성이 같은 사람을 제후로 분봉하였다. 이것이 바로 소종(小宗)이라는 제도이다. 제후에게도 은혜를 베푸는 법도가 있어서 자신과 동성인 사람을 대부로 분봉하였다. 이것이 곧 군종(群宗)이라는 제도이다. 그리고 대부의 집안에서도 각자가 자제에게 채읍(采邑)을 분배하였다. 이것이 다시 군종의 지파이다. 그러므로 존비의 위계가 이로 말미암아 나뉘었다. 아래로는 평민까지도 이런 종법을 지켰다. 공정암(龔定盦)[6]의 「농종(農宗)」을 보라. 게다가 종가의 장손은 동족에 대해서 특별한 권리를 가지고 있었다. (하·상·주) 삼대의 제도에, 장손은 밖에서 종족을 다스리고, 부인은 안에서 종족의 부녀자를 통제하였다. 장손은 사망하면 비록 요절해도 반드시 성인으로서 상을 치렀다. 그의 나이가 비록 70살이어도 부인이 없으면 안 되었다. 그의 거처가 비록 다른 나라에 있더라도 첫날의 제사[7]에는 타인을 천거해 대신할 수 없다. 게다가 같은 종족 가운데 출세한 자라도 감히 수레꾼을 거느리고 그 집의 대문에 들어가지 못했다. 이상은 『예기』를 보라. 이상은 통틀어 종법 가운데 고찰할 수 있는 부분들이다.

---

5) 『詩經』「大雅」「生民之什」「假樂」에 나온다.
6) 청 중기의 사상가인 龔自珍(1792-1841)을 말한다. '定盦'은 그의 호이다.
7) 원문은 '正祭'인데 '繹祭'의 상대어이다. 중국의 제사 의식에서 '正祭'는 첫날에 드리는 제사를 말하고, 그 다음 날의 續祭는 '繹祭'라고 불렀다.

전부(田賦)[8]의 제도를 보자면, 대체로 천하의 모든 농경지를 천자에게 귀속시키고, 천자는 단위를 헤아려서 백성에게 분배하는데 정(井)자를 그려 두렁을 나누는 방법을 시행하였다. 이는 대략 유럽 15세기의 농지제도와 즉 농노제도이다. 서로 부합된다. 이런즉 군주와 신하의 관계는 전부 종법적 제도이고, 군주와 백성의 관계는 다 농노적 제도이다. 그러나 비천한 선비도 조정에 진출할 수 있었으니 예를 들면, 향거리선(鄕擧里選)[9] 등의 여러 제도가 그렇다. 『공양주(公羊注)』에는 "옛날에 왕공의 자손도 예의를 지킬 수 없으면 서민으로 내리고, 서민의 자손이라도 학문을 쌓고 몸가짐을 바르게 할 수 있으면 상위 등급으로 올렸다."라고 나온다. 이것은 명확한 증거이다. 또한 우리의 옛 제도가 유럽보다 나았던 것이다.

노예의 기원에 관해 보면, 그 원인은 두 가지가 있었다. 하나는 형법상의 관계였다. 우순(虞舜)과 하왕조의 시절에는 흔히 자신이 중죄를 범한 자는 대개 그의 처자까지 사형시키는 법을 시행하였다. 아래로 주대에 이르자 형법이 좀 관대해져서 중형을 받은 자는 모두 가족을 노예로 입적시키고, 『주례』를 보면, 남자는 죄예(罪隸)[10]에 넣고, 여자는 용탁(舂槀)[11]에 넣었다. 가벼운 형에 저촉된 자도 노예가 됨으로써 속죄하였다. 유정섭(俞正燮)은 『좌전(左傳)』[12]의 여신예(輿臣隸)·예신료(隸臣僚)[13]·요신복(僚臣僕)·복신대(僕臣臺)가 모두 죄예에 입적되어 노역을 맡은 자들이기 때문에 서로 일을 시켰다."라고 언급하

---

8) 원문은 '用賦'인데 『東方雜誌』와 『遺書補遺』는 '田賦'로 수정하였다. 번역은 『東方雜誌』와 『遺書補遺』를 따랐다.
9) 한대에 지방의 인재를 추천받아 관리로 등용하던 선발제도이다.
10) 중죄에 연좌된 남자 관노비를 말한다.
11) 중죄에 연좌된 여자 관노비를 말한다.
12) 춘추시대 말기에 노의 左丘明이 『春秋』를 풀이하여 저술한 『春秋左氏傳』을 말한다.
13) 원문은 '隸僚'인데 『左傳』에 '隸臣僚'로 나온다. 『東方雜誌』와 『遺書補遺』도 '隸臣僚'로 바로잡았다. 번역은 『左傳』을 따랐다.

였다. 나는 "『좌전』에 난각(欒卻)·서원(胥原)·호속(胡續)·경백(慶伯)이 관노비로 강등되었다."라는 것도 역시 멸족으로 말미암아 노예로 입적된 경우였다고 주장한다. 그러므로 동(僮)·복(僕)·노(奴)·예(隸)라는 명칭이 전부 죄인으로부터 성립하였다. 『설문(해자)』에 "사내아이가 죄를 지어 종이 된 것이 곧 동(僮)자이다."라고 나온다. 『좌전』에 "비표(斐豹)는 종인데 단서(丹書)[14]에 적혀 있었다."라고 나온다. 정사농(鄭司農)[15]은 『주례』에 주를 내면서 역시, "지금의 노비는 곧 옛날의 죄인이다."라고 말했다. 또 한대의 노예는 반드시 삭발하고 목에 칼을 씌워서 구별하였다. 이는 왕용보(汪容甫)[16]의 「석동(釋僮)」을 참고하라. 동주시대에 이르러 전쟁이 빈번해지자, 이웃나라의 백성이 포로로 잡혀서 예를 들면, 맹자는 "제나라 사람이 연나라를 공격해서 그곳의 자제들을 포로로 잡았다."라고 언급하였다. 이것이 명확한 증거이다. 또 계평자(季平子)[17]가 비(費) 지역의 사람들을 포로로 잡았다는 구절도 『좌전』에 보인다. 대체로 적을 죄수처럼 여기므로 역시 그들을 노예로 삼았다. 천한 노역에 종사하는 자가 더욱 많아졌다.

다른 하나는 재정상의 관계였다. 전국시대 이후로 생계가 갈수록 더 어려워져서 백성 가운데 신체로써 대가를 치렀던 경우가 역사서에 자주 보인다. 『한서』에 여순(如淳)[18]이 붙인 주에는 '췌자(贅子)'를 풀이하여, "자신을 팔아 종이 되는 것을 '췌자'라고 부른다. 3년 안에 속죄하지 못하면 결국 노비가 된다."라고 하

---

14) 원문은 '册書'인데 『左傳』에 '丹書'로 나오고 『東方雜誌』도 '丹書'로 바로잡았다. 번역은 『左傳』을 따랐다. '丹書'란 중죄를 지어 관노비로 입적된 자의 이름을 붉은 글씨로 적은 명부였다.
15) 鄭司農은 후한의 경학자인 鄭衆(?-83)을 말한다. 학자들은 그를 '先鄭'이라 부르고, 鄭玄을 '後鄭'이라 불렀다. 鄭衆이 大司農이라는 벼슬을 역임했으므로 鄭司農으로 호칭하면서 동명이인인 환관 鄭衆과 구별하였다.
16) 청 중기의 저명한 학자인 汪中(1744-1794)을 말한다. 容甫는 그의 자이다.
17) 季平子(?-B.C. 505)는 춘추시대 말기 노의 大夫이다.
18) 如淳(?-?)은 삼국시대 위에서 활동한 관리이자 학자로 『漢書』에 주석을 달았다.

였다. 다시 안사고(顏師古)[19]는 '췌서(贅婿)'를 풀이하여, "(신랑) 집이 가난해서 신부 측에 보낼 재물이 없으면 몸[20]을 저당 잡힌다."라고 하였다. 대체로 현물로써 금전을 대신하는 것이 '자(貲)'[21]'이고, 신체로써 대가를 치르는 것은 '췌(贅)'이다. 이것은 마치 야곱이 부인을 얻으면서 일꾼이 되어 그 대가를 치렀던 경우[22]와 같다. 흉노가 노비를 '자(貲)'라고 부른 것을 보면,『삼국지(三國志)』[23]의 주에서 인용한『위략(魏略)』을 보라. 그리고『남제서』「하남전(河南傳)」에도 역시 "오랑캐는 노비를 자(貲)라 부른다."라고 나온다. 자(貲)의 새김은 재산이다.『창힐편(蒼頡篇)』[24]을 보라. 야만족의 여러 나라에서 재산과 노예는 언어상으로 구별이 없었다. 이는 유럽의 상고시대에 노예를 재산의 일종으로 간주했던 사례와 마찬가지이다. 라트겐[25]의『정치학』이란 책을 보라. 따라서 신체를 팔아 종이 되는 자들이 진·한시대에 이르러도 오히려 완전히 없어지지 않았다. 예를 들어 관고(貫高)[26]가 조왕(趙王)의 노예를 빙자하고 계포(季布)[27]가 자신을 노(魯)의 주가(朱家)에게 팔며, 또「화식전(貨殖傳)」에서 언급한 "종을 둔 것이 1천 명이나 되었다."라는 사례가 전부 그 증거이다.

---

19) 顏師古(581-645)는 당대 초기의 관리이자 훈고학자로 이전의『漢書』에 관한 여러 주석을 집대성하였다.

20) 원문은 '家'인데『漢書』「賈誼傳」의 顏師古 注에 '身'으로 나온다. 번역은 '顏師古 注'를 따랐다.

21) 원문은 '贅'인데『遺書補遺』는 '貲'로 바로잡았다. 번역은『遺書補遺』를 따랐다.

22) 야곱의 勞役婚은『舊約聖書』「創世記」제29장을 참고하라.

23) 晉의 陳壽가 저술한 三國時代의 正史이다.

24) 진의 재상 李斯가 편찬한 字書이다. 다만 현존하는『蒼頡篇』은 청대의 학자들이 편집한 판본이다.

25) 원문은 '那特礑'인데 독일 학자 'Karl Rathgen'의 음역명이다. 라트겐(1856-1921)은 정치경제학 박사로 함부르크대학의 초대 총장을 역임하였다.

26) 貫高(?-B.C. 198)는 진·한 교체기 趙의 재상이다. 한 고조가 조를 멸망시키고 趙王이 투항하자 관고는 조왕을 보호하기 위해 그의 노예를 자처하였다.

27) 季布(?-?)는 전한 초기의 대신이다. 진·한 교체기에 계포는 원래 항우의 신하였지만 항우가 한 고조에게 패망하자 달아났다. 계포는 고조의 추격을 피해 노의 협객인 朱家에게 자신을 노예처럼 팔았다. 훗날 고조한테 사면을 받고 벼슬길에 올랐다.

이들은 모두 중국 고대의 천민인데 누가 중국에 계급제도가 없었다고 말하는가?

공자에 이르자 세경제(世卿制)를 비판하는 학설을 주장해서 귀족을 평민과 평등하게 하였다. 공자의 이런 취지는 신하의 권력을 누르고 군주권을 신장시킨 것이지, 신하의 권력을 누르고 민권을 신장시킨 것은 아니었다. 신하와 백성이 평등하면 군주권은 더욱 신장된다. 아래로 진·한시대가 되자 봉건제가 변혁되면서 종법제도 쇠퇴하고, 전국 7웅 가운데 6국의 군신이 사(士)와 서인으로 전락하고, 심지어 진의 공족 자손조차도 백성이 되었다. 그리고 한 고조가 분봉한 장수는 온통 평민에서 기용되었다. 정전제가 변경되면서 농노제도 폐지되었다. 정전제가 폐지되면서 백성이 비로소 자기의 경작지를 소유하지만, 빈부가 (하·상·주) 삼대처럼 균등하지 못해서 신체를 팔아 종이 되는 자가 삼대 시절보다 많아졌다. 이것은 실로 정전제를 폐지한 병폐이다. 이런즉 (하·상·주) 삼대의 제도가 비록 진·한에 의해 폐지되었다고 말해도 무방하다. 그렇지만 진시황의 시대에는 췌서와 고인(賈人)[28]을 천시하고, 서한의 초기에 사공(司空)과 성단(城旦)[29]을 천시하였다. 이는 곧 노예 말고도 분명히 별도로 천민이라 불리는 자들이 있었던 것이다. 한 문제(文帝)가 비록 노비해방령을 내리지만 개혁이 완전할 수는 없었다.

동한시대 이후로 점차 문벌을 숭상하면서 예를 들면, 동한의 원(袁)씨와 진(陳)씨가 그렇다. 나는 그들이 청류와 탁류의 대 분파에서 시작되었다고 본다. 구품중정제(九品中正制)가 흥성하였다. 이에 한문(寒門)과 귀족은 변영과 몰락이 분명하게 드러났다. 이른바 "상품(上品)에는 한문 출신이 없고, 하품(下品)에는 초가 출신이 없었다."라는 것이다. 동진의 원제(元帝)가 장강을 건너자 왕(王)씨·사(謝)씨·고(顧)씨·하(賀)씨는 청관(淸官)에 참여하지만 좀 늦게 강을 건

---

28) 상인이다.
29) 얼굴에 문신을 새기고 노역에 처하는 형벌을 받는 죄수이다.

너온 자들은 천하고 어리석다고 배척당하였다. 이에 책만 읽고 세상일에 경험이 없는 소년들이 걸핏하면 스스로 명문 귀족이라 뽐내게 되자, 두탄(杜坦)[30]은 남모르는 근심에 휩싸이고 양전기(楊佺期)[31]도 그 때문에 몹시 분노해 이를 갈았다. 게다가 원(袁)씨와 등(鄧)씨가 우호관계를 맺은 데서 그들의 반역 의도를 엿보게 되고, 『남사(南史)』[32]를 보라. 왕씨와 만(滿)씨가 혼인 관계를 맺은 것도 여론을 들끓게 하였다. 당시에 평민이 귀족과 통혼할 수 없었다는 상황을 충분히 증명해 준다. 아래로 당대에 이르자 풍습으로 계승되어 조정은 몰락한 종족조차 제압할 수 없고, 「공경표(公卿表)」[33]를 보라. 오히려 천자가 사족(士族)으로 자처하였다. 「공주전(公主傳)」을 보라. 따라서 천자도 귀족 중의 일대 계급이 아니라고 말할 수 없게 되었다.

그런데 귀족제도는 기원을 소급하기가 실로 어렵다. 만일 씨족에 근거해서 구별을 언급하자면, 장손(長孫)씨와 위지(尉遲)씨는 이민족이지만 귀족 성씨에 올랐다. 만일 관직에 근거해서 구분을 언급하자면, 왕도융(王道隆)[34]은 지위가 신하로서는 최고이나 채흥종(蔡興宗)[35]은 그와 대등한 예로 교류하지 않고, 『남사』를 보라. 조옹(趙邕)[36]은 권력을 조정의 안팎에 떨치지만 여(盧)씨는 그와 혼인 맺기를 부끄러워했다. 그렇다면 다시 무슨 까닭이었을까? 그것은 바로 가문의 구분이 단지 누적된 풍속의 답

---

30) 杜坦(?-?)은 남조 송의 대신이다.
31) 楊佺期(?-399)는 동진시대의 무관이다.
32) 당의 李延壽가 편찬한 남조 송·제·양·진 4개 왕조의 正史이다.
33) 『舊唐書』에는 「表」가 없다. 『新唐書』에도 총 15권의 「表」가 있지만 「公卿表」는 존재하지 않는다. 아마도 『新唐書』의 宰相에 관한 「表」를 가리키는 듯하다.
34) 王道隆(?-474)은 남조 송의 前廢帝를 폐위시킬 정도로 막강한 권력을 휘둘렀던 대신이었다.
35) 蔡興宗(415-472)은 남조 송의 관료이다.
36) 趙邕(?-525)은 북위시대의 관료이다.

습에서 비롯되었기 때문이다. 당시에 미천한 성씨도 높은 지위에 오를 수 있고, 귀족도 때때로 권력이 없었으니 유럽의 귀족과는 달랐다. 당대에 과거급제를 숭상하게 되자, 음서(蔭敍)제도는 그 때문에 쇠퇴하였다. 지금의 음생(蔭生)은 여전히 이 제도를 따른 것이다. 그러나 이는 실로 중국의 특별한 계급의 일종이므로 여기에 갖추어 논의하였다.

이민족이 침입해 중국을 차지하면서부터 계급의 구분은 더욱 엄밀해졌다. 옛날에 북주(北周)와 수(隋)가 강남을 평정하자, 청빈한 가문의 자녀는 나란히 포상으로 내려주는 종이 되어버렸다. 유자산(庾子山)[37]의 「애강남부(哀江南賦)」를 보면 알 수 있다. 거란(契丹)·금(金)·원(元)이 중국을 도륙하고 탄압하게 되자, 그들이 한족을 천시했던 것은 논할 필요조차 없겠다. 예를 들어 원조 사람들은 남인(南人)과 한족을 색목인(色目人)의 아래 두었다. 이를테면 여러 장수도 남쪽 지역을 정복하자, 역시 한족을 많이 잡아들여 종으로 삼아서 예를 들면 요 천록(天祿) 원년(947)에 숭덕궁(崇德宮)의 호구를 익대공신(翼戴功臣) 및 북남원(北南院)의 대왕에게 나누어 내려주었다. 통화(統和) 4년(986)에는 송을 공격해서 잡은 사람들을 황족에게 나누어 하사하였다. 원의 세조(世祖) 19년(1278)에 신주(信州)의 백성 400호를 뽑아서 여러 왕에게 예속시키고, 20년(1279)에는 부마인 아독(阿禿)에게 강남의 백성 1천 호를 하사하였다. 대개 정벌에서 얻은 바는 신하에게 하사하지 않는 사례가 없었다. 도망했던 백성과 투항하는 백성을 자기 소유로 차지하지 않는 경우가 없었다. 조익(趙翼)[38] 선생의 『이십이사차기(二十二史箚記)』「원초제장다략인위사호(元初諸將多掠人爲私戶)」조를 보라. 그 뒤로 노예가

---

37) 庾子山은 남조 양 출신의 관료이자 문학가인 庾信(513-581)을 말한다. 子山은 그의 자이다. 자산은 원래 양에서 벼슬길에 오르는데, 48세 때 북조 西魏에 사신으로 갔다가 억류당한 채로 여생을 마쳤다. 그는 서위에서 두터운 예우를 받지만 고향에 대한 연모의 정을 누르지 못해 「哀江南賦」를 지어 표출하였다.

38) 趙翼(1727-1814)은 청 중기 經史考證學의 거두이다. 대표작은 『二十二史箚記』와 『陔餘叢考』가 있다.

더욱 많아졌지만 그 근원을 소급해보면 다시 두 가지가 있다. 하나는 이 민족이 중국에 자리 잡으면서 한족 백성을 종으로 보고, 한족 가운데 부유한 자들도 나쁜 줄 알면서 서로 모방해 노예 제도를 실행하였다. 다른 하나는 백성의 논밭을 강점하고 함부로 부세를 징발하자, 백성의 재산이 고갈되어버려 신체로써 대가를 치르지 않으면 눈앞의 생존도 보장할 수 없었다. 금은 태조 2년(1116)에 민간에서 저당 잡아 고용한 양민 및 대가를 배상한 자를 능멸하여 학대하는 것을 금지하였다. 태종 때에는 권세 있는 집안에서 빈민을 노예로 삼지 못하도록 조서를 내렸다. 원의 중통(中統) 2년(1261)에 이덕휘(李德輝)는 산서 선위사(山西宣慰使)가 되자, 대체로 권세 있는 집안에서 노비를 삼은 자는 모두 조사해서 방면시켰다. 55년[39]에는 관청과 민간에서 양민을 종으로 억류하지 못하도록 조서를 내렸다. 이상은 금·원시대에 노비를 두는 풍습이 매우 성행했다는 사실을 충분히 증명해 준다. 이것이 노예를 두는 제도가 옛날보다 더욱 심해진 이유이다.

　명조가 이어서 흥성하지만 이 제도를 혁파하지 못하였다. 예를 들어 명의 태조는 각 처에 명령을 내려서, 관아에 적몰된 사람과 재산을 방면하였다. 또한 그들을 해당 지역에다 나누어 정남(丁男)과 처자식으로 편성하고, 다시 그들을 모아서 군역에 충당시켰다. 그러나 그 나머지 사람들은 군관에게 종으로 주었다. 이는 오랑캐인 원의 악습에 물들었던 것이다. 중엽 이후로는 경작지를 바치는 사례가 유행해서 명의 빈민 가운데 경작지를 소유한 자들은 때때로 간악한 백성에게 몰수당하거나 권세 있는 집안에 헌납하였다. 『명사(明史)』[40]의 「이당전(李棠傳)」 및 「원걸전(原杰傳)」을 보라. 그 영향으로 권세 있는 집안에서 소작인을 깔보고 속여 예를 들어 등무칠(鄧茂七)의 난은 지주가 소작인을 깔보고 속여서 일어났다. 『명사』「정선전(丁瑄傳)」을 보라. 참

---

39) 연도가 오류이다. 문맥으로 볼 때, '中統 55년'으로 판단되지만 '中統年間'은 1260년부터 1263년까지의 5년간이며, 그다음의 연호인 '至元年間'도 1264년부터 1294년까지의 31년간이기 때문이다.
40) 청 전기에 張廷玉 등이 편찬한 明의 正史이다.

혹한 변란이 빈번해지게 되었다. 이는 과거 우리 백성의 큰 재난이 아니었다고 이를 수 없겠다. 내가 서양인이 사회학에 관해 언급한 내용을 보면, "등급제도의 진화는 대략 가내노예에서 농노로, 다시 농노에서 품팔이꾼으로 나아갔다."라고 주장하였다. 그런데 중국의 계급제도는 또 품팔이꾼에서 농노로, 다시 농노에서 가내노예로 변해서 예를 들면 진·한시대에는 대체로 모두가 품팔이하는 농부이므로 농노나 가내노예의 제도는 없었다. 오늘날의 중국에서 대략 가내노예·농노·품팔이꾼은 엄격한 구분이 없다. 사회진화의 공례와는 반대로 진행되었다. 이것은 진실로 우리 중국에서 벌어졌던 불가사의한 한 가지 사례이다. 어찌 탄식하지 않을 수 있겠는가?

비록 그렇더라도 이것은 전부 역사상의 지나간 사건[41]일 뿐이다. 근래 260년 동안을 살펴보면, 그 사이에 민족으로써 귀천을 구분했던 양상은 구태여 언급할 필요조차 없다. 가령 우리 민족이 약탈당했던 상황도 다시 거론하지 않겠다. 하지만 중국 백성 가운데 도리어 계급 구분으로 말미암아 자유민의 지위를 획득하지 못했던 경우는 대략 두 가지가 있었다.

첫째, 대체로 과거에 응시하는 자는 반드시 자신과 집안이 청렴결백한 사람이라야 비로소 선발될 수 있었다. 광대나 머슴과 같은 집안은 응시할 권리가 없었다.

둘째, 대체로 천역(賤役)을 담당하는 자에게는 실로 품팔이제도를 시행하는 경우가 많았다. 하지만 다른 사람에게 신체를 팔아서 평생 종살이 하는 자도 국민의 한 구성원이 되었다.

이상의 두 가지로 보면, 앞에 언급한 바는 대략 위·진시대의 문벌제도

---

41) 원문은 '註事'인데 『東方雜誌』와 『遺書補遺』는 '往事'로 바로잡았다. 번역은 『東方雜誌』와 『遺書補遺』를 따랐다.

를 답습한 것이고, 뒤에 언급한 바는 대략 원·명시대의 노복제도를 답습한 것이었다. 그런데 석가모니의 설법은 중생의 평등을 귀착점으로 삼고 있다. 석가모니의 취지와 (과거 중국의) 그런 인간[42] 윤리를 비교하면 양자 사이에 무슨 우열을 따져 볼 필요조차 없지만, 그래도 어찌 그 수준 차이가 이 정도까지 날 수 있었는가? 이는 입법상의 착오에 그 허물을 돌리지 않을 수 없겠다.

지금 도의적으로 그런 평등을 달성하려면, 최선은 주인과 노복의 명칭을 없애고 세상의 빈곤층에게 전부 자유노동의 제도를 시행하여 사회에서 생존을 쟁취하도록 만드는 것이다. 자유노동이란 임노동제도이다. 가령 과거 천민에 속하는 자들도 일반 백성과 일체화시켜 평등의 권리를 함께 누리게 한다면, 곧 계급제도는 소멸되어 없어지고 나는 다음과 같이 주장한다. 중국의 계급제도에는 마땅히 개혁할 부분이 여전히 존재한다. 예를 들면 선비를 중시하고 상인을 천시하거나, 학문을 중시하고 무예를 경시하는 것도 불평등한 제도이다. 그리고 요사이 사람들이 쓰는 명사에 이른바 상류사회와 하류사회라는 것도 불평등한 명사이다. 이제 다 개혁해야 마땅하다. 중국의 백성은 모두 자유라는 행복을 향유하게 될 것이다. 이 어찌 좋지 않겠는가! (1904)

---

42) 원문은 '圓顱方趾'인데 '인간' 또는 '인류'를 가리킨다.

06
공자전[1]

제1장 총론

중국에서 고대 이래로 공자를 공경하고 존중하지 않는 사람은 아무도 없었다. 오직 '공자'라는 두 글자만 언급해도 바로 그분은 '학문을 집대성하고 덕성이 가장 성스러운 스승님'[2]이라고 말한다. 또 그분은 전무후무한 성인이라고 칭송한다. 무슨 까닭일까?

한 가지는 주왕조 시대에 제자백가가 아주 다양하지만 그들이 저술한 책은 주장하는 이치가 불완전하거나 또는 저작 자체가 많지 않았기 때문이다. 그래서 독서인은 그들을 별로 중시하지 않았다. 유독 공자의 학문은 매우 완벽하였다. 그가 정리해 편찬한 책도 7-8종이나 있어서 제자백가의 학술과 비교하면 크게 달랐다.

다른 한 가지는 제자백가의 학술은 각각 한 학파를 이루지만 저술가와 학생이 그다지 많지 않고 자손도 학업을 고수할 수 없었기 때문이

---

1) 원제목은 「孔子傳」이고 지은이 서명은 '光漢'이다. 이 글은 1904년에 『中國白話報』에 발표되고 『遺書補遺』에 수록되었다. 번역은 『遺書補遺』의 원문에 근거하였다.
2) 원문은 '大成至聖先師'이다.

다. 그래서 그들의 학문은 멀리까지 퍼져나갈 수 없었다. 공자의 제자는 총 3천 명이고 또한 세력이 무척 커서 제후도 그를 매우 숭배하였다. 다시 공자의 손자이며 호칭이 자사(子思)[3]라는 분도 공자의 학문을 전파할 수 있었다. 그러므로 공자의 명성은 나날이 커지기 시작하였다.

또 다른 한 가지는 한의 무제 시대에 제자백가의 학문을 일체 쓰지 않고, 오직 공자의 학술만을 채용했던 덕분이다. 그 이유는 공자의 언설에 그들이 시행한 전제정치 체제와 매우 근접하는 부분이 존재하고, 또 명분과 존비에 관한 화두도 들어 있어서 백성을 강력하게 압제할 수 있었기 때문이다. 따라서 공자교를 엄청나게 높였다. 독서인도 정부의 이런 취지에 영합하여 공자를 무척 숭배하였다. 위·진·당·송 시대에 이르자 공자를 공경하고 존중하는 황제도 매우 많았다. 설사 이민족이 중국을 차지하더라도 공자의 학술을 써서 중국의 백성을 우롱할 필요가 있었다. 그러므로 공자의 학술은 날로 흥성하기 시작하였다.

이상의 세 가지는 전부 중국인이 공자를 공경하고 존중하는 이유이다. 여러분이 보시다시피, 한대의 독서인은 각각 경학을 강론하면서 또 공자를 높이 받들어 존경하였다. 송대의 독서인도 각자 이학(理學)을 강론하면서 역시 공자를 칭송하였다. 심지어 예전에 팔고문(八股文)[4]을 짓는 사람들도 자기는 공자교라고 강조하고, 교몽관(敎蒙館)[5]의 선생들도 공자의 신위를 마련할 수밖에 없었다. 대성전(大成殿)[6] 안에 들어가면 더

---

3) 子思는 孔伋(B.C. 483?-B.C. 402?)의 자이다. 그는 평생을 고향에 살면서 曾子에게 수학하고 맹자에게 유학을 전수하였다.
4) 명·청 시대에 주로 과거시험의 답안 작성에 쓰였던 정형화된 문체이다.
5) 아동을 계몽시켰던 교육기관이다.
6) 공자의 위패를 모시는 殿閣이다. 공자를 한 가운데 두고 안자·증자·자사·맹자 등의 四聖을 좌우에 배치시켜 合祀하였다. 공자의 고향인 山東省 曲阜의 대성전이 가장 크다.

욱 말이 필요 없었다. 그러므로 종교를 강론하는 외국인들이 모두 중국에서는 공자교를 맹목적으로 믿는다고 지적한다. 내가 지금 이런 말의 진위를 따질 필요는 없지만, 공자의 책은 읽지 않는 사람이 아무도 없고 공자의 성명은 모르는 사람이 하나도 없다. 이것은 바로 중국인이 공자를 공경하고 존중한다는 근거이다. 그러나 그 가운데 일부 정통하지 못한 사람들은 비록 공자를 공경하고 존중할 줄은 알지만, 공자의 사적·공자의 학술·공자의 실천에 대해서는 전부 깊이 이해하지 못하고 있다. 그들은 분명 줏대 없이 부화뇌동하는 사람들이 아니겠는가? 그래서 내가 먼저 「공자전」을 지어서 여러분에게 공자의 사람됨이 일반인과 완전히 달랐다는 점을 이해시키고자 한다. 여러분께서 평소 공자에 대해 공경하고 존중하는 마음가짐을 품고 있더라도 잘못된 태도는 아니라고 할 수 있다.

제2장 공자 가문의 내력

공자의 시조는 성탕(成湯)[7]이니 황제(黃帝)의 적통 자손이다. 성탕이 상왕조의 황제가 되고 몇십 대를 거쳐서 제을(帝乙)에 이르자, 그의 아들 중에 미자 계(微子 啓)라고 부르는 이가 있는데 인품이 아주 좋았다. 주왕이 상을 멸망시켰을 때에 그를 송나라의 국왕으로 봉하였다. 5대를 지나서 탕공(湯公)에 이르자, 그의 서자 가운데 불보하(不父何)라 부르는 이가 송의 대신이 되었다. 그의 자손 가운데 목금보(木金父)라 부르는 이가 가족을 데리고 노나라로 이주하여 노나라 사람이 되었다. 이분이 바로 공자의 고조이다.

---

7) 商의 개국 군주이다.

그의 증손자인 숙량흘(叔梁紇)이라 부르는 이가 노나라 추읍(鄒邑)의 대부가 되었다. 그가 맞이한 부인 시(施)씨는 아들을 낳지 못한 채로 먼저 죽었다. 그의 후처인 안(顔)씨도 숙량흘에게 시집온 지 몇 달이 지나도록 아들을 갖지 못해서 무척이나 조급해졌다. 노나라에는 니산(尼山)이 있는데 산위의 보살이 무지 영험하였다. 노나라의 부녀자 가운데 그곳에 가서 아들 낳기를 비는 사람이 아주 많았다. 안씨도 그곳에 아주 신통력이 있는 것을 알고 즉시 가서 절하며 아들을 얻고자 빌었다. 니산에서 돌아온 뒤에 그녀는 과연 임신하게 되었다. 10개월을 넘기지 않고서 사내아이를 낳으니 그가 바로 우리가 가장 공경하고 존중하며 또 가장 숭배하는 공자였다. 옛날 책에는 이렇게 나오지만 이 내용은 몹시 황당하여 믿을 수 없는 것이다. 여러분도 신뢰하지 않았으면 좋겠다. 그의 이름은 구(丘)[8]라 부르고 호는 중니(仲尼)라 불렀다. 태어난 해는 노 양공(襄公) 21년(B.C. 551)이니 이제는 이미 2천여 년이 지났다.

제3장 공자 학술의 연원

중국에서 (하·상·주) 삼대 시절에는 신에게 제사 지내는 일이 중국의 가장 중요한 사안이었다. 그들은 제사를 중시하기 때문에 세상사는 모두 귀신의 명령을 받는 것으로 보았다. 이러한 사상은 점차 학파로 형성되었다. 이런 학파를 관장하는 관직을 사관(史官)이라 불렀다. 사관이 되는 사람들을 보면, 한 부류는 천문을 관장하는 자이고 다른 한 부류는 인간사를 관장하는 자였다. 그들은 중국 고대의 학술을 종교와 합쳐서 하나의 학파로 구성하였다. 가령 지극히 새로운 몇 종의 학술도 전부 종

---

8) 원문은 '邱'인데 '丘'의 오자이다.

교로부터 파생되어 나온 것이었다. 더욱이 중국인은 조상신을 가장 신봉하므로 선조의 법도는 고스란히 아주 보배롭게 여기고, 그것을 금과 옥조처럼 간주해서 감히 조금도 어기지 않았다. 다만 그런 법도를 관장하는 사람도 사관이었다. 그래서 사관의 권력은 대단히 크고 그의 학문도 매우 다양하였다. 사관을 제외하고는 학문을 아는 자가 아무도 없었다.

동주시대에 이르자 사관이 되는 사람들은 학문의 수준이 점점 떨어지지만 유식한 사람들은 모두 이전의 사관으로부터 학식을 얻어온 것이었다. 그러니까, 묵자의 학문은 사각(史角)[9]에게서 나오고 도가의 학문은 주하사(柱下史)[10]인 노담(老聃)[11]에게서 생겨났다. 이를테면 공자의 학문도 온통 주사(周史)로부터 유래한 것이었다. 어떤 근거가 있을까? 공자의 가장 위대한 저작을 『육경』이라 부른다. 이 『육경』이라는 서적은 죄다 공자가 사관에게서 획득한 것이었다. 내가 우선 그 근거를 말해 보겠다.

『역경(易經)』이란 책은 노의 태사(太史)가 소장했던 것이다. 『좌전』을 참고하라. 공자는 노나라 사람이어서 이 분야의 학문을 전해 받았다.

『서경(書經)』이란 책은 주의 외사(外史)가 관장했던 것이다. 『주례』를 참고하라. 공자가 102개국의 보배로운 서적을 획득했을 때 『서경』도 분명히 그 안에 포함되어 있었다.

『시경(詩經)』이란 책은 주의 태사가 진술했던 것이다. 공자의 조상인 정고보가 태사를 역임했기 때문에 『시경』을 전해 받았다.

『춘추(春秋)』라는 책은 공자가 좌구명(左丘明)과 주의 수도에 갔을 적

---

9) 史角은 동주의 사관이다. 묵자는 사각의 후손에게 배웠다.

10) 동주 藏書室의 관직명이다.

11) 老聃은 춘추시대 말기에 도가를 개창한 노자를 말한다. 聃은 그의 자이다.

에 사관에게서 얻어온 것으로 바로 102개국의 보배로운 역사서였다.

『예경(禮經)』이란 책은 주사인 노담이 관장했던 것이다. 공자는 노담에게 예(禮)를 배워서 이 분야의 학문에 정통하였다.

『악경(樂經)』이란 책은 주사(周史)인 장홍이 강의했던 것이다. 공자는 장홍한테 악(樂)을 배워서 이 분야의 학문에 정통하였다.

이렇게 보자면, 『육경』이란 서적은 통틀어 주왕조의 옛 전적이다. 주대의 학문은 죄다 이 여섯 종의 경서 안에 실려 있었다. 그래서 이 여섯 종의 서적은 모조리 사관에게 맡겨져 관리되었다. 사관이 뿔뿔이 흩어지는 시기가 되자, 이런 종류의 관학(官學)은 모두 사학(私學)으로 변화되었다. 그렇게 공자가 『육경』을 전수한 것도 관학에서 사학으로 변했다는 증거이다. 그러나 공자의 『육경』 전승은 분명한 종지를 가지고 있었던 것이다. 그는 『육경』을 교과서로 삼았다. 따라서 현재의 『육경』은 그 절반이 공자 학파 교과 과정의 교본이고, 다른 절반은 교과 과정의 강의안이었다. 내가 우선 그 내용을 설명해 본다.

『역경』이란 책은 공자 학파의 철학 강의안이다.
『서경』이란 책은 공자 학파의 국문 교본이다.
『춘추』라는 책은 공자 학파의 근세사 교본이다.
『시경』이란 책은 공자 학파의 음악 교본이다.
『악경』이란 책은 공자 학파의 음악과 체조 교본이다.
『예경』이란 책은 공자 학파의 윤리 교본이자, 정치학과 심리학의 강의안이다.

이상의 내용으로 보자면, 현재의 『육경』은 모두 공자 학파의 교과서였다.『육경』을 결코 공자가 혼자서 만들어내지 않았다는 점이 바로 그 증거이다. 다만 내가 보기에『육경』이라는 서적은 공자의 구학문에 불과하다. 공자의 학문이 비록『육경』에서 획득되었다고 말하나 고스란히『육경』에만 근거하지는 않았다.『육경』이외에 스스로 터득한 학문도 제법 많았다.

내가 살펴보면, 옛날 인도의 국교는 브라만이라 불렀다. 이 종교의 사제들은 인도의 고대 학문을 장악했는데 중국의 사관과 같다. 석가모니불이 출현하게 되자 별도로 한 학파의 학문을 창립하지만 학문의 내력은 여전히 브라만에서 파생된 것이었다. 공자가 창립한 학파도 석가모니불과 같고, 그의 학문이『육경』에서 나온 것도 브라만으로부터 나온 상황과 같았다. 그러므로 공자의 학문을 이야기하자면, 모두『육경』으로부터 말을 시작해야 한다. 여러분께서 옳다고 여긴다면, 나는 다시 공자가 새롭게 창조한 학문을 차근차근 설명해 보겠다.

제4장 공자의 새로운 학술

공자의 학술이 비록『육경』으로부터 착수됐다고 말하지만 그가 섭렵한 서적은 엄청나게 다양하고 또 그의 사상도 점진적으로 발전하였다. 그러므로 그가 스스로 터득한 학문도 아주 많았다. 대략 공자가 편찬한 서적을 보면,『육경』외에『논어(論語)』·『효경(孝經)』과 같은 책은 모두 공자 자신이 지은 것이었다. 이를테면『육경』안에도 공자가 새롭게 첨가한 내용이 있었다.『역경』의「계사(繫辭)[12]」상·하와『예기(禮記)』의「방기(坊記)」·「표기(表記)」등의 여러 편은 순전히 공자 자신의 저술로

---

12) 원문은 '繫詞'인데 '繫辭'의 오류이다.

보아도 무방하다. 공자의 새로운 학술은 바로 이 몇 권의 책안에 들어 있었다. 그러나 이 몇 권의 책에서 언급한 주장도 여전히 중국의 옛 학술에서 파생된 것이었다. 여러분께서 만일 믿지 못하겠다면, 내가 공자의 신학문을 세 갈래로 나누어 구성해 보겠다.

첫 번째는 윤리학이다. 중국은 고대에 가족을 가장 중요시하였다. 가족을 중요하게 여기기 때문에 오륜을 강조하였다. 공자가 강론한 윤리도 이런 범주를 벗어날 수 없는 것이었다. 공자가 가장 중점을 두던 덕행은 한 가지가 충신(忠信)이고, 다른 한 가지가 독경(篤敬)이었다. 이는 모두 개인의 사적인 도덕으로 외국인이 말하는 자기 한 몸에 대한 윤리이다. 다만 공자가 언급한 윤리는 몇 가지가 더 있었다. 그 하나는 효제(孝悌)인데 가족에 대한 윤리이고, 다른 하나는 충서(忠恕)인데 일반 대중에 대한 윤리이다. 그는 또한 윤리에 중점을 두기 때문에 '인(仁)'이라는 글자 한 자를 집어내면서, "각종 윤리는 전부 '인'자로부터 생겨난다."라고 지적하였다. 또 '예(禮)'라는 글자 한 자를 제시하면서, "각종 윤리는 다 '예'자로 연결시켜야 한다."라고 주장하였다.

그러나 내가 보기에 공자의 취지는 여전히 사적인 도덕을 강조한 것이지, 공적인 도덕을 강조한 것은 아니다. 그가 거론한 내용은 대략 모두가 개인 대 개인의 윤리이다. 그러므로 그는 제 경공(景公)에게 "군주는 군주다워야 하고 신하는 신하다워야 하며, 아버지는 아버지다워야 하고 아들은 아들다워야 합니다."라고 설파하였다. 여기에서 공자의 의도는 오로지 모든 사람이 개인의 사적인 도덕을 완성하면, 곧 좋은 사람으로 간주할 수 있다고 생각한 데 불과했다는 사실을 알 수 있다. 다만 사적인 도덕 가운데 다시 '효(孝)'라는 글자를 제일 중요하게 보았다. 그래서 『효경』안에서는 온통 '효'라는 글자 한 자를 강론하였다. 이를테면 『논어』와 『예기』등 몇 종의 책에서도 부모님께 효도하라는 내용이 아주 많고, 공적인 큰일에 대해서는 사람들에게 전혀 진행하라고 말하지 않았다. 이것은 바로 중국의 조상숭배를 답습한 사상이었다. 그러므로 가족 윤리라는 영역은 공자가 가장 완벽하게 강론했던 것이다. 이상은 공자의 윤리학이다.

두 번째는 심리학이다. '심리'라는 두 글자는 본래 설명하기가 몹시 난해한 것이다. 대략 공자의 시대에는 모두가 오직 성명(性命)을 언급할 줄만 알고, 심리를 언급할 줄은 몰랐다. 『역경』과 『논어』라는 두 책에는 다 성명을 해설한 내용이 있다. 공자 이후에 성선과 성악을 설명하는 사람이 나오고, 음양오행을 설명하는 자도 생겨났다. 또한 기질지성(氣質之性)과 본연지성(本然之性)의 차이를 강론하는 자도 출현하였다. 그러나 그들은 모두 공자에게 견강부회하길 바랐다.

내가 보기에 공자의 성명에 대한 해설은 가장 이해하기 쉬운 내용이다. 그의 '명(命)'자에 대한 해설은 바로 그것을 자연으로 간주해 풀이하고, 그의 '성(性)'자에 대한 해설은 곧 그것을 타고난 기품으로 간주해 설명했던 것이다. 이러한 설명은 본래 고대로부터 전래되어온 것이기 때문에 공자도 그것을 깊이 신뢰하였다. 나의 생각으로는 『논어』에 거론된 '성(性)과 천도(天道)'나 '천도'라는 개념은 '명(命)'자와 같지만, 자공(子貢)은 "(그것을 공자께로부터) 들어서 알 수 없다."라고 말했다. 여기에서 공자가 말한 '성명'에도 아주 심오한 경지가 있었다는 것을 알 수 있다. 공자가 해설한 '심성(心性)'에 관해 보면, 대개 '심(心)'은 영적으로 명철한 존재이므로 (누구나) 심의 영적인 명철함을 쓸 수 있으면 자연히 만물의 이치를 터득할 수 있다고 말했다. 그러나 그의 설명이 아주 명백한 것은 아니었다. 이상은 공자의 심리학이다.

세 번째는 정치학이다. 지금 캉유웨이와 량치차오의 그릇된 견해는 옛날 책의 내용을 서양 학문에 끌어다 붙이길 좋아해서 언제나 공자가 민권(民權)을 중시했다고 주장한다. 내가 보기에, 그들의 주장은 뭐 그다지 믿을 게 못 된다. 대략 공자의 시대에는 신하의 권력이 엄청나게 컸다. 공자의 생각은 군주의 권력을 가장 중시하였다. 『춘추』에 비록 "경대부(卿大夫)의 세습을 넌지시 나무랐다."라는 한 구절이 나오지만 그 취지는 신하의 권력을 눌러서 군주권을 높인 것이지, 결코 신하의 권력을 눌러서 민권을 신장시킨 것은 아니었다. 그의 생각에, 대략 황제는 가장 존엄하여 하늘의 임명을 받은 존재이므로 황제 이하는 그 어떤 신민을 막론하고 다 동일하게 황제의 통치를 받는 것이라고 주장한다. 그러므로 『역경』에 "군자는 상하존비를 판별해서 백성의 의지를 안정시킨다."라고 나온다. 또 『논어』에 "신하는 충성으로 군주를 섬겨야 한다."라고 나온다. 이것은 바로 군주권을 중시했다는 증거들이다.

다만 공자의 취지는 비록 군주권을 높여 존중하지만 황제가 조정의 대신을 학대한다거나 백성들을 천시하는 것은 오히려 허락하지 않았다. 오직 황제가 된 사람은 모두 신민에게 은덕을 베풀어야만 그 신민이 비로소 그를 좋아하며, 황제의 천하도 길이 보전될 수 있다고 주장하였다. 이러한 사상은 법가에 비해 한 차원 높지만 "군주는 백성이 세운다."라는 공리에 대해서는 전혀 알지 못했던 수준에 불과하다. 이를테면 법률 분야도 전혀 중시하지 않고 도덕으로 법률을 삼아서, "도덕이 밝게 함양되면 형벌은 자연히 필요 없게 된다."라고 강조하였다. 이는 실로 법률의 원리를 파악하지 못했던 것이다. 이상은 공자의 정치학이다.

이상의 세 가지는 비록 고대에 전승되던 학문이지만 공자가 새롭게 터득하여 밝혀낸 내용도 제법 많았다. 이를테면 공자의 학술에도 매우 완벽한 부분이 꽤 있는데 내가 다시 차근차근 설명해 보겠다.

한 가지는 '사(師)'와 '유(儒)'의 장점을 겸비하고 있었다. 주왕조의 시대에는 도덕을 강론하는 사람은 명칭을 '사'라 부르고, 옛 전적을 관장하는 사람은 명칭을 '유'라고 불렀다. 이들은 본래 서로 같지 않았던 부류이다. 공자 시대에 이르자 이 두 계열을 통합해낼 수 있었다. 그가 『육경』을 다듬어 정리한 것은 모두 고대의 학술을 조심스레 지킨 부분이니 이는 바로 '유'의 학업이었다. 그가 『논어』와 『효경』을 지은 것은 모두 스스로 독자적인 경지에 이른 학문 갈래이니 이는 '사'의 학업이었다. 공자 이후에 한 파는 한학(漢學)으로 변화하는데 전부 경서를 강론하는 갈래이고, 다른 한 파는 송학(宋學)으로 변하는데 전부 헛되게 심성(心性)을 토론하는 갈래였다. 이것이 공자가 전해준 두 가지 학파였다. 공자와 동시대 사람 가운데 두 갈래의 학파를 종합할 수 있던 이는 오직 공자 한 사람뿐이었다. 이것이 공자 학술의 첫 번째 장점이다.

다른 한 가지는 '체(體)'와 '용(用)'을 합쳐서 일치시켰다. 세상에 어떤 부류의 사람은 오로지 헛소리만 지껄일 줄 알아서 전혀 착실하지 않다. 공자의 취지를 보면 그들과는 달랐다. 공자의 사람됨은 아주 실질적으로 일을 처리하고 싶어 했던 인물이다. 이를테면 그가 언급한 말도 아주 평이해서 이해하기 쉽고, 사람들 모두가 말하고 싶어 했던 내용이므로 한 마디 한 마디를 실천할 수 있었다. 완운대 선생이 "성현의 가르침은 실천하지 못할 것이 없었다."라고 말하고, 또 "공자의 사상 체계는 전부 일을 실제로 처리하는 데서 드러나고, 오직 학문만을 가르침으로 삼지는 않았다."라고 언급하였다. 그의 이런 주장은 조금도 잘못된 견해가 아니다. 이것이 바로 '체'와 '용'을 일치시켰다는 증거이다. 대략 공자의 장점은 그의 주장이 추호도 터무니없지 않고, 구구절절이 실행할 수 있었다는 것이다. 따라서 송대 유학자의 이학(理學)과는 좀 달랐다. 이것이 공자 학술의 두 번째 장점이다.

이상의 내용은 모두 공자 학술의 장점을 설명한 것이다. 하지만 공자 학술은 단점도 아주 많다. 그것도 언급하지 않을 수 없다.

하나는 옛것에 얽매여 있었다는 점이다.『중용』의 마지막 장은 본래 자사의「찬성론(贊聖論)」이다. 그 글 안에 "중니께서는 요임금과 순임금을 본보기로 계승하고, 주의 문왕과 무왕을 모범으로 삼으셨다."라고 나온다. 여기에서 공자의 학술은 옛것에 얽매이지 않은 부분이 하나도 없다는 것을 알 수 있다. 그래서『논어』에도 "옛것을 믿고 좋아한다."라고 나오며, 또 "옛것을 애호하여 힘써 추구한다."라고 나온다. 이것은 모두 공자가 옛것에 얽매여 있었다는 증거들이다. 이미 옛것에 얽매여 있으므로 갖가지 사안에서 전적으로 옛것을 고수하길 바랐다. 이는 진화의 공례와는 크게 상반된다. 중국에서 제도개혁을 수긍하지 않는 것도 이런 주장의 엄청난 폐단에 중독되었기 때문이다. 맹자의 "선왕(先王)[13]을 본받는다."는 것도 같은 의미였다. 이것이 공자 학술의 첫 번째 단점이다.

다른 하나는 비현실적이었다는 점이다. 공자가 내세운 주장은 온통 왕도(王道)를 중시하고 패도(霸道)를 천시한 것이었다. 그러므로 일의 성과를 몹시 경시해서, "포악한 자들을 감화시키면 사형을 폐지할 수 있다."라고 주장하거나, "서두르려 하지 말라." 혹은 "작은 이익을 고려하지 말라."라고 강조했다. 또한 왕도를 숭상하고 패도를 천시하기 때문에 도덕과 예절을 중요시하고 정치와 형벌을 죄다 가볍게 보았다. 더욱이 기예라는 측면도 공자가 역점을 두지 않았던 부분이다. 그가 내세운 주장은 순전히 덕을 중시하고 기예를 경시하였다. 그래서 중국에서는 고대 이후로 실용이 없을 뿐만 아니라 실학도 없었다. 또한 공자 학문을 고취하던 몇몇 사람들은 "어찌 반드시 이로움을 언급하지요."라고 말하거나, "정의는 이익을 꾀하지 않고 밝은 도는 공을 따지지 않는다."라고 주장하였다. 이는 공자의 학술과 비교해도 도리어 원래보다 더욱 심각해진 상태이다.

---

13) 堯와 舜을 말한다.

이것이 공자 학술의 두 번째 단점이다.

또 다른 하나는 미신을 믿었다는 점이다. 지금 사람들은 전부 공자가 귀신을 믿지 않았다고 말하고, 또 공자가 괴이한 자연현상도 믿지 않았다고 말한다. 내가 보기에 그들의 주장은 모두 맞지 않다. 공자는 (하·은·주) 삼대에 살았던 사람이다. 게다가 『논어』에도 "제사는 조상께서 계신 듯이 모시고, 신에게 제사지낼 적에는 신이 있는 듯이 드린다."라고 나온다. 이를테면 『예기』에서 말한 제사의식도 대부분 모두 공자의 견해이다. 여기에서 공자가 그 시대를 살면서 귀신을 깊이 믿었다는 것을 알 수 있다. 또한 『춘추』라는 책에서도 그는 괴이한 자연현상을 토론하기 좋아했다. 서한시대에 이르자, (이러한 지식은) 한 갈래의 학문으로 형성되어 중국의 대학자들을 모조리 어리석게 만들었다. 이것이 공자 학술의 세 번째 단점이다.

마지막 하나는 자기만을 높였다는 점이다. 주대 초기에는 결코 사람들이 이단의 학문을 제창하는 경우를 허락하지 않았다. 공자의 종지도 이전과 마찬가지였다. 『논어』에는 "이단을 비판하면 그 폐단이 없어지게 된다."라고 나온다. 여기에서 공자학파조차 이단의 학문을 배척했다는 것을 알 수 있다. 이단의 학문을 배척했다면, 자연히 유아독존이었다. 여러분이 보시다시피, 맹자의 저서에도 곳곳에서 양주(楊朱)[14]와 묵자를 반박하였다. 송대의 유학자들이 주장한 도통(道統)[15]은 바로 맹자의 학문에서 파생되었던 것이다. 순자(荀子)의 책도 역시 도처에서 각 학파의

---

14) 楊朱(B.C. 395?-B.C. 335?)는 전국시대 초기에 '爲我說'을 주장한 '楊朱學派'의 창시자이다.
15) '道'는 영구불변한 존재로서 역대의 聖人에 의해 전승되어 이어져왔다는 사상이다. '程朱學'의 정통성을 입증하는 이론적 근거였다.

대표학자 12명[16]을 비난하였다. 진왕조의 분서도 순자가 남겨놓은 해악에 중독되었던 것이다. 이러한 관점에서 보면 유가의 학술은 획일적이지 않은 것이 하나도 없고, 자기만을 높이지 않은 것이 아무것도 없어서 학술의 범위를 갈수록 축소시켜버렸다. 이것이 공자 학술의 네 번째 단점이다.

이상의 내용에서 보면 공자의 학술은 매우 좋은 부분도 있고, 몹시 나쁜 부분도 있었다. 우리는 공자를 논평할 때 남의 말에 부화뇌동하여 그를 공경할 필요도 없고, 동시에 함부로 난동부리는 식의 악평을 수긍해서도 안 된다. 그러므로 공자의 학술을 평가하자면, 본래 제자백가의 9개 학파 가운데 하나이니 유가로 불려야 한다. 한·위시대 이전에 "공(자)교[孔(子)敎]"라는 두 글자를 거론한 사람은 전혀 없었다. 뒤이어서 도교와 불교가 등장하기 때문에 당시의 독서인들도 공자가 유교라고 주장하길 바랐다. 게다가 지금은 공자교를 예수교와 나란히 언급하니 참으로 갈수록 더욱 괴이해지고 있다. 내가 보기에 "공(자)교"라는 두 자는 실로 가당찮은 헛소리이다. 여러분이 공자의 학술을 연구하고 싶다면, 마땅히 공자를 유가로 간주하여 다루어야 한다. 이에 공자 학술의 대강도 자연히 명백해질 수 있을 것이니 분명히 현재 가장 요긴한 학문이 아니겠는가?

제5장 공자의 사업

공자는 20세 때에 세상으로 나가서 노나라의 관리가 되고, 창고관리 담당관 21세일 적에 다시 노나라의 승전(乘田)이 되었다. 가축사육 담당관 다만

---

16) 它囂, 魏牟, 陳仲, 史魚鮌, 墨翟, 宋鈃, 愼到, 田駢, 惠施, 鄧析, 子思, 孟子이다.

공자는 비록 이런 하찮은 관직을 맡더라도 착실하게 일을 처리해낼 수 있었다. 정공(定公) 8년이 되자 공자는 또 노나라의 중도재(中都宰)가 되고, 뒤이어 중도재에서 사공(司空)으로 진급하였다. 그는 다시 사공에서 대사구(大司寇)로 승진하고, 또다시 대사구로서 재상의 업무를 대리하였다. 이 몇 년간은 전부 공자의 실행시기이므로 공자의 성취에도 보통 사람이 미치지 못하는 부분이 있었다. 내가 우선 그 내용을 설명해 보겠다.

한 가지는 공자의 내치(內治)이다. 공자는 중도재를 지낼 때, 부모를 생전에 잘 봉양하고 돌아가신 뒤에는 정중히 장례 치르는[17] 예의범절을 제정하였다. 관내의 백성은 모두가 공자의 교화를 우러러서 도적이 완전히 없어졌다. 또한 남자와 여자가 거리를 다닐 때 모두 도로를 구분해 걸어서 감히 음란한 자가 아무도 없었다. 사구를 지낼 때는 대체로 안건을 심리할 적에 언제나 백성들을 불러 방청시키며 상세히 그 사건의 정황을 심문하였다. 이는 곧 외국에서 배심관과 재판소를 설치한 것과 같기 때문에 노나라 지역에는 간사한 백성이 없었다. 사공을 맡은 시절에는 노나라의 대부가 너무 강대하다고 주장하며 계손씨(季孫氏)·맹손씨(孟孫氏)·숙손씨(叔孫氏) 봉읍의 성곽을 한꺼번에 파괴하고자 기도하였다. 비읍(費邑)[18]의 사람들이 마음으로 받아들이지 못하고 무장 반란을 일으켜 일제히 노나라로 공격해 왔다. 공자는 신구수(申勾須)와 낙기(樂頎)[19] 두 사람을 시켜서 대군을 거느리고 비읍 사람들과 전쟁하여 그들을 격퇴하였다. 이렇게 보면 공자는 뛰어난 능력을 갖춘 인물이지, 결코 입으로 빈 말만 내뱉는 일반인이 아니었다는 것을 알 수 있다. 이상이 공자의 내치이다.

---

17) 원문은 '養生送'인데 '養生送死'의 오류이다.
18) 季孫氏의 食邑이다.
19) 申勾須(?-?)와 樂頎(?-?)는 모두 춘추시대 말기 노의 大夫이다.

다른 한 가지는 공자의 외교이다. 공자가 사구를 맡은 시기에 노 정공이 제 경공(景公)과 화친을 맺어 협곡(夾谷) 지방에서 동맹하게 되었다. 공자는 정공과 같이 가게 되자, 정공에게 "원래 문화와 교육이 구비된 국가라도 군비는 갖추어야 합니다. 이번 동맹회의에는 결단코 군대를 거느리고 가지 않을 수 없습니다."라고 건의하였다. 협곡에 이르니, 과연 제나라 사람들이 온갖 간교를 다 부리며 "공자는 능력 없는 사람이다. 만일 일부 병력을 이끌고 출동한다면 분명히 승리할 수 있다."라고 소리쳤다. 그들은 바로 래(萊) 사람들을 시켜서 병사를 데리고 회의장에 쳐들어가게 하였다. 공자는 상황이 좋지 않은 것을 목격하자, "오랑캐 무리가 중국을 어지럽힐 수 없는 것이다. 지금 오랑캐 포로를 동원해 양국의 화친을 망치고 있다. 이 어찌 이치에 완전히 어긋난 일이 아니겠는가?"라고 외쳤다. 제의 제후는 공자의 이 말을 듣자, 즉시 래의 병사를 철수시켰다. 뒤이어 공자는 다시 제의 군주에게 제나라에서 문양(汶陽) 지역의 백성을 한꺼번에 노나라에 돌려주도록 요청하였다. 제나라도 바로 허락하였다. 여기에서 공자가 그 당시 뛰어난 외교 능력을 지니고 있기 때문에 제나라가 노나라를 몹시 두려워했다는 것을 알 수 있다. 이상이 공자의 외교이다.

이렇게 보자면 공자의 사람됨은 자기의 정치적 이상을 실행하고자 매우 염원했던 인물이라는 것을 알 수 있다. 공자는 오직 군주의 신임을 얻으면 바로 그의 권력을 이용해서 자신의 개혁을 시행할 수 있었다. 그래서 72개국을 두루 돌아다녔다. 심지어 공산불요(公山不擾)[20]라는 그런 반역적인 신하가 사람을 보내 공자를 초청해도 공자는 가길 원했다. 다

---

20) 公山不擾(?-?)는 '公山不狃'라고도 부르는데 춘추시대 말기 노의 大夫 季孫氏의 家臣이다.

만 공자는 비록 자신의 정치적 이상을 펼치고자 염원하나 그의 사람됨은 굽힐 줄 모르는 기개와 절조가 넘쳐서 결코 혼탁한 세상과 타협하지 않았다. 여러분이 보시다시피, 노나라 사람이 제사고기를 돌리지 않자[21] 공자는 곧 노를 잠시 벗어났다. 위(衛)의 남자(南子)가 공자를 마차에 동승시키자,[22] 공자가 바로 위를 떠나버렸다. 이것은 확실히 공자의 굽힐 줄 모르는 기개와 절조가 아니겠는가?

그런데 공자는 아주 자신만만해서 어디에서나 왕도를 주장하길 바랐다. 그의 명성도 나날이 높아져서 각 나라의 제후가 듣게 되고, 또 그들의 나라에 오면 다들 상호 대등한 예로 접대하였다. 그래서 각국의 신하 가운데 공자를 질투하지 않는 사람이 아무도 없었다. 제 경공이 서사(書社)를 공자에게 분봉하길 바라나 안자(晏子)[23]가 나서서 가로막고, 초 소왕(昭王)이 니계(尼溪)를 공자에게 분봉하길 원하지만 자서(子西)[24]가 나서서 막았다.[25] 더욱이 환퇴(桓魋)[26]와 진(陳)나라 · 채(蔡)나라의 사람들은 모두 공자를 죽을 운명으로 몰아넣고자 기도하였다. 이를테면 각국의 제후는 공자의 언설이 비현실적이며 융통성이 전혀 없는 것을 보

---

21) 노의 定公은 제의 미인계에 빠져 정사를 돌보지 않고, 제사를 모신 뒤에도 祭肉을 대부들에게 돌려 존중의 뜻을 표시하지 않았다.

22) 南子는 위 靈公의 부인이다. 이 내용은 『史記』「孔子世家」와 좀 다르다. 「孔子世家」에는 "위 영공과 부인인 남자가 함께 마차에 올라 환관 雍渠를 옆에 동승시키고 궁에서 나와서 공자를 뒤 수레에 태운 채로 한껏 뽐내며 시장을 지나갔다."라고 나온다.

23) 晏子(?-B.C. 500)는 춘추시대 말기 제의 명재상이다.

24) 子西(?-B.C. 479)는 춘추시대 말기 초의 재상이다.

25) 이 내용에는 오류가 있다. 『史記』「孔子世家」에 의하면, 제 경공이 분봉하려던 지역은 尼溪이고, 초 소왕이 분봉하려던 곳이 書社였다.

26) 桓魋(?-?)는 춘추시대 말기 송의 大夫이다. 공자가 송에 갔을 적에 큰 나무 아래에서 제자들에게 '禮'를 강론하는데, 환퇴가 공자를 죽이려고 그 나무를 쓰러뜨렸다고 전한다.

고, 공자를 기용하길 원하지 않았다. 공자도 자신이 등용되지 못하는 것을 깨닫자, 혈혈단신으로 노나라로 돌아왔다. 그러나 귀국한 뒤에도 날마다 세상에 쓰이기를 염원하였다. 그러므로 제의 진항(陳恒)[27]이 군주를 시해하자, 공자는 군사를 출동시킬 요량으로 [노 애공(哀公)에게] 토벌을 요청하였다. 계손(季孫)[28]이 경작지에 조세를 부과하자, 공자는 다시 나서서 저지하였다. 여기에서 공자의 의도가 하루도 백성을 위하지 않은 날이 없었다는 것을 알 수 있다. 그는 온 누리 만국의 일을 자신의 일처럼 여겼다. 이에 성문을 지키는 수위가 공자는 "할 수 없는 줄을 알면서도 한다."라고 말한 것은 정말로 공자 평생의 실제 정황이었다. 그는 당시 은자들과 비교하면 엄청나게 달랐다. 이것은 진실로 공자의 가장 뛰어난 부분이었다. 여러분이 공자의 사업을 살피려면, 모두 이런 사항부터 눈여겨보아야 한다. 그 나머지 다른 사항은 나도 덧붙이고 싶지 않다.

제6장 공자의 교육

공자의 교육은 지금 학교의 선생들과는 사뭇 달랐다. 그의 의도는 날마다 실천운동을 전개하려는 것이었다. 실천운동을 할 수 없게 되자, 그는 "교육이란 분야도 자신의 취지를 실행할 수 있고, 또 인재를 양성할 수 있다."라고 주장하였다. 그러므로 (사상의 중점도) 정치사상에서 교육사상으로 전환시켰다. 다만 공자의 교육은 통틀어 세 차례 실시되었다.

제1차는 노 소공(昭公) 12년(B.C. 529)이다. 공자는 궐리(闕里)[29] 지방에

---

27) 陳恒(?-?)은 춘추시대 말기 제의 대신으로 簡公을 시해하고 스스로 재상 자리를 차지하였다.
28) '季孫氏'를 말한다.
29) 공자의 고향이다.

서 교육을 베푸는데 따르는 제자가 아주 많았다. 이는 공자가 22살 때의 상황이다.

제2차는 노 정공(定公) 7년(B.C. 502)이다. 공자가 벼슬에서 물러나 『시』·『서』·『예』·『악』을 연구하여 정리하자, 멀리서 찾아온 제자 가운데 탄복하지 않은 자가 아무도 없었다. 이는 공자가 49살 때의 상황이다.

제3차는 노 애공(哀公) 11년(B.C. 483)이다. 공자가 위(衛)나라에서 노나라로 돌아와서 『시』·『서』·『예』·『악』을 제자들에게 가르치자, 수업을 받는 이가 더욱 많아졌다. 이것은 공자가 68살 때의 상황이다.

이렇게 보면 공자의 교육은 한 번에 그치지 않지만 전부 노나라 지역에서 이루어졌다는 것을 알 수 있다. 내가 다시 공자의 교육 내용을 설명하겠다.

첫째는 도덕 교육이다. 도덕 교육은 공자가 가장 역점을 두었던 사항이다. 그래서 『논어』에 "젊은이는 (집에) 들어가면 부모님께 효도하며 나가서는 윗분들께 공손하고, 언행을 삼가서 미덥게 하며 두루 대중을 사랑하되, 어진 사람을 가까이해야 한다."라고 나온다. 여기에서 공자의 제자 교육은 순전히 도덕 교육에서 시작했다는 사실을 알 수 있다. 또한 『논어』에 "공자께서는 네 가지로써 가르치셨다."라고 나온다. 그 네 가지는 '글공부' 이외에 다른 하나는 '덕행'이고 또 하나는 '충실'이며 마지막 하나는 '신의'였다. 이것도 도덕 교육을 중시한 내용이다. 이를테면 공자의 교육 방법에는 "도(道)에 뜻을 두고 덕(德)에 의거하며 인(仁)에 의지한다."라고 언급한 내용이 있다. 또한 "말할 때는 (앞으로) 실천할 것을 고려하며, 실천할 때는 (예전에) 말했던 바를 돌이켜보아야 한다."라고 언급한 부분도 있었다. 그러므로 앞의 네 과목에서도 "덕행"이 첫째로 꼽혔다. 하지만 그가 장려한 덕행도 개인 대 개인의 사적인 도덕이었다. 그는 덕행이 입신출세의 기초라고 주장하며 수신이란 항목을 제일 중요하게 간주하였다. 그러므로 공자의 가장 완벽한 교육도 오직 윤리라는 한 과목만이 있었다. 이것이 공자 교육의 첫 번째 내용이다.

둘째는 지성 교육이다. 나의 생각에 근거해 보자면, 공자는 다재다능함을 중시하지 않고 '예(藝)에서 노닐다.'라는 사항도 몹시 경시하였다. 공자에게는 본래 지성 교육이 없었다. 그러나 공자는 이미 박식이 매우 중요하다고 주장하며, 또한 육예(六藝)에도 예(禮)·악(樂)·사(射)·어(御)·서(書)·수(數)[30]의 각 과목이 있었다. 더욱이 '예'와 '악'의 두 과목은 그 내용에도 지성 교육이 많이 포함되어 있었다. 이는 분명히 공자도 지성 교육을 좀 알았던 것이 아니겠는가? 이것이 공자 교육의 두 번째 내용이다.

셋째는 체육 교육이다. 체육이란 항목도 공자는 중점을 두지 않던 것이지만 병장기도 체육 과목에 속하였다. 그러므로 공자의 제자 가운데 번지(樊遲)[31]와 자로(子路)[32] 등 몇 사람은 모두 용병술과 상무(尙武)정신을 알았다. 안습제(顏習齋)[33]가 "공자학파는 무예와 용맹을 가장 숭상했다."라고 말한 바는 바로 이런 사항을 증거로 삼았던 것이다. 여기에서 공자의 취지가 학문을 중시하고 무예를 경시하는 것과 달랐다는 사실을 알 수 있다. 이것이 공자 교육의 세 번째 내용이다.

이상의 언급은 모두 공자의 교육 내용이다. 대체로 공자는 교육에 더할 나위 없이 열성적이었다. 그는 "다른 사람 가르치기를 게을리하지 않

---

30) 六藝는 예절·음악·활쏘기·마차몰기·글쓰기·산수를 말한다.
31) 樊遲(B.C. 515-?)는 공자의 뛰어난 제자 '七十二賢' 가운데 한 사람이다.
32) 子路(B.C. 542-B.C. 480)는 '孔門十哲'의 한 사람이다.
33) 顏習齋는 청초의 사상가로 경세치용의 '顏李學派'를 창시한 顏元(1635-1704)을 말한다. 習齋는 그의 호이다.

았다."라고 말하였다. 또 "내가 실행하고서 너희 제자들에게 가르쳐 주지 않은 것이 없다."라고 언급하였다. 또다시 "촌 사내가 내게 질문해도, 나는 반드시 그 물음의 앞뒤 상황을 자세히 물어보았다."라고 말했다. 여기에서 공자는 교육에 매우 심혈을 기울이고, 또 간절히 보급시키고자 염원했다는 사실을 알 수 있다. 그러므로 그의 학생은 도합 3천 명이나 되고, 아주 유명한 자도 72명이 있어서 공자의 세력을 나날이 키워나갔다. 그러나 학문의 심오한 부분은 아무래도 다른 사람에게 알려주기가 쉽지 않았다. 가장 만족할 만한 제자를 만나야 비로소 전수하기 때문에 자공(子貢)³⁴⁾도 "성(性)과 천도(天道)는 (공자에게서) 들을 수 없었다."라고 언급하였다. 공자의 학문을 전수 받은 사람들도 뒤이어 두 파로 갈라졌다. 내가 다시 그 상황에 대해 차근차근 설명하겠다.

한 학파는 심성(心性)의 학문이었다. 이런 학문은 먼저 안자(顔子)³⁵⁾에게 전수되고 뒤이어 증자(曾子)³⁶⁾에게 전수되며 다시 증자에서 자사와 맹자에게 전해졌다. 대략 그들은 모두 추상적인 도리를 주장하며, 또 몸소 행하는 실천을 중시했던 자이다. 그들은 도덕 교육적 학파였다. 송유(宋儒)의 성리학(性理學)도 이 학파에서 근원을 찾을 수 있다. 이것이 공자 학문의 첫 번째 학파이다.

다른 한 학파는 『육경』의 학문이었다. 이런 학문은 본래 사관의 옛 경전에 관한 것인데 공자의 정리를 거쳐서 자하(子夏)³⁷⁾에게 전수되었다. 그러므로 『시경』·『춘추』·『삼례(三禮)』와 같은 각종 서적이 통틀어 자하

---

34) 子貢(B.C. 520-B.C. 456)은 '孔門十哲'의 한 사람이다.
35) 顔子는 공자의 수제자로 '孔門十哲'의 한 사람인 顔回(B.C. 521-B.C. 481)에 대한 존칭이다.
36) 曾子는 공자의 후기 제자인 '曾參'(B.C. 505-B.C. 435)의 존칭이다. 증자는 공자·안자·맹자와 함께 '四聖'으로 추앙받고 있다.
37) 子夏(B.C. 507-?)는 '孔門十哲'의 한 사람이다.

로부터 전해졌다. 순자에 이르자 다시 이 학파의 학술을 집대성하므로 한대의 경학(經學)은 자하와 순자를 선현으로 추앙하였다. 그 밖의 제자로서 상구(商瞿)[38]는 『역』을 전하고 자유(子游)[39]는 『예』를 전했는데 이 학파의 학문을 전수한 것이다. 이것이 공자 학문의 두 번째 학파이다.

이상의 내용으로 보면 공자의 교육은 후세에 영향이 지대했다는 것을 알 수 있다. 그가 왜 확실히 교육의 대가가 아니겠는가? 만약에 공자는 종교가였다고 말한다면, 이런 주장[40]이야말로 결코 정확하지 않다.

제7장 공자의 사후

공자는 노나라에 귀국한 뒤로 자신도 세상에 도리가 실행되지 못한다는 것을 깨달아서 날마다 언짢아하였다. 노 애공 16년(B.C. 478)이 되자 공자가 병으로 별세하니 향년 73세였다. 그가 묻힌 곳은 노의 도성 북쪽이니 지금의 공림(孔林)이다. 공자의 아들은 백어(伯魚)라 부르고, 백어의 아들은 자사라 부르는데 다들 공자의 학문을 전수할 수 있었다. 또한 제자가 아주 많기 때문에 날마다 각국에서 (그의 학문을) 널리 전파하였다. 각국의 제후도 점차 공자를 존경할 줄 알게 되었다. 진·한시대 이후가 되자 대대로 공자를 높여 봉해서 공(公)의 작위를 주거나 왕(王)의 작위를 주었다. 오늘날에는 공자를 '학문을 집대성하고 덕성이 가장 성스러우신 스승님'으로 부르게 되었다.

내가 보기에 공자의 사람됨은 실로 보기 드문 경우였다. 그의 학문이

---

38) 商瞿(B.C. 522-?)는 '七十二賢' 가운데 한 사람이다.
39) 子游(B.C. 506-?)는 '孔門十哲'의 한 사람이다.
40) 당시에 캉유웨이와 량치차오는 공자를 '공자교의 교주'로 추대하는 운동을 벌이고 있었다.

나 그의 사업이나 그의 교육은 주대에서조차 희소했다. 그래서 오늘날 사람들이 공자를 칭송하는 것은 나도 매우 찬성한다. 그러나 그의 학문은 아무래도 유가의 한 학파이므로 반드시 그는 '덕성이 가장 성스러우신 스승님'이라고 주장한다면, 오히려 너무 과분함을 면하지 못할 것이다. 따라서 내가 지은 「공자전」은 순전히 나 자신의 생각에 근거하였다. 나는 그가 아주 좋다거나 혹은 그가 몹시 나쁘다고 주장하는 것이 아니니 더할 나위 없이 공평한 입장이다. 이 잡지[41]를 보는 여러분께서 도대체 공자를 좋다고 말할지, 좋지 않다고 말할지 나는 알 수 없다. (1904)

---

41) 『中國白話報』를 말한다.

07
중국 혁명가 진섭전[1]

제1장 총론

예전에 태사공(太史公)[2]이 『사기』를 저술할 적에 「공자세가(孔子世家)」를 완성한 뒤에 바로 「진섭세가(陳涉世家)」를 지었다. 그런데 다른 사람들이 모두 그는 두서가 없다고 말한다. 그러나 내가 보기에, 『사기』의 순서에는 아주 큰 이치가 있었던 것이다. 세상에서 가장 강조되는 사항은 하나가 정치이고, 다른 하나는 교육이다. 만약 공자가 없었다면, 학술을 집대성하지 못하고 교육도 그렇게 완전할 수 없었을 것이다. 만약 진섭이 없었다면, 혁명의 물결을 일으키지 못하고 정치도 그렇게 개혁할 수 없었을 것이다. 그러니까, 진섭은 공자와 마찬가지로 주목되는 인물이다. 게다가 현재의 중국은 반드시 혁명을 실행하는 것 말고는 차선책이 없다. 그리고 (하·상·주) 삼대 이래로 대혁명가도 오직 진섭 한 사람이

---

1) 원제목은 「中國革命家陳涉傳」이고 지은이 서명은 '光漢'이다. 이 글은 1904년에 『中國白話報』에 발표되고 『遺書補遺』에 수록되었다. 번역은 『遺書補遺』의 원문에 근거하였다.
2) 司馬遷을 가리킨다.

유일하였다.

따라서 내가 『(중국)백화보』에 글을 쓸 적에도 태사공의 사서 체제에 의거해 「공자전」을 완성한 뒤에 바로 「진섭전」을 지어서, 현재의 모든 중국인에게 혁명이란 사건은 예전에도 실행했던 사람이 많고, '독립'과 '자유'의 표면적 의미도 외국인이 창조해내지 않았다는 사실을 주지시키려 한다. 이러한 혁명적 사상이 저절로 왕성하게 생겨날 수 있다면 분명히 지금 가장 심혈을 기울일 일이 아니겠는가?

제2장 진섭 혁명의 원인

중국은 주·진(周·秦)시대 이래로 점점 전제정치 체제로 변질되어서 백성의 권력은 완전히 사라져버렸다. 어떻게 이런 상황이 빚어졌을까?

중국에서 요·순 시절 이전은 대략 추장시대였다. 따라서 여러 추장은 모두 백성이 추대한 자들이고 백성의 권력도 아주 크게 느껴졌다. (하·상·주) 삼대의 시기에 이르자 예전의 추장들이 점점 권력을 장악하기 때문에 낱낱의 제후로 변해갔다. 이것이 바로 봉건제도이다. 다만 이 시기는 그래도 지방분권이지 중앙집권은 아니었다. 그러나 세상의 제후는 모두 천자의 명령을 받들어야만 하였다. 춘추전국의 시기가 도래하자 각 제후의 권력이 다시 나날이 커져갔다. 진시황은 천하를 차지하자 봉건제도가 전제정체에 크게 방해된다는 것을 터득하였다. 그래서 제후의 권력을 일괄적으로 말살시켜 군현제도를 완성하였다. 그러나 이 시기의 백성은 봉건제도에 대해 아주 익숙하게 여기는데 갑자기 봉건제를 폐지해버리는 국면을 목격하자, 마음으로 승복할 수 없다고 느꼈다. 이것이 진섭 혁명의 첫 번째 원인이다.

중국은 (하·상·주) 삼대의 시기에 모두 정전제도를 시행하였다. 이 정전제도는 경작지가 고스란히 황제 한 사람에게 귀속되고, 황제는 백성에게 분배해 경작시켰다. 각 사람이 받은 경작지가 다 같은 모양이기 때문에 이 제도의 내용은 비록 전제(專制)와 아주 흡사하게 느껴지지만, 백성 쪽에서 보자면 오히려 매우 평등한 것이었다. 즉 큰 부자도 없고 또 지독한 가난뱅이도 없었다. 그래서 이 시기의 백성은 무척 평온하게 느꼈으므로 아무런 혁명적 사상도 없었다. 진시황의 시기에 이르자 예전의 정전제적 방법을 일거에 폐지해버렸다. 이에 돈 있는 사람은 다들 사들인 논밭이 아주 많고, 돈 없는 사람들은 1무(畝)의 논밭조차도 모조리 없어졌다. 옛날에 동중서가 "부자는 논밭에 두렁길이 사방으로 이어지지만 가난한 자는 송곳 꽂을 만한 땅조차 없다."라고 언급하였다. 이는 정말로 당시의 실정이었다. 그러므로 이 시기의 가난뱅이는 먹을 양식이 없어서 매일 굶주림과 추위를 참아내지만 점차 인내할 수 없게 되었다. 그들은 견딜 수 없게 되자 나서서 폭동을 일으키고 말았다. 이것이 진섭 혁명의 두 번째 원인이다.

이 두 가지 원인 이외에도 다시 두 개의 작은 원인이 더 있었다.

하나는 무력의 과용이었다. 진시황 시대에는 이미 6국을 멸망시켰는데도 위세가 떨쳐지지 않아 백성을 복종시킬 수 없을 것을 두려워하였다. 그 때문에 사방의 이민족에게 무력을 써서 중국의 군사력을 국외에 과시하였다. 제1차는 흉노(匈奴)를 정벌해서 음산(陰山)의 남쪽 지역을 한꺼번에 점거해버렸다. 다시 만리장성을 축조해서 북방의 경계를 그었다. 제2차는 육양(陸梁)[3]을 정벌하여 백월(百越) 지방 전역에 군현을 설치하는데 곧장 계림(桂林)과 상군(象郡)에 이르러야 끝나고 '육양'이라 불

---

3) 진대에 五嶺 이남 지역을 가리킨다. '陸梁'은 원래 '제멋대로 날뛴다.'라는 의미였다. 오령 이남 지방의 사람들이 그렇다고 여겨서 지명으로 굳어졌다.

렀다. 현재의 시점에서 보자면, 이 일은 아주 잘된 것이다. 하지만 전제적인 무력의 행사는 오로지 군주 개인의 의지이지 국민 공동의 의사는 아니었다. 그러므로 무력 사용이라는 측면에 대해서 진왕조의 백성은 전부 어느 정도 반감을 가졌다. 더욱이 전사한 사람이 얼마인지도 모를 정도이고, 또 무기와 군량의 준비도 모조리 백성에게 공급하도록 시킨 것이었다. 그래서 이 시기의 백성은 점점 견딜 수 없게 되었다. 이것이 진섭 혁명의 첫 번째 작은 원인이다.

다른 하나는 형벌의 남용이다. 진나라에서 상앙(商鞅)을 기용한 이후로 그는 나라 안의 법률을 나날이 엄격하게 만들었다. 뒤이어서 이사(李斯)[4]와 조고(趙高)[5] 등 몇 사람이 법률을 더욱 가혹하게 제정하였다. 대략 중국은 (하·상·주) 삼대 시기가 전제라고 말하지만 형법 쪽은 항상 매우 관대한 편이었다. 진시황에 이르자 그는 전제정치 체제를 시행하면서도 백성의 반항을 두려워하였다. 그 때문에 엄준한 형벌과 법률을 마련해 백성으로 편입된 사람들이 공포를 느끼도록 만들었다. 이에 그들은 감히 정부에 저항할 마음을 가질 수 없게 되었다. 게다가 조정의 입법이 삼엄해지자, 수령 노릇 하는 사람들은 자연히 조정의 의도에 순응하여 살인이나 가문 몰살 등의 일을 일상사로 여겼다. 당시 백성으로 편입된 사람들이 진조 형법의 온갖 잔혹함을 보고 어떻게 원망하고 분개하지 않을 수 있겠는가? 이미 원망하고 분개한 상태이니 혁명을 고취시키기도 쉬웠다. 이것이 진섭 혁명의 두 번째 작은 원인이다.

이렇게 많은 원인이 있어서 국민의 혁명사상은 이미 절정에 달했다. 이는 프랑스 대혁명 이전과 비교해도 별 차이가 없었다. 그런데 중국의 백

---

4) 李斯(B.C. 284-B.C. 208)는 법가 통치로 중국 통일을 이룩한 진의 재상이다.
5) 趙高(?-B.C. 207)는 진의 환관으로 시황제가 죽은 뒤에 이사와 함께 국정을 농단하여 나라를 망쳤다.

성은 역량이 아주 미약하고 다들 수동적인 사람이지, 주동적인 사람이 아니었다. 따라서 전적으로 영웅호걸이 나타나 그들을 선동해야만 비로소 호응할 수 있었다. 제일 앞서서 항거한 사람을 찾아보면 바로 진섭이었다. 그러니까 우리가 진섭의 인물됨을 평론하자면, 그는 시대를 앞서 간 큰 위인이었다. 이제 다시 진섭이 일으켰던 혁명의 장점을 설명해 보겠다.

제3장 진섭 혁명의 특색

진섭 혁명의 원인은 이미 제2장에서 설명을 다 끝냈다. 다만 진섭의 혁명 사건은 참으로 감동스럽고 탄복할 만한 것이었다. 내가 보기에는 큰 특색이 두 가지 있었다.

한 가지는 예전에 혁명을 일으켰던 사람은 전적으로 왕과 제후인데 진섭에 이르자 이제 혁명을 일으킨 사람은 순전히 백성이었다는 것이다. 여러분께서 보시다시피, 중국인이 다들 칭송하는 혁명가는 상의 탕왕과 주의 무왕인데 하나는 상나라의 제후이고 다른 하나는 주나라의 제후였다. 이들은 다 평소의 세력이 아주 커서 혁명의 시기에 호응하는 사람들이 있었다. 옛날 역사에서 백성 혁명이라는 사건에 관해 보자면 그런 사건이 아주 많지는 않다. 오직 주 여왕의 시기에 주왕조의 백성은 여왕이 극악무도한 상황을 보고, 나서서 여왕에게 대항하여 그를 축출해버렸다. 이는 중국 백성이 일으킨 첫 번째 혁명이었다. 그러나 현재의 관점에서 보자면, 단지 군주의 지위를 바꿔보려는 생각만 있지, 결코 정부를 전복시키려는 사상은 없었다. 따라서 이런 혁명은 결코 특색이 있었다고 말할 수는 없다.

유독 진섭의 개인사를 보면, 그는 예전에 몸소 논밭에서 농사지었으니 농부이다. 뒤이어 어양(漁陽)에 귀향 가서 수(戌)자리를 살았으니 병졸이다. 지금 외국의 혁명에서 가장 중요한 점은 그 하나가 농민 혁명이고 다른 하나는 군인 혁명이다. 진섭의 혁명은 이 두 가지 면을 아우르고 있었던 것이다. 그는 어찌 분명히 전대미문의 영웅이 아니겠는가? 더욱이 중국의 역사는 고스란히 군주의 역사이지 백성의 역사는 아니라서 중국의 백성은 전혀 성취가 없었다. 진섭에 이르자 그는 평범한 한 사내의 역량으로 전국을 선동할 수 있었다. 이것이야말로 정말 진섭 혁명의 첫 번째 특색이다.

다른 한 가지는 후대의 혁명 사건은 모두 개인의 의지이지만 진섭을 보면 그 혁명 사건은 전적으로 공공의 의지였다는 것이다. 여러분이 보시다시피, 중국의 왕조는 수십 번 교체되었다. 조조(曹操)[6] · 사마의(司馬懿)[7] · 양견(楊堅)[8]은 다들 권력 있는 신하로서 황위(皇位)를 찬탈했던 인물이다. 이연(李淵)[9] · 주온(朱溫)[10] · 조광윤(趙匡胤)은 죄다 방진(方鎭)[11]으로서 황위를 찬탈했던 자이다. 그러므로 왕조를 교체해도 순전히 한 집안이나 한 성씨의 흥망성쇠일 뿐이고, 백성 전체와는 관련이 없었다.

오직 진섭의 혁명을 보면, 국민의 공적 의지에서 일어났던 것이다. 그래서 진섭이 처음 거사할 때는 평범한 한 사내에 불과하지만, 그가 군대

---

6) 曹操(155-220)는 삼국시대에 위왕조 개창의 토대를 마련하였다. 그의 아들 曹丕가 위의 초대 황제가 되었다.

7) 司馬懿(179-251)는 삼국시대 위의 재상으로 진 건국의 기초를 닦았다. 그의 손자 司馬炎이 진의 초대 황제로 등극하였다.

8) 楊堅(541-604)은 수의 개국 황제이다.

9) 李淵(566-635)은 당의 개국 황제이다.

10) 朱溫(852-912)은 오대십국시대 後梁의 개국 황제이다.

11) '藩鎭'의 별칭이다. '방진'은 당 · 오대 · 송초에 변방을 지키는 군대의 주둔지이고 그 장관은 '節度使'이다. '방진'이나 '번진'은 때로 '절도사'를 가리키는 의미로도 쓰였다.

를 일으켰다는 소식을 듣고 각 처의 호걸이 일제히 나서서 호응하였다. 위(魏)나라 지역에는 위표(魏豹)와 주불(周市)이 있고 제(齊)나라 지역에는 전담(田儋)[12]과 전영(田榮)이 있으며 조나라 지역에는 장이(張耳)와 진여(陳餘)가 있었다. 이를테면 한 고조가 풍패(豊沛)에서 기병하고 항우가 오중(吳中)에서 기병한 것도 진섭의 영향을 받은 결과였다. 그러므로 진섭은 군사를 일으킨 지 1년도 안 돼서 그 수하의 병사가 백여 만에 이르고 관동(關東) 지방을 절반이나 차지할 수 있었다. 만약 국민의 공적 의지가 아니라면 어떻게 선동할 수 있겠는가? 그가 비록 성공하지는 못하지만 진왕조의 천하는 진섭의 손에 멸망했던 것이다. 진섭 한 사람은 바로 당시 전국 국민의 대표였다. 이것이 바로 진섭 혁명의 두 번째 특색이다.

이상의 두 가지는 모두 진섭 혁명의 큰 특색이다. 다만 진섭의 혁명에는 또 한 가지 특별한 점이 있다. 예전에 중국의 거사는 모두 북쪽 변방에서 일어난 것이었다. 유독 진섭의 거사만은 동남쪽이었다. 그가 진왕조를 멸망시키는 데는 성공하지 못하지만 그의 병력은 이미 희하(戲下)에까지 이르렀다. 이는 동남쪽의 세력이 서북쪽과 싸워 이긴 첫 번째 경우였다. 훗날에 명의 태조가 오랑캐인 원왕조를 몰아내는데 그가 기병한 장소가 바로 진섭이 기병한 지역의 부근이어서 쉽사리 성공할 수 있었다. 그러므로 명 태조의 중국 광복도 진섭이 열어준 것이었다.

지금 우리 중국인은 매일매일 광복을 외치고 날마다 혁명을 주장하니 어떻게 숭배하는 대상이 없을 수 있겠는가? 그래서 내가 먼저 진섭 혁명의 특색을 들어서 여러분께 보여드렸다. 뒤이어 진섭의 사적을 설

---

12) 원문은 '田邯'인데 『史記』의 「陳涉世家」·「田儋列傳」에 근거하면 '田儋'의 오류이다. 번역은 『史記』를 따랐다.

명해서 여러분께 알려 드린다면, 그 가운데 영향력 없는 내용이 조금도 없을 것이다. 그러면 영웅에 대한 숭배 의식도 자연히 최고조에 이르게 될 것이다.

제4장 진섭의 집안 내력 및 혁명의 원인

진섭의 이름은 승(勝)이고 자는 섭(涉)이라 불렀다. 그는 양성(陽城) 지방 출신의 인물이었다. 진섭이 어릴 적에, 일찍이 다른 사람들과 함께 품 갈이하였다. 그는 두렁 옆에서 쉬다가 문득 비범한 생각이 떠올라서 같이 품갈이하는 사람들에게 "만약 부귀해지는 때가 오더라도 우리 모두 오늘을 잊지 말자!"라고 말하였다. 품갈이하는 사람들은 이 말을 듣고, 그가 미친 소리를 지껄인다고 여겼다. 그들은 바로 진섭에게 "너는 지금 다른 사람을 위해 농사짓는데 어떻게 부귀해지겠느냐?"라고 비아냥거렸다. 진섭은 탄식하면서, "너희 평범한 사람들은 제비나 참새와 같으니 어떻게 기러기나 고니의 큰 뜻을 알겠는가?"라고 한탄했다. 이것이 젊은 시절 진섭의 포부이다.

진 이세(二世)황제의 첫해(B.C. 209) 7월에 가난하고 천한 백성 900명을 징발하여 한꺼번에 어양으로 수자리 보내는데 대택향(大澤鄕) 지방에 주둔하게 되었다. 진섭은 양하(陽下) 출신인 오광(吳廣)과 함께 둔장(屯長)이 되었다. 처음 출발할 적에 마침 큰 비를 만나 길이 막혀서 스스로 따져보니 이미 기한이 지나버렸다. 진왕조의 법령에 모든 병사가 행군에 기일을 어길 경우는 일률적으로 그들을 사형에 처한다고 규정되어 있었다. 진섭과 오광은 함께 나서서 상의하고, "지금 도망가도 죽고, 들고 일어나 혁명해도 죽는다. 마찬가지로 한번 죽는 거라면 아무래도 나라를 위해 죽는 것이 최선이다."라고 말하였다. 또 진섭은 이렇게 주장하였다.

"지금 백성 가운데 진을 원망하지 않는 사람은 아무도 없다. 내가 다른 사람의 말을 들어보니, '이세황제는 진시황의 작은아들로 본래 황제가 된 것이 옳지 않다. 마땅히 황제가 될 사람은 공자인 부소(扶蘇)[13]이다. 부소가 시황제에게 자주 간언하기 때문에 시황제는 그에게 밖에서 군대를 통솔하도록 시켰다.'라고 한다. 지금 또 다른 사람의 말을 듣자 하니, '부소는 죄가 없는데 이세가 그를 죽였다. 백성은 모두 그가 좋다고 말하면서도 그가 죽은 것조차 모르고 있다.'라고 한다. 또한 초나라의 훌륭한 장군 항연(項燕)[14]이 있는데 때때로 초나라를 위해 공을 세우고 아울러 사졸들과 동고동락했기 때문에 백성도 그를 가여워하고 있다. 혹자는 그가 전사했다고 말하고, 혹자는 그가 도망갔다고 말한다. 지금 우리가 거병하여 공자 부소와 항연 두 사람을 사칭하면서 천하를 위해 앞장서자. 천하의 백성 가운데 반드시 우리를 도울 사람들이 있을 것이다."

오광은 이 말을 듣고 그가 옳다고 적극 동의하며 곧바로 글자 점을 치는 선생에게 찾아가서 점을 보았다. 이 점쟁이 선생은 진섭과 오광이 반란하려는 것을 알고서 그들의 뜻에 맞춰주며, "당신들의 일은 모두 성공할 수 있지만 그래도 귀신께 기도드려야 좋다."라고 말했다. 진승과 오광도 이 말을 듣고서 무척 기뻐하며 남몰래 속으로, "이 점쟁이의 말은 우리한테 귀신에게 가탁해서 무리를 압도하라고 시키는 것에 불과하다."라고 생각하였다. 이에 그들은 붉은 글씨로 헝겊 위에 '진승왕(陳勝王)'이란 세 글자를 크게 써서 잡아온 큰 물고기의 뱃속에 넣어놓았다. 그들은 다

---

13) 扶蘇(?-B.C. 210)는 시황제의 적장자이다.
14) 項燕(?-B.C. 223)은 전국시대 말기 초의 명장으로 항우의 할아버지이다.

시 그 생선을 사서 집에 돌아와 먹을 때 그 비단의 글씨를 꺼내서 모든 사람이 진섭을 기이하다고 떠들도록 만들었다. 또 오광에게 근처의 귀신 모신 당집에서 밤에 등롱불을 피워놓고 거짓으로 여우가 말하는 것처럼 가장하여, "대초(大楚)가 홍하고 진승은 왕이 된다."라고 외치게 하였다. 그러자 군인 가운데 이 말을 듣고 공포에 질리지 않은 자가 아무도 없었다. 다음 날이 되자 군인 중에도 은밀히 진섭은 홍성해야 된다고 말하는 자들이 생겨났다.

오광은 다른 사람에게 아주 잘해줘서 다들 그를 위해 일하기를 좋아했다. 그는 다시 거짓으로 자기가 도망가려 한다고 소문을 퍼트렸다. 군위(軍尉)는 그가 도망치려 한다는 소식을 듣고, 사람을 시켜 오광을 구타하였다. 군위가 칼을 뽑아 들자, 오광은 그 칼을 빼앗아 그 군위를 한칼에 베어버렸다. 진섭도 얼른 나서서 그를 도와 군위 2명을 죽이고, 다시 군사들에게 이렇게 소리쳤다.

"여러분은 지금 비를 만나서 모두가 기한을 어겨버렸다. 진왕조의 법령에는 기일을 어기면 다 사형이다. 설사 여러분을 사형에 처하지 않더라도 여러분은 멀리 타향에서 수자리를 살아야만 한다. 멀리 타향에서 수자리 살면 아무래도 10분의 7은 죽을 것이다. 대체로 대장부가 일을 벌이는데 죽지 않겠다면 그만이지만, 만약 죽을 때가 온다면 모두 명성이라도 떨쳐야 한다. 여러분이 보다시피, 왕후장상이 된 사람들은 어디 태어나면서부터 그렇게 된 것이겠느냐? 그들이 그렇게 될 수 있었는데 우리는 어째서 될 수 없다는 것이냐?"

그가 이 몇 마디 말을 외치자, 군중은 희색이 만면하여 옳다고 생각하지 않은 사람이 아무도 없었다. 그들은 곧 공자 부소와 항연을 사칭하며 스스로 국호를 대초(大楚)라 부르고 제단을 마련해서 함께 맹세하였다. 진섭은 장군이 되고 오광은 도위(都尉)가 되어 다 같이 진에 반란을 일으켰다.

제5장 진섭의 진왕조 공략 및 작전 실패

진섭은 군사를 일으켜 진을 배반하고 드디어 대택향을 점령하였다. 그는 다시 군대를 이끌고 기현(蘄縣)을 공격하여 격파해버렸다. 마침 부리현(符離縣) 출신의 인물이 있는데 이름은 갈영(葛嬰)이었다. 진섭은 그에게 한 무리의 군사를 주었다. 다시 그를 시켜서 기현의 동쪽 지방을 돌며 질(銍)·찬(酇)·고(苦)·자(柘)·초(譙) 등 5개의 현을 함락하고 진격로를 따라서 병사를 모집하였다. 진군(陳郡)에 이르자 수레가 600-700대나 생기고 군마가 천여 필에 이르며 병사도 수만 명이 되었다. 진군을 공격할 때 그 지방의 지부(知府)와 지현(知縣)은 죄다 달아나서 그곳에 없었다. 유독 수승(守丞)직의 한 관리가 성루의 중앙 문에서 진섭과 두 번 맞붙다가 전사하고 말았다. 진섭은 곧 진군을 함락시켰다.

며칠이 지나자 격문을 붙여 백성을 안심시키고, 해당 지역의 삼로(三老)[15]와 호걸들을 한꺼번에 초청해서 일을 상의하였다. 이 삼로와 호걸들은 모두 진섭에게, "장군께서는 몸소 군대를 거느리고 무도한 진나라를 정벌하여 초나라의 사직을 다시 세우셨다. 그 공적이 매우 위대하니 마땅히 스스로 왕위에 오르셔야 합니다."라고 말했다. 진섭은 이 말을 듣고 굉장히 기뻐하며 스스로 초왕(楚王)이라 부르고 국호를 장초(張楚)라 지었다. 당시 각 부·현(府·縣)의 사람들은 모두 포악한 진 법률에 고통

---

15) 진·한시대에 향촌에서 백성 교화를 맡던 향리로 지방의 토호가 임명되었다.

스러워했기 때문에 진섭이 군사를 일으켰다는 소식을 듣고 일제히 나서서 호응하였다. 내가 이제 진섭과 뭇 영웅의 교섭을 설명하면 그가 실패한 까닭을 알 수 있게 될 것이다.

(1) 주문(周文)과의 교섭

진섭은 진군을 평정한 뒤에 곧바로 그 지역의 호걸을 모두 초청해서 상의하고, 상채(上蔡) 출신의 인물인 방군(方君)과 채사(蔡賜)를 상주국(上柱國)으로 삼았다. 또 주문(周文)이라는 사람이 있는데 진군 지역에서 소문난 좋은 사람이었다. 그는 일찍이 항연의 군대에서 택일(擇日)을 맡고 또 춘신군(春申君)[16]을 섬긴 적이 있으며 작전을 잘한다고 주장하였다. 그러므로 진섭도 그를 깊이 믿어서 장군직 한자리를 주고 서쪽으로 진나라를 공격하도록 시켰다. 그는 진격로를 따라 군대를 모집하며 곧장 함곡관(函谷關)에 도착하니 수레가 천 대나 되고 병졸은 몇백만에 이르렀다. 그는 함곡관 안쪽의 희현(戲縣) 지방에 도착하여 주둔하였다.

진나라 정부는 혼비백산해서 바로 소부(少府)인 장한(章邯)[17]을 시켜 여산(驪山)의 죄수를 전부 사면하고 일제히 초에 반격하여 주문의 군대를 격퇴하였다. 주문의 군대는 진군에게 패배하자, 곧장 관동(關東) 지방으로 후퇴하여 조양(朝陽)까지 달아났다. 다시 진병의 추격을 받아서 주문은 거듭 패전하고, 민지(澠池) 지방 쪽으로 주둔하였다. 장한의 군대가 또다시 후방에서 추격해 오자, 주문은 나서서 격돌하지만 재차 진군에게

---

16) 春申君(?-B.C. 238)은 전국시대 말기 초의 재상이다. 제의 孟嘗君·조의 平原君·위의 信陵君과 더불어 이른바 '戰國 四公子'로 유명하다.

17) 章邯(?-B.C. 205)은 진의 명장으로 진섭과 오광의 반란군을 진압하는 데 혁혁한 전공을 세웠다. 진이 멸망한 뒤에 장한은 항우에게 투항하고, 유방과 맞서다가 패전하여 자결하였다.

격파되었다. 이에 주문은 너무 화가 나서 칼을 뽑아 자살하였다. 주문이 죽어버리자, 그가 거느리던 군대는 전부 싸울 수 없었다. 이것이 진섭 용병술의 첫 번째 실패이다.

(2) 오광 · 전장(田藏) · 이귀(李歸)와의 교섭

진섭이 처음 진왕(陳王)이 되었을 적에 오광을 가짜 왕으로 봉해서 여러 장군을 감독하여 일제히 서쪽으로 형양(滎陽)을 공략하였다. 오광은 형양에 도착하자 그곳의 성을 단단히 포위하였다. 하지만 그때 이유(李由)[18]가 삼천태수(三川太守)로서 형양을 방어하고 있었기 때문에 그 성은 쉽게 함락되지 않았다. 주문이 패주한 뒤에, 오광을 수행하던 장군으로 이름이 전장이라는 자가 이렇게 선동하였다.

> "지금 주문의 군대가 이미 진군에게 격퇴되었으니 진군은 머지않아 나타난다. 우리가 형양성을 포위했지만 결코 함락시킬 수는 없다. 만약 진군이 오면 우리 군대는 반드시 패하게 된다. 최선은 몇 개의 부대를 좀 남겨서 형양을 지키게 하고, 아군의 쓸모 있는 정예부대는 모두 서쪽으로 이동시켜서 진군을 맞아 매섭게 공격하는 것이다. 그러나 오광은 교만이 몸에 배고 병법상의 임기응변도 알지 못하니 결코 그와 상의할 수 없다. 그를 제거하지 않으면 반드시 큰일을 그르치게 될 것이다."

그는 바로 진섭의 명령을 위조하여 오광을 부대 앞에서 처형해버렸다. 진섭은 이 사안을 보고받지만 어쩔 수 없다고 판단해서 곧 전장을 초 영윤(令尹)에 임명하고 상장군(上將軍)으로 삼았다. 전장은 진섭의 명령을

---

18) 秦 승상인 이사의 장남이다.

받아서 장군인 이귀를 형양에 남겨 지키게 조치하고, 자기는 정예부대 몇만 명을 거느리고 오창(敖倉) 지방으로 가서 진군과 격돌하였다. 이에 전장도 전사하고 그의 부대도 진군에게 격퇴되어버렸다. 장한은 전장의 부대를 격퇴하자, 다시 군대를 이끌고 동쪽으로 형양성에 도착하여 이귀와 전투를 벌였다. 이번에는 이귀마저 전사하고, 그의 병사들도 낱낱이 진군에게 격파당해서 진섭의 서쪽 정벌군은 한 부대도 남지 않게 되었다. 이것이 진섭 용병술의 두 번째 실패이다.

(3) 무신(武臣)·장이·진여와의 교섭

진섭이 진 지역을 평정했을 적에 당시 그곳에는 세 명의 호걸이 있었다. 한 사람은 무신이고 다른 한 사람은 장이이며 마지막 한 사람은 진여였다. 진섭은 병사 몇만 명을 이 세 사람에게 나누어주고, 그들을 시켜서 함께 조(趙) 지역을 공략하였다. 무신은 한단(邯鄲)에 도착하자, 장이와 진여의 건의에 따라 스스로 독립을 모색하여 조왕(趙王)으로 자칭하며 진여를 대장군에 임명하고 장이를 승상에 임명하였다.

진섭은 이 사태를 보고받고 불같이 화가 나서 무신 등의 가족 전체를 몰살시키려 하였다. 주국(柱國)인 방군(房君)은 "진나라가 아직 망하지 않았습니다. 먼저 조왕 가족을 몰살하면 원수를 또 하나 만드는 것이 아니겠습니까? 차라리 그를 조왕으로 세워서 힘을 합쳐 진을 공격하도록 유도하는 것이 최선입니다."라고 말하였다. 진섭은 바로 사람을 보내 무신을 축하하고, 또 무신의 전 가족을 자기 궁궐 안에서 부양하며 장이의 아들인 장오(張敖)를 성도군(成都君)으로 봉하였다. 이렇게 조의 군대가 신속히 함곡관을 공략해 들어가도록 시켰다. 그러나 조왕의 생각에는 초나라가 진을 멸망시킨 뒤에 바로 병력을 더해서 조로 공격해 올 상황이 두려웠다. 그래서 군대를 파견하여 연(燕)과 대(代) 지방을 순행하고,

진섭과는 관계를 끊어버렸다. 이것이 진섭 용병술의 세 번째 실패이다.

(4) 주불과의 교섭

진섭이 진 지역을 막 평정했을 적에 위(魏) 출신의 인물이 한 사람 있는데 이름은 주불이었다. 진섭은 그에게 북쪽으로 위 지역을 순행하도록 시켰다. 주불의 부대가 막 적현(狄縣) 지방에 도착하자, 적현 사람 가운데 전담이라는 자가 이미 현령을 죽이고 스스로 제왕(齊王)으로 즉위해 있었다. 그가 군대를 일으켜 주불과 전투를 벌였다. 주불의 부대는 패배하였다. 주불은 몇 무리의 패잔병을 이끌고 위 지역으로 후퇴하여 위나라의 후예인 위구(魏咎)를 위왕으로 세우고자 하였다. 때마침 위구는 진섭의 나라 안에 있어서 돌아갈 수 없었다.

주불이 위 지역을 평정하자, 그곳 사람들은 모두 주불을 왕으로 세우고 싶어 했다. 하지만 주불은 극구 거절하면서 진섭 쪽에 사람을 보내 위구를 데려오게 하였다. 사신이 다섯 차례나 파견되고서야 비로소 진섭이 허락하여 위구를 위왕으로 세웠다. 그러나 위구는 위왕이 되자, 즉시 진섭과 결별하고 독립하였다. 이것이 진섭 용병술의 네 번째 실패이다.

(5) 등종(鄧宗)·갈영(葛嬰)과의 교섭

진섭이 처음 군사를 일으켰을 때 갈영으로 기(蘄)의 동쪽 지방을 공략하고, 또 등종에게는 구강군(九江郡)을 순행하도록 보냈다. 그러나 갈영은 동성(東城)에 도착하자마자 곧 양강(襄彊)을 초왕(楚王)으로 세웠다. 뒤이어 갈영은 진섭의 즉위 소식을 듣고는 바로 양강을 죽이고 돌아와 진섭에게 보고하였다. 하지만 진섭은 화가 나서 갈영을 사형에 처했다. 그리하여 갈영이 차지했던 지역은 다시 다른 사람에게 빼앗겨버렸다. 이것이 진섭 용병술의 다섯 번째 실패이다.

(6) 등열(鄧說)·진가(秦嘉)와의 교섭

진섭이 군사를 일으킨 뒤에 양성 출신의 인물이 하나 있었는데 이름은 등설이었다. 등설은 한 무리의 군대를 거느리고 담현(郯縣) 지방에 주둔하다가 장한의 별장(別將)에게 격파되고, 그의 부대도 전부 흩어져 달아나버렸다. 또 그 당시에 진질(陳銍)에도 인물이 하나 있었는데 이름은 오서(伍徐)였다. 오서도 한 무리의 군대를 일으켜 허현(許縣)에 주둔하고 있다가 역시 장한에게 격파되어 그의 병사는 다들 진 지방으로 달아났다. 진섭은 등열이 공을 세우지 못했기 때문에 사형에 처하였다.

또한 진섭이 군사를 일으켰을 적에 능현(陵縣) 출신의 인물이 하나 있었는데 이름이 진가(秦嘉)이고, 질현(銍縣) 출신의 인물도 하나 있었는데 이름이 동설(董緤)이었다. 부리현(符離縣) 출신의 인물도 하나 있었는데 이름이 주계석(朱鷄石)이고, 취려(取慮) 출신의 인물도 하나 있었는데 이름이 등포(鄭布)이며, 서현(徐縣) 출신의 인물도 하나 있었는데 이름이 정질(丁疾)이었다. 그들은 함께 대군을 일으켜 담현 지방에서 동해태수(東海太守)를 포위하였다. 진섭이 이 사실을 듣고 무평군(武平君)인 반(畔)을 장군에 임명하여 그들 다섯 사람의 감군(監軍)으로 삼았다. 그러나 진가는 그의 통제를 받아들이지 않고 대사마(大司馬)로 자립해서 자기의 장교에게, "무평군은 나이가 너무 어리고 또 작전도 모른다. 그의 명령을 따르지 말아야 한다."라고 말했다. 그는 곧 진섭의 명령으로 가장해서 무평군을 죽였다. 그 다섯 사람은 모두 진섭에게 귀속되지 않았다. 이것이 진섭 용병술의 여섯 번째[19] 실패이다.

---

19) 원문은 '第五次'인데 내용으로 볼 때, '第六次'의 오류이다.

진섭의 작전에 이미 여섯 번[20]의 실패가 있었기 때문에 그의 병력은 나날이 약화되고 그의 영역도 날로 축소되었다. 장한은 오서의 부대를 격파하자 군대를 이끌고 진섭을 공격하였다. 이때 주국인 방군은 벌써 전사하고 성 서쪽에 있던 장하의 군대도 장한의 군사에게 패퇴했기 때문에 진섭의 세력은 완전히 소멸되었다. 진섭은 대책 없이 다급해져서 여음(汝陰) 지방으로부터 후퇴하려고 하성보(下城父)까지 달아났다. 그런데 진섭의 마차꾼인 장가(莊賈)라는 자가 그를 살해하였다. 그리하여 혁명의 위대한 영웅은 역사의 기념물이 되어버렸다. 지금 생각하기에도 여전히 좀 애석한 감이 있구나!

제6장 진섭의 일화

진섭이 진왕이 되었을 때 예전에 그와 함께 품갈이했던 사람은 그가 임금님이 됐다는 소식을 듣고 깜짝 놀랐다. 그는 "(진섭이) 부귀해지더라도 서로 잊지 말자."라고 말했던 것을 기억해내고, 바로 진섭의 수도로 갔다. 궁궐 문에 이르러 문지기에게 "진섭을 만나러 왔다."라고 말하였다. 이 문지기는 그가 임금님의 이름을 부르는 것을 듣고는 "대역무도하다."라고 말하며 즉시 그를 체포하여 죄를 다스리려 하였다. 그 사람은 예전에 진섭이 ("부귀해지더라도 서로 잊지 말자"라고) 했던 말과 지금 진섭을 만나려는 이유를 문지기에게 한바탕 늘어놓았다. 문지기는 비로소 그를 풀어주었지만 여전히 그를 위해 (진섭에게) 보고하지는 않았다.

뒤이어 진섭이 궁궐에서 나오는데 그 사람은 길목을 막고 진섭의 이름을 크게 불렀다. 진섭이 이 소리를 듣고 그 사람을 불러 함께 궁전으로

---

20) 원문은 '五次'인데 내용으로 볼 때, '六次'의 오류이다.

들어갔다. 그 친구는 진섭의 궁안에 (웅장한) 전각과 (커다란) 휘장이 무척 많은 것을 보고, "와, 굉장하네! 섭이 왕이 되더니 (대궐이) 으리으리하구나."라고 감탄하였다. 이 말은 진섭이 사는 궁정의 분위기가 (웅장한 전각과 커다란 휘장으로) 아주 장중했던 상태를 의미하였다. 초나라 사람의 사투리에 '많을 다(多)'자는 '많을 화(夥)'자와 같다고 하였다. 그래서 세상에 "(왕 되는 사람이 많아지니 미천한) 진섭조차 왕이 되었다."[21]라고 전해지는 것은 바로 이때부터 시작되었다. 그 친구는 궁궐에 들어가자 점점 의기양양해져서 매일 진섭의 지나간 일을 일말의 거리낌도 없이 떠벌려댔다. 어떤 사람이 진섭에게 "이 자는 무지몽매해서 이런 허튼 소리를 지껄여대니 오로지 대왕의 위엄을 해칠 뿐입니다."라고 말하였다. 진왕은 이 말을 듣고 전적으로 동의하여 바로 그 친구를 죽였다. 그리하여 진섭과 오래 사귄 좋은 벗들이 하나둘 떠나가 버렸다. 결국 진왕의 곁에는 친구가 하나도 남지 않아 그를 위해 힘을 다하는 자가 아무도 없었다. 이것도 진섭이 실패한 원인이다.

게다가 진섭이 기용한 사람도 적절하지 못한 자들이었다. 그는 주방(朱房)을 중정(中正)으로 임용하고, 호무(胡武)를 사과(司過)로 삼았다. 이 두 사람은 성격이 매정하고 모질었다. 대체로 진섭이 기용한 장교들은 적의 성과 땅을 공략하려면, 항상 그 둘의 명령을 받아야 되므로 전혀 주동적일 수 없었다. 그 둘은 장교가 조금이라도 잘못을 저지르면 바로 그 장교를 죄로 다스리려고 도처에서 온통 엄하게 규찰하는 사람들을 임용하고, 그들이 진충 보국한다고 주장하였다. 그 둘은 만일 자기들의 뜻에 맞지 않는 사람을 발견하면, 그 자리에서 죄를 다스려서 법관도 법률

---

21) 원문은 '夥涉爲王'인데 楚 지역의 속담이었다. 瀧川龜太郎의 『史記會注考證』에 의하면, '夥涉爲王'은 당시 초나라 사람들이 미천한 진섭이 왕위에 오른 것을 폄하했던 말이라고 한다.

대로 처벌하지 못했다. 그러므로 진섭이 신임하는 장교 가운데 진섭에게 친근하게 남아 있는 자가 한 사람도 없었다. 이미 진섭에게 친근하게 남아 있는 자가 없으니 그렇게 세워진 나라는 오래갈 수 없었다. 이것도 진섭이 실패한 원인이다.

이 두 가지 사안을 누가 하찮은 일이라 말하겠는가? 오직 진섭의 흥망에만 관련시켜보아도 몹시 중대하다. 그러므로 태사공은 「진섭세가」를 지을 적에 이런 사안들을 빠짐없이 기록해서 『사기』를 읽는 독자에게 진섭의 실패는 다 그럴 만한 원인이 있다는 것을 알려주었다. 내가 「진섭전」을 쓰면서도 이 사안들을 설명해서 여러분께서 좀 보시고 혁명은 군중을 단합시키지 않으면 안 된다는 사실을 파악하도록 하였다.

제7장 진섭 실패 이후의 영향

진섭이 장고에게 살해되자 진왕이 차지했던 지역은 모조리 진의 장군인 장한에게 점령되어버렸다. 당시에 진섭의 신하가 한 사람 있었는데 이름은 여신(呂臣)이고 진섭의 시종이었다. 그는 창두군(蒼頭軍)이란 부대를 거느리고 신양(新陽) 지방에서 출병하여 곧장 진(陳)을 향해 진격하였다. 그는 진 지역을 재차 공략해서 예전에 진(秦)의 군대가 차지했던 지방을 다시 초의 땅으로 만들었다.

또한 당초 진섭은 전성기에 질현 출신의 인물로 이름이 송유(宋留)라는 자를 시켜서 한 무리의 대군을 이끌고 남양(南陽) 지방을 향해 진격하였다. 그가 획득한 지역도 예상 외로 적지 않았다. 그는 곧 남양에서 무관(武關)으로 들어가려 하였다. 그러나 진섭이 죽은 뒤에 남양 지방은 다시 진나라에게 빼앗겼다. 송유도 무관에 진입할 수 없자, 자기가 거느린 병사를 이끌고 일제히 동쪽으로 행군하여 신채(新蔡) 지방으로 가서 주둔하였다. 송유는 갑자기 진의 군대와 마주치게 되자 전세가 불리한 것을 알고 바로 자기 부대와 함께 진나라에 투항해버렸다. 그러나 진나라의 군신은 송유가 진섭과 같이 진을 배반한 자니 반역의 무리라고 지목하였다. 이에 그를 함양(咸陽)으로 압송하여 거열(車裂)의 중죄로 다스렸다. 이렇게 거사도 실패하였다.

또 당시에 진가 등은 진섭의 군대가 진의 군대에게 격퇴되었다는 소식을 듣고 진섭도 어디로 흘러갔는지를 몰라서 곧 경구(景駒)를 초왕으로 세웠다. 그들은 한 무리의 군사를 이끌고 방여(方與) 지방으로 진격하여 정도(定陶) 지역의 진군을 한꺼번에 격퇴할 계획이었다. 이에 공손경(公孫慶)을 시켜서 제왕(齊王)에게 "당신과 힘을 모아 함께 진공하고 싶다."라고 제안하였다. 그러나 제왕의 생각은 정말로 그것을 원하지 않아서, 공손경에게 "지금 진왕이 비록 패전했지만 그의 생사 여부는 아직까지도 파악되지 않고 있다. 초나라 사람들은 어떻게 제나라에 미리 알리지 않고 바로 국왕을 세울 수가 있는가?"라고 말했다. 공손경은 이 말을 듣고 바로 제왕을 향해, "제나라에서 국왕의 옹립을 먼저 초왕에게 알리지 않았는데 초나라는 왜 반드시 제나라에게 미리 통보해야 합니까? 더욱이 여러 나라에서 거사를 일으킨 것은 모두 초나라가 앞장서서 반기를 들었기 때문이니 초나라가 천하를 호령하는 것이 마땅한데 무슨 이유로 왕을 세우는 것이 부당하다는 겁니까?"라고 말하였다. 제왕은 이 말을 듣자 전담을 시켜서 공손경을 살해하였다. 그러므로 초나라와 제나라는 끝내 화합할 수도 없고 힘을 합쳐 진을 격파할 수도 없게 되었다.

게다가 당시 진(秦)나라의 좌교위(左校尉)와 우교위(右校尉)가 다시 진(陳) 지역을 함락시키자, 여신은 진 지역을 탈출하여 다른 곳에 주둔하려고 계획하였다. 그는 때마침 당양군(當陽君) 경포(黥布)²²⁾의 부대와 마주치자, 바로 그 부대와 연합하여 진나라 좌·우 교위의 부대를 한꺼번에 격파하였다. 진의 군대는 청파(靑波) 지방으로 퇴각하고, 그 진(陳) 지역은 다시 초나라 사람에게 귀속되었다.

뒤이어 항량(項梁)²³⁾이 초 회왕(懷王)의 손자인 심(心)을 옹립하고 진가를 제거하였다. 항우는 또 하북(河北)을 돌아다니며 전투하여 장한의 부대를 항복시켰다. 유방(劉邦)²⁴⁾도 패 지방에서 병사를 일으켜서 회왕의 명령을 받들었다. 그는 하남(河南) 지방에서부터 전전하며 싸워 함곡관에 진입해서 진왕조를 멸망시켰다. 이 모두 진섭 혁명의 영향을 받은 것이다. 따라서 진섭의 왕 노릇은 겨우 6개월간이지만 그가 죽은 뒤에 끼친 영향은 그야말로 엄청난 것이었다. 태사공은 "진섭이 비록 먼저 죽지만 그가 임명하고 파견한 왕후장상들이 마침내 진을 멸망시켰다. 섭은 가장 앞서서 거사했던 것이다."라고 논평하였다. 이는 실로 진섭에 대한 정설이다. 그러므로 한 고조는 천하를 얻자 진섭의 무덤가에 30가구를 배치하여 묘역을 보호하며 해마다 제사를 지내게 하였다. 이에 진섭의 공적은 모든 사람이 인정한 바라는 사실을 알 수 있다.

제8장 결론

나 광한자(光漢子)²⁵⁾는 「진섭전」의 작성을 끝내면서 이 「진섭전」을 읽

---

22) 원문은 '黔布'인데 『史記』에 의하면 '黥布'의 오류이다. 번역은 『史記』를 따랐다.
23) 項梁(?-B.C. 208)은 초의 명장 항연의 아들이자 항우의 작은아버지이다. 항우와 함께 거병하여 秦을 공격하다가 적장인 章邯의 습격을 받아 전사하였다.
24) 劉邦(B.C. 256-B.C. 195)은 평민 출신으로 항우를 물리치고 전한을 세운 漢 高祖이다.
25) 류스페이가 신해혁명시기에 사용한 필명의 하나이다.

을 독자에게 이렇게 제언한다. 현재의 중국도 혁명하지 않을 수 없는 상황이다. 기왕에 혁명해야 된다면 진섭을 숭배하지 않을 수 없겠다. 만약 여러분이 진섭을 숭배한다면 모름지기 진섭의 혁명적인 부분에 주의해야만 한다.

한 가지는 군사들에게 다짐한 언사이다. 진섭이 처음 군사를 일으킬 때 군중에게 던진 말은 한 마디 한 마디가 백성을 위하는 것이고 구구절절이 정부를 질타하는 것이며 말끝마다 복수를 한다는 것이었다. 이것은 "자유가 아니면 차라리 죽음을 달라."라는 뜻을 강하게 띠고 있었다. 지금 보기에도 여전히 복받치는 의분이 느껴지며 추호도 물러섬이 없는 기상을 담고 있다. 여러분께서 보시다시피, 당시 그가 병사들에게 다짐한 말을 들었던 사람 가운데 과연 죽음을 각오하지 않던 자가 하나라도 있었을까? 이미 군중이 죽음을 각오했으니 그 거사를 반드시 감당해낼 수 있었을 것이다.

다른 한 가지는 용병술이다. 진섭이 처음 군사를 일으킬 적에 세력은 한쪽 모서리 지방에 불과하였다. 그는 장수들에게 명령을 내리고 군대를 출동시켜서 각자가 다른 노선의 지역을 정복하여 동서남북 도처에 전부 자기 병력을 주둔시킬 수 있었다. 이는 명 태조(太祖)와 마찬가지이고, 또 오초칠국(吳楚七國)[26]의 진격 노선과 비교해도 만 배나 나았다. 현재의 지도에 근거해 보면, 진섭의 작전 상황은 털끝만 한 오류도 없었다. 이것은 정말 체계가 잡혀 있는 혁명이었다.

진섭이 성공하지 못한 원인에 대해서도 나는 설명해보겠다.

한 가지는 작전이 너무 분산적이었다. 무신과 주불처럼 파견되어 나

---

26) 전한의 景帝 때에 연합하여 반란을 일으킨 吳·楚·趙·膠西·膠東·淄川·濟南의 일곱 나라를 말한다.

간 장수 가운데 몇 사람은 다 진왕(陳王)을 벗어나 독립하기 때문에 병력이 집중될 수 없었다. 다른 한 가지는 타인에게 너무 각박하였다. 그 예는 바로 앞장에서 설명한 두 가지 사안이다. 다른 사람을 대하는 태도가 각박하다 보니 인심은 자연히 이반되었다. 내가 이런 말을 하는 의도는 지금 혁명하려는 사람들이 진섭의 장점을 자신의 본보기로 삼고, 진섭의 단점을 자신의 경계로 삼도록 만들려는 것이다. 이에 혁명은 저절로 성공할 수 있을 것이다.

진섭의 실패에는 또 두 가지 작은 원인이 있다.

하나는 지식이 없었다. 여러분이 보셨듯이, 그는 군사를 일으킬 때에 귀신을 믿었다. 일단 뜻을 이루자 교만해지기 시작하였다. 그의 부하 중에는 공부(孔鮒) 등 몇 명의 지식인이 있으나 다들 크게 쓸 수 없는 인물이었다. 따라서 진섭이 비록 혁명의 기개가 있더라도 성공할 수는 없었다. 다른 하나는 무기가 없었다. 진섭이 첫 출발할 적에는 본래 평범한 백성의 한 사람이었다. 가의(賈誼)[27]의 「과진론(過秦論)」에 "진섭은 나무를 잘라서 무기를 만들고, 대나무 장대를 세워 깃발을 삼았다."라고 나온다. 여기에서 진섭의 병장기가 진군에 훨씬 못 미쳤다는 사실을 알 수 있다. 무기가 진군에 못 미치니 당연히 진군에게 격퇴되어버렸다. 이상의 두 가지도 진섭이 성공할 수 없었던 원인이다.

그러므로 후대의 사람 가운데 진섭을 도적으로 보는 이가 있으나 내가 보기에 진섭은 비록 실패했지만 그래도 영웅의 진면목은 잃지 않았다. 프랑스의 나폴레옹[28]은 "실패란 성공의 어머니이다."라고 강조했다.

---

27) 賈誼(B.C. 200-B.C. 168)는 전한의 관료이자 사상가이다. 대표작은 『新書』가 있고, 특히 진왕조의 멸망 원인을 논한 「過秦論」이 유명하다.

28) 나폴레옹(Napoléon I: 1769-1821)은 코르시카 귀족 출신으로 프랑스 혁명 당시 이탈리아와 이집트 등지에서 혁혁한 전공을 세웠다. 그 후에 국내의 지지 세력을 규합

만약 진섭의 실패가 없다면 항우와 유방이 어떻게 성공할 수 있었겠는가? 그러니까, 진섭의 실패도 그의 공로이며 성공과 같은 것이다. 지금 중국은 혁명하고자 하는데 나는 기왕에 그것이 성공하길 희망하지만 동시에 실패하길 바라기도 한다. 혁명이 비록 실패하더라도 그 혁명하는 사람들은 자연히 앞선 자가 쓰러지면 뒤따르는 이가 계속 이어나가서 갈수록 더욱 많아질 테니 이에 혁명은 저절로 성공할 수 있을 것이다. 그러므로 내가 보기에 진섭은 시대를 앞서간 인물이자 또한 시대의 흐름을 주도한 영웅이었다. 한(漢)왕조 백성의 행복은 모두 진섭이 그들에게 내려준 것이었다. 현재의 중국인들이 어떻게 진섭을 숭배하지 않을 수 있겠는가? (1904)

하고, 1799년에 쿠데타를 일으켜 제1통령이 되었다. 마침내 1804년에는 황제에 즉위하였다.

08
군비와 재산 폐지론[1]

오호라! 세상 사람을 해치는 것은 그 오직 '공(功)'과 '이(利)'라는 두 글자이런가? 공로를 꾀하는 목적은 스스로 강해지는 데 있고, 이익을 꾀하는 목적은 스스로 부유해지는 데 있다. 강하다는 것은 군대에 의지하고 부유하다는 것은 재산에 의지한다. 군대가 있고 난 뒤에 강약의 구분이 생기며, 재산이 있고 난 뒤에 빈부의 구분이 생겨난다. 강약의 차이가 현저하고 빈부의 격차가 현격하면, 결국 평등의 공리(公理)와는 크게 위배된다. 이런즉 '부강(富强)'이란 두 글자는 단지 인류의 큰 적일 뿐만 아니라 또한 공리의 큰 적이다. 시험 삼아 부강설의 기원을 소급해 보자.

대개 상고시대에는 사람마다 다들 이기적인 마음이 있었다. 오직 그 이기심이 있기 때문에 쓸모 있는 물건에 대해서는 전부 자기 소유로 차지하길 바랐다. 수렵시대에는 그물·어망·활·창을 사유하고 『사회통전(社會通詮)』[2]에 "원시인의 소유 의식은 그들이 항상 다루는 그물·어망·활·창에서 기원

---

1) 원제목은 「廢兵廢財論」이고 지은이 서명은 '申叔'이다. 이 글은 1907년에 『天義』에 발표되고 『遺書補遺』에 수록되었다. 번역은 『遺書補遺』의 원문에 근거하였다.

2) 청말에 嚴復이 영국 학자 젠크스(E. Jenks, 1861-1939)의 *A history of Politics*를 중문으로 옮겨 출간한 번역서이다. 젠크스는 영국의 저명한 법학자로 옥스퍼드대학과 케

했다"라고 나온다. 또한 중국의 '아(我)'자가 '과(戈)'를 의미 부분으로 삼고 있는 것을 보면, 옛날 사람들이 무기를 사유했다는 사실을 증명하기에 충분하다. 유목시대에는 가축을 사유하며 중국에서 '축적(蓄積)'이라는 단어의 '축(蓄)'자가 '축(畜)'으로부터 발음을 얻은 것을 보면, 고대에는 가축을 공유 재산으로 삼았다. 또『예기』에 "서민의 부유함을 물으니 가축을 헤아려서 대답했다."라고 나온다. 이것도 고대에 가축을 재산으로 삼았다는 증거이다. 농경시대에는 곧 경작지와 곡식을 사유하였다. 예를 들어 '부(富)'자는 의미 부분이 '전(田)'이고 '사(私)'자는 의미 부분이 '화(禾)'인 것이 그렇다. 처음에는 단지 원래 소유한 물건을 보존하고자 했을 뿐이다. 뒤이어서는 본래 자기의 소유물이 아닌데도 사적으로 자기 소유로 만들고자 더욱 욕심을 부려서 어쩔 수 없이 서로 다툼이 일어나고 무력으로 충돌하였다. 이런즉 무력 충돌은 부유해지려는 일념에서 비롯되었을 뿐이다.

종족과 종족이 다투고 부족과 부족이 싸우게 되자, 승전한 종족은 스스로 존귀한 지위를 차지하고 패전한 종족에 대해서는 노예처럼 취급하였다. 중국의 고대를 보면 백성과 여민(黎民)은 구분이 몹시 삼엄하였다. 인도도 백성을 네 등급으로 나누는데 백인종이 가장 높고 토착민이 가장 낮았다. 옆으로 그리스·로마 등의 나라까지도 그 귀족과 평민은 온통 종족으로 계급을 구분하였다. 이런즉 계급의 분화는 종족의 경계에서 비롯되고 백성이 다른 종족에게 통치를 받는 상황도 전쟁에서 비롯되었다. 따라서 노예제도 역시 전란에서 영향을 받은 것이었다.

그런데 세계 각국은 종족으로 계급을 구분할 뿐만 아니라 동족 안에서도 각자 계급을 나누었다. 그 원인을 추정해 보면, 전쟁의 초기에 한 종족 내에는 반드시 장수가 있어서 그가 살인 병기를 휘두르며 무장한 병사를 부려서 토지를 겸병하기 때문이었다. 또한 그의 무공은 워낙 탁

임브리지대학에서 후학을 길렀다.

월해서 이미 뭇 백성이 넘볼 수 없는 상태인데 도리어 군대를 지휘하는 위세를 내세워 백성을 겁박하니, 서민은 그의 권력이 두려워서 결국 그의 호령을 따르며 어떤 경우라도 감히 어기지 못하기 때문이었다. 그러므로 고대의 임금 자리는 곧 무공이 탁월한 사람에게 귀속되었다. 중국 글자를 보면, '호(豪)'자는 무사 중에 권력 있는 사람의 칭호이자 아울러 '추호(酋豪)'라는 말의 '호'이다. '군(君)'자는 의미 부분이 '윤(尹)'이며 '부(父)'자는 의미 부분이 '우(又)'인데 이것들은 모두 '장(杖: 지팡이)'을 잡고 있는 형상을 본떴다. '장'이란 것은 고대의 병기이다. 이는 고대에 한 종족의 우두머리와 한 집안의 가장은 다들 강자로서 그 자리를 차지했다는 사실을 충분히 증명해준다. 『역(易)』에도 "무인이 임금이 된다."[3]라고 나오는데 그것을 가리킨다.

군주의 지위가 정해지자 곧 무관으로 지방관을 삼고 예를 들어 졸(卒)·정(正)·장(長)·백(伯)은 본래 군관의 호칭인데 『일주서(佚周書)』[4] 「무순해(武順解」[5]에 보인다. 그리고 『주례』 「왕제(王制)」에 근거하면, 졸정(卒正)과 장백(長伯)도 제후를 위해 영토를 지키는 자의 명칭이다. 이것은 고대에 군관을 지방관으로 삼았다는 것을 증명하기에 충분하다. 용감하고 건장하며 힘센 자를 제후로 삼으며 예를 들면 중국에서 '후(侯)'자의 뜻은 본래 '사후(射侯)'[6]에서 의미를 따왔다. 『예』에 "활을 쏴서 적중시키는 사람이 제후가 될 수 있다."라고 나온다. 고대에 (제)후를 세워 나라를 분봉할 적에는 반드시 용감하고 건장하며 힘센 사람을 선발하였다. 군대에 종사하는 사람으로 보좌시켰다. 예를 들어 '사(師)'와 '여(旅)'는 모두 군인의 호칭이었다. 『좌전』에 관리 중

---

3) 원문은 "武人爲子大君."인데 『周易』에 "武人爲于大君."이라고 나온다. 번역은 『周易』을 따랐다.
4) 원래 서명은 『周書』인데 주왕조 文王에서 景王까지의 역사를 다루고 있다.
5) 원문은 '武則解'인데 『佚周書』에 근거하면 '武順解'의 오류이다. 번역은 『佚周書』를 따랐다.
6) 과녁으로 쓰는 사방 10자 크기의 베를 말한다.

의 '사'와 '여'라고 나온다.『주례』의 재부(宰夫)도 '사'와 '여'라는 두 등급이 있었다. 따라서 관리가 된 자는 바로 군인이었다. 이런즉 상류층을 차지한 사람은 모두 전쟁에 능한 사람이자 힘센 사람이고, 하류층에 속한 사람은 힘이 약해 임무를 다할 수 없는 사람이었다. 그 때문에 강약의 구분에서 귀천의 구별이 파생되었다. 더욱이 힘센 사람은 차지한 토지가 날로 늘어나고, 빼앗은 재물도 날로 불어났다. 그가 높은 자리에 오르게 되면 다시 하층민을 부려서 자신을 살찌우므로 거두어들이는 녹봉이 평민보다 백 배나 많았다. 이로 말미암아 귀한 자는 더욱 부귀해지고, 천한 자는 더욱 빈천해졌다. 중국의 '귀천(貴賤)'이란 두 글자를 보면, 그 편방은 모두 '패(貝)'가 의미 부분이다. 귀하다는 것은 물품이 싸지 않다는 뜻이다. 그것을 확대해서 곧 '존귀(尊貴)'의 '귀(貴)'가 되었다. 천하다는 것은 가격이 싸다는 뜻이다. 그것을 확대해서 곧 비천(卑賤)'의 '천(賤)'이 되었다. 빈부를 기준으로 귀천이 나뉘어서 그러므로 「홍범(洪範)」[7]에서 오복(五福)[8]으로 부유함만 말하고 존귀함은 언급하지 않았다. 또 「홍범」에서 육극(六極)[9]으로 빈곤함만 말하고 비천함은 언급하지 않았다. 존귀는 부유에 포함되고, 비천은 빈곤에 포함되었다.

　빈부의 차이에서 귀천의 구분이 파생되지만 실상은 빈부의 차이도 역시 군비의 영향을 받았다. 예를 들면 국가의 부는 백성에게 세금을 납부시키는 데서 비롯되었다. 납세의 기원을 추구해 보면, 군수(軍需)를 마련하는 비용에서 기인하였다. 그래서 '부(賦)'자는 '무(武)'가 의미 부분이며, '패(貝)'도 의미 부분이다. 후대에 군수를 준비하던 부세를 확대하므로 국민이 정부에 납부하는 온갖 세금도 '부'라 불렀다. 군주는 결국 그것 때문에 백성을 괴롭혔다. 다시 예를 들면, 상인이 번성하자 이에 고대

---

7)　『書經』의 편명이다.
8)　'壽', '富', '康寧', '修好德', '考終命'의 5가지 행복을 말한다.
9)　'凶·短·折', '疾', '憂', '貧', '惡', '弱'의 6가지 불행을 말한다.

전쟁에는 반드시 군량미를 내는 백성이 생겨나서 군수품을 수송하는 직책에 충당되었다. 그래서 '운수(運輸)'의 '운(運)'이란 그 글자는 의미 부분이 '군(軍)'이다. 군수품을 여기저기 수송한다는 이유 때문에 결국 온갖 물건을 운송하고, 교역으로 화물을 유통시켰다. 상인은 그 과정을 통해 이득을 가로챘다. 또한 전쟁에서 이웃 나라를 이기면 포로를 잡아 그들에게 천한 잡역을 맡겨서 재물을 늘리는 데 종사하도록 시켰다. 혹자에게는 중노동을 시키고 혹자에게는 농사를 맡기지만, 생산된 재화는 고스란히 상류층에게 돌아가서 마침내 의무는 많으나 권리는 적어지는 지경에 이르렀다. 이런 빈부의 격차는 순전히 전쟁에서 비롯되고, 다시 그 전쟁의 목적은 재물의 약탈에서 기인하지 않음이 없었다.

더욱이 상층에 있는 사람은 재산이 충족해져서 편안히 무위도식하며, 위로는 부모를 봉양하고 아래로는 처자식을 양육할 걱정이 없이 학술에 종사할 수 있었다. 하층에 있는 사람은 1년 내내 부지런히 일하며 한 순간의 휴식도 어려워서 독서할 겨를이 없었다. 그 때문에 부유한 사람은 학술에 관한 권력을 장악하고, 빈천한 사람은 배움의 기회를 상실하는 고통마저 떠안았다. 이것이 유식과 무식이 나누어졌던 이유이다. 상층에 있는 사람이 자기 재산을 보존하려면 토지와 인민을 보존하지 않을 수 없었다. 또 그들은 자기의 토지와 인민을 보존하고자 다른 사람이 자기에게 맞서는 것을 증오하였다. 그래서 자기를 따르는 자는 포상하고, 자기에게 대항하는 자는 형벌을 내렸다. 이것이 포상과 형벌이 시작되었던 이유이다.

이상의 여러 가지 요인이 누적된 까닭에 강한 사람은 반드시 존귀하고 존귀한 사람은 반드시 부유하며 부유한 사람은 반드시 지혜로웠다. 반면에 약한 사람은 반드시 비천하고 비천한 사람은 반드시 빈곤하며 빈곤한 사람은 반드시 어리석었다. 한쪽은 지배자가 되고 다른 한쪽은 피지배자가 되었다. 또 한쪽은 권력을 소유한 자가 되고 다른 한쪽은 권력을 상실한 자가 되었다. 그리하여 계급제도는 마침내 한번 완성되자 다시는 변할 수 없게 되었다.

후세에는 군주가 천하의 재물을 독차지한다고 여겼다. 그 때문에 부유해지길 바라는 사람에게 제왕(帝王)의식이 생겨났다. 그런데 제왕이 되려면 반드시 먼저 천하를 얻어야 하고, 다시 천하를 얻으려면 무력을 쓰지 않을 수 없었다. 개인이 부를 다투었던 이유 때문에 살해당한 사람들이 들판을 메우고 성곽에 넘쳐나도 전혀 불쌍해하지 않았다. 게다가 그를 위해 군대를 지휘한 자들도 전쟁을 틈타 제멋대로 노략질하였다. 그들은 백성의 재물을 약탈했는데도 아울러 장차 군공으로 포상 받을 수 있는 규정을 요구하였다. 한 고조가 천하를 차지하자, "(아버지께) 저의 재산은 둘째 형과 비교하면, 누가 더 많지요?"라고 여쭈었다. 이 물음을 보면, 군주가 되길 바라는 야심은 부를 이루려는 욕심이 길러낸 것이었다. 아래로 삼국·육조·수조·당조·송조·명조에 이르자, 군주가 된 자들이 혹자는 찬탈과 시해를 통하고 혹자는 거병을 통해 등극하지만 모두가 토지와 인민을 사유재산으로 삼았다. 오호·북위가 중국을 어지럽히고 요·금·몽고·만주가 중국에 초래한 재앙을 미루어 보면, 또 어느 누가 중원의 재부를 탐내서 집어삼키려는 야욕을 품은 것이 아니겠는가? 옆으로 서아시아와 구미의 여러 나라를 살펴보아도, 그들의 영토 다툼이 일으킨 재앙은 중국과 같았다.

천하를 차지하면, 또 다른 사람이 자기 소유를 빼앗아서 자신의 사유재산이 보존되지 못할 것을 두려워하였다. 이에 군사를 증강하여 국방에 대비하고, 다시 무력으로 백성을 위협해서 그들이 감히 스스로 분발하지 못하게 만들었다. 그러므로 군대 창설의 목적은 재산의 보호에 있었다. 자기 나라가 날로 강성해지게 되면, 다른 사람의 영토를 점령해서 자신의 사유로 만들고자 기도하였다. 서양의 여러 나라를 보면, 강권설을 창안하여 세력 확장을 종지로 삼았다. 그런데 다른 사람의 영토를 점령하는 이유는 토지가 넓어지면 부의 원천을 더 많이 개발할 수 있기 때문이었다. 또한 그런 토지를 점거할 수 있던 까닭은 바로 군사력 때문이었다. 그러므로 유럽인은 복속한 지역을 지배할 적에 학정을 시행하여 참혹함이 잇달았다. 그것을 모르는 사람들은 오히려 유럽인의 무공을 우러러보아 강병의 효과라고 여긴다. 이들이 어찌 유럽인의 강병책은 재물을 탐내는 욕심이 매일 마음속에 불타올라서 무력으로써 재물을 약탈하는 도구로 삼으려 한다는 것을 알겠는가? 그들의 탐욕스럽고 잔인한 집념은 비록 진시황과 칭기즈 칸[10]이라도 더할 바가 없다. 만약 오랫동안 이런 상황이 개혁되지 않는다면, 반드시 약육강식의 시대가 될 것이다. 이 어찌 두려워하지 않을 수 있겠는가!

시험 삼아 한 걸음 더 나아가 전제국가를 관찰해 보자. 대체로 전제란 한 나라의 권력이 한 사람에게서 나오는 형태를 말한다. 그러나 권력은 유형의 물체가 아니므로 반드시 의탁하는 바가 있기 마련이다. 권력이 의탁하는 대상은 아무래도 역시 병력이 아니면 재력이다. 병력이란 다른 사람의 생사를 충분히 통제할 수 있는 존재이고, 재력도 타인의 사활을 십분 좌우할 수 있는 것이다. 군주는 병력에 의지해 다른 사람을 강압하거나 재력에 의지해 그들을 사역시킨다. 그 때문에 군주가 병력과 재력이라는 두 대권을 끼고 있으면, 개개인의 생명권은 완전히 그의 손에서 놀아난다. 병력과 재력이 하루라도 폐기되지 않는다면, 인류의 명맥은 한시도 위험한 와중에 처하지 않을 수 없다. 어찌 병력과 재력이란 두 가지가 백성에게 큰 해악이 되지 않겠는가?

---

10) 원문은 '成吉斯蔑'인데 칭기즈 칸을 멸시해 부른 호칭이다.

그뿐만이 아니었다. 근세 이후로 구미 각국의 정치체제는 입헌제이거나 공화제이지만 계급제도가 여전히 그 안에 숨겨져 있었다. 그 까닭은 무엇이었을까? 바로 군비와 재산을 폐기하지 않은 연고 때문이었다. 부의 원천을 개발하려면 무력을 사용하지 않을 수 없었다. 앞의 내용을 보라. 다시 무력행사를 도모하려면 병사를 모집하는 비용을 모으지 않을 수 없었다. 또 군비를 모으려면 부유한 백성에게 그것을 요구할 수밖에 없었다. 부유한 백성이 그 비용을 납부하는 이유 때문에 국회의원은 모조리 재산이 있는 자들로 그 선발을 채웠다. 옛날 중국에서 관자가 제(齊)를 다스릴 적에 이미 상인의 선발을 시행하였다. 『관자(管子)』[11]의 내용을 보라. 그래서 자본가의 권력은 결국 귀족과 맞먹게 되었다. 기왕에 재력을 소유한 바에는 명예도 그것에 의해 성취되고, 권위도 그것에 의해 세워졌다. 그들은 권력을 동원하게 되면, 다시 뇌물을 공공연히 뿌려서 부를 이용해 존귀함을 얻어냈다. 그런데 가난으로 신음하는 백성은 부유한 사람에게 사역을 당해 노예나 가축과 같은 처지였다. 대개 그들의 생계비는 육체노동으로 마련되었다. 그들은 생계를 해결하려면 부유한 사람을 위해 노동할 수밖에 없었다. 그들이 부유한 사람을 위해 노동하게 되면, 선거 기간에는 반드시 자기 뜻을 꺾고 아첨해서 부유한 사람이 죄다 그 선거에 당선되도록 힘썼다. 빈민이 억압을 견디지 못해 동맹파업할 경우, 부유한 사람은 국가의 도움을 받아 무력으로 위협해서 그들을 굴복시키면 그만이었다. 이것을 어떻게 공평하다고 말할 수 있겠는가? 돌이켜서 중국을 보면, 하층민은 다들 출세해야 부자가 된다는 생각을 품고 있어서 출세의 목적은 여전히 부자가 되는 데 있었다. 상류층은 전부 뇌물 주고 권력 잡는 것을 장기로 삼고 있어서 권력을 잡는 방법은 여전히 뇌물을 주는

11) 춘추시대 제의 관중이 저술한 법가 계통의 서적이다.

데 있었다.

대개 일체의 권세는 순전히 재력에서 파생되었다. 동일하게 관리가 되어도 부자는 승진할 수 있으나 가난한 자는 죽을 때까지 뒤떨어졌다. 같은 죄를 지어도 부자는 사면될 수 있으나 가난한 자는 반드시 형벌을 받게 되었다. 또한 남의 토지와 재산을 빼앗는 무리가 향촌에 숨어서 제멋대로 생살여탈권을 행사해도, 법률로 처벌하지 못하고 관리도 엄금하지 못하는 사태가 벌어졌다. 이 어찌 그들이 재력을 가지고 있기 때문이 아니겠는가! 정부는 대대적으로 육군을 설립하여 내부의 역적을 방비하면서 전제정치는 갈수록 심해졌다. 인민이 극심한 고통에 시달리다 못해 조금이라도 저항하면, 바로 관군이 들이닥쳐 천리 땅이 폐허가 되고 강간과 약탈이 도적떼보다도 심하였다. 그 결과로 평민은 학정에 신음하며 아무리 항거하고 싶어도 불가능하게 되었다. 이 어찌 그들이 병력을 소유하고 있기 때문이 아니겠는가! 이런즉 병력과 재력이란 두 가지는 상류층에게는 크게 이롭지만 하층민에게는 아주 불리한 것이었다. 그러므로 병력이 생겨난 뒤로는 강자만이 살아남고 약자는 죄다 죽으며, 재력이 생성된 뒤로는 부자만이 살아남고 빈민은 다 죽어갔다. 또 병력이 생겨난 뒤로는 개개인마다 통제를 받고, 재력이 생성된 뒤로는 개개인마다 사역을 당하고 있다. 따라서 평등권을 상실할 뿐만 아니라 자유와 독립의 권리마저도 잃어버렸다.

오호라! 한 자 남짓한 철제 병기와 한 치 크기의 지폐는 그 위력이 세계를 좌지우지하기에 충분하도다. 그것을 차지하면 왕 노릇하고 그것을 잃으면 죽게 되었다. 이 어찌 천하의 괴현상이 아니겠는가! 세상 사람들이 이를 잘 살펴보지 못하고 함부로 전쟁에 능한 자에게는 공이 있다고 일컬으며, 이재에 밝은 사람에게는 경제학자라고 말하고 있다. 그들이 어찌 '공리(功利)'라는 두 글자가 곧 인명살상과 재물약탈의 다른 명칭이란 것을 알겠는가! 인명을 살상하며 재물을 약탈하는 짓을 큰 강도질이라 하는데 '부국강병'이라고 허풍을 치는 것은 순전히 큰 강도의 술수이다.

오늘날 온 세상의 사람이 전부 큰 강도가 되어버렸다. 그 때문에 분쟁이 일어나고 계급도 생겨났다. 대체로 세상에 공리(公理)가 사라진 지 오래되었으나 공리설(功利說)을 과장하는 사람들은 그것을 '우승열패'에 귀착시켰다. 그들은 그 '승패'가 전쟁에서 나오고, 또 전쟁은 이익 추구에서 기인한다는 사실을 알지 못한다. 만약 이익을 버리고 추구하지 않으면 전쟁은 저절로 멈출 테니 어디에 이른바 '승패'가 있고, 또 어디에 이른바 '우열'이 있겠는가! 대체로 사람이라면 다 동등하게 인류이다. 인류가 이미 동등하다면 그들 사이에 우열은 없다. 어찌 세상의 권리가 오로지 강자와 부자에게만 독점되겠는가? 그러므로 분쟁을 멈추고 계급을 타파하려면, 군비와 재산을 폐지하는 것이 최선이다.

그런데 이 방법을 시행하려면 반드시 정부를 전복시키고 국경을 없애며 토지와 재산을 전부 공유로 삼아서 모두가 일하고 노동해야 한다. 또한 민생의 일용품에 대해서는 뭇사람의 힘을 모아서 그것을 생산하고, 뭇사람에게 공용하도록 만들어야 한다. 만약 개개인이 재산을 사유하지 않으면 무역의 방식은 폐지되고, 다시 무역 방식이 폐지되면 곧 화폐가 교환물품이 되는 것도 그 쓰임새를 상실한다. 아무리 화폐가 차고 넘쳐도 자신에게 털끝만 한 이득이 없다면, 개개인은 장차 그것을 돌처럼 여길 것이다. 이렇게 되면 백성은 탐낼 바가 없어지고, 탐낼 바가 없으면 다툼도 사라진다. 백성에게 다툴 것이 없어지면, 군비 역시 의도적으로 폐지하지 않아도 저절로 폐지된다. 그리고 예전의 상인과 병사는 모두 직업을 전환하여 농업과 공업을 익혀서 인류의 평화를 유지시킨다.

대개 인류 가운데 오직 군인과 상인이 백성에게 해가 된다. 군인이란 사람을 살해하는 자이고, 상인이란 재물을 약탈하는 자이다. 군인의 살인을 무공으로 여기면 인간의 도리인 화목함을 해치고, 상인의 약탈을 이익으로 여기면 인간의 도리인 공평함을 잃는다. 비유하건대, 노동자가 물건 하나를 만들려면 전부 피곤하게 고생해도 소득은 몹시 적은데 상인은 겨우 운송의 노고만을 통해서도 이윤을 2-5배나 챙긴다. 그러므로 "인간의 도리인 공평함을 잃는다."라고 말했다. 오직 군비와 재산을 폐지한 뒤에야 군인의 살인 기술이 쓸데가 없고, 상인이 재물을 약탈하는 수단도 쓸데가 없어진다. 강약이 평등하고 빈부가 균등하면, 개개인이 다른 사람에게 통치를 받지 않고 사역도 당하지 않게 된다. 이에 속고 깔보이는 고통이 생기지 않으며 상호 적개심도 사라질 것이다. 이 어찌 인류의 큰 행복이 아니겠는가!

생각하건대, 이런 주장의 시행은 먼저 중국에서 추진되어야 마땅하다. 중국에서 (하·상·주) 삼대 이후 진·한까지의 학술사상은 모두 전쟁의 중지와 상업의 억제를 요지로 삼았다. 노자가 "오직 무기는 상서롭지 못한 흉기이다."라고 말한 것과 맹자가 "작전을 잘하는 자는 무거운 형벌을 받는다."라고 말한 것을 감안하고, 아울러 송경(宋牼)[12]이 '전쟁의 중지'를 언급한 것과 허행(許行)[13]이 '공동 경작'[14]을 주장한 것과 동중서가 '경작지 사유의 제한'을 피력한 것을 미루어 보면, 하나같이 백성을 이롭게 하는 것을 으뜸으로 삼았다. 그리고 왕도와 패도를 뒤섞은 담론과 상인의 행적은 학자들이 언급하기조차 꺼리는 바가 되었다. 그러므로 덕치를 근본으로 삼고 무력을 지엽으로 보며, 농업을 근본으로 삼고 상

---

12) 원문은 '宋硜'인데 『孟子』에 근거하면 '宋牼'의 오류이다. 번역은 『孟子』를 따랐다. 宋牼(B.C. 400?-B.C. 320?)은 전국시대에 진과 초의 군주에게 전쟁의 중지를 설파했던 사상가이다.
13) 許行(?-?)은 『孟子』에 등장하는 전국시대 農家의 대표자이다.
14) 원문은 '幷耕'이다.

업을 지엽으로 여겼으니 그 제도가 지금보다 훨씬 우월하다. 그 군비를 폐지할 수 없던 까닭은 전제적인 조정에서 군주가 반드시 군대를 양성해서 자신을 지켰기 때문이다. 또한 그 재산을 폐기할 수 없던 까닭은 전제적인 국가에서 군주가 반드시 부를 이룩해 스스로 차지했기 때문이다. 그러므로 향융(向戎)[15]의 정전 회의도 단지 열국의 전쟁을 종식시킬 수 있을 뿐이지, 군인 계층을 폐지할 수는 없었다. 또 위(魏) 문후(文侯)의 화폐 폐지도 단지 곡식과 비단으로 칼 모양의 돈을 대체할 수 있을 뿐이지, 민간의 교역을 종식시킬 수는 없었다. 그렇지만 유럽인이 무력과 상업을 중시하는 양상에 비하면, 확실히 이보다는 옛날의 중국이 나았다.

대체로 중국은 무력과 상업을 천시하는 사상이 이미 옛날에 싹터 있었다. 근래의 백성이 비록 공리설에 미혹되었지만 두메산골의 주민은 아직도 무력과 상업을 천시하는 관념을 가지고 있다. 만약 군비와 재산을 폐지하자는 주장을 그들에게 펼친다면, 반드시 앞으로 널리 실행되리란 것을 나는 알겠다. 그렇다면 인류 평화의 유지는 반드시 이 일을 출발점으로 삼아야 한다. 만약 도리어 공리설을 고집하고 부강책을 과장함으로써 살인하고 약탈하는 큰 강도에게 빌붙는다면, 나는 장차 그들을 공리(公理)의 원수로 간주하여 반드시 처단하고야 말 것이다. 대체로 공리 외에는 그 어느 것도 나는 감히 믿을 수가 없다. (1907)

---

15) 向戎(?-?)은 춘추시대 중기 송의 대부로 B.C. 546년에 '정전 회의'를 주도하였다.

09
전호를 슬퍼하는 글[1]

　중국은 옛날부터 지금까지 경작지를 분급하는 방법이 전부 형평성을 잃었다. 상고시대에 황무지가 처음 개척되었다. 그 시기에 창제된 문자를 보면, 부(富)와 축(蓄)이라는 두 글자는 그 편방이 다 전(田)을 의미 부분으로 삼고 있다. 또 사(私)와 적(積)이라는 두 자는 그 편방이 모두 화(禾)를 의미 부분으로 삼고 있다. 이런즉 당시에 농지와 곡식의 많고 적음으로써 빈부를 구별하므로 사람마다 다들 자기 농지를 사유해서 자신의 부를 늘렸다. 그 뒤로 지위가 높은 사람은 농사를 고되다고 여겨서 힘써 농사짓는 일은 결국 묘민(苗民)에게 돌아가게 되었다. 시험 삼아 멀리 (고문자의) 옛 뜻으로 증명해 보자면, 민(民)은 묘려(苗黎)이고 『상서(尙書)』를 보면 알 수 있다. 맹(氓)은 농민인데 맹은 민(民)이 의미 부분이며 망(亡)이 발음 부분이다.[2] 민(民)과 맹(氓)은 서로 같은 뜻으로 풀이되므로

---

1)　원제목은 「悲佃篇」이고 지은이 서명은 '韋裔'이다. 이 글은 1907년에 『民報』에 발표되고 『遺書』의 「左盦外集」에 수록되었다. 번역은 『民報』의 원문에 근거하였다.
2)　이 구절은 원래 『說文解字』 권24에 근거한 내용이다. 『民報』의 원문은 '氓從民聲'인데 『說文解字』의 해당 부분은 "氓, 民也. 從民, 亡聲. 讀若盲."이다. 번역은 『說文解字』를 참고하였다.

묘민의 등급은 농노와 같았다. 백관[3]은 의관을 정제한 채로 조정에서 지내며 농사를 방치하고 힘쓰지 않았다. 직종의 힘들고 편한 정도 차이를 기준으로 신분의 존비제도를 제정하는 상황은 대체로 옛날부터 원래 그랬던 것이다.

정전(井田) 같은 제도는 황제(黃帝)의 치세에 싹터서 홍수가 수습된 뒤에 시행되었다. 공(貢)과 조(助)의 세법이 철(徹)법과는 좀 다르지만 사전(私田) 외에도 아울러 공전(公田)이 있던 상황은 하·은·주가 같았다.[4] 「하소정(夏小正)」[5]에 "농부가 공전에서 일한다."라고 나오니 공전제도는 하대에도 존재하였다. 세상의 논객들은 모두 정전제를 더할 나위 없이 공정하다고 여긴다. 대체로 오직 정전제에서만 살펴보자면, 농지의 경계가 반듯하고 구획된 정전이 균등하며 일정하게 분배받는 농지가 있고 변함없는 액수의 세금이 부과되어 백성에게 널리 시행할 경우에, 확실히 피차 간의 차이가 없게 된다. 그러나 당시의 계급에서 말하자면, 지배자와 피지배자의 구분이 있어서 지배자는 피지배자를 통치하고 피지배자는 지배자를 부양하였다.

주대의 제도에서 검증해 보자. 주대에 천자가 관리를 두었는데 공경(公卿)[6]에서 서도(胥徒)[7]까지 약 5만 9천 4백여 명이다. 그들의 녹봉은 전부 공전에서 마련하였다. 왕의 직할지 안에 공전의 수량은 약 32만 부

---

3) 원문은 '百姓'이다. 『尙書』에서 '百姓'은 때로 '百官'을 가리킨다.
4) 貢法은 하대의 田賦制度이고 助法은 상대의 전부제도이며 徹法은 주대의 전부제도인데 대략 모두가 10분의 1세이다. 『孟子』「滕文公」에 "夏后氏五十而貢, 殷人七十而助, 周人百畝而徹. 其實皆什一也."라고 나온다.
5) 『大戴禮記』의 편명이다.
6) 三公과 九卿의 약칭이다. 주대의 삼공은 太師·太傅·太保이고, 구경은 少師·少傅·少保·冢宰·司徒·宗伯·司馬·司寇·司空을 말한다.
7) 요역에 복무하는 자들을 말한다.

(夫)[8]였다. 1부는 100무이다. 매 정전 가운데 100무의 공전은 8가구에서 공동으로 경작하였다. 이 공전도 녹전(祿田)[9]과 다름이 없었다. 그러므로 공(公)은 4개 도(都)[10]의 조세를 받아먹었다. 고경(孤卿)[11]은 1개 도의 조세를 받아먹고, 중대부(中大夫)와 하대부(下大夫)는 현(縣)의 조세를 받아먹었다. 상사(上士)는 전(甸)의 조세를 받아먹고, 중사(中士)는 구(丘)의 조세를 받아먹으며, 하사(下士)는 읍(邑)의 조세를 받아먹었다. 서인(庶人) 가운데 관직에 있는 자는 정(井)의 조세를 받아먹었다.[12] 공은 2천 48부의 조세를 받아먹었다. 고경은 512부의 조세를 받아먹고, 중대부와 하대부는 128부의 조세를 받아먹었다. 상사는 32부의 조세를 받아먹고, 중사는 8부의 조세를 받아먹으며, 하사는 2부의 세금을 받아먹었다. 서인 가운데 관직에 있는 자는 1부의 세금을 받아먹었다. 이상은 심(沈) 선생[13]의 『주관녹전고(周官祿田考)』를 참고하라. 그리고 왕이 받아먹는 조세는 또 공보다 열 배나 많았다. 후국(侯國)[14] 이하는 차례대로 점점 적어지지만 녹봉으로써 경작을 대체해준 상황은 마찬가지였다. 대체로 농부 한 명이 경작한 곡식은 겨우 자급자족할 수 있을 정도였다. 그런데 지배층은 농사의 노고도 모르고 손발도 수고롭지 않으며 조와 보리조차 구분하지 못하지만 곡물의 수입은 두 배, 다섯 배이거나 또는 열

---

8) '夫'는 경작지의 크기를 나타내는 단위로, 농부 1명이 분배받은 100무의 농지이다.

9) 관리가 녹봉으로 받은 전답이다.

10) 都는 주대에 천자의 종친 및 公卿에게 분봉한 봉토이다.

11) 孤卿은 구경 가운데 少師·少傅·少保의 통칭이다. 주왕실과 제후국은 관리의 등급을 크게 卿·大夫·士의 3관등으로 나누고, 각 관등은 다시 상·중·하 3급으로 세분하였다.

12) 『周禮』「小司徒」에 의하면, 농지의 단위는 100무를 1夫로 삼고 9부를 1井으로 삼으며 4정을 1邑으로 삼고, 4읍을 1丘로 삼으며 4구를 1甸으로 삼고 4전을 1縣으로 삼으며 4현을 1都로 삼았다.

13) 청 중기 경학자인 沈彤(?-?)을 말한다.

14) 제후의 작위는 公·侯·伯·子·男의 5등으로 나뉘었다.

배, 백 배이거나 또는 천 배, 만 배였다. 과연 피지배자가 아니면 지배자를 부양할 수 없었다는 것은 사실이로구나! 그렇다면 지배층이 백성을 해쳐서 자기를 살찌우는 그 문제를 어떻게 해결할까? 이는 바로 허행이 '공동 경작설'[15]을 제창한 이유였다.

대개 신분의 귀천이 제거되지 않으면 비록 백성 사이에 빈부의 격차가 없더라도 위에 있는 사람들이 부를 축적하지 못하도록 금지할 수 없었다. 따라서 이를 재산 공유제로 여겨서는 안 된다. 게다가 당시의 법령은 20살에 농지를 받고 60살에 그 농토를 반납하는데 그 분배권은 다시 왕에게 장악되어 있었다. 만일 토지 소유권이 균등하다고 말한다면, 당시의 많은 사람이 토지는 있으나 그 소유권은 없었다. 만약 토지가 국유라고 말한다면, 당시의 농지는 군주에게 귀속되고 국가에 귀속되지 않았다. 예를 들면 『시경』에서 "넓고 넓은 하늘 아래, 왕의 땅이 아님이 없다."라고 노래한 구절이 그렇다. 이 어찌 수없이 많은 사람을 모아서 군주 한 사람을 위해 농노를 만드는 것이 아니겠는가? 『시경』에는 "우리 공전에 비가 내려 마침내 우리 사전에도 미치네."라고 노래하였다. 『맹자』에도 "공전의 일을 다 마친 뒤에야 감히 사전의 일을 하게 시켜서 피지배자를 구분 지었다."라고 나온다. 전제적인 조정이 아니라면, 어떻게 이런 불공평한 주장이 나오겠는가?

더욱이 고농(雇農)과 소작농의 제도도 역시 주대에서 시작되었다. 고찰해 보면, '품앗이꾼과 일꾼'이 「주송(周頌)」[16]에 반복해서 나온다. 『정전(鄭箋)』[17]에서는 그들을 풀이하여, "옛날에 한민(閑民)[18]이 있었는데 지금

---

15) 원문은 '幷耕說'이다.
16) 『詩經』의 편명으로 주왕조의 건국과 태평성대를 찬미한 내용이다.
17) 전한의 毛公이 전수한 『毛詩』에 후한의 鄭玄이 붙인 주석이다.
18) 원문은 '間民'인데 『遺書』는 '閒民'으로 교정하고 『朱校本』은 '閑民'으로 수정하였다.

의 고용인과 같다. 오가는 것을 오직 명령대로 따르기 때문에 '일꾼'이라 불렀다."라고 언급하였다. 다시 『주례』 「태재(太宰)」에서는 한민으로서 이리저리 옮겨 다니며 고용되어 일하는 부류를 아홉 가지 직종[19]의 맨 끝에 자리매김하였다. 정현도 그들을 고용인으로 해석하고 있다. 혹자는 "옛날에 농경을 부과하는데 고농은 있지만 소작농은 없었다."라고 지적하나 경(卿) 아래로는 반드시 규전(圭田)[20]을 소유하고 있었다. 빈경(邠卿)[21]이 『맹자』를 해설하면서 『주례』의 사전(土田)에 관한 구절[22]에 근거하여, "경에서 사(士)까지 모두 규전이 있었다."라고 주장하였다.

대체로 경·대부·사가 소유한 규전은 천자와 제후가 몸소 경작하던 적전(籍田)[23]에서 비롯되었다. 적전은 비록 천자와 제후가 직접 농사짓는다고 표방하지만 분명히 서민으로 그 나머지 경작을 마무리시켰다. 규전도 마찬가지였다. 게다가 적전 전체의 농사를 끝까지 짓던 사람들이 만일 고농이 아니라면, 규전 전체의 농사를 끝까지 짓던 자들은 틀림없이 소작인이었다. 『좌전』의 성공(成公) 10년 조에 "진(晉)에서 전인(甸人)에게 햇보리를 바치도록 시켰다."라고 나온다. 전인은 공전을 담당하는 자였다. 『예기』 「왕제(王制)」[24]의 정현 주석에, 전(甸)이란 '농지를 경작하여 곡물로 세를 납부하는 것'을 의미한다고 언급하고 있다. 대체로

번역은 『朱校本』을 따랐다. '閑民'은 일정한 직업이 없는 백성을 말한다.

19) 원문은 '九職'인데 三農·園圃·虞衡·藪牧·百工·商賈·嬪婦·臣妾·閑民을 말한다.

20) 고대에 경·대부·사가 제사용으로 분배받은 농토이다.

21) 후한대의 경학자인 趙岐(108?-201)를 말한다. 邠卿은 그의 자이다. 저작으로는 『孟子章句』가 유명하다.

22) 『周禮』 「地官·載師」의 내용이다. 土田은 고대에 경·대부·사 및 그 자손이 소유했던 농지이다.

23) 천자와 제후가 親耕儀式을 거행하는 농지로 '藉田'이라고도 불렀다.

24) 원문은 「王記」인데 『朱校本』은 『禮記』에 근거해 「王制」로 바로잡았다. 번역은 『朱校本』을 따랐다.

전(佃)자와 전(甸)자는 모두 전(田)이 의미 부분이자 발음 부분이다. 두 글자의 고문자는 서로 통용되는데 전(甸)이 정자(正字)이고 전(佃)은 가차자이다. 『주례』 「천관(天官)」[25]에도 전사(甸師)가 있는데 소작인[26]을 통솔하는 권한을 가졌다. 이는 후대에 둔관(屯官)[27]이 소작인을 감독해서 농사를 지었던 경우와 같다. 그러므로 소작인에게는 분명히 우두머리가 존재하였다. 이는 왕의 조정과 제후국에서 특별히 두었던 것이다. 농지에도 반드시 소작인이 있었다. 이는 경·대부·사가 두루 시행했던 것이다. 이런데도 주의 제도가 공정하다고 주장한다면, 도대체 어떻게 동의하겠는가?

특히 (하·상·주) 삼대 이후로 백성은 일정한 생업이 없어서 빈부의 차별은 더욱 삼엄해졌다. 부자들은 나날이 게을러지면서도 빈민층에게는 엄청 부지런하길 요구하고, 자기들은 날로 안일해지면서도 빈민층에게는 힘을 다해 일하길 강요하였다. 그러므로 진·한(秦·漢)시대에 지주집에서 백성을 부려 농사짓던 유형은 대략 두 가지로 나뉜다.

그 하나는 고농이다. 고농은 떠돌이 백성으로 자신의 농지를 스스로 잃고 타인에게 고용되어 일하는데 때로 농사도 아울러 지으면 '품갈이'[28]라고 불렀다. 예를 들어 진섭이 그랬다.[29]

다른 하나는 노복이다. 노복은 천민으로 그 신분 등급이 더욱 낮았다. 대체로 정전제가 폐지되자, 농토는 정해진 몫의 분배가 없어지고 조세도 멋대로 증가하였다. 빈민이 그 세액을 부자에게서 대출하면, 반드시 자

---

25) 원문은 「地官」인데 『周禮』에 의하면, 「天官」의 오류이다. 번역은 『周禮』를 따랐다.

26) 원문은 '甸人'이다.

27) 屯田을 감독하는 관리이다. 둔전이란 변경 지역의 황무지를 개간하고 경작하여 군량을 충당하던 농지이다.

28) 원문은 '傭耕'이다.

29) 『史記』 「陳涉世家」에 "陳涉少時, 與人傭耕."이라고 나온다.

기 신체를 저당 잡히거나 때로는 농토마저 가진 채로 (부자에게) 갔다. 빈민이 상환할 금액을 다 갚지 못하게 되면, 부자는 그들의 농지를 몰수하고 아울러 그들의 신체도 부렸다. (이렇게 빈민의) 농지는 부자의 농토가 되고, 그 신체는 부자의 노복으로 전락하였다. 부자는 노복이 나날이 늘어나자 곧 그의 토지 생산력도 갈수록 극대화되었다. 진양(秦揚)[30]과 교요(橋姚) 등의 부류를 보면, 그들은 모두 농사로 거대한 부를 축적했는데 이 어찌 한 종족원이 전부 근면하게 농사를 지은 성과이겠는가? 아마도 소작하는 사람이 많았기 때문일 것이다. 다시 촉(蜀) 지역의 탁(卓)씨는 노복을 1천 명이나 소유하고, 제(齊)의 조한(刁間)[31]은 사나운 노복들을 잘 부렸다. 노복을 소유하는 풍습은 비록 남미라 해도 이보다 더 심하지 않다. 『후한서(後漢書)』[32]에 번중(樊重)[33]은 대대로 영농을 잘해서 노복들에게 일을 부과하면, 각자의 능력에 적절하여 경제적 이윤이 해마다 배가 되었다고 나온다. 이런즉 노복은 바로 농민이었다.

고농과 노복이라는 두 종류는 같지 않았다. 품팔이 고농은 부자에게 삯을 받고 자기의 노동력을 팔지만 그의 신체는 여전히 자유에 속하였다. 소작하는 노복은 부자에게 신체를 빼앗겨서 몸을 굴복당하고, 또 날마다 고된 노동에 종사하였다. 그렇지만 고생은 노복 자신이 도맡아 하고 이익은 다른 사람인 부자에게 돌아가니 그 공정성을 상실한 점은 고농과 동일하였다.

---

30) 원문은 '秦陽'인데 『朱校本』은 『史記』 「貨殖列傳」과 『漢書』에 근거해, '秦揚'으로 바로잡았다. 번역은 『朱校本』을 따랐다.

31) 원문은 '刁閒'인데 『遺書』은 '刁閒'으로 수정하였다. 『史記』 「貨殖列傳」에 근거하면 '刁閒'이 맞다. 번역은 『史記』에 따랐다.

32) 남조 송의 范曄이 편찬한 後漢의 正史이다.

33) 원문에는 '范重' 또는 '範重'으로 나오는데 『後漢書』 「樊宏列傳」에 근거하면 '樊重'이 맞다. 번역은 『後漢書』를 따랐다.

이 두 부류 이외에도 소작민이 있었다. 한대 소작민의 신분은 비록 노복보다 낮지만 그들이 겪은 고통은 노복과 같았다. 『한서』「식화지(食貨志)」에 "호민(豪民)이 (농지를) 침탈하고 (빈농을) 능욕하여 (그들에게) 경작을 분담시키며 (지대를) 탈취하고 (농지를) 임대하였다."라고 나온다. 빈민이 부자의 농지를 경작하여 그 수확을 분배받는 것을 '분담'시킨다고 말하며, 빈민이 부자의 농지를 빌리는 것을 '임대'한다고 이르고, 부자가 빈민을 능멸해서 그 지대를 빼앗는 것을 '탈취'한다고 불렀다. 『한서』의 「안주(顔注)」[34]를 보라. '분담'과 '임대'라는 두 종류는 모두 소작민이나 비슷하였다. 그러므로 동강도(董江都)[35]는 진대(秦代)에 "정전을 폐지하여 백성이 토지를 사고팔 수 있게 되면서부터, 부자는 (소유한) 농지 사이에 두렁길이 사방으로 나 있지만 빈민은 송곳 꽂을 만한 땅조차 없다." 마땅히 "백성이 농지를 자기 명의로 만드는 것[36]을 제한해서 농지를 자기 명의로 만드는 것은 농지를 점유한다는 의미인데 각각 제한을 두어서 부자가 규제를 넘지 못하게 만든다. 부족한 자를 보충해주어야 섬(贍)자로 인쇄하라.[37] 한다."라고 언급한 적이 있다. 또한 그는 지금 "호민의 농지를 경작하는" 자들은 "(소출 가운데) 10분의 5를 세금으로 징수당하고 있다."라고 지적하였다. 즉 경작을 분담한 농지와 임대한 농지를 가리켜서 말한 것이다. 대체로 (하·상·주) 삼대에 백성에게 징세한 것은 10분의 1을 넘지 않았다. [서한(西漢)에서는] 이제 백성에게 징수하는 세액이 전보다 네 배나 더 증가했는데 부자는 노동력을 합쳐서 일하지 않고 세금만 빈민과 같이 분담하고 있었다. 이 어

---

34) 顔師古의 주석을 가리킨다.
35) 董仲舒의 별칭이다. 그가 일찍이 江都 易王 劉非의 재상을 역임한 적이 있어서 '董江都'라고도 불렸다.
36) 원문은 '名田'이다.
37) 『朱校本』에 의하면, 본문의 이 주는 원래 류스페이의 원고에 『民報』의 편집자가 써 놓은 수정 의견인데 식자공이 잘못 삽입하였다.

찌 현관(縣官)이 백성을 빈곤으로 몰고 가서 그들이 어쩔 수 없이 가난해지게 만든 것이 아니겠는가?

다만 서한의 상인은 이름을 시장의 호적[38]에 올려서 그 친족 이하로 농토를 점거하지 못하게 금지하고, 어긴 자는 몰수해버렸다. 이런즉 동강도가 이른바 '호민'이란 지위가 아주 높은 고관이 아니고 향촌에 사는 부잣집이었다. 그런데 그들은 집에서 나가면 시장의 이윤을 싹쓸이하며, 들어오면 좋은 농토를 차지하여 농사도 짓지 않으면서 수확하고 그 세금만 앉아서 받아먹었다. 이는 원래 한의 법률에서 엄금하는 바였다. 이에 한의 애제(哀帝)에 이르러 사단(師丹)[39]이 정사를 보필하자 한전(限田)을 건의하면서 동강도를 본받아 진술하였다. 하무(何武)[40]와 공광(孔光)[41]도 연이어 주청(奏請)하여, "열후(列侯)와 공주에서부터 아래로 관리와 백성까지 농지 소유는 30경(頃)을 넘지 말아야 합니다."라고 아뢰었다. 대체로 한전제(限田制)는 (토지 소유가) 한쪽으로 쏠리는 폐단을 바로잡아 그 법이 나쁘지는 않으나 근본부터 철저히 뜯어 고치는 정책은 아니었다. 이제 한대에는 이 정책마저 물리치고 실행하지 않았다. 이 어찌 전제적인 조정에서 군주가 스스로 토지를 겸병해서 백성도 청렴을 숭상하지 않게 만들던 것이 아니겠는가? 호계당(胡季堂)[42]의 주장이 그 어

---

38) 원문은 '市籍'이다.

39) 師丹(?-5)은 전한 말기의 고위 관료이다. 哀帝 때에 토지와 노비의 소유를 제한하고 불법인 겸병을 억제하자고 건의하지만 다른 대신들의 반대로 실행되지 못했다.

40) 何武(?-3)는 전한 말기의 고관이다. 孔光과 함께 토지와 노비 소유의 제한 방안을 건의하였다.

41) 孔光(B.C. 65-5)은 전한 말기의 고관이다. 何武와 더불어 '限田·限奴婢' 방안을 주청하였다.

42) 胡季堂(1729-1800)은 청 중기의 고관이다. 그는 가경 초년에 건륭제의 총신이던 和珅의 죄상과 부정축재를 조목조목 강력히 탄핵하였다.

찌 근거가 없겠는가? 동현(董賢)[43]이 하사 받은 농토는 잠깐 사이에 [식읍(食邑)] 2천 호가 넘으며 양기(梁冀)[44]의 재산 축적은 총액이 30만 전(錢)[45]도 넘던 사례를 보면, 빈부 격차가 현격하여 하늘과 땅만큼 벌어졌다. 수없이 많은 재물이 한 사람에게 축적되면서 백성 가운데 재물이 부족한 사람은 나날이 늘어났다. 또 한없이 넓은 농지가 한 성씨에게 귀속되면서 백성 가운데 농지를 상실한 자도 날로 증가하였다. 이런데도 만일 한대의 정치가 어질었다고 평가한다면, 나는 믿지 못하겠다.

삼국시대 이후에 비로소 균전(均田)의 논의가 싹텄다. 이보다 먼저 위(魏)의 신하인 사마랑(司馬朗)[46]이 "지금은 대란의 시기를 이어받은 뒤라 백성이 흩어져 농토에 주인이 없으니 마땅히 모조리 공전으로 삼아서 정전제를 복구해야 한다."라고 주장하였다. 진(晉)의 초기가 되자 점차 이 제도를 실행하였다. 남자 한 사람은 농지 70무를 차지하고 여자는 30무였다. 그 밖에 정정(正丁)의 남자는 농지 50무를 과세하고 여자는 20무이며, 차정(次丁)의 남자는 그 절반을 부과하고 여자는 부과하지 않았다.[47] 북위(北魏)의 태화(太和) 시기가 되자, 이안세(李安世)[48]의 건의에 따라 조서(詔書)로 균전제(均田制)를 시행하였다.[49] 백성은 나이가 15살 이상이

---

43) 董賢(B.C. 22-B.C. 1)은 전한 哀帝의 총신이다. 동현에 관한 본문 내용은 『漢書』의 원문과 차이가 난다. 『漢書』「佞倖傳」에 의하면, 애제는 동현을 매우 총애하여 高安侯에 봉하면서 食邑 1천 호를 내려주고 얼마 후에 다시 2천 호를 더해 주었다.

44) 梁冀(?-159)는 후한 順帝 시기의 외척으로 대신을 지냈다.

45) 원문은 '卅萬'인데 오류이다. 『後漢書』「梁統列傳」에는 梁冀의 재산이 '三十餘萬萬'이라고 나오므로 '30여억 전'이었다.

46) 司馬朗(171-217)은 후한 말기의 관리로 사마의의 형이다.

47) 『晉書』「食貨志」에 근거하면, 正丁의 남녀는 나이가 16-60세이고, 次丁은 13-15세와 61-65세를 말한다.

48) 李安世(443-493)는 '균전제'의 실시를 건의한 북위의 명신이다.

49) 杜佑의 『通典』「食貨典」에 의하면, 李安世의 건의는 태화 원년(477)의 일이고 균전

면 모두 노전(露田)을 분배받는데 『자치통감(資治通鑑)』의 주[50]에 나무를 재배하지 않는 농지를 노전이라 부른다고 나온다.[51] 성년의 남자는 40무이고 부인은 20무이며 노비도 양민과 마찬가지로 농지를 받았다. 이로써 빈민은 생계상의 이익을 얻고 호족은 남아도는 농지가 불어나지 않도록 만들었다. 북제(北齊)·수(隋)·당(唐)에서 전부 이 제도를 실행하지만 분배받는 농지의 분량은 시대별로 차이가 나거나 또는 지역에 따라 달랐다. 북제의 하청(河淸) 2년(563)[52]에 백성 가운데 성인의 남자 한 사람은 노전 80무를 분배받고 부인은 40무였다. 남자는 18살에 농지를 받고 조조(租調)를 내며,[53] 20살에 병역을 담당하며, 60살에 노역에서 벗어나며, 66살에 농지를 반환하고 조조의 의무를 면하였다. 각각의 성년 남자는 별도로 영업전(永業田) 20무를 주어 상전(桑田)으로 삼는데 반환의 규정에 포함시키지 않으며, 토질이 뽕나무에 부적합하면 마전(麻田)을 분배하였다. 수의 개황(開皇) 시기에 북제의 제도를 답습하고 아울러 뽕나무·느릅나무 및 대추나무의 재배를 부과하며, 그 전원의 택지[54]는 3식구마다 1무를 주었다. 개황 9년(589)에 매 가구는 농지를 2경(頃) 남짓씩 분배받았다. 12년(592)에는 수도와 그 주변 및 삼하(三河)[55] 지역이 농지

제는 태화 9년(485)에 정식으로 실시되었다.

50) 『資治通鑑』은 북송대 司馬光이 편찬한 편년체 통사이다. '주'는 '胡三省의 注'를 말한다.

51) 이 내용은 『通典』의 저자 주를 그대로 인용해 놓은 것이다.

52) 연도가 오류인 듯하다. 『通典』 「食貨典」과 『文獻通考』 「田賦考」에는 모두 河淸 3년(564)으로 나온다.

53) 이 구절은 『民報』 및 기타 판본의 원문이 모두 '男子十八受輸調'인데 의미가 통하지 않는다. 『朱校本』은 '受輸調'를 '輸租調'로 수정했으나 여전히 18살인 丁男의 권리와 의무가 명확하지 못하다. 역자가 『通典』 「食貨典」과 『文獻通考』 「田賦考」에 근거해 보면, '受輸調'는 마땅히 '受田, 輸租調'로 바로잡아야 한다. 번역은 내용을 그렇게 교정하여 옮긴 것이다. 租는 농지에 부과하는 세금으로 곡물을 걷고, 調는 戶에 부과하여 토산품을 징수하였다.

54) 원문은 '田宅'인데 『隋書』 「食貨志」에는 '園宅'으로 나온다. 번역은 『隋書』를 따랐다.

55) 河東·河內·河南 3郡을 말한다.

는 적고 인구가 많기 때문에 사람들을 사방으로 내보내서 천하의 농지 분배를 균등하게 하였다. 그중의 농토가 적은 지방은 각각의 성년 남자가 겨우 20무를 받는 데 그쳤다. 당의 무덕(武德) 시기에 농지를 분배하는 제도에서 성년 남자로 나이가 18살 이상이면 농지 1경을 주는데 80무는 구분전(口分田)이고 20무는 영업전이었다. 노인 및 중환자와 장애인은 각각 40무를 주며,[56] 과부인 처첩은 30무인데 호주인 자는 20무를 늘려주었다. 『통전』을 보라.[57] 그러나 북제 및 당에서는 전부 성인의 남자 한 사람이 100무를 받았다. (그중의) 8할은 노전으로 살아 있을 때 반환하니 구분전이라 부르고, 2할은 상전으로 자손에게 물려주니 영업전이라 불렀다. 상전이 대를 잇는 가업으로 되었던 까닭은 대개 뽕나무가 숲을 이루는 것은 한 해 만에 완성될 수 없기 때문이다. 만약 생전에 반환하여 달리 다른 집에 분배되면, 이는 앞사람이 힘을 들였는데 뒤에 얻은 사람이 그 성과를 누리는 경우이다. 그러므로 이것을 영업전으로 삼았다. 정전제를 기준하면 (양자의) 모습이 비슷하지만 실질은 달랐다. 송(宋)의 유서(劉恕)[58]는 "후위(後魏)[59]의 균전제도가 근래의 전관전(佃官田) 및 절호전(絶戶田)과 유사하지만 조세를 내는 점은 (하·상·주) 삼대의 정전제와 같지 않다."라고 언급하였다. 『당서』「식화지」[60]에서는 이것을 정전제에 견주는 듯한데 큰 실수이다.

---

56) 원문은 '人四十畝'이다. 『舊唐書』「食貨志」와 『文獻通考』「田賦考」에는 모두 '給田十畝'로 나오고, 『新唐書』의 「食貨志」만 '人四十畝'이다.

57) 『朱校本』은 본문의 이 주가 전부 『通典』이 아니라 『文獻通考』「田賦考」에서 인용된 것이라고 주장하였다. 그 근거로는 '당의 무덕 시기' 아래 대목이 『文獻通考』「田賦考」에만 나오고, 『通典』에는 보이지 않는다는 점을 들었다. 하지만 역자의 고증에 의하면, '당의 무덕 시기' 이하 내용은 출처가 『新唐書』「食貨志」인 것으로 판단된다. 아울러 『朱校本』에서 언급한 『文獻通考』「田賦考」의 해당 부분도 대략 『舊唐書』「食貨志」에서 발췌했던 것으로 보인다.

58) 劉恕(1032-1078)는 자가 道元으로 『資治通鑑』의 편찬에 참여하였다. 저작으로는 『五代十國紀年』과 『通鑑外記』 등이 있다.

59) 北魏를 말한다.

60) 원문은 『唐食貨志』이다. 본문 주의 논단 근거는 『新唐書』「食貨志」에 "唐之始時, 授人以口分·世業田, 而取之以租·庸·調之法, …… 雖不及三代之盛時, 然亦可以爲經

대체로 위·제(魏·齊)의 군주는 전부 오랑캐[61]인데 도리어 이 제도를 중국에서 시행하였다. 그 원인을 미루어 보면 역시 당연한 이유가 있었다. 대개 오호(五胡)[62]가 난리를 일으킨 이후로 전쟁에 시달려서 광대한 땅이 황폐화되어 경작하지 못했으므로 위·제에서 시행한 것은 대략 토지 국유론에 부합한다. 단지 명목상으로는 경작지를 국가에 귀속시킨다고 하지만 사실은 경작지가 군주에게 돌아갔으니 이 또한 왕망(王莽)의 왕전(王田)[63]과 비슷하다. 그러므로 천하의 노는 땅[64]을 거두어들이고 백성을 소작인으로 고용하여 백성에게 사전(私田)이 없도록 만들었다. 그러나 민간의 빈부 차가 진·한보다 좀 나아진 듯싶다면 역시 균전의 이로움이었다. 다만 분배한 농지는 전부 황무지에 속하였다. 가령 귀족과 호족은 겸병한 농토가 백성의 백 배지만 공전으로 몰수해서 서민을 구제했다는 사례는 들어보지 못하였다. 이런즉 균전제는 한갓 평민에게만 시행되고 문벌이 높은 가문에게는 추진할 수 없었다.

게다가 진(晉)·수(隋)의 폐단은 더욱 공정하지 못한 편에 속하였다. 진에서는 관품을 아홉 등급으로 나누고 각각 귀천에 따라 농지를 차지하며, 제1등급은 50경이고 제2등급은 45경이며, 그 아래로는 고르게 5경씩 격차가 났다. 수는 위로 여러 왕에서 아래로 도독(都督)까지 죄다 영업전을 주는데 많

常之法也."라는 구절인 듯하다. 한편, 『舊唐書』「食貨志」의 서두에도 주대 정전제를 소개하고 있지만 언급이 몹시 간략하다.

61) 원문은 '索虜'인데 '索頭虜'의 줄임말로, 남조의 한족이 북조의 이민족을 얕잡아 불렀던 호칭이다.

62) 匈奴·鮮卑·羯·羌·氐의 다섯 이민족을 말한다.

63) 王莽(B.C. 45-23)은 전한 말기의 외척으로 황제 권력을 찬탈하여 新王朝를 건립하였다. '王田'은 그가 고대 정전제를 모방하여 실시했던 토지국유제이다.

64) 원문은 '間田'인데 『遺書』는 '閒田'으로 교정하고 『朱校本』은 '閑田'으로 수정하였다. 번역은 『朱校本』을 따랐다.

게는 간혹 100경이나 되었다. 대체로 백성이 받은 농지는 겨우 1경에 그치는데 높은 자들의 농토는 그 분량의 백 배이니 이 제도는 이미 불공평에 속하였다. 게다가 저들의 이른바 왕공이란 깊숙한 궁궐 안에 살면서 총애하는 측근의 손에서 자랐다. 그들이 어떻게 몸소 농사를 지으면서 농부나 시골 노인과 동고동락할 수 있겠는가? 그들은 반드시 백성을 고용하여 경작시켰다. 그들이 백성을 고용해 경작시키고 그 이득을 독차지했다면, 이는 아래에 농토를 잃은 백성이 있고 위에 이익을 갈취하는 신하가 존재하던 것이다. 이런 상황을 어떻게 공정성에 완전히 부합한다고 주장할 수 있겠는가?

당조가 중국 전역을 통일하자 인구는 날로 증가하지만 관부에 노는 농지[65]가 없어서 다시 분배해 주지 못하였다. 빈민 집은 성년이 갈수록 많아지는데 농지가 늘어나지 않으면, 반드시 되레 자기의 농토를 팔거나 때로는 부자를 위해 경작까지 아울러 담당하여 균전제가 붕괴되었다. 『당지(唐志)』[66]에 "구분전과 영업전[67]이 무너져서 겸병되었다."라고 나오는데 어찌 그렇지 않겠는가? 대체로 당은 개국 초기에서 고종(高宗)시대까지 늘어난 호구는 15만에 지나지 않지만 북방 지역과 서쪽 변경으로 개척한 영토는 넓이가 만 리도 넘었다. 만약 식민 정책을 시행했다면, 어찌 인구가 농지를 초과하는 근심이 생기는 지경에 이르겠는가? 그럼에도 비단 이런 정책을 시행하지 않을 뿐만 아니라 균전제마저 폐지해버렸다. 여기에서 당대의 군신은 결코 백성을 돌볼 마음이 없었다는 것을 알겠다. 그러므로 영휘(永徽) 연간에 낙주(洛州)의 호족은 농지 점유가 규제를 넘겨

---

65) 원문은 '間田'인데 『遺書』는 '開田'으로 교정하고 『朱校本』은 '閑田'으로 수정하였다. 번역은 『朱校本』을 따랐다.
66) 『新唐書』「食貨志」를 가리킨다. 『新唐書』「食貨志」에 "自天寶以來, …… 蓋口分・世業之田壞而爲兼幷, 租・庸・調之法壞而爲兩稅."라고 나온다.
67) 원문은 '口分・世業之田'이다

서 가돈이(賈敦頤)[68]에게 몰수된 분량이 이미 3천경을 밑돌지 않았다. 개원(開元) 이후로 반역적인 북방의 이민족 강병 가운데 그 원흉은 비록 평정되지만 사나운 장수와 교만한 병졸이 밖에서 맹위를 떨쳤다. 그들이 함부로 백성에게 조세를 부과하여 민간의 재물을 착취하는데도 그 끔찍한 약탈의 참상을 철저히 추궁할 수 없었다. 덕종(德宗)시대에 이르자 육지(陸贄)[69]는 상소를 올려 그 사태를 언급하면서 이렇게 건의하였다.

"경기 지역 안쪽은 매 1무의 농지마다 관청의 세금이 5되이지만 민간에서 걷는 지대는 간혹 1무당 1섬에 달하니 이는 관청 세금보다 스무 배나 많습니다. 아래로 중등 정도에 이르러도 지대가 여전히 그 반인 열 배입니다.[70] 대체로 토지는 군주의 소유이고 경작은 농부가 하는데 겸병의 무리들이 뜻밖에 이익을 차지합니다. 모든 농지의 점유는 대략 규정으로 제한하고 지대의 금액을 낮추도록 만들어서 빈민을 이롭게 하는데 힘쓰시길 바랍니다."

이처럼 당대 소작인의 고통은 서한과 마찬가지이며 납부하는 곡식은 그 액수가 한대보다 더욱 늘어난 상황이었다. 백성이 받은 피해는 다 그 까닭이 있었던 것이다. 특히 농토 소유가 많은 집을 동 선생[71]은 호민으로 손가락질하고, 육(지) 선생은 겸병으로 지목하였다. 이런즉 빈민을 구

---

68) 賈敦頤(?-?)는 당 태종과 고종의 시대에 여러 주의 刺史를 역임하였다. 그는 관직에 있으면서 청렴결백하고 어려운 백성을 잘 보살폈던 것으로 유명하다. 영휘 5년(654)에 낙주자사일 때, 그는 관할 지역의 호족이 불법으로 겸병한 농토를 몰수하여 빈민에게 나누어 주었다.

69) 陸贄(754-805)는 당 중기의 명신이다.

70) 원문은 '半之'이다.

71) 董仲舒를 가리킨다.

흘하려는 관념이 아직 마음에 남아 있으며, 부자를 억누르자는 주장도 여전히 고결한 공론 가운데 보존되어 있었다. 어찌 이전에 부자가 빈민을 부리는 상황을 대자연의 철칙으로 여겼겠는가?

송대 이후 대체로 농사에 힘써 부를 이룬 자들은 주제넘게 지주로서 자처하며 소작인을 노복처럼 얕잡아 보는 구석이 있었다. 서한시기에 소작인은 본래 노복과 같았다. 근세에도 양자는 큰 차이가 없었다. 횡거(橫渠)[72]와 자양(紫陽)[73]은 비록 정전제의 회복설을 제창하지만 백성이 관습에 얽매여 있어서 아직 시행될 수 없었다. 그 이후로 지주와 전호는 계급의 구분이 날로 삼엄해지고, 백성 가운데 전호가 되는 사람도 더욱 많아졌다.

그 이유의 하나는 사전(賜田) 때문이었다. 몽고는 중국을 침략하여 백성을 잡아 노예로 만들었다. 그들이 차지한 호구의 수는 수천, 수만으로 집계되고, 때로는 마구 부역을 시켜서 사리사욕을 채웠다. 『원사(元史)』[74]의 「야율초재전(耶律楚材傳)」에 "당시[75] 장군·재상·고관은 몰아서 생포한 사람들이 있으면, 이따금 여러 군(郡)에 불법으로 억류하였다. 초재는 호구를 찾아내서 나란히 백성으로 삼도록 만들었다."라고 나온다. 「세조본기(世祖本紀)」에는 지원(至元) 17년(1280)에 조서(詔書)로 아이합아(阿爾哈雅)[76] 등을 조사하여 (그들이) 사로잡은 3만 2천여 명

---

72) 북송대 성리학의 창시자 가운데 한 사람인 張載(1020-1077)를 말한다. 橫渠는 그의 호이다. 횡거는 著作佐郎과 崇文院校尉를 지냈고 저서로는 『正蒙』과 『橫渠易說』이 있다.

73) 송대 성리학을 집대성하여 후대에 朱子로 존경받는 朱熹(1130-1200)를 말한다. 紫陽은 그의 서재 이름이다. 주자는 자가 元晦이고, 호는 晦庵이며 저서는 『四書章句集註』·『資治通鑑綱目』·『近思錄』 등이 있다.

74) 명초에 宋濂 등이 편찬한 元의 正史이다.

75) 몽고(원) 태종 6년(1234)으로 갑오년이다.

76) '阿爾哈雅'는 『元史』 「世祖本紀」 17년조와 19년조 및 「張雄飛傳」에 모두 '阿里海牙'로 나오고, 「列傳」에도 「阿里海牙傳」이 들어 있다. 趙翼의 『二十二史箚記』에 근거하면, '阿里海牙'는 바로 '阿爾哈雅'의 옛 이름이다. 阿爾哈雅(1227-1286)는 위구르족

을 죄다 방면시켜 백성으로 삼으라고 명령했다고 나온다. 19년(1282)에 어사대(御史臺)에서 다시 "아이합아가 투항한 백성을 차지하여 노예로 만드는데 정벌에서 포획한 것으로 간주하고 있습니다."라고 지적하였다. 이에 성지(聖旨)를 내려서 투항한 백성을 관리에게 환원시키고, 정벌로 포획한 자들은 그 수를 등록하여 신하에게 하사하였다. 또 「장웅비전(張雄飛傳)」에 "아이합아가 형호행성(荊湖行省)[77]의 주무관일 때, 항복한 백성 3천8백호를 몰수해서 가내 노비로 삼고, 사적으로 관리를 두어 그들을 다스리고 있다.[78] 해마다 그들에게서 조세를 걷지만 담당 관원은 감히 간섭조차 못한다."라고 언급하였다. 「송자정전(宋子貞傳)」에 "동평(東平)의 장교들이 백성을 차지하여 부곡호(部曲戶)[79]로 삼고, 그곳을 '일꾼들 촌락'[80]이라고 불렀다. 거기에 부역을 제멋대로 부과하는데 거의 400호[81]나 되었다."라고 나온다. 「뇌응전(雷膺傳)」에 "강남(江南)에서 새로 귀순한 여러 장수가 때로 갓 들어온 백성을 강제로 차지하여 노예를 삼았다."라고 나온다. 「왕이용전(王利用傳)」에 "원수(元帥)인 탑이해(塔爾海)[82]가 무산(巫山)의 백성 수백 명을 억류하여 노비로 삼았다."라고 나온다. 「원유전(袁裕傳)」에 "남경총관(南京總管)인 유극흥(劉克興)[83]은

출신으로 원 세조시기 남송 정복에 혁혁한 전공을 세워 荊湖行省의 右丞을 지냈다. 至元 20년(1283)에 아이합하는 베트남 지역을 공략하기 위해 특별히 개편된 '荊湖 · 占城行中書省'에서 '平章政事'를 역임하였다.

77) '行省'은 원대 지방최고행정기관인 '行中書省'의 줄임말이다. 행중서성의 주무장관도 '행성'이라 불렸다. '형호행성'은 원 초기에 장강 남쪽을 정복하는 군사 거점이었다.

78) 원문은 '自置□◆之'인데 『遺書』는 '自置吏治之'로 판독하였다. 번역은 『遺書』를 따랐다.

79) 部曲이란 당대 이전에는 원래 '私兵'을 가리키지만 그 이후로는 주로 '私奴婢'를 지칭하였다.

80) 원문은 '脚寨'이다.

81) 원문은 '幾四百戶'이다. 『元史』「宋子貞傳」과 『二十二史箚記』에는 전부 '幾四百所'라고 나오는데 '거의 4백 곳'이라는 의미이다.

82) 『元史』「王利用傳」에는 원래 '都元帥塔海'로 나온다. 도원수는 지방군사장관이다. 「列傳」에 '塔海傳'이 있지만 본문 주의 해당 내용은 언급되어 있지 않다.

83) 원문은 '劉克勳'인데 『元史』「袁裕傳」에 의하면 '劉克興'의 오류이다. 번역은 『元史』를 따랐다.

투항한 백성⁸⁴⁾을 가로채서 노예로 삼았다."라고 나온다. 이상은 모두 『원사』를 보라.

　또한 강남의 기름진 농지를 신하에게 나누어 하사하는데 예를 들면 세조는 정온(鄭溫)에게 상주(常州)의 농지⁸⁵⁾ 30경을 내려주고, 섭리(葉李)에게 평강(平江)의 농지 4경을 하사하며, 왕적옹(王積翁)의 아들⁸⁶⁾에게 평강의 농지 8천무를 주었다. 무종(武宗)은 조아부자(珊阿不刺)⁸⁷⁾에게 평강의 농지 1천5백 경을 하사하였다. 인종(仁宗)은 축려(丑驢) 다르칸⁸⁸⁾에게 평강의 농지 100경을 하사하였다. 영종(英宗)은 배주(拜住)⁸⁹⁾에게 평강의 농지 1만 무를 하사하였다. 문종(文宗)은 연철목아(燕鐵木兒)⁹⁰⁾에게 평강의 관청 토지 500경을 하사하였다. 또한 서안왕(西安王) 아자특납실리(阿剌忒納失里)⁹¹⁾에게 이전 평장정사(平章政事) 흑려(黑驢)⁹²⁾의 평강 지역 농지 300경을 내려주었다. 또 대

---

84) 원문은 '降民'인데 『元史』 「袁裕傳」에는 '良民'으로 나온다.

85) 원문은 '田'인데 『元史』 「鄭溫傳」에는 '官田'으로 나온다.

86) 아들의 이름은 王都中이다. 『元史』 「列傳」에 「王都中傳」이 들어 있다.

87) 원문은 '珊阿不制'인데 『元史』 「珊阿不刺傳」에 의하면, '珊阿不刺'의 오류이다. 번역은 『元史』를 따랐다.

88) 원문은 '答剌罕'이다. '다르칸(darqan)'은 왕후·귀족·라마승에게 내려주던 특권적 관직으로, 자손한테 세습되었다.

89) 원문은 '拜珠'인데 『元史』 「拜住傳」에 근거하면, '拜住'의 오류이다. 「拜住傳」에 "(英宗 至治二年)六月壬寅, 勅賜平江腴田萬畝."라는 기사가 실려 있고, 拜株의 「列傳」은 없기 때문이다. 이외에 「忠義傳」에는 또 하나의 「拜住傳」이 있지만 동명이인이다. 『二十二史箚記』에도 '拜株'로 나오지만 역시 착오이다. 번역은 『원사』 「拜住傳」을 따랐다.

90) 원문은 '雅克特穆爾'인데 '燕鐵木兒'의 오류로 보인다. 雅克特穆爾는 『元史』의 「文宗本紀」와 「列傳」에 전혀 등장하지 않고, 해당 기사는 「燕鐵木兒傳」에 언급되어 있기 때문이다. 번역은 '燕鐵木兒'로 수정하여 옮겼다. 더 상세한 고증은 아래에 있는 관련 주 98)의 내용을 참조하라.

91) 원문은 '阿剌忒納矢里'인데 『元史』 「文宗本紀」에 근거하면, '阿剌忒納失里'의 오류이다. 번역은 『元史』를 따랐다.

92) 원문은 '墨驢'인데 『元史』 「文宗本紀」에 근거하면, '黑驢'의 오류이다. 번역은 『元史』를 따랐다.

용상집경사(大龍翔集慶寺)[93]에 평강의 농지 500경을 하사하고, 노국대장공주(魯國大長公主)[94]에게 평강 등지의 관청 농지 300경을 하사하였다. 순제(順帝)는 공주인 부답석니(不答昔你)[95]에게 평강의 농지 50경을 하사하였다. 이상은 총 3천3백80여 경이다. 혹자[96]는 이것을 송대의 관청 농지라고 주장하였다. 왜냐하면 그가 『원사』에서 관청 농지와 관청 토지로 표기한 사례는 곧 남송의 관청 농지이지만, 관청 농지로 표기하지 않은 경우는 전부 함부로 빼앗은 백성의 농지라는 사실을 알지 못했기 때문이다. 어떤 땅은 관청의 농지이고, 어떤 땅은 민간의 자산이었다. 『원사』「장규전(張珪傳)」에 이렇게 언급하고 있다.

"(장규가) '농지를 하사받은 집안에서는 각자 토착의 간악한 관리를 장원 담당관에 임명하여 교활한 명목으로 (지대를) 과다하게 징수합니다. 게다가 그들은 또 역참을 압박하여 필요한 물품을 보내게 만들고, 주현(州縣)의 관료를 능욕하여 체납된 (자신들의) 부세를 탕감하며, (물자가) 곳간에 들어온 날에는 (그것을) 내다팔아 현금을 챙겨서 돌아갑니다. 그래서 관료는 원한을 품고 백성은 멀리 달아나 숨어버립니다. 마땅히 백성은 (소작료를) 관료에게 내고 관료는 성의 관청에 보내며 성의 관청은 수도[97]로 올려 보내도록 시켜서 농지를 하사받은 자들에게 그것을 나누어 주어야 합니다.'라고 건의하였다. 원의 황제는 받아들이지 않았다."

---

93) 『元史』「文宗本紀」에 근거하면, 문종이 天曆 2년(1329)에 명령을 내려 南京에 건립된 사찰이다.
94) 文宗의 고모이다.
95) 明宗의 딸이다.
96) '혹자'는 趙翼을 가리킨다. 본문 주의 이 단락은 거의 다 『二十二史箚記』에서 발췌한 내용으로 확인된다.
97) 원문은 '大都'이다.

이상의 건의로 보자면, 몽고 관리는 민간의 농토를 몰수해서 정복지로 삼고 농민을 예속민으로 만들었다. 또 사적으로 세무 관리를 두어서 닥치는 대로 세금을 거두려는 욕심을 부렸다. 다시 「연철목아전(燕鐵木兒傳)」[98]에도 이렇게 나온다.

> "(연철목아가 주청하길) 문종 때에 '송강(松江) 전산호(澱山湖)의 농지 500경은 마땅히 관청에 곡식 7천7백 석을 내야 합니다. 신이 1만 석으로 늘려서 관청에 납부하고, 다른 사람에게 경작을 시켜서 수확한 여분의 쌀을 신의 동생인 살돈(薩敦)[99]에게 보태주기를 바랍니다.'라고 아뢰었다."

대체로 500경의 농지인데 관청에 1만 석의 곡식을 납부한다면, 당시 관청에 내는 곡물[100]의 정액은 매 무당 각 2되였다. 이는 이미 10분의 2를 징수했던 것이다. 더구나 관청에 납입하는 곡식 이외에도 다시 사적인 지대가 있었다. 위의 「열전」에서 이른 바처럼 '여분의 쌀'이 그것이다. 이는 소작농이 관청의 부세와 사적인 지대를 아울러 납부했다는 증거이다. 이상은 전농이 고통을 받았던 한 가지 이유이다.

그 이유의 다른 하나는 관전(官田) 때문이었다. 당대에 관전에서 거두어들이는 세금은 이미 민간의 농지보다 네 배나 높았다. 원미지(元微之)[101]

---

98) 원문은 「雅克特穆爾傳」인데 『元史』 「列傳」에 근거하면, 「燕鐵木兒傳」의 오류이다. 『元史』 「列傳」에 「雅克特穆爾傳」이 없고, 본문의 해당 내용은 전부 「燕鐵木兒傳」과 「文宗本紀」 至順 3년(1332) 3월 庚午朔 조의 「燕鐵木兒 上奏」에 언급되어 있기 때문이다. 번역은 오류를 바로잡아 옮겼다.

99) 「燕鐵木兒傳」과 「文宗本紀」에는 모두 '撒敦'으로 나온다. 『二十二史箚記』에 근거하면, '撒敦'은 '薩敦'의 옛 이름이다.

100) 원문은 '官糧'이다. 원·명시대에 관청의 부세는 곡물로 납부해서 '관량'이라 불렀다.

101) 당대의 저명한 시인이자 정치가인 元稹(779-831)을 가리킨다. '微之'는 그의 자이

는 황제에게 올린 글에서, "중앙 고관의 직전(職田)[102]에서는 (세금을) 반드시 백성이 쌀을 팔아 수레를 고용하여 운송하므로 본세[103]에 비해 거의 네 배나 많습니다. 그 해전(廨田)[104] · 관전 · 역전(驛田)[105]에 부과하는 세액도 대략 직전과 비슷합니다."라고 언급하였다. 이런즉 관전의 폐해는 이미 당대부터 그런 상태였다. 송대에 이르자 악질적인 신하들은 자산 증식에 몰두하였다. 그들의 죄악이 극에 달하면 그 가산을 몰수하여 관전으로 만들었다. 예를 들면, 『송사(宋史)』[106]에는 이렇게 나온다. 주면(朱勔)[107]이 부패해서 그의 가산을 몰수하니 농지가 30만 무나 되었다. 건염(建炎) 원년(1127)에 채경(蔡京)[108]과 왕보(王黼)[109] 등의 장원을 몰수해서 관전으로 만들었다. 개희(開禧) 3년(1207)에 한탁주(韓侂胄)[110]를 주살하고 안변소(安邊所)[111]를 설치하자,

---

다. 원미지는 工部侍郎과 同中書門下平章事 등의 관직을 역임하였고 저작은 『元氏長慶集』이 있다.

102) 정부가 소유권을 가지며 수확물로 관리의 봉록을 지급하는 국유전이다. 해당 관리가 이직하면 후임자가 그 직전을 상속받는데 매매할 수는 없다.

103) 원문은 '正稅'이다.

104) 관청의 재정을 충당하기 위해 지급된 농경지로 公廨田이라고도 불렀다.

105) 驛站의 경비를 충당하기 위한 농지이다.

106) 원대에 脫脫 등이 편찬한 宋의 正史이다

107) 朱勔(1075-1126)은 북송의 휘종이 총애한 간신으로 가렴주구를 일삼아서 방납의 난을 초래하였다. 휘종이 죽고 흠종이 즉위하자 주면은 파면당하고 부정 축재한 그의 재산도 모조리 몰수되었다.

108) 蔡京(1047-1126)은 북송 말기의 재상이다. 그는 휘종에게 아첨하며 국정을 어지럽히다가 실각하여 병사하였다.

109) 王黼(1079-1126)는 북송 말기의 재상이다. 금의 군대가 수도에 쳐들어오자 조정을 버리고 홀로 처자식을 데리고 도망갔다가 탄핵되었다.

110) 원문은 '韓◆胄'인데 『朱校本』은 '◆'을 '佗'자로 판독하고, 『遺書』와 『李編本』은 '侂'로 해독했지만 모두 오류이다. 『宋史』에 근거하면 '侂'자가 맞다. 번역은 『宋史』를 따랐다. 韓侂胄(1152-1207)는 남송의 외척 출신으로 벼슬길에 올라 寧宗의 옹립을 계기로 정권을 장악하였다. 그는 금과의 전쟁을 주도했으나 패배하자 결국 화친을 위해 살해되고 그의 머리가 금에 보내졌다.

111) 금에 보내는 歲幣를 마련하기 위해 설치한 부서로, 정식 명칭은 '拘催安邊物錢所'

황주약(黃疇若)[112]이 "그의 장원 등 1만 무의 농지 및 기타 총애하는 권신들이 몰수했던 농지를 거기에 예속시키면, 총 미곡 72만 1천7백 곡(斛)[113]과 엽전 1백31만 5천 민(緡)을 거두게 됩니다."라고 아뢰었다. 경정(景定) 4년(1263)에 진요도(陳堯道)[114] 등의 여러 인사가 "선대 황제의 한전론(限田論)에 의거하여 양절(兩浙) 지역 관리와 백성의 한도를 초과한 모든 농지는 그 3분의 1을 뽑아 사들여 공전으로 삼기를 바랍니다."라고 주청하였다. 승상인 가사도(賈似道)[115]가 그 논의를 주도하여 마침내 절서(浙西)의 6개 군에 곧 평강·강음(江陰)·안길(安吉)·가흥(嘉興)·상주(常州)·진강(鎭江)이다. 차례로 시행하였다.

대체로 관리와 백성의 한도를 넘긴 농토를 거두어들여 국유지로 규정하는 그런 정책도 나쁘지는 않다. 하지만 대략 농지 1무당 수취한 지대가 1섬을 넘긴 자에게 200관(貫)의 대가를 주었다. 그런데 그 보상액을 감안해 보면, 마치 고소장 속의 헛된 명분에 불과하다. 보상은 명분일 뿐이고 실제는 강탈이므로 백성의 원망이 들끓어 올랐다. 그러나 이 상황에서는 오로지 지주가 그 피해를 받을 따름이었다. 진요도 등이 진술한 상소에서 "만약 1천만 무를 사들이면 해마다 600-700백만 곡(斛)의 수입이 발생합니다."라는 주장을 고려해 볼 때, 어찌 1무의 농토마다 매년 6-7곡의 곡물을 납부하는 것이 아니겠는가? 대략 송 초기에 양절(兩浙)

이다.

112) 黃疇若(1154-1222)은 당시에 '殿中侍御史'였다.
113) 『宋史』「食貨志」에는 722,700여 곡이다.
114) 원문은 '劉堯道'인데 『宋史』「食貨志」와 『二十二史箚記』에 근거하면, '陳堯道'의 오류이다. 번역은 『宋史』와 『二十二史箚記』를 따랐다. 陳堯道는 당시 殿中侍御史였다. 그와 함께 주청한 인사는 右正言인 趙孝慶과 監察御史인 虞虑·張晞顔 등이었다.
115) 賈似道(1213-1275)는 남송 理宗의 외척으로 신임을 받아 재상 자리에 올랐다. '公田法'을 시행하여 군량미의 확보를 꾀하고 會子를 정리하는 등 재정의 재건을 도모하였다.

지역의 민간 농지는 겨우 1무당 곡물 1말을 냈는데, 이제 지주가 받는 사적 지대에 의거해서 관청의 지대를 납부하였다. 이는 경작지의 소유권이 관청에 속하거나 혹은 민간에 속한다는 구분이 존재하더라도 소작인에게는 다시 털끝만 한 이득도 없었던 상황이다. 게다가 당시의 관리는 사들인 농지의 수량에 의거해 그들의 승진과 강등이 결정되었다. 따라서 1무의 세입이 고작 7-8말에 그치더라도 거짓으로 해마다 1섬을 거두어들인다고 보고하였다. 이 때문에 정액 외에 (소작인이 내야 하는) 보충 분이 또 이전의 사적 지대보다도 많았다. 그러므로 백성 가운데 공전을 소작하는 농부는 사유 농지를 소작하는 자보다 더 고달팠다.

몽고가 송을 멸망시키자 결국 송조의 공전을 자기 신하에게 나누어 하사하거나 앞의 내용을 보라. 당시 신하에게 하사한 것에도 새로 강탈한 민간의 농지가 들어 있었다. 다만 『원사』에서 이른바 관청의 농지와 토지는 송의 관전을 지칭했던 것이다. 때로는 황족과 공경(公卿)의 채지(采地)[116]로 점유하였다. 원대에는 송 후비(后妃)의 농지를 몰수해서 태후에게 주었다. 그것을 '강회재부도총관부(江淮財賦都總管府)'라고 불렀다. 또한 주청(朱淸)과 장선(張瑄)[117] 등의 농지를 몰수해서 중궁(中宮)[118]에게 제공하였다. 그것을 '강절재부부(江浙財賦府)'[119]라고 불렀다. 다시 '발사장(撥賜莊)'[120]이 있는데 송 친왕(親王) 및 새로 몰수한 명경사(明慶寺)·묘행사(妙行寺)라

---

116) 황제가 자신의 친족과 고관에게 하사한 농지로 경작하는 노비도 포함된다.
117) 朱淸(1236-1306))과 張瑄(?-1302)은 원래 海盜 출신으로 원에 투항하여 관리를 지냈다.
118) 원래 황후가 거처하는 곳인데 때로는 직접 황후를 가리켰다.
119) 원문은 '江浙財賦所'인데 『二十二史箚記』에 근거하면, '江浙財賦府'의 오류이다. 번역은 『二十二史箚記』를 따랐다. 본문의 이 주는 모두 『二十二史箚記』에서 인용된 내용이다.
120) 전설에 의하면, '撥賜莊'은 원래 원 順帝가 자기의 누이동생에게 하사한 장원이다.

는 두 사찰의 농지와 아울러 백운종(白雲宗)[121]의 승전(僧田)을 소유하였다. 따라서 이 농지는 죄다 주·현의 관청에 예속되지 않았다. 이런즉 송대에는 공전을 나라에 귀속시키지만 몽고 군신은 공전을 사유재산으로 차지하였다. 게다가 전호가 납부하는 곡식도 한결같이 송의 옛 규정을 따르고, 곁들여 다른 명목을 만들어 교활하게 수탈해서 그 지대를 가중시켰다. 『원사』 「염복전(閻復傳)」을 보라. 이상은 전농이 고통을 받았던 다른 한 가지 이유이다.

더욱이 몽고의 지배하에 이민족이 함부로 행동하면서 대놓고 약탈을 자행하자, 나약한 백성은 어쩔 수 없이 세도가에게 의탁하였다. 그렇게 시간이 오래 지나자 그들은 가노비로 숨겨졌다. 『원사』 「장덕휘전(張德輝傳)」을 보라. 이로부터 전농과 노복은 완전히 동일시되었다. 성종(成宗)이 즉위한 초기에 강절행성(江浙行省)의 여러 신하는 상주하여, "폐하께서 보위에 오르시자 농지의 지대를 10분의 3으로 낮추라고 조서를 내리셨습니다. 그러나 강남과 강북은 (지대가) 다르고, 빈민은 부자의 농지를 소작하면서 해마다 그 지대를 납부합니다. 이제 감세의 혜택이 오직 지주에게만 주어지고, 그 전농은 예전처럼 지대를 냅니다. 이는 은혜가 부자에게만 미치고 빈민에게는 이르지 못하는 것입니다."라고 아뢰었다. 다시 대덕(大德) 8년(1304)에 조서로, "강남의 전호는 사적 지대가 너무 무거우니 그 세금을 10할로 기준 삼아 두루 2할을 경감하여 길이 제도로 규정하라."라고 명령하였다. 앞의 '상주'에서 보면, 관청의 부세를 비록 면제하더라도 사적 세금은 여전히 징수하였다는 사실이 파악된다. 뒤의 '조서'에서 보면, 관청의 부세는 오히려 가벼워지지만 사적 부세가 배로 무거워졌다는 것을 알겠다. 아아, 저 전농들은 그 얼마나 불운한 시절을 보냈던가!

---

121) 북송의 휘종 시기에 불제자인 孔淸覺이 杭州의 白雲庵에서 창건한 불교 종파이다.

명대에 이르자, 몽고가 백성을 괴롭히던 학정은 그대로 답습되어 고쳐지지 않았다.[122] 게다가 오(吳)를 평정하는 전역에서 대체로 장(張)씨[123] 공신 자제의 농지는 모조리 몰수하고, 또 악질적인 부호가 겸병[124]한 부분도 그 농지를 압수해버렸다. 이로부터 관청의 농지가 더욱 늘어났다. 그리고 압수한 농지는 일률적으로 정해진 지대에 따라 곡식을 냈다. 매 1무당 납부하는 곡식은 많을 경우에 1섬이 넘고, 적더라도 몇 말을 밑돌지 않았다. 두종환(杜宗桓)은 이렇게 지적하였다.

"농지가 아직 몰수되지 않았을 때에 소작인은 지방의 토호가 사는 곳에 지대를 가져다가 내는데 아침에 떠나서 저녁이면 돌아왔다. 그 뒤에 사적 지대를 관청 부세[125]로 바꾸자, 이에 부세를 날라서 각지의 관아 창고에다 납부하는데 강과 호수를 건너가며 운반하여 이동에 시간이 걸린다. 수확이 2-3섬인데 1섬을 내는 자도 있고, 4-5섬에서 1섬을 납부하는 자도 있으며, 풍파나 도적을 만나는 자도 생겨서 그 결과로 몇 해를 질질 끌며 내지 못하고 채납한다." 「상순무시랑주침서(上巡撫侍郎周忱書)」[126]를 보라.

---

122) 역자의 고찰에 의하면, 이하 명대에 관한 논의는 거의 다 顧炎武의 『日知錄』에서 발췌하여 인용한 내용으로 확인된다.

123) 反元 봉기의 지도자인 張士誠(1321-1367)을 지칭한다. 張士誠은 아우인 士義·士德·士信 등과 군사를 일으켜 장강 하류의 삼각주 지대를 점령하고 '吳'라는 정권을 세웠다. 1367년에 장사성은 주원장의 군대에게 패배하고 오는 결국 멸망하였다.

124) 원문은 '豪幷'인데 『李編本』은 위아래 문맥을 고려하여 '兼幷'으로 교정하였다. 번역은 『李編本』을 따랐다.

125) 원문은 '官糧'이다.

126) 원문은 「上巡撫侍郎周恢書」인데 『日知錄』에 근거하면, 「上巡撫侍郎周忱書」의 오류이다. 번역은 『日知錄』을 따랐다.

다시 홍희(洪熙) 원년(1425)에 주간(周幹)[127]이 언급한 바에 의하면, 다음과 같이 주장하였다.

"오강(吳江)과 곤산(昆山)[128]의 민간 농지는 1무당 지대가 5되인데 전호가 부잣집 농토를 소작하면 1무당 사적인 지대로 1섬을 냈다. 뒤에 관청에 몰수되면서 사적 지대를 기준으로 2말을 덜어주니 이는 (사적 지대에 비해) 10분의 8만 수취한 것이다. 또 공후(公侯)와 부마 등에게 나누어 하사한 항목의 농지는 1무당 예전처럼 지대로 1섬을 납부하는데, 후에 사고가 나서 (그 농지가) 관청에 반환되어도 다시 사적 지대의 관례대로 그것을 전액 징수하고 있다. 대체로 10분의 8만 수취해도 백성은 견딜 수 없는데 하물며 그것을 전액 수취하는 데야 (어떻게 버틸 수 있겠는가?) 그것을 전액 수취해버리면, (백성은) 자기 집에 가져갈 양식이 없어서 반드시 추위와 굶주림의 나락에 떨어지게 된다. 이 어찌 도망가지 않을 수 있겠는가?"

이상에 근거해 보면, 민간의 농지를 관전으로 몰수하는데 사적 지대의 예전 액수에 따라 징세하거나, 혹은 겨우 10분의 2 정도를 감세하지만 정액 외의 세금을 강제로 더 징수하니 도리어 사적 지대의 이전 세액보다도 과중했다는 것이 명백하다. 그러므로 그 농지를 소작하는 자는 때로 돈을 대출했던 이유 때문에 농지를 부잣집에 팔지만 농지가 팔려도

---

127) 周幹(?-?)은 당시 廣西布政使였다.
128) 원문은 '崑山'인데 『日知錄』에 근거하면 '昆山'의 오류이다. 번역은 『日知錄』에 따랐다. '昆山'은 명대 蘇州府 관할의 昆山縣을 말한다.

지대는 여전히 남게 되었다. 『일지록(日知錄)』[129]에 실려 있는 왕필(王弼)의 「영풍요(永豊謠)」[130]를 보라. 선덕(宣德) 5년(1430)에 조서[131]로써 관청 지대에서 10분의 3을 감세하지만 소주부(蘇州府) 관할 7개 현의 민간 농지는 15분의 1에 불과하고, 나머지는 전부 관청의 농지였다. 민간 농지는 1무당 5되를 징수하지만 관청 농지는 때로 1무당 1섬을 징세하니 10분의 3을 줄여주어도 아직 7말이다. 황종(況鍾)은 "민간의 농지가 한번 관청에 들어가게 되면, 1무에서 나는 곡식이 14무의 분량으로 변해버린다."라고 지적하였다. 이는 관청 농지를 소작하는 자가 추위와 굶주림의 고통을 겪었던 이유이다.

가정(嘉靖) 연간이 되자 관청 농지의 지대를 별러서 민간 농지에 전가시켰다. 대체로 관청 농지와 민간 농지는 일률적으로 3말로부터 징수를 시작하였다. 예전에는 민간의 농지에서 겨우 5되만을 납세하던 것이 이제 여섯 배로 갑자기 늘어났다. 비록 관청 소작인의 어려움은 줄어들지만 한없이 많은 세금을 민간 농지에 대납하도록 강요했다. 따라서 지주가 내야 되는 관청의 부세는 그 액수가 나날이 늘어났다. 관청의 부세가 증가되자 지주인 자는 반드시 그 금액을 소작인에게 거둬서 상환하였다. 이와 같이 강절(江浙) 지역에 있는 민간 농지는 관청의 세금이 늘어나면, 사적인 부세도 증가하였다. 그 고통을 겪는 자는 전농이지 지주가 아니었다. 시험 삼아 이

---

129) 명말·청초의 대학자 顧炎武(1613-1682)가 저술한 명저로 청대 고증학의 남상이 되었던 책이다.

130) 『日知錄』의 저자 원주에 의하면, 王弼은 成化 11년(1475)의 진사 출신으로 溧水知縣을 역임하였다. 그의 「永豊謠」는 『日知錄』 권10 「蘇·松二府田賦之重」에 수록되어 있다.

131) 원문은 '雜'이다. 『明史』「宜宗本紀」와 『日知錄』의 해당 내용을 근거로 원문의 위아래 문맥을 고려하면, '雜'은 '詔'의 오자로 판단된다. 번역은 '詔'로 수정하여 옮겼다.

런 상황을 초래한 이유를 미루어 보면, 송·원 시대에 세력이 있는 부호는 지대를 많이 거둬 부를 축적하고, (소유한) 논밭의 긴 이랑이 여러 주군(州郡)에 걸쳐 사방으로 뻗어 있어서 토착민을 부릴 뿐만 아니라 세금도 가혹하게 걷었기 때문이다. 송·원·명시기에 관청의 농지는 여전히 예전의 세액을 답습하므로 관청 농지의 부세가 늘어났다. 그 관청 농지의 부세가 민간 농지에 전가되자, 민간 농지의 세금도 역시 무거워졌다. 비록 지배층이 부세를 경감할 줄 모른다고는 하지만 부호가 먼저 세금을 가혹하게 걷어대지 않는다면, 위에서도 관청 농지의 부세를 받을 도리가 없었다. 그러면 지배층이 아무리 닥치는 대로 마구 조세를 징수하더라도 반드시 이같이 무거워지지는 않았으리라. 이런즉 부호들이 세금을 가혹하게 걷던 폐해가 관청 농지에까지 번져버린 상황이니 겸병하는 부자는 어찌 민간의 일대 독소가 아니겠는가?

더 나아가 명대 제도에서 논의하자면, 전호가 많아진 데는 다시 두 가지 요인이 있었다. 그 하나는 장원 농지를 나누어 하사했기 때문이다. 명조가 개창한 초기에 대체로 왕후장상은 모두 황제가 하사한 장원 농지를 차지하고, 황실의 친척도 채지를 소유하였다. 그리고 목영(沐英)[132]은 운남에 진주하면서 점령한 민간의 농지를 모조리 사유 재산으로 만들었다. 보훈 장원[133]의 소작인이 매 1무의 농지에서 내는 지대는 1섬을 넘었다. 이것이 사적 지대가 나날이 무거워지는 원인이었다. 다른 하나는 농지 자산을 갖다 바쳤기 때문이다. 명대에 북쪽 변경의 농지는 백성을 불러 모아 개간했는데 피차 간에 서로 (은닉한 농토를) 고발하거나 때로는 왕부(王府)와 공훈이 있는 황실 친척에게 갖다 바쳤다. 『일지록』에 인용된 성

---

132) 沐英(1344-1392)은 명조의 개국 공신으로 자는 文英이며 무관 출신이다.

133) 원문은 '勳莊'이다.

화(成化) 시기의 『실록(實錄)』[134]을 보라. 또한 하남(河南)의 늪지대 개간지는 간교한 백성이 주왕(周王)[135]의 개척지라고 지목하면서 왕에게 헌납하여 보상을 요구하였다. 또 산동의 개간된 농지 가운데 부세가 없는 부분은 교활한 백성이 휴경지로 지목하여 황실의 외척에게 바쳤다. 『명사』「이당전 (李棠傳)」[136] 및 「원걸전(原傑傳)」을 보라. 대개 명대의 권문세가는 촌민을 파탄 내거나 혹은 민간의 재산을 자기 소유로 차지하며 위아래에서 서로 속 여도 백성은 하소연할 데가 없었다. 이것이 부호가 논밭을 늘린 원인이 었다. 이상의 두 가지 원인이 겹쳐서 농지가 없는 백성은 더욱 많아지고, 홍무(洪武) 연간 말기에 우겸(虞謙)[137]은 "지금 강남의 빈민이 농지가 없는 것은 흔히 요 역에 피폐되었기 때문입니다. 제도를 마련하여 승려와 도사(道士)의 농지는 1인당 10무 를 넘기지 못하게 하고, (그 나머지를) 평민에게 고르게 분배하십시오."라고 건의하였다. 이는 백성이 대부분 농지가 없었다는 증거이다. 전호도 나날이 고통스러워졌다. 고정림(顧亭林)[138]의 『일지록』에는 이렇게 언급하고 있다.

"오중(吳中)의 백성 가운데 농지를 소유한 사람은 10분의 1이고, 남을 위해 소작하는 자는 10분의 9이다. 그 지역의 농토는 매우 협소한데 대 개 도랑과 도로의 부세까지도 전부 농지 안에 포함시킨다. 매해 겨우 가 을걷이 벼가 한번 여물어서 1무의 수확량은 3섬에 이를 수 없고, 적으면 1섬에 불과하다. 그러나 사적인 지대는 많을 경우에 1섬 2-3말이나 되 고, 적다 해도 8-9말이다. 소작인은 한해의 노동력을 다해도 분뇨 시비

---

134) 명의 『憲宗實錄』을 가리킨다.
135) 周王은 원래 명 태조의 다섯째 아들인 朱橚이 임명받고 그 후손에게 세습된 왕위 이다.
136) 산동의 개간된 농지 사례는 「李棠傳」이 아니라 「曾翬傳」에 나온다.
137) 虞謙(1366-1427)은 명초의 대신으로 '限田制' 실시를 주장하였다.
138) '亭林'은 顧炎武의 호이다.

작업에 1무당 비용이 1민(緡)가량 들어서 추수하는 날에 소득은 몇 말에 지나지 않는다. 심지어 오늘 지대를 완납했는데 다음 날은 대출을 받는다."

위의 고 선생이 설명한 내용에서 보면, 비록 언급한 바가 오중으로 한정되지만 오중 이외 지역도 전호의 고통은 마땅히 오의 백성보다 덜하지 않았다. 민성(閩省)[139] 사현(沙縣)의 소작인을 보면, 지대의 납부 외에 아울러 개인적인 선물을 보내야 하는데 전호가 조금이라도 뭘 요청할 경우, 지주는 관청에 고소해서 등무칠(鄧茂七)의 난을 촉발하게 되었다. 『명사』「정선전(丁瑄傳)」에 "복건성 사현 사람인 등무칠은 갑장(甲長)[140]이 되자, 기세로써 자기에게 소속된 촌민을 부렸다. 그 지역의 풍속에 소작인은 지대의 납부 외에도 관례로 지주에게 개별적인 선물을 보냈다. 무칠[141]은 자기 패거리에게 선물을 보내지 말라고 부추기면서 지주에게는 직접 와서 부세를 받도록 요구하였다. 지주가 현(縣)에 고발하자, 현에서 순검(巡檢)[142]을 내려보내서 그를 잡으려 하였다. 무칠은 궁수 몇 명을 죽였다. 상관은 그 사실을 보고받자, 관군 300명을 파견하여 체포를 시도하지만 전원이 피살당하고 순검도 사살되었다. 무칠은 결국 대대적으로 약탈하였다. 그는 스스로 잔평왕(剗平王)이라 부르며 수만 명의 무리를 모아서 20여 개의 주·현을 공격하여 함락시키고 연평(延平)을 포위하였다. 조정에서는 어사인 정선에게 가서 토벌하라고 명령하였다. 정선은 그들이 다시 연평을 공격하도록 유도하고 관군을 독려하여 그들을 격파한 뒤에 무칠을 참수하였

---

139) 福建省의 별칭이다.
140) 송대 이후로 保甲制度는 戶를 기본 단위로 삼아 10호를 1甲으로 조직하고, 10갑을 1保로 편성하였다. 甲長은 갑의 우두머리로 10집의 관리를 맡았다.
141) 원문은 '茂主'인데 『明史』「丁瑄傳」에 근거하면 '茂七'의 오류이다. 『朱校本』도 이미 '茂七'로 바로잡았다. 번역은 『明史』를 따랐다.
142) 관명으로 정식 명칭은 巡檢使이다. 순검사는 9품관으로 현령에 소속되어 지방 치안을 담당하였다.

다.'라고 나온다. 이 어찌 지주가 권력에 기대어 백성을 능멸하고 시골에 살며 악행을 저질러서, 백성은 도탄에 빠지고 그 전호도 어쩔 수 없이 몸을 던져 반기를 들었던 상황이 아니겠는가? 여기에서 지주의 만행이 극심했다는 사실을 알겠다.

만주족이 산해관을 뚫고 들어온 뒤로 백성을 학대했던 통치[143]는 그 죄상을 일일이 다 적기 어려울 정도이다. 하지만 가장 가혹한 정책은 바로 농지를 구획하여 강제로 차지한 것[144]인데 그 농토를 몰수하고 아울러 그 사람들도 농노로 만들었다. 이로부터 유·연(幽·燕)[145] 지역에는 만주족의 장원[146]이 빙 둘러 들어서고 자기의 소유물이 아닌 것을 오랫동안 빌려서 돌려주지 않았다. 자신[147]은 지주가 되고 도리어 한족 백성을 소작인으로 삼는데 심지어 농토가 기름지다는 이유로 지대를 올리고, 농토가 척박하다는 핑계로 농지를 교환하였다. 원매(袁枚)[148]의 「임천이공전(臨川李公傳)」 및 『동화록(東華錄)』[149]의 강희(康熙) 5년(1666)조를 보라. 게다가 농노에 충당된 사람이[150] 다시 부근의 농지를 지정하여 자기의 자산으로 차지해도 빼앗긴 백성은 고소할 길이 없게 되었다. 『동화록』의 순치(順治) 12년(1655)조를 보라. 그들이 소유하던 농지가 이미 강점되었는데 종처

---

143) 원문은 '虐民之'이다. 『李編本』과 『朱校本』은 모두 위아래의 문맥을 고려하여 '之' 자 아래 '政'자가 누락되었다고 판단하였다. 번역은 『李編本』과 『朱校本』을 따랐다.

144) 원문은 '圈田'이다.

145) 河北 북부 및 遼寧 일대를 말한다.

146) 원문은 '旗莊'이다.

147) 원문은 '己'이다. 『李編本』과 『朱校本』은 모두 위아래의 문맥을 고려하여 '己'의 오류라고 보았다. 번역은 『李編本』과 『朱校本』을 따랐다.

148) 袁枚(1716-1798)는 청대 중기의 저명한 시인이자 사상가이다.

149) 청대 중기에 蔣良騏가 편찬한 편년체 역사서로 청초부터 옹정제까지의 사실을 기록하고 있다.

150) 원문은 '投充之人'이다.

럼 부림당하는 것도 수치스러워하면, 메마른 땅을 배급해 주고 여전히 옥토 기준으로 세금을 매겼다. 『동화록』의 순치 원년(元年: 1644)조를 보라. 당시 오삼계(吳三桂)·경중명(耿仲明)·상가희(尙可喜)[151]와 공유덕(孔有德)[152]이 남방에 번국(藩國)을 세우고, 역시 농지의 강제 몰수정책을 시행하여 '보훈 장원'이라 불렀다. 이는 예전에 한족의 소작인이던 사람이 이제 다시 이민족의 소작인으로 전락했던 것이다. 어찌 애통하지 않겠는가!

근래에 이르면 단지 만주족이 한족 백성의 곡물을 세금으로 받아먹을 뿐만 아니라 부호가 전농을 부린 상황도 명대와 다름이 없었다. 시골에 사는 백성 가운데 간혹 농지를 임대해서 경작한 사람도 있지만 전호의 수는 날품팔이보다 백 배나 많았다. 지주는 소작인에 대해 10분의 5를 징수하는 것이 통례였다. 그런데 분조(分租)[153]와 포조(包租)[154]의 구분이 있었다. 분조는 곡식의 소출에 따라 차등을 두는데, 수확한 곡식이 많으면 세금도 무겁고 곡식이 적으면 세금도 가벼웠다. 이는 한 해의 작황을 기준으로 세액을 매기는 방식이었다. 포조는 농지 단위를 위주로 세금에 정액이 있는데, 여러 해를 비교한 평균량으로 관례를 삼아서 흉년이라고 경감하지 않고 또 풍년이라고 증액하지도 않았다. 분조법은 비록 가혹한 징수라고 말하지만 소작인이 그래도 자급하기에 넉넉하나, 포조법은 일단 흉년이 들면 어김없이 처자식을 팔아서 상환하는 지경에 이르렀다.

---

151) 吳三桂(1612-1678)·耿仲明(1604-1649)·尙可喜(1604-1676)는 이른바 '三藩'으로 청초에 지방에서 할거했던 한족 출신의 藩王이다. 강희제 때에 삼번은 조정의 '撤藩'정책에 반발하여 반란을 일으켰다가 차례로 정복되었다.

152) 孔有德(?-1652)은 명말의 무장으로 청에 투항하여 군공을 세워서 定南王에 봉해졌다.

153) 지대의 분할 납부제이다.

154) 지대의 정액 납부제이다.

용자(龍子)[155]가 비판했던 공법(貢法)[156]의 폐단이 대략 이와 부합한다.

만약 지주의 전호에 대한 처우를 보면, 오로지 월동(粤東)[157]이 좀 나았다. 강절(江浙) 지역도 가혹한 법을 시행한 경우는 드물었다. 강회(江淮)의 북쪽에 이르면, 지주는 한 고을의 우두머리가 되고 부근의 주민은 그의 주택에 살면서 그의 농지를 갈았다. 그들은 명목상으로 소작인이지만 실은 종복만도 못하였다. (소작인은) 그의 명령을 하늘처럼 받들어서 머리를 조아리고 몸을 낮춰 감히 똑바로 쳐다보지도 못하며, 생사여탈을 오직 지주가 하고 싶은 대로 해도 간혹 소작인은 정해진 운명이라 여겼다. 곡식이 무르익게 되면 (지주는) 집집마다 순찰하며 지대를 걷는데 제멋대로 한없이 징수하여 그 지역의 백성을 괴롭혔다. 만약 (소작인이) 세금 납부의 기한을 넘기면 (지주의) 참혹한 매질이 법정과 다를 바가 없었다. 심지어 그 농지와 가택을 빼앗아서 그들이 그 지역의 땅조차 밟을 수 없도록 만들었다. (지주는 소작인이) 자기의 뜻을 거스르면 그들을 관청에 고소하였다. 관리는 지주의 위세에 눌려서 반드시 그 소작인의 신체를 호되게 징벌하고, 때로는 그의 가산을 싹쓸이한 뒤에야 멈추었다. 그 전답 부동산이 더욱 막대한 자들은 지주 아래 별도로 징세 청부인을 두어서 전호는 지주에게 납부하는 지대 외에도 반드시 그의 보수까지 아울러 부담하였다. 이런즉 이른바 10분의 5라는 징수액은 단지 지주의 본세일 뿐이고, 징세 청부인이 사적으로 갈취하는 액수는 또 그 나머지 5할에서 2할을 반드시 거두었다. 그렇다면 이는 농민이 한 해 내내 부지런히 일해도 오히려 자기 자신의 가정조차 부양할 수 없었다는 것이

---

155) 고대의 성현으로 『孟子』「滕文公」 상편에 등장한다.
156) 전설상으로 하대의 세법이다. 공법은 농민 1인당 50무를 지급하고 그 가운데 10분의 1에 해당하는 5무의 수확량을 징세한 정액 세제였다.
157) 廣東省의 별칭이다.

다. 일본의 어떤 분은 중국의 북방에서 은밀히 농노제도를 시행하고 있다고 지적하였다. 어찌 그렇지 않겠는가?

아아! 토지란 것은 한 국가의 공유 재산이니 일국의 땅은 마땅히 온 나라의 국민에게 나누어 주어야 한다. 지금 동일하게 한 나라의 국민인데 오히려 획득한 농토는 분량의 차이가 나고, 아울러 농지를 소유한 자와 소유하지 못한 자의 구별이 존재한다. 이는 토지 소유권이 불공평하기 때문이다. 노동하는 사람은 의무가 무거운데 권리는 도리어 적고, 무위도식하는 자는 의무가 가벼운데 권리는 거꾸로 많다. 더욱이 노동하는 사람이 되레 무위도식하는 자의 아래에서 통제를 받고 있다. 이는 인권이 불평등해진 것이다.

예전의 인사들도 이런 제도가 공정하지 못함을 알아서 애써 타개할 방책을 모색하였다. 고정림은 "마땅히 사적인 지대를 제한하여 빈민을 점점 넉넉해지게 만들어야 한다."라고 주장했지만, 이는 단지 노파가 베푸는 하찮은 인정과 같을 뿐이다. 안습재가 지은 「존치편(存治篇)」에 "천하의 경작지는 모름지기 온 세상 사람이 함께 누려야 한다. 만약 저 부자들의 욕심을 채워주려면, 뭇사람의 가산을 죄다 한 사람에게 몰아주어도 만족시키지 못할 것이다. 왕도(王道)정치가 민심에 순응하는 것은 분명히 이와 같지 않다. 하물며 한 사람인데도 100여 경이나 차지하고, 혹은 100여 명인데도 1경조차 갖지 못하니 백성의 부모 역할을 자처하는 군주로서 한 자식만 부유하고 다른 여러 자식을 가난하게 만드는 것이 옳겠는가?"라고 나온다. 그러므로 정전제를 회복시키려면 농지를 정(井)자 형태로 구획하여 경작지 소유에 일정량이 있도록 만들어야 한다. 또 (안습재는) 부자가 농지를 잃으면 원망이 생길 것을 우려하여 결국에 이렇게 창견을 내놓았다.

"만일 지주인 갑 측을 억눌러서[158] 40경을 20호에 나누어주고 갑 측은 겨우 50무를 얻는데 그치게 한다면, 어찌 원망하지 않겠는가? 19호는 여전히 갑 측의 전호로 삼아서 갑 측이 죽을 때까지 공전 소출의 반을 갑 측에 주고, 나머지 반을 상부에 바치도록 만들어야 한다."

(안습재의) 제자인 왕곤승(王崑繩)[159]은 스승을 계승하여 『평서(平書)』를 지어서 농지 소유의 규제에 대해 논의하며 이렇게 주장하였다.

"백성의 재산을 규제하려면 마땅히 농지 몰수정책을 본떠서 시행해야 한다. 농지를 거두어들이는 방안은 여섯 가지가 있다. 첫째로 관청의 토지를 청산한다. 대체로 위전(衛田)과 학전(學田) 가운데 관아에 속한 것은 청산하여 숨김이 없도록 만들어야 한다. 둘째로 황무지를 개척한다. 대체로 토지 가운데 관아에 속하면서 잡초가 무성한 땅은 개간한다. 셋째로 한전(閑田)[160]을 거두어들인다. 전란 뒤에 민가가 도망가서 주인이 없는 농토는 거두어들이고, 돌아오는 자가 생기면 전답을 나누어 주되 반드시 그 이전의 자산 전체를 복구해 줄 필요는 없다. 넷째로 부정한 재산은 몰수한다. 간신과 부호의 농지가 사방으로 즐비한 것은 관아에서 몰수한다. 다섯째로 농지를 헌납시킨다. 여섯째로 농지를 매입한다. 천하에 농사짓지 않으면서 농토를 소유한 자가 관청에 바치기를 원

---

158) 원문은 '如趙甲'인데 『遺書』는 '如迫甲'으로 수정하였다. 『李編本』과 『朱校本』은 모두 『遺書』의 수정에 동의하였다. 아울러 『朱校本』은 이 주의 내용이 顏元의 「存治篇」에 나오며, 그 구절은 원래 '如迫甲'이라고 지적하였다. 하지만 역자의 고찰에 의하면, 해당 내용은 李塨의 『平書訂』에 실려 있고, 그 구절은 '如趙甲'으로 확인된다. 번역은 원문의 문맥을 고려하고 『遺書』의 수정을 받아들여 '如迫甲'으로 옮겼다.

159) 청 전기 顏李學派의 대표적 사상가인 王源(1648-1710)을 말한다. 崑繩은 그의 자이다. 저작으로는 『平書』와 『居業堂文集』이 있다. 『平書』는 단행본으로 출간되지 않다가 李塨의 정리를 거친 뒤에 『平書訂』이란 서명으로 간행되었다.

160) 원문은 '間田'인데 『平書訂』은 '閑田'으로 나온다. 번역은 『平書訂』을 따랐다.

하면 관작과 봉록으로 보답하고, 관청에 팔기를 바라면 재물로 보상하며, 농민에게 매매하기를 희망하면 허락한다."

그는 다시 이렇게 피력하였다.

"농토를 소유한 자는 반드시 스스로 경작하고, 다른 사람을 모집해서 대신 농사짓지 못하게 한다. 스스로 경작하는 자는 농부가 되고, 그 신분을 사(士)나 장인이나 상인으로 바꿀 수 없도록 한다. 사 · 장인 · 상인이 농사를 짓지 않으면 농지는 없다. 관리도 지위의 고하를 막론하고 모두 농토를 소유할 수 없다. 이공(李塨)[161] 선생의 『평서정(平書訂)』에 "관리는 경작지를 소유하면 안 된다. 다만 퇴직한 관리에게도 녹봉을 준다. 늙고 병들어서 사직하기를 바라는 자에게는 봉록의 3분의 1을 주고, 자식이 관리 및 사 · 농부 · 장인 · 상인인 자는 10분의 2만을 지급한다."라고 나온다. 군인도 농지가 있으면 역시 스스로 경작한다. 또 목전(牧田)[162]제도를 모방해서 600무를 1강(畺)[163]으로 구획한다. 길이는 60무이고 너비는 10무이다. 중앙의 100무는 공전으로 삼고 위아래의 500무는 사전을 삼아서 10호가 그 농지를 분배받는다. 호는 상 · 중 · 하로 나누고, 나이가 60살이 되면 농지를 반환한다. 이 선생은 수확의 6분의 1을 징수하면 무겁다고 판단하여 60무로써 공전을 삼아야 마땅하다고 생각하였다."

---

161) 李塨(1659-1733)은 청 전기 顔李學派의 주요 사상가이다. 저작은 『大學辨業』 · 『易詩春秋四書傳注』 · 『平書訂』 등이 있다.
162) 원문은 '收田'인데 『平書訂』에 '牧田'으로 나온다. 번역은 『平書訂』을 따랐다. 『平書訂』에 의하면, 주대의 '목전'은 네모꼴이 아니라 가로나 세로로 길게 구획된 형태의 꼴밭이었다고 한다.
163) 600무를 '井'자 형태로 구획한 논밭의 면적 단위이다.

대략 왕 선생은 농부가 아니면 농토를 소유하지 못한다고 지적했다. 그의 주장은 참으로 공정하다. 그러나 그는 경작지 분배를 호 단위로써 기준을 삼고, 사람 수로 기준을 삼지 않았다. 한 집의 식구 수에 많고 적음의 차이가 있더라도 분배받는 농지의 분량은 다름이 없게 되니, 이는 명목상으로 빈부의 격차를 해소한다지만 사실은 빈부차를 생기게 만드는 것이었다. 게다가 왕 선생의 주장이 정말로 실행되더라도 겨우 정전제를 회복시키는 데 지나지 않을 뿐이다.

그런데 오늘날을 맞이하여 다시 정전제를 시행해도 바로 태평성세가 될 수 있는 것은 아니다. 반드시 신분 귀천의 등급을 완전히 타파하고 세력이 있는 부호의 농지를 모조리 몰수해서 토지를 국민의 공유로 삼아야만, 비로소 가장 공정한 경지에 정말로 부합할 수 있다. 단지 귀천의 등급만을 타파하고 세력이 있는 부호의 농지를 몰수할 수 없다면, 장래에 중국의 강역을 광복하고[164] 보통선거를 실행하더라도 다수의 전호는 지주 한 사람 아래 굴복을 당한다. 전호의 생계는 농토에 얽매이고 농토의 여탈 권한은 다시 지주에게 장악된다. 그 때문에 선거철이 되면 소작인은 자신의 농지를 보전하고자 반드시 자기 의지를 꺾고 영합하여 지주가 그 선거에 입후보하도록 서명하게 된다. 바로 이것이 농지를 소유한 부호는 교체되지 않고 세습하는 의원이 되나, 농지가 없는 사람은 비록 선거라는 명목이 있지만 사실은 자유선거의 권리를 상실하는 경우이다. 멀리는 구미에서 소급하고 가깝게는 일본에서 검증해 보면, 지주의 폐해는 이와 조금도 다름이 없다. 그렇다면 공정해 보이지만 실은 편파적으로 재력에 기대어 높은 지위를 달성하는 것이다. 이것이 공리와 상

---

164) 류스페이는 당시 반청 혁명파의 일원으로서 만주족에게 정복당한 한족의 중국을 광복시켜야 한다고 주장하였다. 그는 자신의 이름마저 '光漢'으로 개명했다.

충되는 까닭이다. 그러므로 세력이 있는 부호의 경작지를 몰수하지 않을 수 없다.

그런데 세력이 있는 부호의 농지를 몰수하려면, 또 모름지기 농민혁명으로부터 시작해야 한다. 대체로 오늘날의 지주는 모두 큰 도둑이다. 처음에는 이윤을 집적하는 술수를 부려서 자기의 재산을 불리고, 재산이 차면 그것으로 농지를 사들인다. 다시 농지가 늘어나면 거기에 의지해서 이윤을 싹쓸이한다. 백성이 그 상황에서 받는 고통은 폭군에게 당하는 것과 같다. 이제 그들의 소유를 빼앗아 백성에게 제공하고, 모든 사람의 경작지에는 전부 정해진 분량이 있도록 만들어야 한다. 이것이 바로 어진 정치의 최고 경지이다.

무릇 진섭은 품갈이에서 시작하고 유수(劉秀)[165]는 논밭에서 흥기하고 등칠무도 소작인에서 출발하였다. 비록 그들이 꾀한 거사가 때로는 성공하고 때로는 실패했지만 중국의 농부도 거사를 도모하기에 부족하지 않다는 사실을 충분히 증명해 준다. (지금 또) 세상에 진섭·유수·등칠무와 같은 그런 인물이 있는가? (그렇다면) 공리의 융성은 멀지 않은 시일 내에 그 실현을 기대할 수 있으리라! (1907)

---

165) 劉秀(B.C. 5-57)는 후한을 개국한 光武帝이다.

10
청정부가 대내외 양쪽으로 실패할 처지에 놓여 있음을 논함[1]

　오늘날 중국의 정부는 온통 패색이 짙은 정부이다. 전제정치가 이길 경우에는 대외적으로 실패하고, 입헌정치가 이길 경우에는 대내적으로 실패한다. 전제가 만일 이기면 백성의 사기는 진작되지 못하여 가축처럼 구속당한다. 그 결과로 외세가 나날이 침범하고 국력이 날로 쇠약해져서, 정부는 더 이상 퇴진할 수 없는 지경까지 퇴진하고 외세는 더 이상 잠식할 수 없는 지경까지 잠식하게 된다. (열강에 의한) 분할 통치의 국면이 조성되어 철로와 광산의 이권은 고갈되고, 나라는 나라 같지도 않은 처지에 이른다. (그런데) 입헌이 이길 경우는 사람 사람마다 국가를 짊어질 책임이 생기고 개개인에게 국가를 보호할 의무가 생겨서, 모두가 자기의 나라를 아끼고 존중할 줄 알게 된다. 그 결과로 국력은 날로 강성해지고, 군주의 권력과 인민의 권력이 서로 견제해서 군주권은 무한할 수 없게 된다. 그러므로 정부는 외국인에게 실패하기를 원하는가? 그렇다면 전제해도 되고, 빈말로만 입헌해도 된다. 정부는 국내에 대해 실패

---

1) 원제목은「論政府處於兩敗之地位」이고 지은이 서명은 '叔'이다. 이 글은 1907년에 『申報』에 발표되고 『遺書補遺』에 수록되었다. 번역은 『遺書補遺』의 원문에 근거하였다.

하기를 원하는가? 그렇다면 그 전제정치 체제를 제거하고 입헌을 실행하는 길이 최선이다. 밖으로 실패할 경우는 민권이 약화되어 나라가 망하고, 안으로 실패할 경우는 군주권이 약화되지만 나라는 강성해진다. 전제적 정부는 양쪽으로 실패할 처지에 놓여 있다.

그러나 오늘날의 난리 상황으로 말하자면, 전제적 정부에도 어쩔 수 없이 변화하여 입헌제로 나아가는 추세가 나타났다. 암살의 풍조로 다섯 대신이 출국한[2] 이후부터 폭탄을 발각한 사안이 이미 적잖게 자주 발생하였다. 지난 달 20일에 안휘 순무(巡撫)가 살해당하자 암살의 기세는 더욱 심하게 만연되었다. (불법) 무기의 운송도 평향(萍鄉)에서 처음 발각된 뒤로 지금까지 일곱 차례나 일어났다. 검문소와 철로에서 검색으로 체포되는 자들도 날마다 끊이질 않는다. 이 때문에 전제정치가 외국인에게 실패하면서부터 한번 변화하자 입헌을 논의하는 시대가 되고, 재차 변하자 무장봉기를 일으키는 시대가 되며, 세 번째로 변하자 유혈이 낭자하여 피비린내 나는 암살의 시대가 열렸다. 그러므로 입헌하고 싶지 않아도 입헌해야 한다. 원래 지금의 추세로는 입헌이 아니면 그보다 더 암살의 풍조를 완전히 잠재울 만한 차선의 방법은 없고, 또한 그보다 더 조약상의 상실한 이권을 회수할 만한 방도도 없다. 게다가 전제하고 싶어도 전제하기 어려운 이유는 앞에서 열강이 협박하고, 동시에 뒤에서 폭탄이 몰래 터져버리기 때문이다. 20세기가 중국 대륙에 도래하자, 전제가 결단코 발붙일 곳이 없어졌다. 근래의 사례로 그것을 증명하면 대략 네 가지가 있다.

---

2) 1905년에 청 정부는 위기 국면을 타개하기 위해 어쩔 수 없이 입헌제의 개혁 요구를 수용하였다. 이에 특별히 鎭國公 載澤·戶部侍郞 戴鴻慈·湖南巡撫 端方·山東布政使 尙其亨·順天府丞 李盛鐸 등의 다섯 대신을 해외로 보내 동·서양 여러 나라의 정치제도를 시찰하였다.

한 가지는 일반적인 여론에서 입증된다. 요즈음 일반 여론의 흐름은 예외 없이 다 입헌을 고취하고 전제를 배척하는 여론들일 따름이다. 작년 7월 13일[3]에 예비 입헌의 황제 명령서가 내려지면서부터 일반 국민은 서로 축하하며 입헌국의 국민이 되리라는 희망을 품어서 여론이 일거에 변하였다. 하지만 내관제(內官制)가 반포되면서부터 중앙의 권력을 마음대로 장악하여 여론이 돌변하였다. 또 외관제(外官制)가 선포되기에 이르자, 용두사미로 대충대충 책임만 모면해버려서 여론이 다시 격화되었다. 입헌에 대한 정부의 태도는 실행의 방향과는 갈수록 멀어지고 있다. 그러므로 정부에 대한 여론도 입헌은 이미 물 건너가버렸다고 여겨서, 결국 비판이 날로 격렬해지고 있다.

다른 한 가지는 암살의 풍조에서 입증된다. 암살 풍조는 지금 극에 달했다고 말할 수 있다. 무수히 많은 폭탄과 무기를 써서 반드시 전제의 방벽을 파괴하고자 기도한다. 배만주의란, 이를 견지하여 간접적인 수단으로 삼는 것이다. 무수한 폭탄과 무기는 틀림없이 입헌제의 성립을 이루려는 염원이다. 파괴주의란, 이를 견지하여 건설의 전제로 삼는 것이다. 그러므로 입헌을 만약 실행할 수 있다면 혁명의 풍조는 저절로 사그라진다.

또 다른 한 가지는 외교상의 취약에서 입증된다. 오늘날의 외교는 뇌물로 사들인 외교이다. 「만주조약(滿洲條約)」이 이미 체결되자 만주의 철로·광산개발권과 산림개발권 및 행정권 가운데 빼앗긴 것이 얼마나 많은가! 일본과 러시아의 협약이 조인되면서 간접적으로 상실한 만주의 이권은 또 얼마나 많은가! 그러므로 격식을 차리는 외교 석상에서 상대를 제압하는 것은 순전히 군사상의 실력 덕분이다. 조약에서 잃은 이권도 전적으로 해군과 육군의 무력에 의지해야 회수된다. 그런데 해군과 육군

---

3) 光緒 32年 7월 13일이고, 양력으로 1906년 9월 1일이다.

을 정비하려면 소요 경비의 모집이나 군사 제도의 개혁이 무엇 하나 입헌 문제와 관련 없는 사항이 없다.

마지막 한 가지는 군사적인 실패에서 입증된다. 중국 군사력의 부진은 표면적으로 말하자면 군제가 좋지 않고 훈련이 불량하며 무기가 낙후되었을 뿐이지만, 실질적으로 언급하자면 순전히 입헌하지 않은 데서 기인하였다. 대체로 군인은 국가를 짊어질 책임감이 없고 또 국가를 사랑하는 뜨거운 마음도 없는데, 오직 몇 푼의 봉급으로 입에 풀칠하기 위해서 군대에 투신한 자들이다. 그들에게 어떻게 나라를 위해 순국할 마음이 생길 수 있겠는가? 게다가 그 정도가 심한 자들은 군대에 몸담은 채로 도적떼와 결탁하는 경우도 즐비하다. 저 병사들이 각자 두 마음을 품거나 개개인이 모두 사적 이익만 고려한다면, 설령 온 국민이 모두 병사라 한들 어찌 그들에게서 군사적으로 효과 보기를 기대하는 일이 가능할 수 있으리오.

대체로 고립무원의 정부로서 밖으로는 열강과 대적하고 안으로는 국민과 서로 원수졌으니 장차 어떻게 실패하지 않을 수 있겠는가? 다만 같은 실패라면 국외에서 실패하는 경우보다 국내에서 실패하는 편이 낫다. 국내 정치에서 한 치의 양보도 없이 고수하는 부분은 틀림없이 한낱 만주족과 한족의 관계에 대해 가득 찬 편견일 따름이다. 편견이 일단 존재하면 비록 날마다 "만주족과 한족을 구분하지 않는다."라고 하거나, "만주족과 한족은 평등하다."라고 떠들어도 정치상의 불평등은 이미 불 보듯 뻔하다. 백성은 정부의 명령을 따르지 않고 자신의 뜻을 좇아서 결국 매일같이 "정부를 타파하지 않으면 분명히 입헌을 이룰 수 없다."라는 구호를 외친다. 이에 서로 증오해서 이런 비극이 연출되었지만 사실은 정부에게 그것을 조장한 책임이 있다. 그러므로 전제적 정부는 국내외 양쪽으로 실패할 처지에 놓여 있다고 천명하는 바이다. (1907)

11
인류의 노동 균등설[1]

지구상에 우뚝 선 존재인지라, 그들을 인간이라 부른다. '둥그런 그 머리에 네모난 그 발',[2] 인간의 종류가 똑같지는 않지만 그들이 사람인 것만은 동일하다.

『불경(佛經)』에서부터 사람 몸에는 각각 '4대 (원소)'[3]가 갖추어져 있다고 언급하였다. 근대 과학자들은 인체가 원소로 합성되어 있어서 만일 인류라면 그들이 함유하고 있는 원소도 같다는 사실을 알았다. 이 유물주의학파[4]는 인체가 서로 같다는 것을 증명할 수 있었다. 다시 심리학자가 언급한 바에 근거하면 다음과 같다. 즉, "인간은 마음이 있어서 비록 사물과 직접 접촉하지 않더라도 몸에서 느끼는 바가 있으면 곧 마음에 지각하는 것이 생겨난다. 또 지각이 생긴 뒤에 감정이 생겨나며, 감정

---

1) 원제목은 「人類均力說」이고 지은이 서명은 '申叔'이다. 이 글은 1907년에 『天義』에 발표되고 『遺書補遺』에 수록되었다. 번역은 『天義』의 원문에 근거하였다.
2) 원문은 '圓其顱, 方其趾.'인데 '인간' 또는 '인류'를 가리킨다.
3) 불교에서 인간의 육신과 일체의 물질을 구성한다는 地·水·火·風의 4가지 원소를 말한다.
4) 원문은 '惟物學派'인데 『遺書補遺』는 '唯物學派'로 수정하였다. 번역은 『遺書補遺』를 따랐다.

이 생긴 뒤에 뜻이 생겨난다. 대체로 인류에 속하면 틀림없이 다 그러하다."『순자』「정명편(正名篇)」에도 "대체로 같은 부류이고 감정이 같은 자들은 그들의 감각기관이 사물을 감지하는 바도 동일하다. 그러므로 (그 사물에 대해) 견주어 비교한 것이 유사하여 서로 소통된다. 이것이 약속된 명칭을 공유함으로써 상호 교류할 수 있는 까닭이다."라고 나온다. 이 유심주의학파는 사람의 마음이 서로 같다는 것을 증명할 수 있었다.

부처는 "일체의 사물에는 자아의 실체가 없다."[5]라고 설파하였다. 또한 "중생(衆生)은 법신(法身)[6]과 다르지 않으며, 법신도 중생과 다르지 않다."라고 주장하였다. 또다시 "중생은 차별이 없다."라고도 강조하였다. 중국의 맹가(孟軻)[7]도 "그러므로 대체로 같은 부류인 것은 모두 서로 비슷하다. 어찌 유독 인간에 대해서만 그것을 의심하리오. 성인(聖人)도 우리와 동류이다."라고 언급하였다. 왕수인(王守仁)[8]도 그런 취지를 펼쳤다. 예를 들면 "양지(良知)는 사람 사람마다 본래 가지고 있는 바이다."라고 말하였다. 또 "성인도 역시 (뭇사람처럼) 배워서 알고, 뭇사람도 역시 (성인처럼) 나면서부터 안다."라고 언급하였다. 근대에 서양학자인 루소[9]는 다시 천부인권론을 창시하였다. 이러한 인류 평등의 취지는 오랫동안 선현들에게 강조되던 바였다.

예상치도 못하게, 원시시대 이후 사람들 사이에 지혜로운 자와 어리석

---

5) 원문은 '一切法無位'인데『金剛經』에 의하면 '一切法無我'의 오류이다. 번역은『金剛
    經』을 따랐다.
6) 法身이란 '報身'·'化身/應身'과 더불어 부처의 '三身' 가운데 하나로, 진리 혹은 진리
    가 그대로 발현된 法界 자체를 가리킨다. 법신의 의미는 부처의 능력과 지혜 및 가르
    침을 뜻하거나 중생이 가지고 있는 청정한 본성 등으로 확장되기도 한다.
7) 맹자의 이름이다.
8) 王守仁(1472-1529)은 호가 陽明으로 명의 대신이자 '陽明學'의 창시자이다. 저서는
    『王陽明全集』·『傳習錄』·『大學問』 등이 있다.
9) 원문은 '虛梭'인데『遺書補遺』는 '盧梭'로 교정하였다. 번역은『遺書補遺』를 따랐다.

은 자, 그리고 강자와 약자의 구분이 생겨나기 때문에 마침내 각종 차별이 발생하였다. 강자는 약자를 으르고 다수는 소수를 해치며, 지혜로운 자는 어리석은 이를 속이고 용감한 사람은 겁쟁이를 괴롭혔다. 이로 말미암아 존귀한 지위로서 미천한 이들을 제압하고 재력으로서 가난한 이들을 제압하며 자민족으로서 타민족을 제압하였다. 그래서 지배자와 피지배자의 구분이 나타나고 군자와 소인의 구별이 생겨났다. 대개 상층에 있던 자는 반드시 안일한 반면에 하층에 있던 자는 반드시 고달팠다. 또 안일한 자는 반드시 즐거운 반면에 고달픈 자는 반드시 고통스러웠다. 이는 확실히 계급통치의 영향을 받은 결과였다. 만약 그 사회 내부를 돌이켜 보면, 통제 체계가 있고 분배 체계도 있으며 수급 체계도 있었다. 그 집단을 말해보면 사·농·공·상(士·農·工·商)의 구별이 있고, 그 등급을 말해보면 군주·신하·군인·평민의 구분이 있었다. 이는 오직 전제적 국가와 종법적 제도에서만 그랬던 것이 아니다. 설령 오늘날의 이른바 공화정체와 군국사회도 어느 것이 그 불평등한[10) 제도를 답습하고 있지 않는가? 오호라! 인류는 아마 옛날부터 지금까지 일찍이 평등의 즐거움을 누린 적이 하루도 없었다.

대체로 인류가 평등할 수 없던 이유는 모든 사람이 각자 독립할 수 없어서 혹자는 타인에게 의지하는 사람이 되고, 혹자는 타인에게 부림받는 사람이 되어버린 데서 기인하였다. 타인에게 의지하는 사람이 나오자 이에 타인에게 부림당하는 사람이 생겨나고, 예를 들면 백성이 자기의 군주에게 의지한 뒤에 군주는 그 백성을 부리고, 여성이 남성에게 의지한 뒤에 남성은 그 여성을 부리며, 노동자가 자본가에게 의지한 뒤에 자본가는 노동자를 부린다. 서로 얽히고설켜서 통제를 받지만 자각하지 못하였다. 독립할 수 없기 때문에 결국 저절

---

10) 원문은 '不'인데 『遺書補遺』는 '不平'으로 교정하였다. 번역은 『遺書補遺』를 따랐다.

로 자유권을 잃게 되고, 자유로울 수 없기 때문에 마침내 그 평등권도 상실하였다. 대개 인류가 통제를 받은 것은 이미 오래되어버렸다.

이는 단지 평등의 취지에만 위배되었던 것이 아니다. 대체로 고용주는 반드시 자기의 피고용인이 기꺼이 스스로를 위해 일하도록 맞추어야 한다. 만일 피고용인이 흔쾌히 스스로를 위해 일하지 못하게 되면, 고용주도 자기의 일꾼을 잃게 되어 이를테면 공장의 동맹파업이나 또는 농부의 동맹파업이 그것이다. 그 자신도 생존할 수 없게 된다. (반대로) 피고용인도 반드시 고용주가 자기를 고용할 만한 이유가 있도록 맞추어야 한다. 만약 고용주가 피고용인이 하는 일을 필요로 하지 않게 되면, 피고용인은 자기의 직업을 잃게 되어 이를테면 일본에서는 전차가 벌써 운행되면서 인력거꾼이 대부분 직업을 상실하였다. 또 독일인이 건축노동자를 몇만 명이나 해고한 사례가 그렇다. 그 자신도 역시 생존할 수 없게 된다. 이런즉 독립할 수 없는 사람은 인류 가운데 위험에 처한 자이다.

지금 공산주의를 주장하는 자들은 권력을 일소하고 정부를 설립하지 않으며 경작지를 공유물로 정하고 자본을 사회의 공적 자산으로 삼아서, 모두가 일하고 노동[11]하도록 만들고자 한다. 대체로 모든 사람이 일을 하면 원래 평등에 해당하지만 똑같이 일을 해도 작업별로 난이도나 괴로움과 즐거움의 차이가 존재한다. 예를 들면 못을 만들고 바늘을 제작하는 그런 일은 노동력이 아주 적게 들고, 집을 짓고 길을 닦는 그런 일은 노동력이 매우 많이 든다. (공산주의자들이) 만약에 개인의 능력을 평가해서 그에 걸맞은 일을 부과하자고 말한다면, 반드시 관리하고 감독하는 사람이 있어야 한다. 이것은 정부가 존재하는 상황과 무엇이 다른가? 또 간섭과는 어떻게 다른가? 게다가 만일 관리하고 감독하는 사람이 있다면 영리한 자는 분명

---

11) 원문은 '勞働'인데 『遺書補遺』는 '勞動'으로 수정하였다. 번역은 『遺書補遺』를 따랐다.

히 그 이유를 들어 노동에서 벗어나고, 교활한 자는 반드시 핑계를 대며 노동의 고통을 피한다. 이 제도를 시행하려면 반드시 인민의 심신상태의 강약을 따져서 (그에 상응하는) 일을 부과해야만 한다. 그렇지만 사람 마음에 그 누가 노동의 고통을 꺼리지 않겠는가? 그런즉 몸이 약하다고 핑계를 대거나 몸이 아프다고 거짓말을 하는 자가 분명히 많을 것이니 좋은 방법은 아니다. 또한 고통과 즐거움이 고르지 않기 때문에 질투심을 유발시킨다면 그 분쟁의 단서를 어떻게 갑자기 없앨 수 있겠는가?

다시 (공산주의자들이) 만약에 각자가 자기 성품에 근접하는 일을 선택하자고 말한다면, 백성의 본성은 그 누가 즐거움을 추구하고 고통을 피하며, 쉬운 것을 추구하고 어려운 것을 피하지 않겠는가? 만일 개개인이 전부 이렇다면 어느 누가 그 고통을 견디고, 그 어려움을 감당하겠는가? 게다가 물품 가운데 부족한 것이 분명히 많을 터인데 어떻게 사람들의 요구를 충족하고, 그들의 욕구를 만족시키겠는가? 설령 애써 그 어려운 일을 감내하는 사람이 있다면, 그 동기는 가식에서 나오거나 아니면 어리석음에서 나왔을 터이다. 오늘날의 논객 가운데 혹자가 "고된 일을 감내하는 사람에게는 특별한 명예를 부여하여 그 사람이 사회에서 추앙받게 해야 마땅하다."고 주장하지만 이런 명분으로 사람들을 유혹하는 것도 참된 도리는 아니다. 그러므로 특별히 그에 대해 밝힌다. 이 역시 오래 지속될 정책은 아니다. 가령 이런 제도가 충분히 오래 지속될 수 있더라도 동일한 인간인데 고통과 즐거움의 불균형이 그와 같다면, 이에 권리가 평등할 수 있으나 의무는 평등할 수 없다. 만일 이런 제도가 좋다고 말한다면, 시험 삼아 상해(上海)의 서뢰(西牢)[12]에 대해 관찰해 보자. 서뢰의 죄수는 모두 노역을 하는 자이다. 그런데 혹자는 도로 건설을 맡거나 돌 깨

---

12) 1903년경에 상해의 영국 租界에 건립된 최초의 근대식 대형 감옥이다. 정식 명칭은 '公共租界工部局監獄'이다.

기를 맡아서 그 일의 고된 정도는 사람이 견딜 수 있는 바가 아니었다. 혹자는 옷과 신발을 제작하거나 백정이 되어서 그 고된 정도가 좀 덜하였다. 사서 (원주: 즉 번호 적기) 등의 일에 이르면 그 고됨은 또다시 줄어들었다. 이런즉 동일하게 일을 하지만 고통과 즐거움의 차이가 존재한다. 만약 위 본문의 두 가지 정책을 시행한다면, 비록 모든 사람이 일을 하지만 (그 노동의) 강도는 다르니 서뢰와 무엇이 다르겠는가?

이제 의무가 평등해지게 만들려면 반드시 개개인을 모두 독립시켜야 한다. 독립시킬 방도는 무엇인가? 그것은 바로 개개인이 타인에게 의지하지 않는 것을 말하고, 또한 개개인이 타인에게 부림당하지 않는 것을 의미한다. 이것이 '인류의 노동균등설'[13]이다. 대체로 노동균등주의란 사람마다 각자 다양한 기술을 겸비하는 것을 말한다. 이 방법을 실행하려면 반드시 기존의 사회를 혁파하고 국경을 없애야 한다.

대략 인구가 1천 명 이상에 이르면 곧 향(鄕)으로 구획한다. 각 향에는 전부 노인과 유아의 안식처를 설치한다. 인민은 막 출생한 뒤에 남녀를 막론하고 모두 안식처에 들어간다. 노인도 나이가 50살이 넘으면, 역시 안식처로 들어가서 유아 양육을 직무로 삼는다. 유아는 나이가 6살이 되면, 노인이 글을 가르치고 국경을 없앤 뒤에는 간단한 문자를 한 가지 만들어서 세계에 통용시킨다. 언어도 마찬가지이다. 어떤 사람이든지 모두 오직 그 한 가지 언어문자만 배우면, 세계를 두루 돌아다닐 수 있다. 5년이 지나면 마친다. 10살부터 20살까지는 실학에 종사한다. 이 10년 동안에 반나절은 보통학과를 습득하는데, 즉 지식적인 학문이 그것이다. 예를 들어 지리·역사·수학·이과·미술·음악 등의 여러 학문이 그것이다. (나머지) 반나절은 제조기계를 읽히는데, 즉 민간 생활에 필수적인 일용품을 만드는 기계이다. 이 두 가지는 모두 노인을 스승으로 삼는다. 노인은 이상의 여러 학문에 대해 예전에 이미 습득했으므로

---

13) 원문은 '人類均力說'이다.

스승이 될 수 있다. 대개 민간 생활의 일용품은 의·식·주라는 세 범주를 벗어나지 않는다. 이 세 범주 외에는 오직 소모품이다. 기술을 익히는 기간은 10년으로 한정되므로 나이가 20살을 넘으면, 바로 사회로 나가 일하는 것이 적절하다. 일정한 나이가 되면 일정한 근로에 종사하며 차례대로 옮겨나간다. 나이가 50살을 넘게 되면 다시 안식처로 돌아간다. 이것이 노동균등주의의 대략이다. 이제 시험 삼아 작업별 나이를 표로 만들어보면 아래와 같다.

21살부터 36살까지의 근로표

나이	21살	22살	23-26살	27-30살	31-36살
근로	도로 건설	채광과 벌목	주택 건축	철기·도자기 및 잡화의 제조	방직 및 의복 제작
	농사				

36살 이후의 근로표

나이	37-40살	41-45살	46-50살	50살 이상
근로	취사	화물 운송	기술자와 의사 역할 수행	안식처에 들어가 아동 양육 및 교육 업무 담당

대체로 농사는 16년간으로 한정한다. 농사는 반드시 기계로써 보조하여 노동력을 줄인다. 이 16년 동안에 각자가 수확하는 곡식은 대략 네다섯 명분의 식량을 충분히 공급하는 것으로 계획한다.

대체로 면화 재배·채소 기르기·나무 심기 따위의 여러 가지 일과 곁가지로 가축 사육·물고기 잡기·사냥은 농사를 짓는 말미에 각자가 자기 지역의 편의를 감안하여 두세 가지씩 일을 분담한다.

대체로 농사짓는 기간에는 농사는 기계로 보조하므로 1년 동안에 노동은 수십 일을 넘지 않는다. 도로 건설 이하의 여러 일은 전부 작업을 중지하고, 농사일에 집중한다. 농사일이 끝나면 무엇을 제작하는 직종인지를 막론하고 그 작업 시간은 매일 단 2시간으로 한정시킨다. 그 나머지는 모두 휴식한다.

대체로 물품 제작은 반드시 기계로 한다. 각 향에는 물품 제조기를 죄다 구비한다. 무엇을 제작하는 직종이든지 전부 힘을 모아 합작한다.

대체로 철기와 도자기는 민생에 필수가 되기 때문에 각 사람이 모두 제작해야 한다. 그 밖에 각종 기기는 각자가 자기 재능에 맞는 것을 감안하여 한두 종씩 나누어 제작한다.

대체로 화물 운송은 가까운 구역에서 수행하면, 역시 매일 2시간으로 한정되므로 5년이 지나야 비로소 그 일을 면한다. 만일 먼 구역에서 수행할 경우에 아침저녁으로 왕복할 수 없거나 혹은 하루 종일 도로에서 이동하여 휴식할 겨를이 없으면, 그 5년의 정해진 근로 기간을 줄여서 한두 해로 한정시킨다.

대체로 농사에 힘쓰고 노동하는 말미에는 모두 각각 자기 성품에 가까운 것을 선택하여 학업에 전념한다. 그 설명은 뒤에 상세하다. 나이가 46살이 되면, 대략 평소 의학에 굳은 뜻을 두던 사람은 백성을 위해 질병 치료를 맡는다. 공학에 굳은 뜻을 두던 사람의 경우에 혹자는 기선과 기차의 전문기술자가 되고, 혹자는 도로 건설의 전문기술자가 된다. 그 가운데 학업이 낮은 자가 있으면 전차 서비스요원 및 이발사가 된다. 매일 근무는 역시 2시간으로 한정한다. 만약 멀리 출장을 다녀서 하루 종일 쉴 겨를이 별로 없으면, 그 5년의 정해진 근로 기간을 단축하여 한두 해로 한정시킨다.

대체로 장애인은 나이가 20살을 넘어도 위의 갖가지 근로를 면제한다. 시각장애인은 음악 연주를 맡는다. 각 향에는 빠짐없이 음악당을 설립하고, 날마

다 반드시 음악을 연주하여 인민을 즐겁게 해야 한다. 언어장애인과 청각장애인은
서적 출판을 담당한다. 하지기능장애인은 교정을 맡는다. 매일 정해진
근로는 역시 2시간[14]으로 한정한다. 그들의 권리는 일반 백성과 똑같다.

대체로 종사하는 일은 전부 힘든 것을 먼저 하고 쉬운 것을 나중에 한
다. 나이가 많은 자일수록 노동은 가벼워진다.

대체로 제작한 기기는 공공시장에 두어서 인민들이 공유하도록 한다.
건축하는 가옥은 길이와 넓이가 모두 일률적이고, 사람마다 각각 한 채
씩이다. 그리고 독서나 회식하는 장소는 각 향에[15] 다 정해진 곳이 있다.
그곳은 인민이 함께 모이는 공간이다.

이상의 방법에 따라 시행하면, 고통과 즐거움이 균등해지고 소모품도
모자랄 염려가 없다. 사회에 있으면 다들 평등한 사람이 되고, 사회에서
벗어나면 다들 독립한 사람이 된다. 모두가 장인이 되고 모두가 농부가
되며 모두가 선비가 되어, 권리가 서로 동등하고 의무도 서로 균등해진
다. 이것은 이른바 '큰 도리가 공유되는'[16] 세상이 아니겠는가?

게다가 이 방법의 장점은 별도로 몇 가지가 더 있다.

(1) 인간의 품성에 적합하다.

대체로 인류에게는 보편적인 특성이 하나 있다. 그것은 바로 옛것을
싫어하고 새것을 좋아한다는 점이다. 예를 들면 한 사람이 아침부터 저
녁까지 오직 한 가지 일만 하면 반드시 힘들다고 여긴다. 하지만 다른 일

---

14) 원문은 '二時'인데 『遺書補遺』는 '二小時'로 교정하였다. 번역은 『遺書補遺』를 따
랐다.
15) 원문은 '一鄕之鄕'인데 『遺書補遺』는 '一鄕之中'으로 교정하였다. 번역은 『遺書補
遺』를 따랐다.
16) 원문은 '大道爲公'이다. 그 출처는 『禮記』 「禮運」편의 "大道之行也, 天下爲公."이다.

도 번갈아가면서 하면 힘들다고 느끼지 않는다. 또 오직 한 권의 책만 보면 싫증을 낸다. 그러나 다른 책도 바꿔가면서 읽으면 싫증을 느끼지 않는다. 그 이유가 무엇일까? 그것은 오직 옛것을 싫어하고 새것을 좋아하기 때문이다. 오직 옛것을 싫어하고 새것을 좋아하므로 쉼 없이 변화할 수 있다. 이제 (위에서 제안한) 그 방법을 시행하면 사람마다 만능인이 되고 하는 일도 나이가 들면서 바뀐다. 이런 방식은 틀림없이 옛것을 싫어하고 새것을 좋아하는 인간의 성품에 알맞다. 이에 나태한 마음이 생기지 않고 작업도 대충 때우는 쪽으로 흘러가지 않게 된다. 이상이 그 첫 번째 장점이다.

(2) 인간의 도리에 부합한다.

대체로 세상 사람은 중생이 평등하여 그 눈과 귀가 같고 그 마음과 생각이 동일하다. 이것은 진실로 맹가의 이른바 "만물의 이치가 다 내게 갖추어져 있다."라는 의미이다. 지금 민간 생활의 일용품이 온통 타인의 손에서 완성되어 그 물품을 다른 사람은 알 수 있으나 자신은 알지 못하고, 다른 사람은 만들 수 있으나 자신은 만들 수 없다. 옛 사람이 "한 가지 사물이라도 알지 못하는 것이 있다면 선비의 수치이다."라고 말한 적이 있다. 시험 삼아 이 말로써 본보기를 삼으면, 그 수치스러운 정도가 어떠하겠는가? 오로지 (위에서 제안한) 그 방법을 시행하면, 온갖 재능이 고스란히 한 몸에 갖추어져서 다른 사람이 능숙한 일에 대해 자기 자신도 능숙하게 될 것이다. 이것이 인간의 완벽한 도리가 아니겠는가? 이상이 그 두 번째 장점이다.

(3) 세계 진화의 공리에 부합된다.

야만시대의 사람이 구비했던 재능은 몹시 단순한데 세계가 진화하게 되자 구비한 재능도 날로 다양해졌다. 구비했던 재능이 단순하기 때문에 작업도 간단하고, 구비한 재능이 날로 다양해지기 때문에 작업도 복잡한 쪽으로 귀착되었다. 이를테면 옛날 상인은 글을 알 필요가 없으며, 옛날 선비는 무예를 익힐 필요가 없었다. 오늘날의 여러 문명국에서 상인은 반드시 학문을 터득하고 지식인은 반드시 병역에 복무하며 농부도 입학해야 된다. 이는 종사하는 직업이 간단한 상태에서 복잡한 단계로 나아간 증거가 아니겠는가? 이제 (위에서 언급한) 그 방법을 시행한다면 인민이 종사하는 직업에 대해 간단한 상태에서 복잡한 단계로 나아가게 만들 것이다. 이는 정확히 사회 진화의 공례와 서로 부합된다. 게다가 고대의 학문은 모두 과목을 나누어 연구하였다. 지금은 어떤 나라를 막론하고 다들 약관 전에 일반 과목을 읽힌다. 대체로 일반 과목을 모든 사람이 터득할 수 있다면, 일반 직업도 반드시 모두가 종사할 수 있다. 만일 모두가 종사할 수 있다면, 지식이 더욱 구비되고 능력도 날로 증진된다. 이상이 그 세 번째 장점이다.

(4) 세계 분쟁의 실마리를 없앤다.

대체로 분쟁의 단서가 생기는 이유는 인류에게 이기심과 질투심이라는 두 마음이 있기 때문이다. 이에 자기의 이익을 꾀하면 한 사람의 이익만 늘어나서 다른 사람이 그에 대해 반드시 질투하기 마련이다. 질투는 불평등에서 생겨나고 불평등은 직업의 차이에서 유발된다. 그리하여 그런 고질적 폐단을 키우면 세계의 분쟁을 초래하기에 충분하다. 한마디로 말하자면 분쟁의 화는 고스란히 고통과 즐거움이 균등하지 못한 탓이다. 대개 고통과 즐거움이라는 명목은 본래 후대에 생겨나는데 이쪽의 고통으로써 저쪽의 즐거움을 드러내고, 저쪽의 즐거움으로써 이쪽의 고통을 드러낸 것이다. 고통스런 자는 저들의 즐거움을 부러워하여 어쩔 수 없이 자기의 이익을 도모하고, 저들의 즐거움을 증오하여 질투하지 않을 수 없다. 심지어 혁명의 유혈참극도 순전히 이로 말미암아 발생한다. 만약 모든 사람의 고통과 즐거움이 공평하고 균등해져 차별이 없다면, 분명히 모두가 고통스럽게 여기지 않아서 사람들이 스스로 고통이라 여기는 바는 죄다 타인의 즐거움이란 것을 끌어다 상호 비교하기 때문이다. 만약 사람 사람마다 전부 고통스러우면,[17] 분명히 자기도 고통으로 여기지 않을 것이다. 불평하는 마음도 생기지 않는다. 불평의 마음이 일어나지 않으면 곧 분쟁의 화근도 발생하지 않아서 인류는 길이 평화를 보전하리라. 즉 『불경』에서 설파한 인과(因果)처럼, 사람이 인연을 짓는 것은 모두 남을 해치는 데서 비롯된다. 대체로 남을 해치는 이유는 자기의 이익 때문이 아니면 곧 질투 때문일 뿐이다. 만약 이기심 및 질투심이라는 두 마음을 없애면 남을 해치는 데 이르지 않고, 남을 해치는 데 이르지 않으면 지을 만한 인연은 없다. 이것도 인류의 죄악을 없애는 데에 일조한다. 이상이 그 네 번째 장점이다.

이런 네 가지 장점이 있다는 것은, 내가 노동균등설이 충분히 천하를 태평하게 만들 수 있다고 믿는 이유이다. 하지만 세상에서 이 설을 의심하는 자들은 오히려 세 가지 근거를 들고 있다. 첫째는 사람마다 각자 다르게 가능한 바와 불가능한 바가 존재한다는 것이다. 둘째는 사람들을 억지로 고통에 몰아넣게 된다는 것이다. 셋째는 학업에 방해가 된다는 것이다. 이제 그것들에 대해 일일이 변론하겠다.

예전에 프랑스 황제 나폴레옹은 사전에서 '불가능'이란 세 글자를 없애려고 하였다. 중국의 선현을 보니, 일하지 않으면 식사하지 않던 분이 있었다. 또한 『주례』의 「재사(載師)」에는 "(가축을) 사육하지 않은 자는 제

---

17) 원문은 '苦人人均若'인데 『遺書補遺』는 '若人人均苦'로 교정하였다. 번역은 『遺書補遺』를 따랐다.

사 때에 희생이 없고 경작하지 않은 자는 제사에 바칠 곡식이 없다. 나무를 재배하지 않은 자는 곽(槨)을 쓰지 못하고 양잠하지 않은 자는 비단을 쓰지 못하며 길쌈하지 않은 자는 상복을 짓지 못한다."라고 나온다. 이것은 한 사람인데도 갖가지 기능을 갖추고 있었다는 증거가 아니겠는가? 이런즉 '불가능'이란 세 자는 순전히 자기변명의 말이다. 오로지 그 '불가능'이란 말로 자기변명하기 때문에 의·식·주라는 세 가지는 고스란히 다른 사람의 손에서 완성되고, 자기 자신은 앉아서 그 완제품을 누린다. 혹시 자기는 할 수 없는 일이라 생각하는데 만약 다른 사람이 할 수 있다면, 이것은 '불가능'한 일이 아니다.

만일 노동하는 일은 천한 자들이나 종사하는 것이라고 주장한다면, 대체로 그들이 노동하는 이유를 감안해 볼 때 과연 그들은 당연한 일을 분담했겠는가? 아니면 상황에 몰려서 어쩔 수 없이 그렇게 일했겠는가? 그러므로 사람마다 각자 가능한 바와 불가능한 바가 달리 있다는 것은 은연중에 존비귀천의 의미를 함축하고 있어서 계급사회의 시대에나 쓰이던 말이고, 오늘날의 세계에는 적용될 수 없다. 만일 '불가능'이라고 말한다면, 중국 고대에는 군주의 친척 대신 가운데 오랫동안 부귀영화를 누리다가 망국의 상황을 맞이하자, 죽을 때까지 농경에 힘쓰거나 노동하던 자들이 생겨나는 지경에 이르렀다. 또 근래 8국 연합군이 북경에 쳐들어왔을 때, 고위 관리 가운데 똥지게를 지거나 돌 나르는 일을 맡던 자들이 있었다. 어찌 사람에게 불가능한 일이 있겠는가!

만일 "사람들을 억지로 고통에 몰아넣게 된다."라고 주장한다면, 오늘날의 노동자는 매일 근로가 아마 8-10시간이나 되고, 1년 내내 부지런히 일하며 아주 짧은 휴식조차도 적다. 만약 (앞에서 제안한) 그 방법을 시행하면 농업에 종사하는 햇수는 16년을 넘기지 않고 매년 농경 기간은 수십 일에 불과하며 매일 작업도 2시간으로 한정된다. (양자를) 비교해 볼 때 과연 어느 쪽이 고통스럽고, 어느 쪽이 즐겁겠는가? 게다가 '고(苦)'라는 글자는 '낙(樂)'자와 상대가 된다. 고통은 자기 혼자만 당하면 그것을 고통이라 부른다. 하지만 만약 고통을 뭇사람이 함께 겪어서 고통 외에 즐거움이 존재하지 않는다면, 고통과 즐거움이란 명목도 아예 사라져버릴 것이니 대체 무슨 신체적 고통을 언급할 수 있겠는가? 더욱이 노동을 즐기는 것이 인민의 천성이고 근로의 수고가 도리어 그들의 노동을 즐기는 성품에 잘 맞는다면, "사람들을 억지로 고통에 몰아넣게 된다."라는 주장도 옳지 않다.

"학업에 방해된다."라는 주장에 대해 보면, 옛날의 학자들은 농경하고 또 웃어른을 봉양하면서 3년 만에 경서 한 종에 정통하였다. 그리고 이윤(伊尹)[18]은 몸소 농사를 짓고 부열(傅說)[19]은 판축공사에 종사하지만 모두가 학문으로 왕을 보좌하는 대신이 되었다. 이것은 노동이 학업에 방해되지 않는다는 증거가 아니겠는가? 게다가 일반 과목은 미리 약관 이전에 배웠고, 약관 이후로 농사에 힘쓰는 날이 매년 수십 일을 넘지 않으며 노동의 시간도 매일 2시간에 불과하다. 그 외에는 고스란히 학문 연구의 시간이 되니 혹자는 "학문 연구의 여부를 순전히 각자의 뜻에 맡기면 개개인 모두가 앞으로 공부하지 않을 것이다."라고 말한다. 이런 말은 지금 사람들의 학문 연구란 다른 사람의 고용에 대한 준비를 목적으로 삼는 경우가 실로 대부분을 차지한다는 사정을 모르는 지적이다. 만약 (앞에서 언급한) 그 방법을 시행한다면 학문 연구는 순전히 자기 마음에서 터득되는 바에 근거하게 된다. 대체로 학문의 연구로써 다른 사람에게 고용되는 것이 강요에서 비롯되기 때문에 공부를 싫어하는 마음도 생겨났다. 만약 자기 마음에서 터득하는 바를 중시한다면, 모두가 학문 연구를 즐거운 분야로 여기게 된다. 게다가

---

18) 伊尹은 B.C. 1600년경에 탕왕한테 뽑혀서 상왕조의 개창에 큰 공을 세우고 정승이 되었다.

19) 원문은 '傅說'인데 『遺書補遺』는 '傅說'로 교정하였다. 번역은 『遺書補遺』를 따랐다. 傅說은 상의 武丁 때 築城 노역자에서 발탁되어 재상에 올랐다.

오늘날 유럽의 노동자 가운데 혹자는 배움의 기회를 상부에 요구하지만 대개는 생계유지 때문에 학업을 방치하는 경우가 많다. 그 이유는 다 빈곤[20]에서 기인한다. 세상에 빈민이 없고 또 독서와 출판을 자기 뜻대로 할 수 있는데도, "세상에 공부하기를 좋아하지 않는 사람이 있다."라고 주장한다면, 나를 수긍시키지는 못할 것이다. "학업에 방해된다." 라는 주장도 역시 옳지 않다. 더욱이 (앞에서 언급한) 그 방법이 한번 시행 되면 서로 의지하거나 피차 사역시키는 풍속을 혁파할 수 있고, 자유와 평등의 즐거움을 누릴 수 있다. 따라서 과거의 불평등하거나 불공평한 제도도 모조리 일소될 것이다. 이것은 치우침이 없는 이론이라 말할 만 하다. 성인이 부활해도 내 주장을 바꾸지는 못할 것이다.[21]

다시 전국시대를 보면[22] 허행이 제창한 '공동 경작설'이 있다. 그의 주 장은 "현명한 군주는 백성과 함께 경작해서 식량을 얻고, 끼니를 손수 지 어 먹으면서 다스린다."라는 것이다. 또 등(滕)에 곡식과 재물의 창고가 있는 것은 (군주가) 백성을 해쳐서 자기를 살찌우는 경우라고 여겼다. 그 의 이론은 매우 뛰어나다. 대개 '공동 경작'이란 것은 모든 사람이 노동 하자는 말이다. 등의 군주가 백성을 해쳐서 자기를 살찐다고 꾸짖은 것은 계급을 타파하자는 말이다. 그러나 맹가는 그의 잘못을 통렬히 비 난하였다.

대개 허행의 이론이 오류를 범한 이유는 모두가 농경에 힘쓰고 민간 생활의 일용품은 곡식으로 교환하게 만들려는 데서 말미암았다. 그의 제 자인 진상(陳相)이 맹가에게 "온갖 장인의 일은 실로 농사지으면서 함께 할 수는 없다."라고 언급한 내용을 보면, 농사 이외에도 장인이 있고, 아

---

20) 원문은 '貧若'인데 『遺書補遺』는 '貧苦'로 교정하였다. 번역은 『遺書補遺』를 따랐다.
21) 원문은 여기에 '桑'자가 있는데 『遺書補遺』는 '衍字'로 판정하였다. 번역은 『遺書補遺』를 따랐다.
22) 원문은 '衆'인데 『遺書補遺』는 '觀'으로 수정하였다. 번역은 『遺書補遺』를 따랐다.

울러 무역제도도 시행하였다. 이는 어찌 한 나라 안에 이미 농부와 장인이라는 두 계층이 존재하는 것이 아니겠는가? 이런 상황인데도 직무가 평등해지기를 바란다면, 정말 어렵지 않겠는가? 다시 맹가는 진상에 대해서 "한 사람의 몸에도 온갖 장인의 제품이 다 필요하다. 만일 그것을 반드시 스스로 제작해서 쓰게 한다면, 이는 온 세상 사람을 몰아서 피로하게 만드는 것이다."라고 지적하였다. 대체로 허행은 곡식으로 물품을 교환했으니 아직 자급자족설을 제창한 것이 아니다. 자급자족설은 비록 노동의 균등에 가깝지만 우리가 제창하는 노동균등설은 자급자족과 다르다. 자급자족설이 성립할 수 없는 까닭에 대해 예를 들어 보자. 집 한 채를 짓는 것은 분명히 한 사람의 힘으로 감당할 수 있는 바가 아니다. 이것이 그 첫 번째 이유이다. 민간 생활의 일용품 중에는 다른 곳에서 가져와야 되는 것이 있다. 만약 물건 하나를 가져온다는 이유 때문에 왕복하는 일이 생긴다면 거의 시간 낭비이다. 이것이 그 두 번째 이유이다. 더욱이 이런 이론을 본받아서 시행하면 반드시 모두가 각자 자기의 소유물을 사유해서 피차 간에 다시는 서로 돌보지 않게 된다. 그 결과로 일단 자연재해가 닥치면 분명히 사상자가 많아진다. 이것이 그 세 번째 이유이다. 이상은 자급자족설이 착오인 까닭이다. 제아무리 맹가가 부활하더라도 다시 무슨 억지 주장을 펴서 모순되게 할 수 있겠는가? 만약 맹가가 언급한 천하의 사람에게 정신노동과 육체노동의 구분이 있기 때문에 지배와 피지배의 차별이 생겼다는 내용을 보면, 곧 인류 평등의 취지에 크게 어긋난다. 그의 주장은 허행보다 더 뒤떨어진다. 대체로 허행의 이론이 아직 오롯하지는 못하지만 그 '공동 경작설'의 제창은 정말로 중국의 으뜸이었다.

저자가 적다.

생각하건대, 이 논문에서 언급한 내용은 아주 훌륭하다. 오늘날 남존여비설을 제창하는 자들은 모두 여성이 마친 업무의 성과가 남성만 못하다고 간주한다. 만약 (위의 논문에서 제안한) 그 방법을 시행하면, 남여가 끝낸 업무의 성과는 앞으로 차이가 없게 된다. 남성은 가사를 자기 아내에게 의지하지 않고 여성은 생계를 남편에게 기대지 않아서, 서로 의존하고 피차 부리는 풍속을 모조리 혁파할 수 있다. 게다가 낳은 자녀가 다 안식처에 들어가면 여성은 유아를 양육하는 노고가 없으니 완수한 업무의 성과도 저절로 남성과 같아진다. 업무가 공평해지면 남존여비설도 생겨날 근거가 없다. 이것이 노동균등주의가 남녀평등설과 서로 표리[23]가 되는 이유이다. 누가 만약 여성은 노동의 고통을 견뎌낼 수 없다고 지적한다면, 그 또한 옳지 않다. 지금 호남(湖南)과 광서(廣西) 등의 여러 성에서는 대체로 남성도 감당할 수 없을 정도로 고된 일을 모조리 여성에게 맡기고 있다. 따라서 여성이 노동을 감내하지 못한다는 주장도 틀렸다. <u>오늘날 여성의 노동은 순전히 남에게 부림받는 것이다. 만약 노동균등설을 시행하면 여성은 영원히 남에게 부림당하지 않게 될 것이다.</u> 나는 우리 여성 동포에게 간절히 바라노니, 노동을 견디지 못한다고 자기변명하지 말라. (그렇게 하지 않으면) 곧 사회의 행복일 뿐만 아니라 또한 우리 여성의 행복이리라.

전(震)[24]이 덧붙여 쓰다. (1907)

---

23) 원문은 '表裏'인데 『遺書補遺』는 '表裏'로 교정하였다. 번역은 『遺書補遺』를 따랐다.
24) '震'은 류스페이의 부인 '何震'의 필명이다.

12
무정부주의의 평등관[1]

최근 무정부이론에 대해 제창하는 내용을 보면, 한 부류는 개인무정부주의이고 다른 한 부류는 공산무정부주의이며 또 다른 한 부류는 사회무정부주의이다. 그런데 우리는 무정부주의란 마땅히 평등으로 귀착되어야 한다고 여긴다. 그 이론을 서술해 보자면 다음과 같다.

1. 총론

우리는 인간에게 3대 권리가 있다고 확신한다. 첫째는 평등권이고 둘째는 독립권이며 셋째는 자유권이다. 평등이란 권리와 의무에 어떠한 차별도 없는 것을 말한다. 독립이란 다른 사람을 부리지 않고, 다른 사람에게 의지하지도 않는 것을 말한다. 자유란 다른 사람에게 통제당하지 않고, 다른 사람에게 부림받지도 않는 것을 말한다. 이 세 권리란 모두 우리가 천부인권으로 인정한다.

---

[1] 원제목은 「無政府主義之平等觀」이고 지은이 서명은 '申叔'이다. 이 글은 1907년에 『天義』에 발표되고 『遺書補遺』에 수록되었다. 번역은 『天義』의 원문에 근거하였다.

독립과 자유라는 두 권리는 개인을 본위로 하지만 평등이라는 권리는 반드시 인류 전체에 적합한 뒤에야 발현된다. 그러므로 온 인류를 위해 행복을 모색하자면, 마땅히 평등의 권리를 더욱 중시해야만 한다. 독립권이란 평등권을 유지하는 근거인 바이다. 다만 자기의 자유권을 남용하면, 다른 사람의 자유와 충돌이 생겨서 때로 인류 평등의 취지와 상호 모순된다. 그래서 인간의 평등권을 유지하려면 차라리 개인의 자유권을 제한하는 편이 낫다. 이것이 우리가 입론하는 근본 취지이다.

2. 인류 평등의 확실한 증거

인간평등설은 황당한 이론이 아니다. 그것을 역사에서 증명하고 사물의 이치에서 검증해보면, 얻어지는 증거가 세 가지 있다.

(1) 인류 일원설이다.

기독교도는 인류가 모두 아담[2]과 노아[3]에게서 생겨났다고 말한다. 근세에 진화론이 발명되자 창조설에 대해 황당함을 밝혀서 인류가 포유류로부터 변화되어 왔다는 사실을 증명했으나, 다시 그리스의 고대사에 의하면 사투르누스[4]의 아들들이 3개 지역에 나누어 살아서 황인·흑인·

---

2) 원문은 '亞當'인데 'Adam'의 음역명이다. '아담'은 『舊約聖書』「創世記」에 등장하는 인류의 시조이다. 그는 창조주 하나님이 자신의 형상을 본떠서 만들었다는 첫 번째 사람이자 첫 남자이다.

3) 원문은 '諾喧'인데 'Noah'의 음역명으로 '諾亞'로도 표기하였다. '노아'는 『舊約聖書』「創世記」에 나오는 홍수 전설의 주인공으로 아담의 10대손이다. 또한 『聖經』에 의하면, 그의 세 아들인 셈·함·야벳은 인류의 조상이 되었다고 전한다.

4) 원문은 '撒邾婁'인데 로마 신화에 등장하는 농경신 'Satúrnus'의 일본식 한자 음역명을 그대로 차용한 것이다.

백인 3색 인종의 시조가 되었다고 한다.[5] 근세에 유럽의 인종학 대가들은 역사를 증거로 들어서 유럽·아시아·아프리카의 3대 민족이 동일하게 코카서스 산맥에서 발원했다는 것을 입증하였다. 또한 중국의 고대사를 고찰하면 인종이 서쪽에서 왔다는 설이 우세하다. 그리고 미주의 여러 민족에 대해서도 근세 인종학자들이 대부분 그들은 황인종과 근원이 같고, 베링 해협에서 동쪽으로 건너갔다고 말한다. 이것은 전부 인류가 근원이 동일하다는 증거이다. 인류가 하나의 근원에서 나왔다면, 오늘날 세계의 모든 사람은 비록 슬기로움과 어리석음이나 강함과 약함의 차이가 있을지라도, 원시시대 초기에는 본래 한 종족에서 같이 출발했으므로 분명히 평등한 지위에 있었던 것이다.

(2) 원시인 평등설이다.

원시시대 초기에 사람들은 각자 제멋대로 살아서 이른바 나라도 없고 법률도 없었다. 그들은 각각 독립하여 모두가 다른 사람에게 통제를 받지 않으므로 두루 평등하였다. 이것이 원시인 평등설이다. 서기 1500-1600년경에 서유럽 학자인 거루즈하비부판(哥路志哈比布番)[6]은 여러 번 "인생의 법은 전부 천성에서 근원하고, 인간의 권리는 고스란히 대자연의 부여에서 나온다."라고 말하였다. 루소의 천부인권설이 여기에서 생겨났다.

---

5) 이 대목은 착오이다. 류스페이는 대략 루소의 『사회계약론』 제1부 제2장을 토대로 이 내용을 구성했던 것으로 확인된다. 다만 그가 루소의 원본에 근거하지 못하고 당시 동아 세계에 널리 유통되던 中江兆民의 번역본인 『民約譯解』(1882)를 원용하면서 오류가 발생한 듯하다. 루소의 원본과 中江兆民의 번역본인 내용상에 뚜렷한 차이가 있다. 자세한 상황은 본 역서의 「해제」를 참고하라.
6) '哥路志哈比布番'은 신원이 파악되지 않아서 우선 중국어 발음을 그대로 표기하였다.

루소가 지은 『사회계약론』[7]에 "인류는 탄생 초기에 모두가 스스로 취사선택하고, 다른 사람의 처분을 받지 않았다. 이것을 자유민이라 부른다."라고 나온다. 또한 "옛날에는 계급이 없고 압제도 없으므로 인간이 덕을 잃지 않았다."라고 나온다. 근세에 진화론을 지지하는 자들은 비록 루소의 학설을 통렬히 배척하지만, 원시인이 나라도 없고 법률도 없었다는 점에 대해서는 정말로 한 마디도 배격하지 못한다. 예를 들어 최근에 사회학은 진화론에 힘입어 발견한 것이 많다. 하지만 서구 사회학자의 다양한 저술을 살펴보면, 전부 초기 원시인에 대해 그들에게는 조직이 없었다고 확정하고 있다. 이런즉 루소가 원시인을 평등하고 독립된 사람으로 생각했던 것은 실로 학술상의 변할 수 없는 공리가 되었다. 대개 인류의 불평등한 제도는 후대에 발생하게 되니 인간의 천성이 원래 그랬던 것은 아니다.

(3) 동류 유사설이다.

옛날 로마의 울피아누스[8]가 "세계에는 자연법이 있다. 이 법률은 인류에게 해당될 뿐만 아니라 대체로 일체의 동·식물도 모조리 이 법률의 지배를 받는다."라고 주장하였다. 근세의 철학자들은 이 법을 대자연의 철칙으로 여겨서, "세상 만물에는 모두 자연 규칙의 영향력에 의해서 형태나 성질이 변화할 때 각각 고정불변의 규칙이 있다."고 말하였다. 내가 이런 본보기를 원용하여 과학에서 그것을 증명해 보겠다. 대체로 두 물질이 같은 분량의 원질[9]을 함유한 경우에 그것이 발휘하는 작용도 반드

---

7) 원문은 '民約論'이다.
8) 울피아누스(Domitius Ulpianus: 170?-228)는 페니키아 출신으로 고대 로마의 법학자이다.
9) 원문은 '原質'인데 '아르케(arche)'를 말한다.

시 동일하다. 예를 들어 갑과 을이라는 두 사람이 동시에 대포 1문씩을 제작하는데 그들이 사용한 원료가 동일하면, 그 대포의 무게·크기 및 성능도 동등하지 않은 게 없다. 그들이 대포를 발포할 때 똑같은 분량의 화약을 넣고 같은 포탄을 장착하면, 포의 위력 범위도 반드시 동일한 사정거리에 도달한다. 그 2문의 대포가 똑같은데 포의 사거리가 다르다면, 분명히 화약의 양이 다른 까닭이거나 아니면 포탄이 동등하지 않기 때문이다.

인류도 마찬가지이다. 『불경』은 사람 몸에 각각 '4대 (원소)'가 갖추어져 있다고 언급하고 있다. 이는 인체가 비록 달라도 그것이 함유하고 있는 원소는 같다는 것이다. 다시 근세 생리학의 발견에 근거해도, 인체는 여러 종류의 원소가 혼합되어 이루어져서 어떤 사람인지를 구분할 것 없이 그들이 함유하고 있는 원소는 완전히 동일하다고 설명한다. 모든 인간이 함유하고 있는 원소가 동일하다면, 그가 발휘하는 능력도 마땅히 같아야 한다. 그런데 만약 오늘날 세계의 인류가 진화상에 늦고 빠름의 격차가 있기 때문에 결국 강함과 약함이나 슬기로움과 어리석음의 분별이 생겼다면, 그 원인은 무엇일까? 그것은 거주하는 지역 사이에 기후와 지형 및 생산물의 차이가 존재했기 때문이다. 진화가 비교적 빠른 경우는 외부에서 영향을 주는 사물이 진화를 촉진하기에 좋았던 덕택이다. 또 진화가 비교적 더딘 것도 외부에서 영향을 미치는 사물이 진화를 방해하기에 충분했던 탓이다. 이것을 인류 불평등의 증거로 들 수는 없다.

비유하자면, 두 개의 양초가 있는데 그 무게와 크기가 같다고 하자. 하지만 그 초들을 연소시킬 때 하나는 태양이 작열하는 곳에 놓고 다른 하나는 어두운 방 안에 두면, 태양 아래 있는 것은 햇볕의 열기를 받아 녹는 속도가 매우 빠르고, 어두운 방에 둔 것은 녹는 상태가 비교적 느리다. 이것이 어찌 양초 자체의 차이 때문이겠는가? 그 녹는 속도에 격차가 나는 것은 외부에서 주는 영향이 다르기 때문일 뿐이다. 인류의 진화에 진도의 차이가 발생하는 것도 대략 이런 사례와 마찬가지이다. 그러므로 인종상에 우열의 차가 생겼는데 이는 외부의 영향을 받은 바가 다르기 때문이라고 말한다면 옳지만, 만약 이것을 들어서 태초 인류의 차이를 증명한다면 그게 어떻게 맞겠는가? 그래서 고대 철학자들은 대부분 인류 평등설을 제창하였다. 중국의 맹가는 "대체로 같은 부류인 것은 전부 서로 유사한데 어째서 유독 인간에 대해서만 그것을 의심하겠는가?"라고 반문하였다. 석가모니도 인도에서 떠오르자 역시 중생 평등설을 제창하였다. 그렇다면 동류 유사설은 과학에서 증명할 수 있을 뿐만 아니라, 선현들께서 밝혀낸 심오한 이치에서도 벌써 언급했던 것이 어찌 아니겠는가?

이상의 세 가지 증거에서 보면, 인류 평등설은 터무니없는 주장이 아니다. 그러므로 인류의 평등이란 천성에서 나온 것이자 태초로부터 시작된 것이다. 거꾸로 인류의 불평등이란 인위에서 나온 것이자 후대에 생겨난 것이었다. 이제 인류 불평등[10]의 원인을 나열해 보면 아래와 같다.

3. 인류 불평등의 원인

그리스에서 아리스토텔레스[11]가 인간은 서로 동등하지 않아서 혹자는 상류층이 되고 혹자는 노예가 되는 것은 모두 하늘이 정한 바라고 주

---

10) 원문은 '不同等'인데 『遺書補遺』는 '不平等'으로 교정하였다. 번역은 『遺書補遺』를 따랐다.

11) 아리스토텔레스(Aristoteles: B.C. 384-B.C. 322)는 고대 그리스 철학의 황금기를 대표하는 철학자이다. 그는 플라톤의 수제자이자 알렉산드로스 대왕의 위대한 스승이었다.

장하였다. 그리고 네덜란드의 그로티우스[12]와 영국의 홉스[13]는 다들 그 주장을 원용하여 인민은 마땅히 제왕에게 복종해야 된다고 여겼다. 그러나 루소의 『사회계약론』은 이미 그 오류를 통렬히 배척하였다. 근세 과학자 가운데 혹자는 벌과 개미에게 왕이 있는 것을 근거로 계급의 구분은 사람이라도 전혀 다름이 없다고 말하였다. 이는 그들이 다음과 같은 사실을 몰랐기 때문이다. 즉, 왕벌과 왕개미는 그 체질이 워낙 월등해서 일반 벌과 개미보다 몇 배나 크다. 게다가 벌떼에서 오직 왕벌만이 암컷으로 무리의 생육은 전적으로 여왕벌이 도맡는다. 따라서 여왕벌이 벌떼의 우두머리가 되는 이유는 그의 외형과 능력이 전부 보통 벌과는 다르기 때문이다. 인류의 경우는 그렇지 않다. 제아무리 몸이 군주라 할지라도 그의 외형 및 능력은 무엇이 백성과 다르겠는가? 벌과 개미를 들어서 증거로 삼으면 안 된다. 더욱이 역사에서 검증하면 원시인 평등설은 아주 명백히 증명할 수 있다. 그 평등에서 불평등으로 바뀐 데에는 몇 가지 원인이 존재한다.

(1) 계급의 차별이라는 원인

인류가 처음 출현했을 때는 본래 뭇사람이 평등한 상태여서 존비귀천의 구분이 없었다. 게다가 사람인 바에는 누구나 다른 사람의 아래에서 복종하는 것을 달가워하지 않았다. 그런데 신앙은 상고시대 인류의 특징 가운데 하나였다. 상고시대 인민은 종교를 믿지 않는 자가 없어서 비

---

12) 원문은 '亘魯士'인데 'Grotius'의 일본식 한자 음역명을 그대로 차용한 인명이다. 그로티우스(1583-1645)는 네덜란드 출신의 저명한 법학자로 '국제법의 아버지'라는 평가를 받고 있다.
13) 홉스(Thomas Hobbes: 1588-1679)는 영국의 철학자이자 정치 사상가이다. 그는 사회계약설의 입장에서 절대주의를 이론화하였다. 대표작으로 『리바이어던』이 있다.

록 야만적이고 몹시 우매한 풍속일지라도 신앙이 없는 사람은 드물었다. 타일러[14]는 "사람 중에 신앙이 없는 자가 있다고 말하는 것은 종교에 대한 해석이 너무 협소하기 때문이다."라고 언급하였다. 짜이루(載路)[15]도 인종학에 근거하여 "종교가 없는 사람은 없다."라고 말하였다. 시니투얼(西尼突爾)[16]도 "비록 야만스럽고 몹시 우매한 사람이라도 그가 신에 대해 경외하는 모습은 자연스럽고 조화로우며 순종하는 듯했다."라고 말하였다.[17] 그러므로 서양의 학자가 지은 사회학 책에서는 다 신앙이 원시인의 본성이라고 확정하였다.

대체로 원시인의 신앙은 모두 인간 세상 밖에 따로 하늘 신과 땅 귀신이 존재하는데 그들의 분별력은 인류보다 월등히 뛰어나서 인간 세상의 통치권을 장악한다고 생각하였다. 또 사람들이 신에게 마음으로 복종하는 이유란, 신은 인간이 아니라서 복을 내려주고 재앙도 그치게 할 수 있다고 여겼기 때문이다. 그러므로 인민 가운데 가장 간교한 자도 신의 주술을 빌려서 백성을 기만하였다. 인민은 그가 신의 주술로 백성을 기만하는 것을 보지만 마침내 다들 그 역시 인간이 아니라고 미혹되었다. 영국인 젠크스가 "토템사회에는 무당(샤먼)만 있고 추장은 없었다."라고 말한 것을 보면, 무당이란 바로 신의 주술로 백성을 현혹시키는 사람이다. 백성은 신을 믿기 때문에 결국 주술로 백성을 현혹시키는 사람에 대해서도 일반인이 미칠 수 없는 경지라고 믿어서[18] 존경해 받드는 마음이 생

---

14) 타일러(E. B. Tylor: 1832-1917)는 영국 출신의 인류학자이다. 그의 원시 문화와 애니미즘에 대한 연구는 학계의 이목을 끌었다.
15) '載路'는 신원이 파악되지 않아서 우선 중국어 발음을 그대로 표기하였다.
16) 원문은 '西尼究爾'인데 章炳麟의 『訄書』에 의하면, '西尼突爾'의 오류이다. 번역은 『訄書』를 따랐다. '西尼突爾'는 신원이 파악되지 않아서 우선 중국어 발음을 그대로 표기하였다.
17) 본문의 이 주는 고스란히 章炳麟의 『訄書』「原教上」에서 발췌한 내용으로 확인된다.
18) 이 구절의 원문은 '亦信其凡民所可及'인데 문맥상 의미가 통하지 않는다. 번역은 '亦

겨났다. 그가 인민에게 숭배를 받게 되자, 완전히 하늘 신의 화신이 되거나 혹은 하늘 신의 대리자로 인정받아 더 이상 사람으로 간주되지 않았다. 그래서 인민은 그가 자기들 위에 군림하는 것을 인정하여 통치권을 주고, 자신들은 복종을 달게 받았다. 이것이 바로 추장의 기원이다. 그러므로 상고시대의 역사는 고스란히 신화의 역사이다. 예를 들어 그리스의 여신과 중국의 반고(盤古)[19]가 그렇다.

게다가 각 나라의 추장은 다시 교주로서 자처하였다. 처음에는 무당만 있고 추장은 없었는데 뒤이어 무당을 추장으로 삼아서 군주제가 추장에서 나왔다. 추장은 곧 상고시대의 무당이었다. 이것도 사회진화의 공례이다. 이런 근거로 말한다면, 세계 만민이 군주를 승인한 까닭은 그 자신이 교주였기 때문이다. 또 군주권력을 승인한 까닭은 그가 신권도 아울러 장악했기 때문이다. 로마 황제인 칼리굴라[20]는 "군주는 신이요 인민은 짐승이다."라고 강조하였다. 중국의 『설문(해자)』에도 "성인은 하늘에 감응하여 탄생해서 하늘이 그를 보우하고 자식처럼 여기므로 천자(天子)라 불렸다."라고 나온다. 이것으로 "군주는 곧 천신이다"라는 주장을 증명하기에 충분하니 동·서양이 마찬가지이다. 그래서 군주도 이런 명칭을 이용하여 하늘을 참칭해 통치하고, 한 나라의 정권을 장악해서 제멋대로 전제정치를 자행[21]하였다. 그러나 그는 반드시 방사(方士)로 정치를 보필시키고 예를 들어 중국 황제(黃帝)의 재상인 풍후(風后)·귀용구(鬼容區)[22] 및 일본의 천손(天孫)·인도의 브라만·유대의 금송아지 우상이 그것이다. 사

信其凡民所不可及'으로 수정하여 옮겼다.

19) 盤古는 중국의 고대 신화에 등장하는 천지를 개벽시킨 신이다.
20) 칼리굴라(Caligula: 12-41)는 고대 로마의 제3대 황제이다.
21) 원문은 '肆行'인데 『遺書補遺』는 '肆行'으로 교정하였다. 번역은 『遺書補遺』를 따랐다.
22) '鬼臾區'라고도 불리는데 전설상 黃帝의 신하로 名醫였다.

제로 백성을 다스려서 예를 들어 중국에서는 희씨(羲氏)와 화씨(和氏)의 네 아들을 사방으로 파견하고,[23] 바빌로니아에서는 각지에 대사제를 두었던 것이 그렇다. 일체의 도덕과 법률이 고스란히 종교에서 파생되었다.

오늘날에도 인민은 각국의 군주에 대하여 여전히 그가 신에 의해 세워졌다고 묵인하고 있다. 예를 들어 중국에서는 군주를 천자라 부르고 일본에서도 군주를 천황이라 부른다. 러시아와 터키 두 나라에서는 군주를 제사장이라 부른다. 이를테면 서구 각국의 헌법에도 전부 "군주는 신성불가침이다."라는 조항이 있다. 이것이 그 증거이다. 이 어찌 군주는 인간이 아니라고 인정한 증거가 아니겠는가? 인민은 군주가 인간이 아니라고 믿기 때문에 그의 법률을 준수하고 그의 명령에 복종하며 그의 권력을 두려워한다. 게다가 왕족·귀족·관리·자본가도 군주의 권력에 빌붙어서 온 백성의 위에 위치하였다. 이것이 예로부터 지금까지의 사회가 계급사회로 형성되어버린 이유이다. 이제 서양의 스펜서 등 여러 학자가 이미 무신론을 제창하고 아울러 신도 없다면, 옛날에 군주가 신권을 가장했던 것은 순전히 혹세무민의 설이다. 따라서 "군주는 곧 천신이다"라는 주장도 파산하게 된다. 군주가 만약 천신이 아니라면 군주도 한 사람의 인간일 뿐이고, 다시 군주가 만일 한 사람의 인간이라면 곧 군주는 백성의 위에 군림할 수 없다. 유독 군주만 백성 위에 군림할 수 없는 것이 아니다. 나아가 무릇 일체의 왕족·귀족·관리·자본가 등 군주에게 빌붙어서 출세한 자들도 마땅히 그 특권을 모조리 박탈해야만, 인류가 다시 평등한 상태로 돌아가게 된다.

---

23) 중국의 고대 전설에 의하면, 요임금이 羲仲·羲叔과 和仲·和叔 네 사람을 사방으로 파견하여 天文을 살펴서 曆法을 제정했다고 전한다.

(2) 직업의 차등이라는 원인

상고시대 초기에는 사람마다 각자 자급자족해서 일찍이 다른 사람에게 공급을 바랄 것도 없고 또 타인에게 부림을 받지도 않았다. 비록 당시의 생업이 워낙 단순하긴 했지만 원래 분업하는 방식도 상고시대에는 아직 나타나지 않았다. 인구가 날로 늘어나자 토지 생산력이 인간을 부양하는 상황은 점차 악화되어 자연의 산물은 인류의 수요를 채우기에 부족해졌다. 사람들은 어쩔 수 없이 나서서 서로 다투게 되고, 다투면 반드시 승부를 가렸다. 그 승부가 갈린 이유를 보면 때로는 다수가 소수를 공격하기 때문이고, 때로는 무기상에 우열이 있으며, 때로는 지형적으로 이로움과 불리함이 존재하는 등 원인이 무척 많았다. 그 승패를 원용하여 인류 자체의 강약이 평등하지 않았다고 말하면 안 된다.

싸움에서 승리한 민족은 패전한 민족에 대하여 처음에는 참혹하게 마구 죽여 위세를 부렸다. 하지만 뒤이어서는 그 사람들을 포로로 잡아서 자유를 박탈하고, 그들에게 고된 일을 시켜 생산에 종사하도록 만들었다. 그로티우스는 "전쟁에서 이겨 사로잡은 적을 반드시 죽이면 아량이 없는 것이다. 이에 포로도 자기의 권리를 포기해서 살길을 찾았다."라고 말하였다. 루소는 그 말을 반박하여, "저 (승리자)들은 생포한 사람에 대해서 분명히 '그냥 죽이는 것은 이득이 없으므로 그들의 자유권을 박탈하는 편이 훨씬 낫다.'라고 판단했을 것이다. 포로에 대해 애정이 있어서가 아니라 오직 자기에게 이익이었을 뿐이다."라고 지적하였다. 근세의 여러 사회학 책에서도 "야만인은 식량이 부족하기 때문에 전쟁에 나서고, 전투하면 서로 잡아먹는 일이 발생하였다. 생산이 좀 나아지자 식인으로 해결하는 일은 없어지지만 당시에 노동력이 가장 긴급해져서 그 포로를 구류시켜 노예로 만들었다."라고 언급하였다. 이것은 전부 포로에게 노역을 시켰던 증거이다. 이때부터 승전한 종족은 노동에서 벗어나

힘쓰지 않고, 경작과 가공에 관한 일은 예전의 포로에게 맡겼다. 예를 들어 중국에서 옛날에 농사를 지었던 사람들은 모두 묘족이고, 인도에서도 옛날에 농사와 공업에 종사하거나 고된 일을 했던 사람들은 죄다 수드라였다. 그리스와 로마에서도 전부 평민에게 농사와 공업에 관련된 일을 시켰다. 전쟁에서 이긴 자들은 감독하고 통제하는 일을 차지하고, 진 자들은 생산하고 공급하는 일을 맡게 되었다. 이것이 곧 직업으로써 다른 사람을 부려 일을 시킨 서막이었다. 그런데 다수의 포로가 한 종족 아래 복속되면, 그 처지는 소나 말과 같았다.

매 사람 모두가 함께 공통된 일을 하면 전문적으로 정통할 수 없다. 오직 각자가 한 가지 일을 해야만 그 분야에 쉽게 전문가가 되고, 생산량도 반드시 몇 갑절로 늘어난다. 이 때문에 포로에게도 일을 나누어 시켰다. 이것이 인류가 분업하게 되었던 출발점이다. 그 뒤에 예전의 포로가 점차 자유를 얻어서 결국에 각자 자기의 기술을 내세워 생계의 밑천으로 삼았다. 그렇지만 어느 나라를 막론하고 농부와 공인의 계층은 모두 귀족 및 관리와 동등하지 못했다. 이 어찌 귀족 및 관리가 농민과 수공업자에 대해 여전히 자신들이 통치받는 사람이라는 사실을 확인시킨 것이 아니겠는가? 이런 관습이 지속되자 한쪽은 남을 통치하는 계층이 되고, 다른 한쪽은 남을 부양하는 계층이 되었다. 또 한쪽은 안락한 계층이 되고, 다른 한쪽은 고되게 근로하는 계층이 되었다. 다시 한쪽은 남에게 기생하는 계층이 되고, 다른 한쪽은 남에게 부림받는 계층이 되었다. 이것이 바로 인류에게 고통과 즐거움을 알맞고 고르게 할 수 없던 이유였다. 엉터리들이 이를 살펴보지도 않고, 함부로 "인류는 동등하지 않아서 마땅히 육체노동과 정신노동이라는 구분이 있게 마련이다."라고 말한다. 그들은 이른바 정신노동자란 겉으로는 오만한 명분을 구실로 내세우지만, 속으로는 그 나태한 본성에 따라 뭇 백성을 부리면서 그들의 공급을 받고 있다는 실정을 모르기 때문이다. 세계 어디에서 이런 게으른 사람들을 용납할 수 있겠는가? 오직 인류의 분업이 포로를 사역한 데서 비롯되었다는 사실이 명백하다면, 생활의 일용품 가운데 일하지 않고 획득할 수 있는 모든 물품은 다 남을 부려서 자신에게 제공시켰던 것이다. 이런즉 고통과 즐거움이 균등하지 않은 제도는 잘못되었다.

(3) 남녀의 불평등이라는 원인

상고시대 초기에는 집단혼제도를 시행하여 아직 여성의 지위가 남성보다 낮다는 주장이 없고, 또 여성을 사유하지도 않았다. 그 뒤에 두 부족이 전쟁하면 싸움에서 이긴 백성은 패전한 부족에 대하여 여자를 잡아서 자기의 사유로 삼았다. 그리스 · 유대 · 페르시아 · 로마의 고대사를 보면, 다른 부족을 이길 경우에 반드시 그 부녀자의 일부를 약탈했다고 언급하고 있다. 또한 중국 장제(蔣濟)[24]의 『만기론(萬機論)』에서도 황제(黃帝)의 말을 인용하여, "군주가 나라를 상실하면, 그의 처첩은 재가(再嫁)해야 된다."[25]라고 언급하였다. 다시 몽고가 처음 흥기할 때에도 어떤 나라를 이기면, 반드시 그 여자들을 죄다 잡아서 자기 부족민에게 분배하였다. 이것은 바로 야만인이 다른 부족을 이겼을 때의 관례를 답습한 것이다. 순전히 다른 부족에서 여자들을 약탈했기 때문에 그녀들을 노예처럼 취급하여 남자에게 통제받게 만들었다. 또 그녀들이 틈을 노려 몰래 방탕할 것을 걱정했기 때문에 그것을 방지하는 법률이 날로 더욱 엄해져서 여성을 지극히 천하게 보았다. 여성에 대해서는 일처다부를 금지

---

24) 蔣濟(188-249)는 삼국시대 위의 정치가로 고관을 지냈다. 대표작은 『萬機論』인데 이미 유실되고, 그 일부 내용만이 『北堂書鈔』나 『太平御覽』 등의 類書 및 嚴可均의 『全上古三代秦漢三國六朝文』에 실려 있다.

25) 원문은 '主失其國, 其臣再嫁.'인데 『全上古三代秦漢三國六朝文』에는 '主失于國, 其臣再嫁.'로 나온다. 그 원의는 '군주가 나라를 상실하면, 그의 신하는 다시 入仕해야 한다.'라고 풀이된다. 하지만 번역은 본문의 위아래 문맥을 감안하여 그렇게 옮겼다.

하고, 남성에게는 일부다처를 허가하였다. 이런 습속이 답습되어 마침내 자연계의 철칙처럼 간주되었다. 이를테면 동양의 학술과 예법에서 그러했다. 그러므로 여성이 남성에게 종속된 것은 강압에서 나왔다. 예를 들어 아시아대륙 페르시아의 여러 나라 및 북유럽의 여러 민족은 중세 이전에 부녀자를 사고파는 권리가 고스란히 남성에게 장악되었다. 대개 그들은 여자에 대해 노획물의 일종으로 여겼기 때문에 부녀자의 매매도 완전히 자유로울 수 있었다.

지금 기독교를 신봉하는 여러 나라에서 비록 일부일처제를 시행하지만 봉직의 권리·의정의 권리 근래에는 여성 가운데 이 권리를 획득한 사람이 생겼다. ·병역의 의무는 모두 여성에게 전무하다. 여성한테 평등이라는 헛된 명분만을 부여하고 도로 실권은 주지 않는다. 또한 시집간 뒤에는 죄다 남편의 성으로 바꿔서 자신을 나타내고 있다. 이 어찌 여성을 남성의 부속물로 확정한 것이 아니겠는가? 또 어찌 여성의 실권을 박탈하여 영원히 남성에게 통제받도록 만든 것이 아니겠는가? 또한 서양인은 막 결혼한 뒤에 모두가 신혼여행을 간다. 사회학자들은 고대에 여자를 약탈하면 반드시 도피하길 도모했는데 지금의 신혼여행은 바로 그 풍속을 따른 것이라고 여긴다. 이것도 여성이 남성에게 강압을 당한다는 증거의 하나이다. 그러므로 오늘날의 세계는 여전히 남성중심의 세계이고, 오늘날의 사회도 여전히 남성위주의 사회이다. 어떻게 남녀가 평등하다고 말할 수 있겠는가? 남녀의 불평등이 고대에 여성을 포로로 잡은 데서 비롯되었다는 사실이 명백하다면, 남녀의 불평등은 강압에 의해 생겨났으므로 그것을 공리(公理)에 맞는다고 주장할 수 없다는 점도 알게 된다.

이상의 세 가지 사항은 모두 인류의 불평등이 후천적인 데서 말미암았다는 사실을 충분히 증명해 준다. 아울러 인류 불평등이 순전히 옛날의 악습을 답습했다는 것도 증명하기에 충분하다. 어찌 이런 상황을 평등해지도록 바로잡지 않을 수 있겠는가?

4. 인류에게 내재된 평등 회복의 천성

현재 여러 과학자들이 발견한 공례가 세 가지 있다. 하나는 두 성질이 균형을 잃으면 곧 충돌이 발생한다는 것이다. 다른 하나는 기체 상태인 물질은 압력을 받아서 그것의 체적이나 형태가 변해도 여전히 원형으로 복원하려는 성질을 가지고 있다는 것이다. 요사이 물리학자들은 그것을 탄력성 중의 탄성력(복원력)이라 부른다. 예를 들어 가죽 공을 가져다 손바닥으로 눌러 찌그러트려도 일단 손을 떼면 바로 원형으로 복원되는 사례가 그렇다. 마지막 하나는 액체 상태인 물체는 압력을 가하면 즉시 반발력이 생긴다는 것이다. 이상의 공례들은 물체가 평형을 이루지 못하거나 밖에서 압력을 받은 경우에, 비록 무기물 상태라도 여전히 저항력이 발생한다는 사실을 충분히 증명해 준다.

다시 생물체의 속성을 관찰해 보면, 장애를 피해 가는 본성을 가지고 있다. 비유하건대, 초목이 처음 씨앗에서 발아할 적에 뿌리가 기와나 돌에 막혀 자라날 수 없으면, 반드시 기와나 돌의 틈새로 돌아나가서 그 성장의 속성을 이룬다. 인류도 마찬가지이다. 예를 들어 야만족은 물과 풀을 따라 옮겨서 북방으로 가다가 큰 하천과 높은 산 등의 장애를 마주치면 바로 반드시 다른 방향으로 전환한다. 이런 사례들은 인류와 생물이 장애를 피하는 본성을 가지고 있다는 것을 증명하기에 충분하다. 장애를 피하는 것이 인간의 천성이라면, 대체로 계급제도 가운데 인민을 완전히 억압하는 것들은 모두 백성의 천성에 어긋난다.

그런데 인민이 계급사회를 증오해서 그것과 결별하면 다시 그 본성의 자연 상태에 순응할 터이니 이를 인성에 위배된다고 말할 수는 없다. 게다가 세상 사람의 심리에서 보면, 인간의 마음은 대략 세 가지로 나뉜다.

하나는 이기심이고 둘째는 질투심이며 셋째는 양심이다. 질투하는 마음
은 상대로 말미암아 생겨난다. 그 하나는 자신을 분발시켜 다른 사람과
같아지려 하기 때문이고, 또 하나는 타인을 억눌러서 자기와 고르게 만
들려 하기 때문이다. 자신을 분발시켜 다른 사람과 같아지려는 경우의
예를 들면, 천한 사람은 귀해지려 하고 가난한 사람은 부유해지려 하며
어리석은 사람은 지혜로워지려 하는 것이 그렇다. 타인을 억눌러서 자기
와 고르게 만들려는 경우의 예를 들면, 어린이는 다른 아이의 물건에 대
해 반드시 몰래 망가트려버린다. 또 시골 사람들은 보물 하나를 주우면
서로 가지려고 다투다가 서슴없이 그것을 부수어버리는 상황이 그렇다.
그 의도는 내가 가질 수 없는 물건은 다른 사람도 갖지 못하게 하려는 생각이다. 앞에
말한 것은 부러운 마음에서 이기심이 생겨나고, 뒤에 말한 것은 분한 마
음에서 파괴적 욕구가 발동한 것이다. 한 마디로 요약하자면, 질투심이
란 자기가 다른 사람과 평등해질 수 없는 것에 대한 분노이다. 이기심이
란 다시 질투심[26)]에서 야기되는 것이다. 이기적인 마음이 한 가지 형태
는 아니지만 전부 다른 사람이 어떤 이익을 얻은 다음에 자기가 그 뒤를
쫓아가기 때문에 이기심은 넉넉하지 못한 데서 생겨난다. '부족하다'는 것은 다른 사
람은 넉넉할 수 있는데 자신이 그럴 수 없기 때문에 서로 비교해서 생겨나는 것이다. 순
전히 비교하고 경쟁해서 생겨나는 것이다. 그러나 양심은 그렇지 않다.
예컨대 의롭지 못한 사람이 타인을 해치려는 의도를 달성하고자 실행하
다가도 갑자기 중지한다. 또 예컨대 한 사람이 실의에 빠지면 온 집안이
그 때문에 즐겁지 않게 되고, 어린애가 우물에 빠지면 때마침 발견한 사
람들은 모두 구하려고 한다. 이런즉 선량한 마음은 자연스럽게 생겨나

---

26) 원문은 '嫉心'인데 『遺書補遺』는 '嫉忌心'으로 수정하였다. 번역은 『遺書補遺』를 따
랐다.

는 것이다. 중국의 유가는 그것을 '인(仁)'이라 부르고, 유럽 사람인 칸트[27]는 그것을 '박애'라 부르며 크로포트킨[28]은 그것을 '상호 부조'의 감정이라 불렀다. 그 명칭은 비록 달랐지만 모두 이 선량한 마음을 가리켜서 말한 것이다.

인류에게 이런 양심이 발로되는 까닭은 다른 사람이 자기와 평등하지 못한 것을 동정하기 때문이다. 이에 근거해 말하자면 자신이 다른 사람과 평등할 수 없던 상황은 오랫동안 인류에게 공통의 분노가 되었다. 또 다른 사람이 자기와 평등할 수 없던 상황도 인류에게 공통의 연민이 되었다. 자신에게는 자기가 다른 사람과 평등해지길 바라고, 다른 사람에게는 그가 자기와 평등[29]해지게 조정하려는 것이다. 이 어찌 인민의 천성이 전적으로 인류의 평등을 본심으로 삼기 때문이 아니겠는가? 만일 사람마다 다들 질투하는 마음을 해소시키고 선량한 마음을 넓힌다면, 대체로 불공평한 사회는 남김없이 싹 정리될 것이다. 사람마다 모두 고통과 즐거움이 적절히 균등해져서 완전한 평등 상태로 귀착되면, 질투하는 마음도 생겨나지 않는다. 질투심이 생기지 않으면 이기적인 마음을 유발할 동기도 없어져서 상호 부조의 감정이 더욱 증진된다. 따라서 미래의 도덕 진보는 기필코 오늘날이 넘볼 수 없는 수준에 이를 것이다. 그런즉 인성을 감안해 볼 때, 이보다 더욱 후련한 경우는 없다. 그렇게 되지 않는다면 서로 악담을 퍼부을 터이니, 무슨 까닭에 말다툼하며 상대에게 욕설하고 원수처럼 피차 해를 입히겠는가? 또 무슨 까닭에 머뭇거

---

27) 칸트(Immanuel Kant: 1724-1804)는 비판적 사고를 통해 서양의 근대 철학을 종합한 철학자이다.

28) 원문은 '苦魯巴金'인데 'Kropotkin'의 음역명으로 '苦魯巴特金'의 오류이다. 크로포트킨(1842-1921)은 러시아 귀족 출신의 무정부주의자이다. 그의 생애는 본서의 「크로포트킨의 학술 약론」을 참고하라.

29) 원문은 '平'인데 『遺書補遺』는 '平等'으로 수정하였다. 번역은 『遺書補遺』를 따랐다.

림 없이 냉큼 맞붙어 싸우겠는가? 그것은 바로 인류가 평등권을 유지하고자 바라기 때문일 뿐이다.

다시 구미의 평민 혁명에 대해 관찰해 보면, 어떤 경우는 이민족을 배척하고 어떤 경우는 왕실을 처형하며 어떤 경우는 부유층에게 대항했다. 이 모두는 이기심에서 일어난 것이 아니라 대개 불평하는 마음에서 발생한 것이다. 어찌 인류에게 평등 상태를 회복하려는 천성이 존재하지 않는다고 말하겠는가? 또한 어찌 오늘날의 인류에게 평등으로 나가려는 현상이 존재하지 않는다고 주장하겠는가? 대체로 인류의 평등에 대한 희망은 곧 인민이 공동으로 품고 있는 염원이다.

5.[30) 세계 인류의 불평등 현상

오늘날에 인류는 평등권을 상실한 사람이 실로 사회의 다수를 차지한다. 존귀한 자는 미천한 자에 대해, 부자는 빈민에 대해, 강자는 약자에 대해 하루도 능멸하며 부리지 않는 날이 없다. 그래서 능멸당하며 부림받는 사람들은 날마다 끝없는 억압에 시달리고 있다. 시험 삼아 세계의 불평등 현상을 나누어 열거하면 아래와 같다.

(1) 인민에 대한 정부의 불평등

야만국에서는 인민의 자유권이 여전히 유지될 수 있으나 문명국에서는 인민에게 결코 자유권이 없다. 중국을 보자면 양한(兩漢)시대부터 지금까지 비록 전제 정치 체제이지만 수도에서 좀 동떨어진 곳은 전부 정부의 통제력이 미치지 못하였다.

---

30) 원문은 '丁'인데 『遺書補遺』는 '五'로 교정하였다. 번역은 『遺書補遺』를 따랐다.

유럽 중세시대에는 국가의 권력도 아직 확장될 수 없었다. 그래서 인민이 자유롭게 연합한 단체는 촌락 공동체가 있고 도시 공동체도 있으며 상업 길드도 있었다. 16세기가 되자, 포악한 제왕들이 강압적인 명령으로 결사의 자유권을 박탈해서 중앙의 권력이 날로 확대되었다. 오늘날에야 인민이 정부와 투쟁하여 결사의 권리를 획득했지만 그 해산권은 전적으로 정부에 장악되어 있다. 게다가 교통수단이 날로 더욱 발달하고 살인 병기도 갈수록 더 발명되어 어쩌다가 반항이 일어나면 바로 잡초처럼 제거하고 짐승처럼 도살한다.[31] 또한 순경과 정보원이 도시에 배치되어 명목상으로는 사회의 안전을 보장한다고 표방하나, 일반 대중의 안위에는 관심조차 없고 순전히 정부의 보위에만 주의를 기울인다. 그러므로 파리·런던과 뉴욕 등의 여러 도시에는 살인과 절도의 사건이 날마다 발생한다는 소문이 들린다. 하지만 하층민의 거동에 대해 무형의 속박을 가중시키고, 아울러 자유권이 그 무형의 속박 중에서 상실되고 있다. 그런즉 이른바 사회의 안전을 보장한다는 것은 사실 상층에 있는 소수인의 안전만을 보장할 뿐이다. 더군다나 백성을 해치는 것을 즐겨 포악하게 대하고 있다. 크로포트킨은 "옛날의 신과 같은 존재가 바로 지금의 국가이다."라고 주장하였다. 그는 또 "감옥이란 범죄를 양성하는 대학이고, 재판소란 악질을 기르는 소학교이다."라고 강조했다.

　　재판관이란 잔인한 법을 시행하는 자이고 정보원이란 법원의 사냥개 노릇하는 자이며 옥리란 나찰(羅刹)[32]의 화신이다. 예를 들어 러시아에서는 요 몇 해 사이에 지사(志士)를 잔인하게 학살한 것이 거의 1만 명에

---

31) 이 구절의 원문은 '艸薙禽獮'인데 『遺書補遺』는 '艸薙禽蒩'로 교정했지만 둘 다 의미가 통하지 않는다. 번역은 '艸薙禽獮'으로 수정하여 옮겼다.
32) 원래 인도 고대 신화에 등장하는 신이다. 불교에서는 惡鬼의 총칭이고 지옥에서 사람을 괴롭히는 역할을 맡았다고 전한다.

이른다. 또한 정치범[33]을 잡아들여 황야에 유배 보내서 감옥에 감금하니 그 가운데 옥리의 손에 비명횡사한 자들도 다 기록할 수 없을 정도이다. 지금은 또다시 국회의원들을 체포해서 정부의 권위를 세우고 있다. 일본도 마찬가지이다. 일단 파업하면 체포당하는 자가 엄청나게 많다. 또 사회주의를 제창하면 바로 그 언론을 막아버리고, 그들을 감금해 버린다. 비록 프랑스와 미국의 민주제도일지라도 오히려 폭력으로 평민당을 탄압하고, 고위층을 암살한 사람은 화형으로 처벌한다. 최근에는 북미의 정부가 또 언론의 자유를 금지하였다. 이것은 이른바 강자가 약자를 능멸하는 제도가 아니겠는가?

또한 입헌제의 여러 국가들은 한 나라의 정권이 간혹 정당에게 장악되어 있다. 그러나 저들의 이른바 정당이란 거짓 연설로 청중을 현혹시키는 존재이다. 만일 어떤 당이 득세하면 바로 자기 당원들의 권력을 확장해서 다른 당을 억압한다. 이 어찌 국민 전체를 위해 행복을 도모한다고 말할 수 있겠는가? 이를테면 군주제를 민주제로 개혁했으나 정부가 있고 통치기관도 존재한다. 통치기관이란 권력이 집중되는 바이다. 이미 그런 기관이 존재한다면, 반드시 그런 기관을 장악하는 자들이 있게 마련이다. 게다가 그런 기관을 장악한 자들은 분명히 특권을 갖게 된다. 그들은 특권을 소유하고 인민이 그들의 지휘를 받게 되면, 이는 수많은 백성을 몇 사람의 노예로 전락시켜버리는 것이나 다름이 없다. 설령 통치자들이 보통선거[34]에 의해 뽑히더라도 선거[35] 때에는 언제나 득표의 다수로써 승부를 판가름한다. 예를 들어 어떤 나라에 1천만 명이 있고 선

---

33) 원문은 '國土犯'인데 '國事犯'의 오류이다.
34) 원문은 '普通撰擧'인데『遺書補遺』는 '普通選擧'로 교정하였다. 번역은『遺書補遺』를 따랐다.
35) 원문은 '撰擧'인데『遺書補遺』는 '選擧'로 교정하였다. 번역은『遺書補遺』를 따랐다.

거[36] 투표의 시기에 피선거인이 9백만 표를 얻는다면 다수가 아니라고 말할 수는 없다. 그러나 뜻을 이루지 못한 투표자도 1백만 명이나 생기게 된다. 또 의회의 의정 활동에서도 다수결에 따라 가부를 결정한다. 예를 들어 의회에 1천 명의 의원이 있다고 하자. 의정 활동할 때에 900명이 한 가지 의견에 동조하면 다수가 아니라고 말할 수는 없다. 하지만 뜻을 이루지 못한 의원도 100명이나 생겨난다. 그러므로 의회제나 민주정이란 한마디로 압축하면, 다수가 소수를 억압하는 제도이다. 다수로서 소수를 억압하니 어떻게 공평하다고 말할 수 있겠는가?

더욱이 이른바 의원이란 자들은 모두 당선을 도모하면서 쓴 자금이 무려 억만금이나 된다. 가령 미국과 프랑스 두 나라에서도 되풀이하여 뇌물로써 정치를 성사시킨다. 최근에 미국의 샌프란시스코 시장도 뇌물을 받은 것으로 떠들썩하다. 이는 의원과 관리의 잘못이지만 정부가 실로 그 중추[37]적 역할을 총괄한다. 이에 오늘날의 정부는 순전히 국민을 해치는 정부이자, 또한 부정을 일삼는 정부라는 것이 드러난다. 그러므로 우리는 기존의 정부가 살인의 도구를 제공할 뿐만 아니라 부정 축재의 기회도 부여하고 있다고 주장하는 것이다. 이 어찌 정부가 모든 악의 근원이 아니라고 말할 수 있겠는가?

(2) 노동자[38]에 대한 자본가의 불평등

옛날부터 지금까지 세계에서 계급사회를 제외하면, 권리만 누리고 의무를 다하지 않는 사람이 없었는데, (계급사회에서) 권리만 누리고 의무를 다하지 않는 자는 오직 자본가뿐이다. 또한 의무만 다하고 권리를 누리

---

36) 위와 같다.
37) 원문은 '網維'인데 『遺書補遺』는 '綱維'로 교정하였다. 번역은 『遺書補遺』를 따랐다.
38) 원문은 '傭工'이다.

지 못하는 사람도 없었는데, (계급사회에서) 의무만 다하고 권리를 누리지 못하는 자는 오직 노동자뿐이다. 이런즉 자본가란 옛날의 귀족과 관리와 성직자의 특권을 한손에 거머쥔 자이며, 노동자란 옛날의 평민과 노예의 괴로운 상황을 아울러 겪는 자이다.

대체로 오늘날의 자본가는 인민 가운데 가장 부유한 사람이지만 그들의 부가 어찌 과연 근면과 절약으로써 이룩한 것이겠는가? 지주(地主)의 기원을 소급해 보자. 그들이 소유한 대량의 토지는 자기 한 사람의 힘으로 개간한 바가 아니고, 또 거금을 들여 그것을 다른 사람에게서 사들이지도 않았다. 유럽의 각 나라에서 이 문제를 살펴보면, 옛날부터 다른 민족을 무력으로 정복하여 그들의 토지를 차지하거나 혹은 군주에게 공을 세우면 많은 경작지를 내려준 데에서 말미암았다. 미주와 호주에서 이 문제를 보면, 또한 식민지 초기부터 원주민을 몰아내고 그들의 토지를 사적인 재산으로 점유하였기 때문이다. 이런즉 오늘날의 이른바 토지사유란 완전히 약자에 대한 강자의 약탈일 따름이다. 다시 거상(巨商)의 기원을 소급해 보자. 대개 모리배가 시세의 변화를 관찰하여 이득을 챙기거나 혹은 기회를 틈타 쌀 때 사들이고 비쌀 때 팔아서 얻어낸 이윤이 두 배이거나 다섯 배이고, 혹은 열 배이거나 백 배이며, 혹은 천 배이거나 만 배이다. 그러므로 오늘날 상업으로 부를 쌓은 사람들은 전부 기만적 정책을 쓰는 자이다. 이 두 가지 요인이 누적되어서 자본가의 세력이 형성되었다. 유럽의 사회당은 "저들의 부유는 고스란히 불법으로 약탈한 결과이다."라고 늘 말하였다. 프루동도 역시 "저들의 행위는 그저 도둑질일 뿐이다."라고 언급하였다. 이러한 주장은 유럽인이 자본가를 천시하는 심리상태를 충분히 증명해준다.

자본가가 토지와 자산을 소유하자 땅이 많으면 그 땅을 가지고 재물을 늘리고, 재물이 많으면 그 재물로 땅을 사들였다. 그러나 자산은 (자본가가) 자기 힘으로 생산할 수 있는 바가 아니고, 반드시 다른 사람을 부려서 마련한 것이었다. 이것이 노동자가 날로 증가했던 이유이다. 그러나 이른바 노동자란 처음엔 모두 독립인이었다. (뒤에) 부자들이 자기 자산에 의지해 이윤을 다투게 되자 언제나 빈민보다 우위를 차지하므로 상업적 이익을 농단하고 가는 곳마다 형편이 유리해졌다. 그 결과로 서민 가운데 장사하는 사람들은 버티지 못하고 어쩔 수 없이 자본가에게 흡수되었다. 게다가 기계가 성행하지만 빈민은 구비할 수 있는 물건이 아니었다. 자본가는 자기의 기계를 이용하여 결국 생산수단을 독점하였다. 그리하여 토지·가옥· 기계가 모조리 소수 자본가의 수중에 들어갔다. 인민 가운데 실업자들은 어쩔 수 없이 자본가를 위해 노동을 담당하여 최대 다수의 평민이 완전히 저들에게 고용되었다. 명분상으로는 고용제도가 노예제보다 낫다고 하지만 오늘날의 이른바 고용제도는 실상 노동력을 매매하는 변형된 노예제도일 뿐이다. 고용되는 사람이 나날이 많아지자 생기는 이윤은 더욱 늘어나게 되었다. 다시 생겨난 이윤이 더욱 커지자 수익 창출의 방법은 날로 다양해지고, 피고용인도 훨씬 증가하였다. 그러므로 저들 자본가의 부는 순전히 노동자의 피땀과 바꾼 것이었다.

　고용된 노동자는 엄청난 고통을 견디며 공장에서 노동하고 생계[39]에 몰려 자기의 노동력을 팔지만 제작한 물품의 이윤은 고스란히 자본가에게 착취당했다. (노동자는) 자신이 제작한 물품을 도리어 시장에서 사려해도 받은 임금이 부족해 살 수 없는 경우가 있었다. 게다가 공장에서 만드는 어떤 제품은 백성의 생활필수품이 아니었다. 따라서 구미 각국에서는 항상 서민의 생활에 관련된 물자가 곡식이나 옷감과 같은 것이다. 몹시 부족하지만 값비싼 상품과 쓸모없는 물품이 시장을 가득 채우고 있다. 그

---

39) 원문은 '夜食'인데 『遺書補遺』는 '衣食'으로 교정하였다. 번역은 『遺書補遺』를 따랐다.

결과로 서민의 생필품은 가격이 날로 치솟아 노동자를 갈수록 가난에 허덕이게 만들었다. 노동자는 빈곤하고 소득은 입에 풀칠하기도 부족해서 어쩔 수 없이 임금 인상을 다투었다. 그들이 임금 인상을 쟁취하려면 불가피하게 동맹파업에 나서게 되었다. 자본가가 이런 사태에 직면하면, 고용한 노동자를 모조리 해고시켜 몇만 명의 실업자를 죽음의 참상으로 몰아넣거나, 혹은 국가 권력을 이용해 중무장한 군대로 학살을 자행하였다. 최근 수년간의 사례를 들어 보겠다. 예를 들어 프랑스 수도 파리에서는 노동자를 3만 명이나 무고하게 죽이고, 미국의 자본가는 동맹파업에 대비해서 사적으로 군대를 설립하였다. 저들 민주국가에서도 노동자에 대한 학대가 이와 같다면, 다른 나라 자본가의 불법 상황은 더욱더 심각하리란 것을 미루어 짐작할 수 있겠다.

오호라! 자본가의 재산은 모두 노동자의 은혜에서 나온 것이다. 만약 노동자의 노동이 없다면 자본가는 자기의 재산을 늘릴 방도가 없었다. 지금 (자본가는) 도리어 그들의 큰 은덕을 망각하고 함부로 폭력을 휘둘러서 그들의 재산을 빼앗을 뿐 아니라 신체까지도 부려먹는다. 이는 그들의 재산권만을 탈취한 것이 아니라 나아가 생명권마저도 강탈하는 것이다. 이 어찌 부도덕의 극치가 아니겠는가? 자본가의 도덕은 가장 부패되었다. 그들은 집에서 나가면 시장의 이윤을 싹쓸이하고, 들어오면 옥토를 소유한 채 무위도식하였다. 또 그들은 가만히 앉아 세금을 챙겨서 사치와 방종을 추구하며 향락적으로 살았다. 더욱이 그들의 재산은 넘쳐나서 국가가 전쟁을 벌이자면 부유층에게 전비를 요구할 수밖에 없었다. 그 결과로 국회의원은 온통 유산자가 당선을 차지하기에 이르렀다. 게다가 재산이 더 많은 자일수록 그가 뿌리는 뇌물의 금액도 막대하므로 나라 전체의 고위 관직은 전부 소수의 부유층에게 돌아갔다. 명분상으로는 보통선거라고 하지만 실상은 다수의 빈민을 지주 한 사람 아래에 굴복시켰다. 빈민의 생계는 농토에 얽매이고, 농토 여탈의 권한은 지주에게 장악되었다. 선거 때가 되면 빈민은 자기의 농토를 보전하고자 반드시 본심을 저버리고 영합하여 모두 지주를 당선시켰다. 따라서 부유층은 세습적 의원이나 다름이 없고, 다수의 빈민은 선거라는 명목이 있더라도 실상은 선거의 자유권을 상실하였다. 이 어찌 천지 간의 일대 말 못할 고통이 아니겠는가? 그러므로 빈부의 불평등은 오늘날에 이르러서 극에 달했다. 한마디로 잘라 말하자면 오늘날의 세계는 순전히 부유층이 판치는 세상이다. 그들이 빈민을 부리는 것은 이민족과 같고, 백성을 해쳐서 욕심을 채우는 것은 폭군보다도 심하다. 그들은 사회의 커다란 해악거리일 뿐만 아니라 빈민의 큰 적이다. 대체로 이런 상황은 곧 세계에 유례가 없었던 기이한 변고이다. 중국에서도 수십 년 뒤에 만일 무정부주의를 실행하지 않으면, 기필코 이런 곤경에 빠질 것이다.

(3) 약소민족에 대한 강한 민족의 불평등

근래에 구미의 각 나라는 제국주의[40]를 과장해 내세우며 부강을 믿고 세계에 위세를 부리고 있다. 그 원인을 미루어 보면, 하나는 국가 권력의 확장으로 해외에서 국위를 떨치려 하기 때문이고, 다른 하나는 자본가가 사업을 확장하려고 타국의 재원을 빨아들여 자기 소유로 도둑질하기 때문이었다. 이 두 가지 요인이 누적되어 결국 살육하는 세상을 만들었다. 따라서 강한 민족은 약소민족에 대해 절대적으로 불평등한 우위를 차지하였다. 처음에는 남양군도에서 그것을 펼치고 뒤이어 아메리카[41]에서 실행하며 다시 아프리카에서 실시하였다. 최근에는 또 동아시아에

---

40) 원문은 '帝國主議'인데 『遺書補遺』는 '帝國主義'로 수정하였다. 번역은 『遺書補遺』를 따랐다.
41) 원문은 '美州'인데 『遺書補遺』는 '美洲'로 교정하였다. 번역은 『遺書補遺』를 따랐다.

서도 그것을 시행하고 있다.

그들은 미개한 민족에 대해 함부로 폭력을 휘둘러서 그 백성을 마구 죽이고 그 토지를 사유로 점거하였다. 겨우 살아남은 유민(遺民)은 소나 말처럼 부리거나 때로는 산골짜기로 쫓아내어 그 민족이 소멸하게 만들었다. 조금 개화한 나라에 대해서도 처음에는 친선의 명분을 가장하여 그 국가의 자원을 수탈하고, 그 정부를 매수하여 자국의 실권을 확대해나갔다. 뒤에 권력이 날로 커지게 되면, 다시 그 정부 대신 정치를 시행하고 중무장한 군대를 주둔시켜 은연중에 백성과 나라를 멸망시켰다. 그 결과로 예전의 이웃 나라는 속국으로 전락하게 되었다. 이미 속국으로 만들어버린 이상에는 그 백성에 대해 빈곤화·약화·우민화의 정책을 실시하였다. 즉, 무거운 세금을 징수하여 그 나라의 재부를 말리고, 군비를 금지하여 그 나라의 강함을 꺾었다. 또 실학을 폐지하여 그 나라의 지혜를 막고, 그 나라의 단체 결성을 엄금하여 연대를 저지하였다. 때로는 짐승처럼 살육하며 다시는 인도적으로 대우하지 않거나, 혹은 거짓으로 도덕적 정책을 시행하고 위선적으로 관대한 명분을 내세우나 그 불평등만은 곧 동일하였다.

대체로 옛날에 로마는 속국을 다루면서 전부 자치권을 부여하였다. 몽고와 회족(回族)도 다른 나라를 정복하면 비인도적으로 무자비하지만, 그들의 생존 기회마저 말살한 적이 없고 근래의 백인종처럼 실덕한 경우도 없었다. 캐나다와 호주를 보자면 명목상으로 자치이지만 사실 그 권력은 고스란히 백인종에게 장악되어 원주민과는 관련이 없었다. (남아프리카의) 트란스발[42]은 무력으로 싸워서 자치를 획득하고 필리핀[43]군도도 저항으로 선거권

---

42) 원문은 '杜蘭斯哇'인데 'Transvaal'의 음역명이다.

43) 원문은 '非律賓'인데 『遺書補遺』는 '菲律賓'으로 교정하였다. 번역은 『遺書補遺』를 따랐다.

을 확보하였다. 그러나 인도는 영국에 협조해 공을 세우지만 오히려 자치를 얻어내지 못하였다. 더욱이 말레이군도 및 아프리카[44]의 경우는 논할 것도 없다. 이런즉 구미의 각 나라는 약소국을 겸병하고 우매한 군주를 공격하며, 정치가 문란한 나라를 빼앗고 망해가는 국가를 유린하였다. 또 그들은 흉악한 만행을 저지르고 하소연할 데 없는 백성들을 가혹하게 사역시키면서 백인을 지존으로 보고 홍인종과 흑인종의 여러 민족을 자신과 동등하게 여기지 않았다.

인도인이 스스로 언급한 바에 근거하면, 인도인에 대한 영국인의 학대는 과거의 몽고보다 더 심해서 학자들이 정치와 법률을 강의할 수 없고, 벼슬아치도 고관을 차지하지 못하였다. 다시 안남(安南)[45]인의 말에 의하면, 프랑스인은 안남인에 대해 수십 가지 항목의 세금을 부과하여 인민은 처자식을 팔아도 완납하기에 부족하였다. 또한 몇 사람 이상은 모임을 불허하고, 인민 가운데 사적으로 다른 나라에 간 사람은 중형으로 죄를 다스리며 그 가족까지 연좌하였다. 또 서양인의 서적과 신문에 기재된 바에 따르면, 러시아는 폴란드에 대하여 의사(義士)들을 학살하고 집회를 금지하며 폴란드 문자도 폐지하였다. 그들이 유태인을 다룬 상황은 더욱 참혹하여 죄 없이 살해된 자가 모두 얼마인지조차 알 수 없고, 심지어 촌락 전체가 몰살당한 경우도 있었다. 미국인은 겉으로 평등을 부르짖지만 홍인종계[46]의 국민에 대해서는 거론할 만한 권리를 회복시킨 적이 없었다. 흑인노예가 해방되자 명분상으로는 선거에 참여하고

---

44) 원문은 '非州'인데 『遺書補遺』는 '非洲'로 교정하였다. 번역은 『遺書補遺』를 따랐다.
45) 베트남의 다른 이름이다. 중국의 唐朝에서 지금의 베트남 지역에 安南都護府를 설치한 데서 비롯되었다. 19세기 말과 20세기 초에는 프랑스의 식민지로 삼분된 베트남의 중부 지방을 안남으로 지칭하였다.
46) '아메리카 인디언'을 말한다.

정권에 참가시킨다고 내세우지만 가더(伽得)[47]의 『사회의 진화』에는 이런 내용이 나온다.

"미국인은 흑인종에 대해 비록 공공장소에서 평등을 크게 외치며 명목상으로는 선거와 정권에 참여시킨다고 말하나 실상은 완전히 상반된다. 오로지 겉모습이 검다는 이유만으로 결국 사회의 하층으로 떨어져 버린다. 그 가운데 자질이 현명하거나 재산이 풍부한 사람이 있더라도 여전히 백인과 어깨를 나란히 할 수 없다. 구역을 획정해 놓고 흑인은 그것을 넘으면 바로 경계 밖으로 쫓아내고 오직 명령에 따라 참수도 불사하지만, 백인이 그것을 넘으면 무죄이다. 백인은 거지 아이·불량배·무식쟁이일지라도 다들 동등하게 본다. 정치적인 모든 사항에 관해서는 곧 '이것은 우리 백인이 시행할 바이다.'라고 주장한다. 백인의 주도적 지배권에 대해서 찬성하지 않는 자가 있으면, '매국노'로 매도하거나 '국사범'으로 지목해버린다."

이상의 몇 가지 사례를 보면, 백인의 악행은 짐승보다 덜하지 않았다. 백인종을 제외하면 그 나머지는 권리를 모조리 상실해서 노예보다도 못하니 백인은 양심을 완전히 상실한 자들이라 부를 수 있겠다. 이에 구미의 정부만 이런 황당무계한 논리를 견지하고 있을 뿐 아니라 그 국민도 마찬가지였다.

설령 사회주의를 제창하는 사람이 한둘 있더라도 여전히 "그 이익은 오직 백인에게만 돌아가야 된다."라고 주장하였다. 그러므로 쇼펜하우어[48]

---

47) '伽得'은 신원이 파악되지 않아서 우선 중국어 발음을 그대로 표기하였다.
48) 쇼펜하우어(A. Schopenhauer: 1788-1860)는 독일 출신으로 19세기 초반에 헤겔의 관념론에 맞서 의지의 철학을 주장하였다.

는 "구라파의 윤리는 단지 찬달라[49] 인도 백정의 호칭 와 멸려차[50] 인도 털북숭이 야만인의 호칭이다. 의 윤리일 뿐이다. 가령 두이보터(杜爾伯特)[51] 등 여러 사람도 백인은 도덕이 없다고 몹시 미워한다."라고 언급한 바 있다. 이것은 (문제의) 근원을 밝혀낸 견해라고 말할 수 있겠다. 그러나 이런 주의를 실행하는 사람은 도리어 두 가지 주장을 빌려서 자신을 포장했다. 그 하나는 '강권(強權)'이고 다른 하나는 '애국심'이었다. 그들은 극악무도한 사안에 대해서도 자신을 선량한 것으로 자처하였다. 이는 『불경』에서 말하는 나찰녀[52]와 무엇이 다르겠는가?

백인종을 보자면, 속국의 백성을 학대할 뿐만 아니라 자국 영토에 거주하는 다른 나라 사람도 노예처럼 취급하였다. 이를테면 남아프리카에서 중국계 광부를 대하는 상황과 미국인이 화교를 대하는 경우를 보면, 모두 함부로 무례하게 굴었다. 근래에는 또 중국인을 학대하던 방법을 일본인에게도 시행하고 있다. 그 원인을 추적해 보면, 사람마다 자기 나라를 편애하여 자국의 인민 이외에 외국인은 인간으로 간주하지 않기 때문이었다. 그러므로 제멋대로 강권을 휘두르고도 비이성적이라 여기지 않았다. 그 결과 근래의 세계는 강자가 약자를 능멸하는 세계로 변질되어버렸으니 정녕 두렵지 않겠는가!

요컨대 위로서 아래를 능멸하는 것은 정부의 폐단이고 부유로 빈곤[53]

---

49) 원문은 '論陀羅'인데 '旃陀羅' 혹은 '栴陀羅'의 오류로 보인다. '旃陀羅' 혹은 '栴陀羅'는 산스크리트어 'Chandala'의 음역어로, 카스트 제도에서도 제외되는 '不可觸賤民'을 가리킨다.

50) 원문은 '蔑戾車'인데 산스크리트어 'Mleccha'의 음역어이다.

51) '杜爾伯特'은 신원이 파악되지 않아서 우선 중국어 발음을 그대로 표기하였다.

52) 원문은 '羅刹女'인데 용모가 매우 아름다우나 사람을 잡아먹는다는 여자 형상의 귀신이다.

53) 원문은 '貪'인데 『遺書補遺』는 '貧'으로 교정하였다. 번역은 『遺書補遺』를 따랐다.

을 제압하는 것은 자본 사유의 폐단이며 강함으로 약함을 능멸하는 것은 국가의 폐단이다. 정부가 존재하기 때문에 단지 정부만 이롭게 할 뿐이고, 인민을 이롭게 할 겨를이 없다. 자본이 사유되기 때문에 단지 한 사람만 이롭게 할 뿐이고, 대중을 이롭게 할 겨를이 없다. 국가가 존재하기 때문에 단지 한 나라만 이롭게 할 뿐이고, 세계를 이롭게 할 겨를이 없다. 비록 그렇더라도 자본가를 보호하는 것은 정부이고 국가를 대표하는 것도 정부이므로 정부는 특히 모든 악의 근원이 된다. 인류가 오늘날을 살아가면서 어찌 세계를 개조할 방책을 세우지 않을 수 있으리오!

6. 세계를 개조할 이상

지금 세계를 개조하려는 부류는 대략 두 파가 있다. 그 하나는 사회주의이고 다른 하나는 무정부주의이다. 사회주의의 기원을 소급해 보자면, 그리스에서부터 플라톤이 공산이론을 제창하고, 그 뒤에 기독교 교회에서도 이 제도를 실행하길 바랐다. 유럽의 중세 시기가 되자, 촌락조직과 도시동맹도 간혹 사회주의와 부합되었다. 근세에 이르러 학자들은 부유층의 압제를 혐오하여 다투어 사회주의를 제창하면서 종교에 의지하거나 철학적 이치에 의거하거나 과학에 근거하였다. 하지만 그 입론의 대의를 미루어 보면, 대략 생산수단을 송두리째 사유에서 공유로 전환하여 공동의 노동으로 공동의 자본을 축적시키고, 이 자본을 사회 공유의 재산으로 삼아서 모든 인민에게 분배해야 마땅하다고 주장하였다.

최근 수십 년 이래로 유럽 지역에는 『공산당 선언』[54]이 나오고 국제사

---

54) 마르크스와 엥겔스가 공동으로 집필하여 1848년에 발표한 과학적 공산주의의 강령적 책자이다.

회당대회[55]가 열렸다. 게다가 각국의 사회당은 선거권 투쟁을 하거나, 때로는 동맹파업운동을 벌였다. 대체로 이런 방책에 의거해 실행하면, 정말로 자본가를 전복시키기에 충분하다. 그러나 요즈음 사회당의 거동을 보면, 비록 앞으로 현재의 국가를 벗어나서 다르게 조직을 꾸리려는 그런 사람이 있지만, 그 나머지 강경파와 온건파는 정부를 움직이려 하거나 때로는 자기 당의 권력을 나라 안에서 확장시키고자 기도한다. 그들의 취지는 다르지만 그들이 권력의 집중을 인정하는 바는 동일하다. 국가의 조직을 승인해서 그 지배력을 중앙에 귀착시키면, 일반 백성은 모조리 그 지배 아래 복종당한다. 그러면 정치체제를 완전히 민주로 개혁하더라도 분배하는 기관을 장악한 사람들은 반드시 특권을 소유하게 된다. 이에 어찌 다수의 노동자가 과거에 개인의 노예였던 상황에서 이제는 다시 국가의 노예로 바뀌지 않겠는가? 만약 난폭한 국가가 이러한 책략을 이용하면, 집산(集産)정책이라는 명목을 핑계로 온 나라의 이윤의 원천을 착취하고, 또 지배라는 명분을 가탁하여 함부로 간섭하게 된다. 이는 마치 중국의 한 무제와 왕망이 통치했던 상황과 마찬가지이다.

대체로 한 무제와 왕망의 통치가 어찌 일찍이 국가사회주의가 아니겠냐마는, 뜻밖에도 이미 시행된 뒤에는 도리어 백성을 병들게 하였다. 비록 오늘날의 사회주의는 주도권이 평민에게 있으므로 중국처럼 주도권이 군주에게서 나왔던 경우와는 다르다고 말하지만, 그 지배권은 여전히 위에 장악되어서 사람마다 전부 평등권을 잃게 된다. 다시 일체의 자본이 다 국가의 지배를 받으므로 개개인 모두가 또 자유권마저 상실하게 된다. 이

---

55) 원문은 '萬國社會黨大會'인데 1864년의 제1인터내셔널(The First International, 정식 명칭은 '국제노동자협회' International Working Men's Association)과 1889년의 제2인 터내셔널(The Second International, 정식 명칭은 '국제사회주의자회의' International Socialist Congress)을 말한다.

는 대체로 한갓 자본가의 권력을 전복시킬 수는 있겠으나 국가 권력을 소멸시킬 수는 없으리라. 비단 국가 권력을 소멸시킬 수 없을 뿐만 아니라 거꾸로 장차 국가 권력을 확장시킬 것이다. 그 이유를 한마디로 잘라 말하자면, 권력의 집중을 인정하기 때문일 뿐이다. 그러므로 지배 기구를 폐지하지 않는 것은 사회주의가 무정부주의보다 뒤떨어지는 까닭이다.

무정부주의는 비록 우리에게 확실히 인정받는 것이지만 개인무정부주의와는 달라서 공산주의와 사회주의에 대하여 모두 채택하는 부분이 있다. 다만 저들이 내세우는 무정부는 인류의 완전한 자유를 회복시키는 데 있으나, 내가 주장하는 무정부는 바로 그와 더불어 인류의 완전한 평등을 실행하는 것도 중시한다. 대개 사람마다 모두 평등하면, 곧 개개인은 전부 자유롭다. (내가 말하는 무정부주의는) 진실로 사회주의처럼 한낱 경제적 평등만을 중시하는 것과는 다르고, 또한 쾌락주의처럼 개인의 자유만을 강조하는 것과도 다르다.

7. 무정부를 실행하는 방법

우리는 오늘날 세계에서 무릇 적십자사 · 평화회의 · 사회당 및 전보 · 우편 따위가 전부 국제적으로 연합하는 상황을 감안해 보자. 그러면 인류에게 국경을 없애버리는 그날이 오리라는 것을 확실히 믿게 된다. 또한 최근 구미의 국민들이 비록 공화정 체제 아래 있지만, 여전히 대통령을 암살하고 각급 관리를 저격하며 인민의 폭동사태도 갈수록 증가하는 현상을 보자. 그러면 인류에게 정부를 폐지시키는 그날이 오리라고 확신하게 된다. 그러므로 우리가 견지하는 주장은 다음과 같다. 즉, 인류의 천부적 평등을 실행하고 인위적 불평등을 없애서 모든 통치기구를 전복하며 일체의 계급사회 및 분업조직을 제거한다. 이에 전 세계의 사람을 대동단결시켜서 인류의 완전한 행복을 도모한다. 이제 그 주장의 가장 중요한 강령을 아래에 열거해 보겠다.

(1) 국가를 폐지하고 정부를 설립하지 않는다.

(2) 국경과 인종의 경계를 제거한다.

(3) 남녀를 불문하고 일정한 나이가 되면 바로 일정한 근로에 종사하고, 차례대로 (직종을) 바꿔나가 '인류의 노동균등설'[56]을 실행함으로써 인류의 고통과 즐거움을 고르게 한다.

(4) 남녀 사이에 절대적인 평등을 실행한다.

이상의 네 가지는 모두 우리의 목적이다. 그런데 이 목적을 달성하려면, 반드시 실행 방법이 있어야만 한다. 그것을 서술하면 아래와 같다.

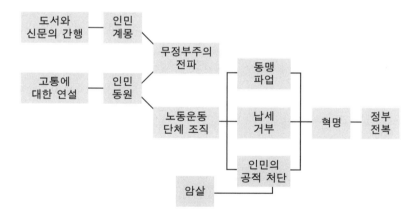

---

56) 류스페이의 '인류의 노동균등설[人類均力說]'은 본서의 앞장을 참고하라.

위의 방법에 의거해 실행하면, 대체로 평등의 목적을 이루고 무정부주의도 달성할 수 있다. 이른바 인류의 완전한 행복이란 분명히 여기에 있으리라!

8. 결론

무정부주의는 터무니없는 주장이 아니다. 한마디로 말하자면, 중심도 없고 경계도 없는 상태일 뿐이다. 중심이 존재하지 않으므로 정부가 없을 수 있고, 경계가 존재하지 않으므로 국가가 없을 수 있다. 그 이론을 설명하자면, 단편적인 말로는 다할 수 있는 바가 아니다. 그러므로 이 편에서는 단지 평등을 중심으로 입론해서 특권제도의 오류만을 증명하였다. 정부 폐지와 국가 폐지의 학문적 이론에 대해서는 따로 다음 책에서 상세히 해설할 것이므로 여기서는 장황하게 늘어놓지 않겠다. (1907)

13
종족 혁명과 무정부주의 혁명의 득실을 논함[1)]
– 쓰루마키쵸(鶴卷町)[2)]의 어떤 분이 보내온 편지를 반박함

본 잡지[3)]사에서는 예전에 쓰루마키쵸의 어떤 분이 보낸 편지를 받았다. 거기에 "오늘날의 중국은 오로지 종족 혁명을 실행해야 마땅하고, 무정부주의를 시행하는 것은 적절하지 않다."라고 언급하였다. 이는 실로 완전히 이치에 어긋난 주장이다. 대체로 한 국가의 정치에 대해서 논하자면, 당연히 그 나라의 지형·생계·풍속·종교가 어떠한지를 살피고 그 내력을 관찰해서 최종적으로 귀착될 것을 구명해야 한다.

중국은 (하·상·주) 삼대 이후로 전제정치 체제라고 부르지만 사실은 대략 무정부와 같았다. 왜 그럴까? 중국의 모든 정치는 다 학술에서 나왔다. 게다가 중국의 수천 년에 걸친 학술은 고스란히 유가와 도가라는 두 학파에서 그 근원을 찾는다. 유가는 비록 예교(禮敎)를 숭상하지만 거의 도덕과 예의로써 백성을 교화하고, 정치와 형벌로써 백성을 다스리고

---

1) 원제목은 「論種族革命與無政府革命之得失-駁鶴卷町某君來函」이고 지은이 서명은 '震·申叔 合撰'으로 되어 있다. 이 글은 1907년에 『天義』에 발표되고 『遺書補遺』에 수록되었다. 번역은 『天義』의 원문에 근거하였다.
2) 일본의 東京都 新宿區에 있는 町名으로 '早稻田 鶴卷町'을 가리킨다.
3) 류스페이 부부가 일본에서 주편하여 발간한 무정부주의 잡지인 『天義』를 말한다.

자 꾀하지는 않았다. 또한 소송을 없애고 사형을 폐지하는 기풍에 심취하여 오로지 인민의 자발적인 교화에 맡겼다. 이는 진실로 불간섭을 주장한 것이다. 도가에서 노자나 장자와 같은 여러 선생도 일체의 인위적 통치를 철폐하길 바랐다. 그들은 오직 자연의 운행에 따른 자율에 맡기고 법률제도를 초개처럼 버렸다.[4] 이도 역시 불간섭을 주장한 것이다. 대체로 중국의 학술은 불간섭을 종지로 삼았으므로 중국의 수천 년에 걸친 정치도 방임 쪽에 치우쳐서 인위적 통치를 몹시 경시하였다. 그 증거를 들어 보겠다.

중국은 진대(秦代) 이후로 오직 서한 혹리(酷吏)의 백성에 대한 통치와 동한 조정의 관리에 대한 감찰이 다소 개명전제(開明專制)의 기풍을 간직하고 있었다. 동한 말기로부터 지금까지는 전부 방임의 시대였다. 비록 명조의 영락제(永樂帝)와 청조의 옹정제(雍正帝)·건륭제(乾隆帝)는 자기 혼자만의 권력으로써 전국을 전제적으로 통치할 수 있지만 법률이 미치던 범위는 겨우 신하 및 신사층(紳士層)[5]뿐이었다. 그리고 다수의 백성에 대해서는 그 방임이 예전과 같았다. 백성의 총수는 그 자연적인 증감에 따르고, 재물도 자연스런 소비를 내버려두었다. 호적 장부는 수천 년 동안 한 번도 고치지 않아서 오류투성이였으므로 진상을 따져 연구할 수가 없다. 옛날에 한의 문제(文帝)가 주발(周勃)[6]에게 "천하에 1년 동안 형사건의 재판은 얼마나 되는가?"라고 묻자, 발은 "알지 못합니다."라고 대답하였다. 다시 "금전과 곡식은 얼마나 되는가?"라고 묻자, 발은 "알지

---

4) 원문은 '棄若弁髮'인데『遺書補遺』는 '棄若弁髮'로 수정하였다. 번역은『遺書補遺』를 따랐다.

5) 명·청시대 과거시험의 합격자들이다.

6) 周勃(?-B.C. 169)은 전한의 개국 공신으로 재상을 역임하였다.

못합니다."라고 응답하였다. 게다가 진평(陳平)[7]과 병길(丙吉)[8]은 도리어 국정 운영에 관련된 음양(陰陽)의 조화를 재상의 전담 업무로 만들었다. 만민의 군주인 자는 비록 적절한 정책으로 머나먼 변방까지 통제할 능력이 있더라도 면류관의 주광(黈纊)[9]으로 귀를 막고 그 면류(冕旒)[10]로 눈을 가린 채로, 깊은 궁궐에서 단정하게 팔짱을 끼고 무위(無爲)로써 다스렸다. 그래서 그는 자신의 100세 수명이 다하도록 나라 안의 사정을 파악하지 못하였다. 이런 상황을 이사와 조고가 이세(二世) 황제에게 권유했던 것과 비교하면, 그 무슨 차이가 있겠는가? 그러므로 명목상으로는 제왕의 지존한 자리에 있으나 실지로는 형상이 꼭두각시와 같았다. 게다가 군신백관도 예외 없이 은폐에 이골이 나서, 혹자는 능숙하게 거짓으로 꾸며대고 혹자는 숨겨놓고 보고하지 않았다. 이 때문에 관계(官界)의 부패·민생의 고통·내우의 누적·외세의 침범은 모조리 황제가 알지 못하게 만들었다. 이것은 군주가 밝은 통찰력으로 다스리지 않았다는 증거이다.

군주의 대권이 남의 손에 들어가고 국정이 전적으로 신하에게 넘어간 상황을 언급해 보자면, 한의 외척·진(晉)의 종실·당의 번진(藩鎭)·송의 재상이 하루아침에 원하던 호기를 잡은 경우에 한 시대를 좌지우지할 능력이 없던 것은 아니었다. 하지만 그들은 일신의 부귀영화를 제외하면 국가의 이해관계와 민생의 고락문제에 대해서는 전혀 관심이 없었다. 이것은 대신이 밝은 통찰력으로 다스리지 않았다는 증거이다.

---

7) 陳平(?-B.C. 178)은 전한의 개국 공신으로 左丞相을 지냈다.
8) 丙吉(?-B.C. 55)은 전한의 대신으로 宣帝 때에 승상을 역임하였다.
9) 면류관의 좌우 양쪽에 늘이어 매단 누른 솜 방울 장식이다. 그 길이는 보통 귀에 닿을 정도이다.
10) 면류관의 앞뒷면에 늘어뜨린 옥구슬 장식을 말한다. 일반적으로 천자는 12줄이고 제후는 9줄이며 대부는 7줄이나 5줄이다.

그런데 백성의 사정을 살펴서 민생고를 보고할 수 있는 자는 오직 관리들뿐이었다. 그러나 주목(州牧)과 현령(縣令)은 번잡한 문건과 공문의 처리에 치우서, 그들 가운데 백성을 다스리는 일에 정성을 기울일 수 있는 관리는 아마도 극히 드물었을 것이다.[11] 그들은 직책이 좀 높아지면 다시 권력을 쫓고 위세를 떨치며 높다랗게 지은 저택에 단정히 앉아서 거의 두문불출하였다. 게다가 위·진·양송(兩宋)의 관리들은 한가로이 노닐면서 명망이나 쌓는 행태를 고상하게 여기고, 몸소 민간의 사무를 처리하는 일을 저속하게 생각하였다.

근세 이후로는 또다시 거짓으로 부풀리는 것을 능력으로 간주하였다. 형사 소송 중의 간음·살인·강도·절도에 관한 사건에 대하여는 왜곡시켜서 상부에 상세히 보고하는데 진위가 뒤섞여 있었다. 또 조정의 통지문에 대하여 빈말로는 받들어 시행한다면서 실지로는 형식적인 문서와 다름없이 취급하였다. 가령 민간 사무에 관심 있는 관리가 나타나면 도리어 서리(胥吏)들은 그를 해충으로 여기고, 관노비들은 그를 나쁜 놈의 앞잡이로 여겼다. 따라서 그가 아무리 밝게 통찰하는 재주를 가졌더라도 자기의 재능을 다 발휘할 길이 없었다. 게다가 중국 각 성의 소요 경비는 사후 정산과 사전 지출의 차이가 있었다. 그러나 그 액수가 얼마인지는 비단 지방관이 전부를 알지 못할 뿐만 아니라 번고(藩庫)[12]·소금세·이금국(釐金局)[13]의 담당 직원에게 물어봐도 눈만 크게 뜨고 대답하지 못하였다. 다시 말하면, 중국의 재정은 모두 방임을 정책으로 삼아서 확실하게 조사한 날이 하루라도 있었다는 것을 들어본 적이 없다.

---

11) 원문은 '蓋絶爲而僅有'인데 『遺書補遺』는 '蓋絶無而僅有'로 수정하였다. 번역은 『遺書補遺』를 따랐다.

12) 청대에 布政司의 관할 하에 곡식과 자금을 저장하던 창고이다.

13) 청말과 민국 초기에 지방 정부에서 상인에게 영업세를 징수하던 세무 관청이다.

또한 중국에서의 일처리는 걸핏하면 관례를 들어야만 하였다. 그 관례에 들어맞는 사안은 실제 상황이 어떠한지를 따지지 않고, 아무리 온갖 거짓 정황이 드러나도 그대로 강행하였다. 다시 고정불변하여 전혀 고려할 가치가 없는 경우도 있었다. 예를 들어 탈옥 사건이 일어나면 반드시 '폭풍우' 때문이라고 탓하고, 패륜 사건이 발생하면 반드시 '정신병을 앓기' 때문이라고 말하였다. 아래의 주(州)와 현(縣)에서는 그렇게 보고를 올리고, 위의 부(部)와 사(寺)에서도 그렇게 보고받았다. 만사가 천편일률적이고, 여태껏 질책했다는 경우를 전혀 들어보지 못하였다. 허황된 관습과 기만적[14] 폐단이 끝도 없이 계속 이어졌다. 다시 말하면, 중국에서 썼던 통치법은 온통 방임을 정책으로 삼아서 아직까지 법에 의해 통치된 날이 하루도 없었다.

그러므로 법률은 쓸데없는 문서에 불과하고, 관리도 그냥 헛되이 배치해 놓은 것이나 마찬가지였다. 인민은 관리에 대해 의지하는 마음이 없고, 이를테면 중국 인민은 형사소송 사건에 대해 관청을 거치길 원하지 않아서 사적인 화해로 해결하는 자도 있고, 차라리 분통이 터져 죽을지언정 소송을 벌이지 않으려는 자도 있었다. 이것은 인민이 관리를 의지하지 못했다는 증거이다. 그러므로 그들은 어떤 사안을 막론하고 관리가 처리한다고 언급하면 틀림없이 마음속으로 비방하였다. 관리는 조정에 대해 터무니없는 거짓으로 꾸며댔다. 그 결과로 온 나라 안에 권력을 가진 사람이 한 명도 없고, 이것은 전제적인 조정이 뭇사람의 권력을 빼앗아서 독재 권력을 이룩했기 때문이다. 뭇사람이 자신의 권력을 방기하게 되자 흥망성쇠의 정세에 관여하지 못하였다. 따라서 군주도 위에서 고립되어 그 역시 권력을 전국에 행사할 수 없었다. 그러므로 군주와 신하가 위아래에서 함께 권력을 상실하여 권력을 가진 사람이

---

14) 원문은 '朦混'인데『遺書補遺』는 '蒙混'으로 수정하였다. 번역은『遺書補遺』를 따랐다.

하나도 없었다. 또 법을 준수하는 자도 전무하게 되었다. 만약 『회전(會典)』[15] 과 『율례(律例)』[16]에 의거해 조치하면, 중국은 위에서 아래까지 거의 집집마다 즐비하게 주살당할 수도 있다. 정치적 방임은 여기에서 극에 이르렀다.

게다가 중국의 정부는 소극적으로 통치하고 불간섭을 현명한 것으로 간주하였다. 이런 상황에서 설령 정부라는 명칭이 있다 하더라도 무정부와 무슨 차이가 있겠는가? 엉터리들은 이를 살펴보지도 않고 함부로, "중국 정부가 책임을 지지 않는 까닭은 극단적으로 부패한 정부이기 때문이다."라고 주장하고 있다. 이는 중국 인민이 바로 그 정부의 부패를 이용해서 인위적 통치의 범위를 좀 벗어나 무형의 자유를 확보했다는 사실을 모르는 말이다. 러시아의 톨스토이[17]가 "중국 인민은 인간의 권력과 위세에서 벗어날 수 있는 사람들이다. 어느 나라를 막론하고 그 인민의 자유의 길은 모두 중국만 같지 못하다."라고 언급한 적이 있다. 이는 핵심을 찌른 논단이라고 말할 수 있겠다. 그러므로 중국의 현재 정치와 풍속은 무정부주의에 가장 가깝다. 게다가 봉건제가 이미 폐지되고 이민족의 정복을 여러 번 겪어서, 어떤 나라를 불문하고 일단 다른 민족의 정복을 겪으면 원래 있던 계급은 전부 소멸한다. 예를 들어, 로마는 야만족에게 유린당하면서 귀족과 평민의 경계가 무너졌다. 인도도 이슬람인과 몽고인의 공략과 지배를 거치면서 브라만 계급의 권위가 상실되었다. 중국에 귀족이 없는 상황도 그들과 같다. 만주족과 한족 사이의 불평등을 제외하면 한족 안에는 평민과 귀족의 구분이 없다. 예전의 과거제(科擧制) 시대에 여전히 창기·배우·노비는 응시할 수 없다는 법률이 있었

---

15) 명·청시대에 편찬된 행정법규의 모음집으로 『大明會典』과 『大淸會典』 등이 있다.
16) 전근대시기에 편찬된 법률 및 판례의 모음집으로 『大明律』과 『大淸律例』 등이 있다.
17) 톨스토이(Leo Tolstoy: 1828-1910)는 19세기 러시아 문학을 대표하는 세계적인 문호이자 무정부주의 사상가이다.

다. 연납(捐納)[18]의 길이 열리고 학당이 설립되자, 그런 규정 역시 누가 폐지하지 않았는데도 저절로 폐지되어버렸다. 이것은 중국의 제도가 독일과 일본보다 나은 점이다.

또한 인민의 생계 방편은 오로지 농업에 달려 있어서 농사와 곡식의 중시를 나라의 근본으로 삼고, 곡식이 많은 상태를 나라가 부유하다고 여겼다. 심지어 상업을 최하위 업종으로 억눌러서, 기발한 기술과 제품을 엄금하고 이윤의 언급을 수치스러워하며 부유층을 의롭지 못하다고 생각하였다. 그 때문에 온 나라에 거대한 부를 축적한 집안이 드물었다. 또다시 재산의 상속은 주로 여러 자식에게 나누어 주었다. 거부를 소유한 부자는 낳은 자식도 틀림없이 많아서 몇 차례의 균등한 분배를 거치고 나면, 상속받는 재물은 얼마 되지 않았다. 그러므로 부자가 빈민을 부리는 정도도 서양에 비해 관대하였다. 이것도 중국의 제도가 영국과 미국보다 나은 점이다.

이상으로 보자면, 무정부주의의 실행은 중국이 가장 쉽다고 생각된다. 그러므로 세계의 여러 나라 가운데 정부를 없애는 일도 중국이 제일 앞장서야 마땅하다고 판단된다. 대체로 중국 인민은 평소의 생각에 오랫동안 인위적 통치를 폐지하려는 마음을 가지고 있었으므로 군대를 없애고 형벌을 없애며 재산을 없애자는 주장이 고금의 역사책에 자주 보인다. 그들이 정부를 과감히 철폐하지 못한 이유는 유가 경전을 독실하게 믿어서 모든 사람의 가슴속에 다 존비귀천과 같은 일종의 계급관념을 가지고 있었기 때문이다. 그들은 그 관념이 실제에 도움이 되지 않더라도 자연의 철칙으로 세상에는 이를 벗어날 곳이 없다고 확신하였다. 따

---

18) 捐納은 청말의 공공연한 매관매직제도로 태평천국 이후에 성행하였다. 이 제도는 파면당한 관리가 복직하는 방편으로 이용되기도 하였다.

라서 그런 명분을 느닷없이 철폐할 수 없었다. 게다가 학문하는 사대부
는 유교를 맹신해서 예법에 스스로 얽매이고, 어리석은 백성은 또 「역명
(力命)」[19]의 주장을 견지하여 자기 분수에 만족하는 태도를 현명하다고
여겼다. 이것이 군주와 관리라는 명목을 신속히 혁파해버릴 수 없던 이
유이다.

오늘날에 이르자 모든 사람이 전부 예교(禮敎)의 허상을 간파해서 강
상(綱常)[20]의 이론은 무너졌다. 그들이 정부를 없애려 기도하지 않던 이
유를 보면, 그 하나는 혁명하면 화를 당하기 쉽다는 우려 탓이고, 다른
하나는 정부를 이용하여 사리를 챙기고자 했기 때문이다. 만약 중국의
정치와 관습을 이용해서 그들이 예교와 운명을 믿는 심리를 혁파해버리
면, 과거에 윗사람에게 복종하던 모든 자들이 다 돌변해서 반항할 것이
다. 즉, 농부는 지주에게 항거하고 직공은 공장주에게 항거하며, 백성은
관리에게 항거하고 군인은 장수에게 항거하게 된다. 그들의 연대가 확고
해지면 의지는 흔들리지 않는다. 때로 동맹하여 납세를 거부하거나 총
파업을 감행하면, 정부의 전복과 군주의 타도는 그야말로 손바닥을 뒤
집듯이 쉬워질 것이다. 그러므로 무정부란 바로 개개인이 모두 타인에게
억압받지 않고 부림당하지 않는 상태를 말하며, 곧 특권 및 강권의 일소
를 의미한다.

중국에서 만일 정부를 없애고자 한다면, 오직 농부·직공·군인·백성
이 몸소 겪는 고통을 폭로하고 그들의 격분을 불러일으켜서 모두가 특
권에 저항하는 것을 목표로 삼도록 만들어야 마땅하다. 그런즉 혁명 사

---

19) 『列子』 제6편의 편명이다. 그 논지는 주로 숙명론을 강조하여 인간은 운명이나 천명
   에 따라 자연스레 살아가야 한다는 주장이다.
20) 유교에서 인간의 도리로 규정한 '三綱五常'을 말한다. 구체적으로 삼강은 君爲臣綱
   ·父爲子綱·夫爲婦綱이며 오상은 仁·義·禮·智·信이다.

업은 다수의 인민에 의해 완성되고 재산공유제와 노동균등설도 전부 점차 시행될 수 있다. 만약 정부가 없어져서 외국의 침략을 방어할 수 없는 정황이 우려된다면, 혁명이 완료된 뒤에 때로 외교와 군사 관련의 두 기관을 잠시 설립해서 이때 미리 공산제를 시행하면 군대를 양성하는 비용은 달리 마련할 필요가 없다. 무기의 제작도 장인들에게 그 일을 시키면 국가에서 별도로 공장을 설립할 필요가 없다. 대외적인 준비를 한다. 가깝게는 아시아의 여러 약소국과 서로 연합하고 멀게는 구미의 무정부당과 연대하여 백인종의 강권을 꺾어서 그 정부를 전복시킨다. 그리하여 무정부제도에서 더 나아가 국가마저 없애버린다. 아마도 이렇게 한다면 곧 세계는 이상에 이르고 인류도 평등에 도달하여 과거에 가설(假設)된 국가와 국가라는 명목이 가설(假說)에서 나왔다는 것은 별도로 상세히 설명하겠다. 특권의 정치가 모조리 척결되리라. 이런 상황이 어찌 인민의 행복을 위해 크게 이바지하지 않겠는가?

게다가 무정부주의 이론은 황당무계한 주장이 아니다. 자연계에서 검증하면 세계에는 중심이 없고, 크로포트킨[21]의 주장이다. 공기에도 경계란 존재하지 않는다. 생물계에서 검증하면 곤충류는 자연적인 결합으로 말미암아 상호 부조의 감정이 생기고, 식물은 싹튼 뒤에 장애를 피해 자라나가는 천성을 가지고 있다. 인간의 심리에서 검증하면 인류에게는 누구나 질투심이 있으므로 다른 사람이 자기보다 앞서나가는 상황을 원하지 않아서 인류의 평등을 촉진시킨다. 다시 서양 사상가의 학설을 참작해보면 이 이론은 더욱 타당하다. 어찌 이것을 이상론으로 간주할 수 있겠는가? 만일 무정부주의가 구미의 여러 나라에서는 이상론이라고 주장한다면, 중국에서 수천 년 동안 이미 무정부를 시행했던 실적도 이제 그 명칭과 함께 버리는 것이 도대체 무슨 어려움이 있겠는가? 정부가 없어졌는데

---

21) 원문은 '枯魯巴特金'이다.

만약 공산제를 시행하지 않으면, 분명히 부유층의 횡포와 도둑떼의 약탈은 피할 수 없다. 재산공유제를 실행하여 다들 재물을 사유하지 못하게 만들면, 앞으로 서로 침해하는 일도 세상에서 자취를 감출 것이다. 그러나 단지 재산의 공유만을 언급하면서 노동균등론을 시행하지 않고 순전히 노동을 (개인의) 자유에 맡기면, 분명히 생산물 가운데 부족한 물품이 많아지게 된다. 인류의 수요를 다 공급하지 못하는 지경이 되면, 다툼의 실마리는 다시 생겨난다. 만약 노동균등제도를 실행하면, 생산물이 모자랄 염려가 없어져서 분쟁은 완전히 멈추게 된다.

그런데 종족혁명은 본래 혁명의 한 측면이지만, 오늘날의 배만론(排滿論)[22]을 제창하는 자들은 먼저 만주(滿洲)가 배척되어야 타당해지는 이유를 알아야만 한다. 대체로 만주인이 배척되어야 하는 당위성은 그들이 이민족이기 때문에 물리쳐야 한다는 것이 아니라 오직 그들이 중국을 훔치고 중국의 특권을 장악했기 때문이다. 그러므로 단지 민족 문제를 거론하기보다는 민족의 특권 문제를 언급하는 편이 낫다.

만주족이 산해관을 뚫고 들어왔던 초기를 거슬러 보면, (한족을) 마구 도륙하고 포로로 잡아들이며 농토를 강탈하고 백성을 노략질하였다. 그들이 한족의 원수라는 사실은 정말로 장황하게 설명할 필요조차 없다. 가령 근세의 제도에서도 만주족은 한족과 평등하지 않았다. 만주족은 농사짓지 않고서 한족의 양식을 축냈다. 또 만주족은 소수의 백성인데도 고관의 정원이 한족과 같았다. 다시 아래로 형벌과 요역(徭役)에 이르면, 온통 만주족에게는 가볍게 지우고 한족에게는 엄중하게 부과하였다. 이런 상황을 불러온 원인을 미루어 보면 군주의 세습이 만주족에게 귀속되었기 때문이다.

만주족 우두머리는 동족을 편애하므로 만주족의 특권은 고스란히 군

---

22) 신해혁명시기 만주족을 배척하자는 반청혁명론을 말한다.

주의 세습에 힘입어 생겨났다. 설사 청 정부에서 입헌 정치를 반포하여 만주족과 한족의 경계를 없애더라도 만주인으로 군주를 삼으면, 만주족에 대해 편애하는 바가 없도록 막을 수 없다. 따라서 주둔군을 철수시키더라도[23] 만주인 병사가 도처에 분포되지 않도록 금지할 수 없고, 만주족 관리의 정원을 폐지하더라도 만주인이 요직을 차지하지 못하게 막을 수는 없다. 이런즉 군주의 세습이 폐지되지 않으면 만주족과 한족의 경계를 허물었는지의 여부와는 상관없이 전부 만주인의 특권을 박탈할 수 없다. 동진(東晉)이 장강을 건넌 이후를 보면, 왕(王)씨와 사(謝)씨 등의 몇몇 귀족이 조정을 장악한 상황은 백여 년이나 지속되었다. 명대의 서(徐)씨와 목(沐)씨 등 여러 성씨는 명말에 이르러도 여전히 특권을 유지하였다. 이렇게 자민족으로 군주를 삼아도 훈구 세력을 편애하는데, 하물며 만주인으로 군주를 삼고서 (어떻게) 그가 동족을 편애하지 않도록 만들 수 있겠는가? 그러므로 우리는 만주에 대해 오로지 그들의 군주 세습을 뒤엎고 그들의 정부를 폐지해야 마땅하다. 군주 세습이 무너져버리면 과거 만주족의 특권 가운데 군주 세습에 의해서 생겨난 것들은 당연히 전부 소멸로 끝나게 된다. 북조(北朝)시대를 보면 선비족(鮮卑族)이 중국의 정권을 장악하지만 수왕조가 북주(北周)를 계승하게 되면서 선비족 백성은 결국 한족과 동화되고 계급도 사라졌다. 오늘날의 만주인도 이와 마찬가지이다. 게다가 예로부터 지금까지 대체로 여러 민족이 한 정부의 통제를 받고 정부의 권력이 소수의 강한 민족에게 장악되면, 그 정치는 가장 쉽게 공정함을 잃는다. 소수의 강한 민족이 특권을 상실하게 되면, 반드시 다수의 민족에 동화된다. 이런 통례를 가지고 만주인을 가늠해 보면, 군주의 세습이 무너져버린 뒤에 한족과 동화되지 않을 자가

---

23) 원문은 '雖撤駐防'인데 『遺書補遺』는 '雖撤駐防'으로 수정하였다. 번역은 『遺書補遺』를 따랐다.

있겠는가? 이에 만주인은 몰아낼 필요조차 없는 자들이다. 대개 우리의 생각으로는 무정부주의 혁명을 실행하면 만주 정부는 반드시 먼저 전복되고, 만주 정부가 타도되면 무정부의 목적을 이룰 수 있으며, 곧 배만의 목적까지도 달성할 수 있다고 판단된다. 그러니 어찌 무정부주의 혁명이 종족혁명에 방해된다고 주장할 수 있겠는가?

오늘날 민족주의만을 제창하는 자들에게는 세 가지 오류가 있다.

첫째는 학술의 오류이다. 예를 들면 화이관(華夷觀)[24]과 종족(種族)이론은 비록 중국의 고유사상이지만, 자민족을 높이고 타민족을 천시하여 그들과 뒤섞여 살지 않으려는 것은 종법시대를 답습한 유풍이었다. 게다가 근년에도 학자들은 대부분 그런 이론을 고수하고 있다. 어떤 이는 종족이 다르면 한 나라에 함께 살 수 없다고 피력하고, 어떤 이는 한 나라에 같이 살더라도 마땅히 한족의 통치에 복종해야 된다고 주장한다. 전자를 따르면 편협해지고, 후자를 따르면 오만해지게 된다. 만일 타민족을 한족의 바깥으로 구별해내려 한다면, 회족(回族)과 묘족(苗族)의 백성도 한족과 함께 살지 않아야 마땅하다. 만약 타민족이 한족에게 통제당하길 바란다면, 오늘날의 한족 · 몽고족(蒙古族) · 회족 · 장족(藏族)이 만주족한테 통제받는 상황과 무엇이 다르겠는가? 더욱이 장차 민족적 제국주의 이론도 이로 인해 발생하게 된다. 이상은 학문적 이론의 오류이다. 그러므로 우리가 말하는 민족주의란 이민족의 특권을 물리치는 데 있지, 이민족과의 통합을 막는 데 있지 않다. 다만 이민족의 특권은 틀림없이 배척되어야 한다. 그러므로 한족이 만주족을 배척해야 옳을 뿐만 아니라, 이를테면 인도가 영국에 대해서나 베트남이 프랑스에 대해서

---

24) 원문은 '華夏之防'인데 위아래의 문맥을 고려할 때 '華夷之防'의 오류로 보인다. 번역은 그렇게 수정하여 옮겼다.

나, 필리핀이 미국에 대해서나 중앙아시아가 러시아에 대해서도 역시 그 속박에서 벗어나야 정당하다. 따라서 민족혁명이란 곧 강한 민족에 대한 약소민족의 저항일 따름이다. 왜 반드시 중외(中外)를 나누고 화이(華夷)를 구분하는 옛 이론을 고집해야 하는가?

둘째는 심보의 불량이다. 지금 혁명을 외치는 자들은 한 가지 잘못된 논점을 가지고 있다. 그들은 만주족을 물리친 이후에는 전제와 입헌을 막론하고 다 기꺼이 달게 받을 수 있다고 주장한다. 예를 들면, 본사에서 받은 이 편지에 언급된 내용이다. 그러므로 주원장(朱元璋)[25] · 홍수전(洪秀全)[26]에 대해서는 모두 그 공적만을 크게 칭송하는데 주원장과 홍수전이 백성을 학대한 정도가 만주 정권보다 덜하지 않았다는 사실을 모르기 때문이다. 우리의 혁명은 당연히 민생의 고통을 해결하기 위한 방도이니, 어떠한 이유로 겨우 정통(正統)과 윤통(閏統)[27]을 분별하기 위한 것이겠는가? 유독 혁명당 인사들이 그런 생각을 품고 있는 경우가 많다. 그래서 그들은 혁명한 뒤에 만주인 대신 정권의 장악을 갈망하고, 단지 사적으로 총리(總理)의 명목만을 설치하면 그뿐인 것이 아니다. 교활한 자는 제왕의 야망을 품고 있으며, 비굴한 자는 개국의 원훈이 되기를 바란다. 또한 혁명한 뒤의 이익으로써 우매한 무리를 현혹시킨다.

대체로 우리는 일을 처리할 때 오직 공리(公理)만을 고려해야 마땅하지, 이익을 따지는 것은 옳지 않다. 만일 이익을 따지지 않을 수 없다고 말한다면, 그래도 당연히 세계 만민을 위해 고려해야지[28] 한 사람이나

---

25) 朱元璋(1328-1398)은 명의 개국 황제이다.
26) 洪秀全(1814-1864)은 청말 태평천국운동의 최고 지도자이다.
27) '正統'과 '閏統'은 상호 대립적인 정치 관념이다. 즉, 중국 천하의 통치권을 차지하는 방법과 과정이 정당하면 '正統'이고, 그러하지 못할 경우에는 '閏統'이라는 것이다.
28) 원문은 '當世界生民計'인데 『遺書補遺』는 '當爲世界生民計'로 수정하였다. 번역은 『遺書補遺』를 따랐다.

일개 당(黨)을 위해 고려하는 것은 옳지 않다. 만약 혁명한 뒤에 온 나라의 권력이 고스란히 소수의 혁명당 인사에게 돌아가야 된다고 주장한다면, 이는 캉유웨이가 강조했던 "입헌 이후에 정당이 권력을 장악한다." 라는 언사와 무엇이 다르겠는가? 대개 자신의 이익 때문에 혁명을 도모한다면 혁명도 사욕에서 출발하는 것이니, 그 목적은 여전히 부귀영화를 누리는 데 있다. 만일 입헌파에서 이를 비난한다면 과연 무슨 말로 대응하겠는가? 그러므로 우리의 생각은 이렇다. 즉, 오늘날의 혁명은 반드시 무정부로 목적을 삼아서 모든 사람에게 혁명한 뒤에는 탐낼 만한 권력이 추호도 존재하지 않는다는 사실을 주지시켜야 한다. 그래도 혁명을 실행할 수 있다면 바로 그 혁명은 진심에서 나오게 된다는 것이다. 이와 혁명을 빌미로 사욕을 꾀하는 경우를 비교한다면, 정녕 어느 편이 성공하고 어느 편이 실패하겠는가?

  셋째는 정책의 편파성이다. 오늘날 일반 국민이 비록 배만사상을 가지고 있지만 현재의 이른바 혁명당은 학생과 회당(會黨)[29]의 두 부류를 벗어나지 않는다. 대체로 한 나라의 혁명이 국민 전체에서 나오면, 혁명한 뒤에 행복을 누리는 것도 다수자가 된다. 만약 소수자에게서 나오면,[30] 혁명 이후에 행복을 향유하는 것도 여전히 소수에게 돌아간다. 그러므로 근세에 구미의 여러 혁명은 모두 철저한 혁명과는 달랐다. 왜 그런가? 프랑스 혁명은 파리 시민의 혁명이고, 미국인의 독립은 상인의 혁명이었다. 따라서 혁명은 성공했지만 다수 빈민은 여전히 빈곤한 처지에 빠졌다. 러시아의 경우는 그렇지 않았다. 즉, 혁명 사상이 농민과 직공의 각 계층에 두루 퍼지고 온 나라에도 보급되었다. 장래에 혁명 사업이 성공

---

29) 반청 비밀결사를 말한다.
30) 원문은 '若出於康少數之民'인데 『遺書補遺』는 그중의 '康'자를 衍字로 간주하여 '若出於少數之民'으로 수정하였다. 번역은 『遺書補遺』를 따랐다.

하면 전국의 국민 가운데 러시아 인민의 다수가 누리는 행복은 반드시 프랑스와 미국보다 훨씬 나을 것이다. 대체로 혁명은 다수의 평민에게서 나와야 철저한 혁명이 된다. 그러므로 우리는 중국 혁명에 대해서도 다수의 백성에게서 나오기를 바라고, 소수자에게서 나오기를 희망하지 않는다. 이것이 농민과 직공의 운동을 본위로 삼는 이유이다.

이상의 세 가지 사례에 의거하면, 무정부주의 혁명은 대체로 종족혁명의 이로움을 빠짐없이 갖추고 있는 동시에 종족혁명의 해로움을 모조리 제거한다는 것을 알 수 있다. 더욱이 무정부를 실행하면 종족·정치·경제 등 여러 방면의 혁명은 고스란히 그 안에 포함된다. 만약 종족혁명만을 주장하면, 결코 혁명의 전체를 다 포괄할 수 없다. 이는 무정부주의 혁명이 종족혁명보다 우월한 점이다.

요약해 말하자면, 지금 보황(保皇)[31]과 입헌을 주장하는 자들은 만주[32]의 군주 세습을 보호하길 바란다. 그러나 우리가 제창하는 취지는 만주[33]의 군주 세습을 폐지하는 데 있다. 지금 종족혁명만을 주장하는 자들은 만주[34] 정부를 전복시키고 한족 정부로 대체하길 바란다. 그러나 우리가 제창하는 취지는 만주[35] 정부를 전복시킨 뒤에 다시는 정부를 설립하지 않는 데 있다. 만주의 군주 세습을 보호하려는 목적은 실로 언급할 필요조차 없다. 가령 만주를 축출한 뒤에 다른 정부를 설립하는 경우도 단지 폭정으로써 폭정을 바꿔치기하는 오십보백보의 우려가 있다. 그 어찌 중국 고유의 정치와 풍속을 활용하고, 서구의 가장 원만한

---

31) 무술정변 이후에 캉유웨이와 량치차오가 광서제를 보위하고자 내세운 정치적 주장이다.

32) 원문은 '滿州'인데 『遺書補遺』는 '滿洲'로 수정하였다. 번역은 『遺書補遺』를 따랐다.

33) 위와 같다.

34) 위와 같다.

35) 위와 같다.

이론을 채용해서 무정부주의 제도를 실행하는 것만 같겠는가?

어떤 이는 무정부주의란 아주 가까운 장래에 실행할 수 없으므로 만주 정부를 전복시킨 뒤에 새로운 정부를 수립하고, 그런 다음에 천천히 무정부를 도모하는 편이 최선이라고 논단한다. 이는 세계 인민의 행복이 안락과 평온에 달려 있지, 거짓 문명에 달려 있지 않다는 사실을 모르기 때문이다. 수천 년에 걸친 중국의 정치는 완전히 방임의 정치였다. 근세 이래로 구미 문명의 충격을 받아서 처음에는 그들의 물질을 부러워하고, 뒤이어 그들의 정치를 본받은 결과로 방임의 기풍이 점차 간섭으로 나아가게 되었다. 그런데 최근 5년의 정황을 그 이전과 비교하면, 이른바 그 거짓 문명 가운데 경찰·육군 및 실업과 같은 부분은 다소 진보하지 않은 것이 없다. 그러나 인민의 안락과 평온이라는 면에서 보면, 이전에 비해 훨씬 뒤떨어지고 또 민간의 무형적 자유도 지금이 과거보다 못하다. 엉터리들이 잘 살펴보지도 않고 함부로, "문명이 진보하면 인민의 자유도 진보한다."라고 주장한다. 이는 정부가 권력을 제멋대로 휘두르는 나라에 사는 경우에 문명이 날로 증진하면 자유는 날로 감소된다는 사실을 모르기 때문이다.

대체로 문명의 형식은 간섭의 정치와 서로 표리 관계를 이룬다. 이는 참으로 각 나라에서 검증해 보면 틀림없는 사실이다. 그러므로 오늘날 무정부를 실행하려면 5년 전보다 벌써 난이도의 차이가 생겨났다. 다행히 만주 정부의 부패도 이미 어제오늘의 일이 아니어서 그 적폐의 일소가 몹시 어렵기 때문에 (그런 정부가) 간섭 정치를 단행하려 기도해도 이따금 유명무실해진다. 만약 만주 정부가 전복된 뒤에 신정부를 수립한다면, 이는 그것이 전제든지 입헌이든지 공화든지 다 논할 필요가 없다. 특히 오늘날 혁명을 주장하는 자들은 대부분 구미와 일본의 문명에 도취되어서 그 방법을 중국에 널리 시행하지 않으면 국세가 강해지지 못한

다고 여긴다. 또한 서양인의 공리학파 서적이 중국에 수입되었고 인민이
그 이론을 습득한 것도 이미 오랜 시간이 지나서 그 오류를 살피지 못하
기 때문에 강권을 숭배하는 심리는 결국 날로 강해지고 있다. 오늘날 중국
의 인민은 날마다 술에 취해 꿈속을 헤매듯이 옳고 그름을 가리지 못한다. 그들은 강권을
숭배할 줄만 알아서 강대국에서 시행하는 모든 제도를 마치 저 높고 높은 하늘 위의 존
엄처럼 여긴다. 예를 들면, 오늘날의 경찰이나 정보원은 옛날의 포쾌(捕快)[36]나 주졸(走
卒)[37]과 무슨 차이가 있을까? 지금은 그 우두머리의 직위가 매우 높다. 오늘날의 변호사
는 옛날의 송사(訟師)[38]나 대서(代書)[39]와 무슨 차이가 있을까? 지금은 그런 학문을 익
힌 자들의 신분이 매우 높다. 그 까닭은 무엇일까? 강권적 제도를 숭배하기 때문일 뿐이
다. 또 강국이라는 명칭을 숭배하기 때문일 뿐이다. 다시 예를 들면 왕양명의 학문은 일본
인 가운데 믿는 사람이 많고, 중국의 사대부는 양명학이 강국의 인민에게 신뢰받는다고
판단해서 마침내 그들도 역시 양명학을 하늘처럼 떠받들게 되었다. 대체로 강권을 숭배하
는 심리는 여기에서 극에 이르렀으니, 강국의 노예와 창녀마저 높이는 현상에 대해서 또다
시 무엇을 탓하겠는가? 그러므로 오늘날 백성의 심리 상태에 따라 개혁하여
새로운 정부를 건립한다면, 반드시 구미와 일본의 거짓 문명을 선택하여
중국에 널리 추진하게 된다. 그러나 거짓 문명이 유행하는 지역은 바로
간섭 정치가 시행되는 곳이다. 구미와 일본의 정치로 설명해 보겠다.

지금 구미와 일본의 정치를 채택하려는 자들은 첫째로 법으로써 나라
를 다스리고, 둘째로 의회를 세우며, 셋째로 실업을 진흥하고, 넷째로 육
군을 증설할 것을 주장한다.

(첫 번째로 제기한) 이른바 그 법률이란 어찌 과연 다수 인민의 손에서

---

36) '捕卒'을 말한다.
37) '衙役'을 말한다.
38) '소송 대리인'을 말한다.
39) '대서쟁이'를 말한다.

제정되겠는가? 전제적 국가에서는 군주의 명령을 법률로 삼는다. 그리고 입헌제와 공화제의 나라는 법률이 의회에서 제정되는데 의회의 의원은 귀족이 아니면 자본가이다. 그러므로 제정한 법률이 명목상으로는 공평하나 실지로 귀족과 자본가는 모두 법률의 보호를 받고 평민은 법률의 유린을 당한다. 예를 들면 중국의 속담에는 오히려 "왕자가 법을 어기면 평민과 똑같이 죄를 받는다."라고 하는데 지금 여러 문명국에서 "군주는 책임을 지지 않는다."라는 말을 헌법안에 명백히 밝히고 있다. 이는 한 나라 안에 법망에서 벗어나 유유히 노니는 사람이 존재하는 것이다.

다시 중국 형률의 범례는 관리의 집안에서 법률을 어기면 그 죄가 평민보다 더 무거웠다. 지금 여러 문명국에서는 파업한 노동자에게 죄를 지우고, 자본가는 노동자를 모두 자유롭게 해고할 수 있으니 예를 들면 <u>일본이 그렇다.</u> 어찌 부자일수록 그 죄가 더욱 가벼워지는 것이 아니겠는가? 또한 원고와 피고 쌍방이 대질하면 전부 변호사의 변론 실력에 따라서 시비를 판가름한다. 만약 대질하는 양측 중에서 한쪽이 부유하고 다른 쪽이 빈곤하면, 부자는 자기의 재력을 끼고 10여 명에 달하는 변호사를 끌어올 수 있는데 변론에 뛰어난 자들이 부자에게 선임되며, 가난한 사람은 자금 마련이 어려워서 선임하는 변호사도 식견이 떨어지는 한둘에 불과하다. 이들로써 부유층과 싸우면 그 상황에서 틀림없이 부유층은 허위일지라도 진실로 만들고, 빈민은 진실마저도 허위가 된다. 이것이 변호사 제도의 폐단이다.

또다시 법률이 매우 엄중하다 보니 티끌만 한 사안까지도 반드시 단속해야 하므로 온 나라 안에 어디나 경찰이 배치되었다. 한번 생각해 보자. 저들의 경찰 배치란 정말로 인민을 위한 목적일까? 아니면 오로지 정부를 위한 목적일까? 만일 인민을 위한 목적이라 말한다면, 왜 파리 · 런던 · 뉴욕 · 도쿄 등의 여러 도시에서는 날마다 살인과 강도 사건이 발생했다고 들려오는가! 아직 그 주범의 이름조차 파악하지 못한 사안이 전부 얼마인지도 모른다. 게다가 국내 인민 당파의 언론과 이주에 대해 그 자유를 모조리 금지하였다. 어쩌다 출판[40]과 집회의 사건이라도 벌어지면, 정보원과 무장 경찰이 그들의 뒤를 쫓아서 운 좋게 벗어나는 자가 없었다. 따라서 경찰의 설치는 그 목적이 인민을 보호하는 데 있지 않고, 오직 인민을 단속하여 반항할 수 없도록 만들어서 정부·관리·자본가의 안녕을 보위하고자 할 뿐이다. 그런데도 경찰을 설치하는 비용은 곧 인민이 나누어 부담하니 어찌 인민의 돈으로써 인민의 적을 기르는 경우가 아니겠는가? 이것이 경찰 제도의 폐해이다. 그러므로 법률이 몹시 엄정한 나라는 인민에게 결코 자유권이 없다. 중국은 법률이 엄정하지 않아서 인민의 자유권이 도리어 다른 나라의 인민보다 우위에 있으니 법으로써 나라를 다스리자는 주장은 수용할 수 없겠다.

(두 번째로 제기한) 의회 부분에 관해 보면 그 폐단은 더욱 심각하다. 대체로 오늘날의 국회의원이란 자들은 귀족과 자본가가 아닌가? 설사 보통선거[41]로 선출되었더라도 다수의 평민은 귀족과 자본가 아래 굴복해서 종속되어 생활하고, 선거철이 되면 상황이 반드시 그들을 당선시킬 수밖에 없다. 더욱이 여러 문명국에는 모두 정당이 존재하는데 두 당이 대립하면 순전히 뇌물의 많고 적음에 따라서 당세의 크고 작음이 결정된다. 그러므로 총통의 선출과 내각대신의 임용은 모조리 뇌물의 공공연한 횡행에 의해서 이루어진다. 의원도 마찬가지이다. 대개 의원 선거에 당선되려는 자들은 반드시 금품으로써 운동을 한다. 가령 인민 당파에 소속되어도 반드시 선거운동의 전략으로 평민을 농락하고 환심을 사서 다수

---

40) 원문은 '出板'이다.
41) 원문은 '普通撰擧'인데 『遺書補遺』는 '普通選擧'로 수정하였다. 번역은 『遺書補遺』를 따랐다.

의 표를 얻어낸다. 이런 까닭으로 국회제도를 중국의 매관매직과 견주어 볼 때, 무슨 차이가 있겠는가? 또한 의원직이 뇌물을 뿌려서 획득되기 때문에 의원이 된 뒤에는 예외 없이 뇌물을 받고 권력을 휘두른다. 독일과 미국 등의 여러 나라에서는 근세 이래로 의원과 관리가 모두 뇌물을 수수하는 것으로 유명하다. 일본은 어떤 사건에서 전국의 의원 가운데 뇌물을 먹지 않은 사람이 하나도 없었다. 이상의 사례를 중국의 탐관오리와 비교하면, 무슨 차이가 있겠는가?

만약 의원들이 공정한 마음을 가지고 백성을 위해 그 고통을 대변하면, 바로 의회가 정부에게 해산당하니 의원이란 자들은 어쩔 수 없이 정부의 뜻에 순종하게 된다. 세수 증가 등의 제반 사항에 관해서도 의원들을 협박해서 동의하게 강제한다. 백성이 조금이라도 반항하면, 정부가 성명을 발표하여 이것은 바로 너희의 대표들이 승낙한 사항이라고 지적한다. 그러므로 의원이란 자들은 처음엔 백성에게 아첨하는 수단[42]을 써서 다수의 표를 얻어내고, 이어서는 정부에게 이용당해서 백성을 해치고 있다. 이 어찌 정부가 어부로서 자처하며 의원들에게 고기잡이용 가마우지의 노릇을 시키는 꼴이 아니겠는가? 이런즉 의회제도의 건립은 실행할 필요가 없다.

그런데 (세 번째로 제기한) 실업의 진흥에 대해서는 명분상으로 '부국(富國)'이라고 표명한다. 하지만 부유층이 더욱 늘어나고 전국의 인민이 모두 곤궁한 처지에 빠진다면, 실업 증진의 결과는 빈민을 착취[43]하기 위한 목적에 지나지 않을 뿐이다.

(네 번째로 제기한) 육군의 증설은 명분상 '자강(自强)'이라고 말한다. 그

---

42) 원문은 '手殷'인데 『遺書補遺』는 '手段'으로 수정하였다. 번역은 『遺書補遺』를 따랐다.
43) 원문은 '竣削'인데 『遺書補遺』는 '朘削'으로 수정하였다. 번역은 『遺書補遺』를 따랐다.

러나 군사력이 더욱 증가하고 다수의 인민이 모조리 위험한 지경으로 내몰린다면, 육군 증설의 결과는 인민 당파의 진압 및 약소민족의 학살을 위한 목적에 지나지 않을 뿐이다.

게다가 중국 인민은 상인을 부끄럽게 여기고 이윤을 언급하는 것조차 수치스러워하지만 여러 문명국에서는 상인을 신성한 존재처럼 존중한다. 중국에서 공업과 상업의 갖가지 업종은 인민이 자유롭게 경영하므로 그 이익이 다수의 인민에게 두루 돌아간다. 그러나 많은 문명국에서는 공업과 상업의 온갖 직종이 고스란히 자본가에게 농단[44]되고, 빈부에 따라 계급이 나뉘어서 다수의 인민은 노예나 마찬가지이다. 여러 나라의 사회당에서 편찬한 서적을 보면, 실업가의 인민에 대한 해독은 사제와 귀족보다 못하지 않다는 사실을 알게 된다. 또한 중국의 평소 사상에는 군인을 천대하여 창녀나 배우와 같은 하층에 편입하는데 다수의 문명국에서는 군인을 존중한다. 중국 고대의 무력행사는 비록 국외에 대해 호전적으로 군사력을 남용했지만 그래도 단지 승리를 쟁취하려는 집념이 있을 뿐이지, 그 이상 추호도 경제적 이익을 꾀하려는 의도가 없었다. 그러나 여러 문명국은 약소민족에 대해서 항상 경제적 실익 때문에 군사력을 사용한다. 각 국의 인민 당파가 대부분 반군비주의(反軍備主義)를 제창하는 경우를 보면, 상무(尙武)의 기풍은 야만적인 관습을 그대로 답습했다는 것을 알겠다.

더욱이 천하의 큰 악행은 재물의 약탈이나 살인보다 심한 것이 없다. 지금 실업제도는 빈민의 이익을 착취하니 재물을 약탈하는 죄악과 무엇이 다르겠는가? 육군제도는 사람들의 생명을 도륙하니 살인을 저지르는 죄악과 무엇이 다르겠는가? 게다가 실업가는 백성의 이익을 착취하

---

44) 원문은 '龍斷'인데 『遺書補遺』는 '壟斷'으로 수정하였다. 번역은 『遺書補遺』를 따랐다.

며 강제로 노동이라는 외길로만 내몰아서 그들의 생존을 해친다. 그런 즉 목적은 재물의 약탈에 있었지만 그 결과는 바로 살인에까지 이르게 된다. 또한 육군이 다른 나라를 정복하면 그곳의 서민을 마구 죽여서 그들의 이권을 강탈한다. 그런즉 수단은 살인에 있던 것이지만 그 목적은 바로 재물의 약탈에서 출발하였다.

대체로 여러 문명국의 법률은 재물 약탈과 살인이라는 범죄에 대하여 예외 없이 몹시 큰 죄악으로 간주한다. 하지만 자신은 그 못된 짓을 더욱 본받아 저지르고 있으니 공리에 대해 무지한 자들이라고 지칭할 만하다. 어리석은 사람들은 이를 살펴보지도 않고, 오히려 그런 제도를 문명이라고 칭송한다. 우매한 자들이 어찌 저들의 이른바 문명이란 바로 우리가 소위 인민의 적이라 일컫는다는 것을 알겠는가! 그러므로 구미와 일본 등의 여러 나라에는 오직 거짓 문명만이 존재한다. 그들의 정치를 평가해 보면 중국보다 훨씬 열악하고, 인민의 무형적 자유도 중국에 비해 뒤떨어진다. 오로지 물질문명만은 중국보다 진보된 듯이 보이지만 정부가 권력을 제멋대로 휘두르는 나라에 살면 물질문명도 인민의 큰 해악이 된다.

오늘날의 세계를 보면, 전신·철도·항로·우정(郵政) 등에 관련한 권력은 모조리 강한 민족의 손에 장악된 동시에 정부 및 자본가의 수중에 들어가 있는 상황이다. 상층은 교통수단을 장악해서 평상시에 서민의 이익을 착취하고, 예를 들면 발전(發電)·차타기·배타기 등은 다 비싼 값을 받는다. 빈곤층[45]은 그 비용을 내기가 몹시 어려워서 교통수단이 있더라도 그 이로움을 누릴 수 없으니 매우 애처롭다. 빈민의 생업을 방해하여 빼앗는다. 예를 들면 기차·기선·

---

45) 원문은 '貪困之人'인데 『遺書補遺』는 '貧困之人'으로 수정하였다. 번역은 『遺書補遺』를 따랐다..

전차가 개통하여 운행되면서 예전의 인력거 끌기·배 몰기 및 짐 나르기 등에 종사하는 많은 업자들은 예외 없이 소득을 상실하였다. 만약 약소민족이 느닷없이 반항을 모의할 경우, 상대방은 정보가 신속해서 1천 리의 먼 거리도 눈 깜짝할 사이에 전달되고, 군대의 이동과 집결도 아침에 출발하면 저녁에 도착한다. 그 결과로 약소민족의 평민은 날마다 억압을 받지만 아무리 저항하려 해도 그럴 수가 없게 된다. 이런즉 상층이 물질문명을 이용하고 교통수단을 장악해서 약소민족 및 평민을 사지에 몰아넣어도, 약소민족 및 평민은 교통수단의 완비 때문에 철저히 파멸당해 영영 회복되지 못한다. 이 어찌 애통하지 않겠는가! 예를 들어, 작년에 중국 평향(萍鄉)의 군중집회와 올해 조주(潮州)의 폭동은 만일 전신·기차·화륜선이 존재하지 않았다면, 반드시 성공하지 못하더라도 그 영향은 틀림없이 엄청났을 것이다.

대체로 서양인의 물질문명은 온전히 본받아야 옳으나 오로지 무정부의 세상에다 그것을 적용해야 마땅하다. 만약 정부가 존재하는 세상에 살면서 인민의 행복을 위한 목적이라면, 정부가 있는 것이 무정부 상태보다 못하다. 서양인의 정치에 대해 보면 어느 하나도 채택할 만한 것이 없다. 그러므로 우리의 생각에는 중국이 혁명한 뒤에 곧바로 무정부를 실행하길 바라지, 결코 혁명한 다음에 달리 새로운 정부를 세워서 구미와 일본의 거짓 문명을 채택하길 바라지 않는다. 만약 구미와 일본의 제도가 정말로 중국에서 널리 시행된다면, 다수의 인민은 행복 및 자유를 상실하여 그들이 겪을 어려움은[46) 분명히 지금보다 훨씬 고통스러워진다. 그 결과로 장래에 무정부를 시행하길 희망해도 현재보다 더욱 어려워지게 되리라. 왜 그럴까? 오늘날의 정부는 부패한 정부이지만 부패란

---

46) 원문은 '其陷其困難'인데 『遺書補遺』는 '其陷於困難'으로 수정하였다. 번역은 『遺書補遺』를 따랐다.

곧 방임의 다른 이름이다. 장래에 새로운 정부를 설립하면 반드시 옛 제도를 척결하고 기강이 숙연해져서 부패한 정부는 일거에 책임제의 정부로 바뀌지만, 책임제 정부란 바로 간섭의 다른 이름이다. 또한 오늘날의 인민은 자유로운 생활을 영위하는 사람들이므로 인위적 통치에 속박당하지 않는다. 장차 정부가 간섭을 실행하면 자유로운 인민은 통제받는 인민으로 전락하게 되리니 법치주의 학설로써 포장하여 인민을 질곡에 빠뜨리는 것이다. 이는 모두 혁명 이후의 자연스런 추세이다.

　대체로 방임주의 정부를 없애기는 쉬우나 간섭주의 정부를 제거하기는 어렵다. 자유로운 인민으로서 정부를 전복한다면 상황이 무척 수월하나, 통제받는 인민으로서 정부를 전복한다면 상황은 몹시 힘들다. 비유하건대, 땅을 굴착할[47] 경우에 부드러운 흙을 파면 비록 어린이라도 가능해서 노동력이 아주 적게 든다. 하지만 단단한 흙을 파게 되면 필요한 노동력은 비교적 많이 든다. 이는 본래 무척 쉬운 이치이다. 다시 도둑 막기로 예를 들면, 시골의 촌민은 도둑을 다루는 솜씨가 좋기[48] 때문에 그들을 쫓아내는데 매우 용감하다. 가령 도시의 주민을 보면 예법에 얽매여서 융통성 없이 원칙대로만 도둑을 추격하다가 반드시 그들에게 제압당해 버린다. 이 또한 매우 쉬운 이치이다. 그런데 이 두 가지 예증으로 관찰하건대, 전자의 경우에서 방임주의 정부는 쉽게 전복된다는 부분이 드러난다. 후자를 보면 자유가 몸에 밴 백성은 정부를 쉽게 전복시킨다는 점을 알게 된다. 만약 간섭주의 정부라면 그렇지 않다. 구미의 여러 나라를 보자면, 인민 당파의 세력이 중국보다 거세지만 지금까지도 지지부진하여 여전히 혁명의 효과를 거두지 못하는 실정은 정부의 통제

---

47) 원문은 '堀土'인데 『遺書補遺』는 '掘土'로 수정하였다. 번역은 『遺書補遺』를 따랐다.
48) 원문은 '쫩于弛縱'인데 『遺書補遺』는 '쫩于馳縱'으로 수정하였다. 번역은 『遺書補遺』를 따랐다.

력이 중국보다 강하기 때문이다.

（누군가는） 만약 중국에서 무정부를 실행하려면 반드시 새로운 정부가 세워진 뒤까지 기다려야 된다고 지적하거나, 또는 신정부에서 무정부로 나아가야 되는 것이라고 생각한다. 그렇다면 그것은 과연 정부의 퇴진에서 비롯되는가, 아니면 인민의 혁명에서 비롯되는가? 만일 정부의 퇴진에서 나온다고 주장한다면, 동서고금에 그렇게 선량한 정부가 존재했다는 사실은 들어본 적이 없다. 하물며 중국에서 가능하겠는가? 그런 이유로 반드시 혁명을 되풀이해서 일으켜야 한다는 점은 의심할 여지가 없다. 그러나 이 시대를 맞이하여 법령은 갈수록 엄밀하고 군사력도 날로 강해지며 교통수단도 점점 완비되어 정부의 권력이 인민을 사지로 몰아넣고도 남는다면, 인민 당파의 거동에 대한 방비 태세도 틀림없이 더욱 삼엄하게 된다. 게다가 중국 인민은 쉽게 만족할 줄 알고 완전한 행복을 추구하길 바라지 않는다. 그들이 한족의 아래에서 통치를 받게 되면, 원하는 바가 이미 충족되었다고 판단하여 혁명사상은 돌연히 사라질 것이다. 미래의 혁명을 현재의 혁명과 비교하면, 그 난이도에 어찌 천양지차가 존재하지 않겠는가?

（다시 어떤 사람은） 가령 신정부가 건립된 뒤에 여전히 무정부 혁명을 실행할 수 있는데 한번 대혁명을 겪을 때마다 죽는 사람은[49] 분명히 이루 다 헤아릴 수 없을 것이라고 주장한다. 그렇다면 우리가 세계 인민을 위해 고려할 때, 어찌 그들이 자주 참혹한 상황에 빠지는 장면을 차마 볼 수 있겠는가? 여러 차례의 혁명을 거친 이후에 무정부를 실행하는 방안과 첫 번째의 혁명을 수행한 뒤에 즉시 무정부를 실행하는 방안을 비교

---

49) 원문은 '其民殘人民'인데 『遺書補遺』는 앞의 '民'자를 衍字로 판단하여 '其殘人民'으로 수정하였다. 번역은 『遺書補遺』를 따랐다.

해 보면, 어찌 전자가 후자보다 낫겠는가? 후자는 힘들더라도 일거에 난제를 제대로 해결해서 영원히 인민을 안락하게 만드는 계책이므로 인민의 생명을 보전하는 방안이다. 이는 무정부주의 혁명이 종족혁명보다 우월한 이유이자, 만주 정부가 전복된 뒤에 달리 새로운 정부를 설립할 필요가 없는 까닭이다.

(또다시 누군가는) 정부가 필요하다는 학설을 고수하여 무정부주의 제도는 오늘날 시행할 수 있는 체제가 아니라고 생각한다. 만약 그렇다면 이는 만주족 대신에 정권의 장악을 갈구하고 공로와 이익에 도취되어서, 고의로 그렇게 꾸며대는 변명에 불과할 뿐이다. 어찌 새장 안의 세가락메추라기[50]와 함께 하늘의 높이를 헤아릴 수 있겠는가? 또 어찌 작은 연못 속의 도롱뇽과 더불어 강과 바다의 크기를 가늠할 수 있겠는가? 그러므로 그런 주장을 명백히 밝혀서 우리의 종지를 선포하고, 아울러 중국 인민에게 널리 알리어 그들이 우물 안의 개구리와 같은 졸견에 얽매이지 않도록 한다. 누가 나의 견해를 인정해줄지, 비난할지는 내가 고려하는 사항이 아니다.

다시 자세히 고찰해 보기로 한다.

중국 인민은 인위적 통치권에서 벗어나 있는데 그 사유는 세 가지가 있다.

유럽과 일본은 봉건시대에서 빠져나온 지가 길어야 100년을 넘지 않는다. 봉건시대에 제후는 각각 자신의 영토를 사유하고 각자 자기의 백성을 자애하여 손바닥만 한 땅에도 설치한 관직이 수십, 또는 수백 종이

---

50) 세가락메추라기과의 조류로 메추라기와 비슷하고, 몸의 길이는 13cm 정도이다. 한국과 중국 등지에서 두루 서식하며 동남아시아까지 남하하여 겨울을 보낸다.

었다. 그러므로 통치의 득실이 두루 알려지기 쉽고 통제력도 지극히 엄밀하게 되었다. 유럽과 일본의 인민은 오랫동안 봉건제도 아래 지배받는데 익숙해졌기 때문에 정부의 통제력도 쉽사리 행사되었다. 중국은 봉건시대에서 벗어난 지가 이미 수천 년이 흘러서 역대의 수령(守令)은 방임에 익숙하고, 심지어 1천 리의 지역에 배치된 관리가 몇 명에 불과하였다. 또 그들의 생각은 오직 가만히 앉아서 승진만을 기다리기 때문에 민간의 실상에 대해서는 전혀 알지 못하였다. 게다가 하부는 상부에 사실대로 보고하지 않고, 형식적인 공문으로 보기 좋게 꾸며댔다. 그러므로 백성은 이런 상황에서 정치와 법률의 밖으로 벗어날 수 있었다. 이상이 그 첫 번째 사유이다.

일반적으로 인위적 통치가 삼엄한 시대에 고위층은 인성을 악하다고 여기기 때문에 법령의 조문을 마련해서 백성을 방비하였다.[51] 그러나 그들이 만약 인성을 선하다고 인식하면 반드시 법조문을 관대히 하였다. 예를 들어, 중국의 순경(荀卿)[52]은 성악설을 제창하여 백성의 통치는 모름지기 성왕(聖王)에게 맡겨야 되고, 예의와 법도가 아니면 다스려지지 않는다고 생각하였다. 하지만 맹가의 학설은 성선을 주장하여 단지 법률만으로는 통치가 저절로 이루어질 수 없다고 지적하고, 또 양(梁)의 왕에게 형벌을 줄이라고 제언하였다. 이들은 동일한 유가인데도 그 견해는 달랐던 것이다. 대체로 인성이 악하다고 여기면 틀림없이 간섭을 내세우지만, 인성이 선하다고 간주하면 반드시 방임을 강조하였다. 예를 들면 유럽의 학자인 홉스는 인성이 악하다고 여겨서 군주제를 주장하지만, 루소는 인간에게 선량한 본성이 있다고 생각해서 자유를 강조했던 것이 그러하다. 중국은 (하·상·주) 삼

---

51) 원문은 '以爲民坊'인데 『遺書補遺』는 '以爲民防'으로 수정하였다. 번역은 『遺書補遺』를 따랐다.
52) '순자'의 이름이다.

대 이후에 이미 공자의 학설을 두텁게 믿어서[53] 정치와 형벌을 경시하고 덕치와 예의를 중시하였다. 유가 중에서는 특히 맹자의 성선설을 견지해서 순자의 성악설을 반대하였다. 그러므로 한대 이후의 유학자는 대부분 형벌을 버려두고 쓰지 않는 기풍에 도취해서 덕으로써 백성을 교화하면 백성의 도덕이 저절로 증진되고, 백성의 도덕이 증진되면 인위적 통치는 존재할 필요가 없다고 생각하였다. 이는 실로 학문하는 사대부가 공통으로 품고 있던 이상이다. 이런 이론에 근거해 정치를 보았으므로 정치는 방임으로 기울어서 오로지 인민의 자율에 맡기고 그들의 감화를 기다렸다. 그 때문에 인민은 마침내 그 무형의 자유를 보호받을 수 있었다. 이것은 백인종이 정치·법령을 신성시하는 경우와 비교하면 확실히 다르다. 이상이 그 두 번째 사유이다.

중국은 예로부터 지금까지 은둔한 사람이 많아서 속세를 초월하여 지조를 지켰다. 예를 들면, 진중(陳仲)[54] 등의 부류는 친척·군신·상하의 관념이 없고, 곽태(郭泰)[55]·신도반(申屠蟠)[56]·관영(管寧)[57]의 부류는 천

---

53) 원문은 '罵信'인데『遺書補遺』는 '篤信'으로 수정하였다. 번역은『遺書補遺』를 따랐다.
54) 陳仲(?-?)은 陳仲子라고도 불리는데 전국시대 제의 귀족 출신 隱者이다. 그는 자기 형의 부정한 벼슬살이를 의롭지 못하게 여겨서 초로 이주해 살았다. 뒤에 초의 군주가 그를 재상으로 기용하려 했지만 거절하고 은둔하였다. 저서로는『於陵子』가 있다.
55) 郭泰(128-169)는 후한시대의 은자이다. 그는 고전에 두루 정통하고 학문과 덕이 높아 세상의 추앙을 받았다. 고관들이 그를 초빙했으나 모두 거절하고 초야에 은둔하여 후학 양성에만 전념하였다.
56) 申屠蟠(?-?)은 후한 말기의 은자이다. 그는 학문이 뛰어나서 고관들이 초빙했으나 모두 사양하고 은둔하여 지조를 지켰다.
57) 管寧(158-241)은 후한 말기와 삼국시대의 은자이다. 그는 일찍이 당시의 명사인 華歆과 함께 공부한 적이 있는데 하루는 마침 고관의 수레가 지나가자 화흠이 보던 책을 덮고 그 장면을 바라보았다. 관영은 그런 화흠이 세상의 부귀영화에 뜻을 두었다고 여겨서 곧바로 같이 앉아 있던 방석을 잘라 그와 절교해버렸다. 이 이야기는 管寧割席의 故事로 인구에 회자되고 있다.

자도 신하로 삼을 수 없으며 제후도 사귈 수 없었다. 그들은 비록 몸이 나라 안에 있지만 이미 국가 통치의 범위를 벗어나서 인위적 통치에 속박되지 않았기 때문에 자기 자신에 대한 평가가 매우 높았다. 중국의 인민도 그들의 절개를 흠모했으나, 우러러볼 수만 있지 따라할 수는 없다고 여겼다. 그들은 대체로 순전히 개인적 무정부주의를 견지[58]했던 자이다. 또 예를 들면, 위(魏)와 진(晉)의 교체기에 혜강(嵇康)[59] · 완적(阮籍)[60] · 유령(劉伶)[61] 등의 무리는 몸소 조정의 관리 명부에 이름을 올리지만 역시 일탈적인 언행을 숭상하여 스스로를 예법의 영역 밖에 두었다. 그들도 인위적 통치에 구속되지 않았던 인사이다. 가령 고대의 승려도 국법을 지키지 않고 제왕에게 굴복당하지 않았다. 이는 구미의 교인이 나라의 보호를 받는 상황과 다르고, 유럽의 옛날 사제가 권력을 장악했던 실상과도 같지 않다. 그러므로 중국 고금의 역사책에서 이른바 일민(逸民) · 은사(隱士) · 고승(高僧)이란 그 마음속에 다들 정부가 어떤 존재인지를 모르기 때문에 자신의 개인적 무정부주의를 실천하였다. 이렇게 중국에는 그런 인물이 있고 백성은 그런 풍조를 익혔으므로 인위적 통치의 범위를 탈피할 수 있었다. 이상이 그 세 번째 사유이다.

---

58) 원문은 '特'인데 『遺書補遺』는 '持'로 수정하였다. 번역은 『遺書補遺』를 따랐다.

59) 원문은 '稽康'인데 『遺書補遺』는 '嵇康'으로 수정하였다. 번역은 『遺書補遺』를 따랐다. 嵇康(223-262)은 위 · 진시대 竹林七賢의 중심인물이다. 그가 사회적 명망이 높아 세간의 존경을 한 몸에 받자, 진의 조정은 그에게 반란동조죄의 누명을 씌워서 처형하였다.

60) 阮籍(210-263)은 嵇康과 함께 죽림칠현의 대표적 인물이다. 위왕조 말기의 정치적 혼란 속에서 자아의식이 강했던 완적은 노장사상에 심취하여 反禮敎主義를 견지하기 위해 음주와 기이한 행실로 자신을 위장한 채로 살았다.

61) 劉伶(?-300?)은 죽림칠현의 한 사람이다. 그는 노장사상에 빠져서 반예교주의를 견지하였다. 진왕조에서 參軍을 지내고 그 뒤에 無爲의 정치를 주장하다가 무능하다고 파면되었다. 평생 동안 술을 즐기며 기이한 행동을 일삼았다.

이상의 세 가지 사유는 중국 인민이 쉽게 무정부를 실행할 근거이다. 또한 이는 무정부주의 제도가 중국에서 먼저 시행될 수 있는 근거이다.

저자가 덧붙여 적다. (1907)

14
아시아 현재 정세론[1]

　오늘날의 세계는 강권(强權)이 횡행하는 세계이다. 그리고 아시아 지역은 또 백인종의 강권에 침범당한 곳이 되었다. 백인종의 강권을 물리치려면 반드시 백인종이 아시아에 대해 휘두르는 강권을 배척해야만 한다. 백인종의 강권이 아시아에 행사된 사례를 대략 서술하면 아래와 같다.

1. 영국인의 인도에 대한 강권

　영국인이 인도를 다룰 적에 사사로이 법률을 배우는 것을 금지하고, 모든 고위 관직은 예외 없이 영국인에게 위임하였다. 오직 하급의 관직은 간혹 인도인에게 그 직책을 맡기지만 그들이 영국인의 지휘를 받게

---

1)　원제목은 「亞洲現勢論 (附: 中國現勢論)」이고 지은이 서명은 '申叔'이다. 이 글은 1907년에 『天義』에 발표되고 『遺書補遺』에 수록되었다. 번역은 『天義』의 원문에 근거하였다. 아울러 「附: 中國現勢論」을 제외한 원문의 선행 번역으로 小島晉治 譯 · 解說, 「劉師培 「亞州現勢論」 - 中國人 · 一アナーキストが夢想したアジア解放のユートピア」(『中國』 제99호(1972))와 박제균 선생이 옮긴 「아시아 현정세와 연대론」(최원식 · 백영서 엮음, 『동아시아인의 '동양' 인식』, 문학과지성사, 2005년)을 참고하였다.

하였다. 게다가 집회와 결사에는 전부 제한을 두었다. 인도의 지사(志士)가 지은[2] 문장에 어쩌다 영국의 통치를 비판한 내용이 나오면, 바로 그를 체포하여 감방에 가두었다. 고대 인도 위인의 사적에 대하여는 인도인에게 알려지는 것을 막아서 옛 자취를 그리워하는 그들의 마음을 사그라뜨렸다. 예를 들면, 인도의 옛날 호걸 가운데 푸리드비 라주 자한[3]이란 인물은 몽고를 몰아내고 고유 문물을 회복시켰다. 그러나 근래에 영국인[4]이 세운 여러 학교에서는 인도 역사를 가르치면서 그의 사적을 송두리째 생략하고 오히려 반역자로 지칭하였다. 이는 러시아가 폴란드의 문자를 폐지했던 사례와 유사하다. 이상은 내가 몸소 인도의 어떤 분께 들었던 내용이다. 보어전쟁이 한창일 때에 영국은 자치권을 미끼로 인도인을 꾀어서 그들이 영국을 도와 힘껏 싸우게 하였다. 보어인이 이미 패배하자 영국은 다시 인도인에게 자치권을 주지 않으려 하였다. 인도인이 점차 울분을 터트리자 영국은 또다시 병력을 집결시켜서 그들의 반란을 방비하고 있다. 이상은 근래에 인도가 겪고 있는 고난이다.

2. 프랑스인의 베트남[5]에 대한 강권

베트남이 겪는 프랑스의 폭정은 어떤 베트남[6]분이 지은 『월남망국사(越南亡國史)』[7]에 상세히 실려 있다. 그리고 그분은 다시 나와 이야기하

---

2) 원문은 '所着'인데 『遺書補遺』는 '所著'로 수정하였다. 번역은 『遺書補遺』를 따랐다.
3) 원문은 '鉢羅陀巴特耶'이다. 그는 12세기 후반에 아프가니스탄으로부터 침입한 샤하부 웃딘을 일거에 격퇴시킨 영웅으로 유명하다.
4) 원문은 '近人英日'인데 『遺書補遺』는 '近日英人'으로 수정하였다. 번역은 『遺書補遺』를 따랐다.
5) 원문은 '安南'이다.
6) 원문은 '越南'이다.
7) 베트남의 독립투사인 판 보이 쩌우(潘佩珠: 1867-1940)가 1905년에 일본에 망명하

면서 이렇게 하소연을 늘어놓았다.

"그 역사책에 기재된 내용은 프랑스인의 폭정에 대해 그 줄거리만을 추려서 거론한 것에 불과하다. 지금 프랑스인의 폭정은 날로 심각해져서 베트남 사람이 겪는 고초도 갈수록 심해지고 있다. 온 나라의 백성 가운데 들녘을 피로 물들이며 죽어간 자들은 그 수를 다 헤아릴 수 없을 정도이다. 프랑스는 비록 베트남인을 군인으로 모집하지만 다시는 무기와 화약을 넉넉히 지급하지 않고, 주둔하는 진지에서도 토착민과 프랑스인을 따로 살게 한다. 상공업계는 한결같이 베트남인이 망하게 내버려두어 그들의 살길을 끊어버린다. 또 옛날 과거제(科擧制)의 폐단을 이용하여 인민을 농락한다. 학당 교육의 경우도 순전히 프랑스인에 대한 복종을 으뜸으로 삼는다. 창설된 신문사는 죄다 프랑스인이 감독을 맡아서 프랑스에 완전히 빌붙은 베트남 사람에게 편집 업무를 전담시킨다. 일체의 집회와 출판[8]은 모조리 프랑스인의 허가를 받아야 된다. 형법의 집행에 대해 보면 특히 참혹해서 억울하게 죽은 자들은 그 최악의 상태조차 파악되지 않는다."

또한 그는 "강권의 지배 아래 살면 우리나라 인민은 장차 모조리 참혹한 죽음에 이르게 된다."라고 지적하였다. 그의 호소가 이러하니 그 인민의 애통은 얼마나 심하겠는가! 이상은 근래에 베트남이 겪고 있는 고난이다.

여 이듬해에 저술한 역사책이다. 이 책은 판 보이 쩌우가 巢南子라는 별명을 쓰며 구술한 내용을 량치차오가 한문으로 정리하여 출판한 것이다. 주요 내용은 베트남의 프랑스 식민지화·애국지사의 전기·식민지 베트남인의 고통 등이다. 우리나라의 玄采는 이 책이 발간되자마자 즉시 국한문혼용체로 번역하여 국내에 소개하였다.

8) 원문은 '出板'이다.

3. 일본인의 조선에 대한 강권

일본은 조선에 대하여 국왕을 내쫓고 군대도 해산시켰다. 모든 관직에
는 일본인을 섞어 기용해서 자국의 권력을 확대하였다. 그들은 조선 의
병에 대해 오히려 폭도로 지목하며 잔혹하게 학살했다는 소식이 날마다
들려온다. 아울러 자강회(自强會)[9]를 엄금하였다. 온 나라의 방방곡곡에
일본 경찰관을 배치하여 특별히 결사를 금지하고, 그 서신 왕래의 자유
까지 침해하는 지경에 이르렀다. 게다가 도쿄에 유학중인 조선 사람에게
는 마치 죄수나 포로처럼 야박하게 대우하며 삼엄한 감시를 펼치고 있
다. 조선의 어떤 분이 언급한 바에 의하면, 그 나라는 유사 이래로 비록
몽고족의 학대를 당했지만 여태껏 지금의 일본보다 극심한 경우는 없었
다고 강조한다. 이런 주장은 매우 타당하다.[10] 이상은 근래에 조선이 겪
고 있는 고난이다.

4. 미국인의 필리핀에 대한 강권

미국인이 필리핀인을 지배할 적에 비록 의원의 선거권을 부여하여 자
치라는 헛된 명목이 있지만, 필리핀인 스스로의 진술에 따르면 일체의
통치권은 고스란히 미국 총독의 손에 장악되어 있다. 또한 필리핀인의
생계 수준은 미국인보다 훨씬 떨어지는데 세금의 납부는 동등하였다. 다
른 나라로 이주한 필리핀인에게서 만약 결사와 출판[11]의 사안이 발생하

---

9) 1906년에 서울에서 조직된 애국계몽단체인 '大韓自强會'를 말한다.
10) 원문은 '其言其當'인데 『遺書補遺』는 '其言甚當'으로 수정하였다. 번역은 『遺書補
遺』를 따랐다.
11) 원문은 '出板'이다.

면 미국인은 그 역시 엄격하게 감독하였다. 이상은 근래에 필리핀이 겪고 있는 고난이다.

이외에도 미얀마는 영국에게 멸망당하고 시암[12]은 영토가 프랑스에게 할양되었다. 페르시아[13] 지역도 영국과 러시아 두 나라가 넘보고 있다. 영국은 그 남쪽을 노리고 러시아는 북쪽을 침범하여 철도와 은행의 이권이 남김없이 그들에게 장악되었다. 중국의 영토도 열강의 각축장으로 변해 버렸다. 러시아는 북만주를 차지하고 영국은 티베트[14]를 침략하였다. 독일은 산동을 노리고 프랑스는 운남·광동·광서를 넘보고 있다. 근래에는 철로·광산·항운의 이권[15]이 절반은 백인에게 귀속되었다. 일본도 그 기회를 틈타 남만주를 침략하여 차지하고, 복건을 노리면서 세력 범위를 확장시키고 있다. 중국은 분할 통치[16]의 참화가 눈앞에 닥쳐 있다. 북아시아 지역이 전부 러시아에 들어가고 서남쪽의 여러 항구는 절반이 영국에 귀속된 상황을 미루어 본다면, 최근 아시아의 모든 지역에 백인종의 강권이 두루 행사되고 있다는 사실에 대해 다시 무엇을 의심하겠는가?

근래의 아시아 정세를 보면 약소민족의 몰락은 전체적으로 몹시 비통하다. 그렇더라도 일본 정부만이 아시아에서 공공의 적이 되었다. 현재 백인종의 여러 나라는 아시아 식민지의 반란을 우려하는 동시에, 일본이 그 지역의 병탄을 꾀하는 상황에 대해서도 염려한다. 그 때문에 그들은 일본의 병력을 이용해서 자국의 아시아 식민지를 제압하길 도모하

---

12) 원문은 '暹羅'인데 타이의 옛 국호인 'Siam'의 음역명이다.
13) 1935년에 팔레비 왕정에 의해 국호가 '이란'으로 바뀌었다.
14) 원문은 '西藏'이다.
15) 원문은 '路'인데 위아래의 문맥을 감안해 볼 때 '權'의 오류이다.
16) 원문은 '瓜分'이다.

고 있다. 예를 들면, 일본과 영국의 협약으로 영국인은 일본과 연합하여 인도를 사지에 빠뜨리고, 일본과 프랑스의 협약으로 프랑스인은 일본과 연합하여 베트남을 사지에 몰아넣었다. 게다가 프 · 일과 러 · 일의 두 협약은 다시 프랑스와 러시아가 일본과 연합하여 중국을 분할 통치하려는 조짐이다. 이는 영국과 러시아의 협약이 페르시아를 분할 통치하는 장본이 되었던 경우와[17] 같다.

대체로 열강은 일본의 도움을 받아 아시아에서 세력을 굳건히 다지길 바란다. 일본도 기꺼이 열강과[18] 연대하여 인도 및 코친차이나[19]에서의 상업 판도를 확대해서 조선과 남만주에 대한 실권을 확보하길 원한다. 최근에 일본은 다시 미국과 사이가 나빠져서 필리핀을 병탄하려는 야심을 부리고 있다. 이를테면 지난해에 미국인이 필리핀 군도를 일본에 팔아넘긴다는 설이 돌았지만 최근에 미국은 필리핀 군도에 육군의 증강을 고려하고 있다. 이런즉 일본은 아시아에서 단지 조선의 적일 뿐만 아니라 인도 · 베트남 · 중국 · 필리핀의 공적이다. 조선 (국왕)의 밀사파견[20]을 여러 나라의 신문에서 통렬히 공격하였다. 일본의 오쿠마(大隈) 백작[21]도 인도인에게 연설하면서 영국인한테 복종하라고 권면한 적이 있다. 이런 사례를 보면, 강권을 내세워서 공리(公理)를 덮어버리는 것이 이보다 더 심할 수는 없다. 그러므로 아시아의 평화를 보장해서 아시아 여러 약소민족의 독립을 모색하려

---

17) 원문은 '興'인데 『遺書補遺』는 '與'로 수정하였다. 번역은 『遺書補遺』를 따랐다.

18) 위와 같다.

19) 원문은 '交趾支那'인데 'Cochin China'의 음역명이다. 이는 19세기에 유럽인이 인도차이나 반도의 남부 지방인 메콩강 하류 유역을 부른 명칭이다.

20) 1907년의 헤이그 밀사사건을 말한다.

21) 오쿠마 백작의 본명은 오쿠마 시게노부(大隈重信: 1838-1922)이다. 그는 明治 · 大正 시기의 정치가로 제8대와 제17대 내각총리대신을 역임하였다. 또한 早稻田大學을 설립한 교육자이기도 하다. 1887년에 백작에 서훈되고 1916년에는 후작을 받았다.

면, 백인종의 강권은 단호히 물리쳐야 마땅하다. 동시에 일본이 강권으로써 우리 아시아인을 멸시하는 작태도 당연히 배척해야 된다. 대체로 제국주의는 바로 현 세계의 암적 존재이다.

오늘날 아시아의 정세에서 장래 아시아 약소민족의 흥망성쇠를 예측해 보자. 졸견의 추측에 의하면, 약소민족은 서로 연대할 경우에 반드시 강권을 물리칠 능력이 생겨난다. 그리고 약소민족이 강권을 배척하는 날은 바로 강한 민족의 정부가 전복되는 날이다. 대개 이는 곧 세계 평화의 징조이다. 누군가가 믿지 못하겠다고 말한다면, 아시아의 약소민족이 장차 흥성할 증거들을 아래와 같이 나열해 보겠다.

1. 인민이 독립의 염원을 품고 있다.

현재 아시아의 여러 약소민족 가운데 필리핀인이 가장 강해서 그들이 오랫동안 독립 정신을 품어왔다는 사실은 장황하게 군말을 늘어놓을 필요가 없다. 필리핀 이외의 다른 약소민족들에 대해 언급하겠다.

(1) 인도

인도가 독립을 모색한 지는 이제 5년이 지났다. 출간된 신문과 잡지 가운데 독립을 고취하는 것도 50여 종을 헤아린다. 또한 지사인 오로빈도 고시[22]는 『윤간타르』[23]라는 명칭의 신문을 발간해서 영국의 폭정을 배척하

---

22) 오로빈도 고시(Aurobindo Ghosh: 1872-1950)는 인도 캘커타의 의사 집안에서 태어나서 대학 졸업까지 영국에서 교육을 받았다. 귀국 후에 그는 공무원과 교수로 재직하다가 1905년에 영국의 벵골 분할 조례에 반대하여 독립운동에 투신하였다.

23) 원문은 '母國萬歲'이다.

였다. 종교학자들도 점차 떨쳐 일어났다. 요사이에 불교도인 다르마팔라[24]는 마하보디협회를 세워서 국민 종교의 통일을 꾀하고 있다. 또한 어떤 형제 두 분은 잇달아 불교를 전파하여 아메리카에도 포교했는데 그 세력이 매우 성대하다. 또다시 학자인 보뢰치(鉢羅耆)[25]는 아이리펑(哀利逢)대학[26]을 설립했는데 국민은 그를 면류관[27]이 없는 제왕으로 칭송한다. 이외에도 옛 역사를 나누어 편찬해서 국민의 독립사상을 고취하려는 자들도 있었다. 그리고 영국과 미국에 거주하는 지사 가운데 바라문은 가산을 털어 희사하기를 좋아하고, 자르마 부인은 영국의 폭정을 들추어 폭로하였다. 바라문이란 인물은 영국의 수도에서 법률을 공부하고, 다시 영국 어떤 학교의 교사가 되었다가 뒤에 인도로 돌아와서 벼슬하였다. 지금은 관직을 그만두고 런던에 거주하면서 신문[28] 한 종류를 창간하였다. 그는 인도의 지사 가운데 독립운동을 도모하거나 배움을 원하는 모든 자들에게 다 거금을 후원해 주었다. 또 영국에 유학하는 고향 사람에게는 자기 집을 나눠주어 살게 하였다. 자르마의 사적은 앞 책을 보라.[29] 그녀는 근래[30]에 또 유럽에서 미국으로 건너가는 길[31]에 연설하여 영국인의 학정을 세상에 널리 알렸

---

24) 다르마팔라는 법명이고 그의 본명은 데이비드 헤와비타르네(David Hewavitarne: 1873-1915)로 근대에 인도불교의 재건운동을 일으킨 선구자이다. 그는 1891년에 마하보디협회를 창립하고 이듬해부터 『마하보디저널』을 창간하여 전 세계의 포교에 나섰다.

25) '鉢羅耆'는 신원이 확인되지 않아서 우선 중국어 발음을 그대로 표기하였다.

26) '哀利逢대학'은 소재가 확인되지 않아서 우선 중국어 발음을 그대로 표기하였다.

27) 원문은 '冥'인데 『遺書補遺』는 '冕'으로 수정하였다. 번역은 『遺書補遺』를 따랐다.

28) 원문은 '新開'인데 『遺書補遺』는 '新聞'으로 수정하였다. 번역은 『遺書補遺』를 따랐다.

29) 『天義』(第八·九·十卷合冊)의 「記女界與萬國社會黨大會之關係」에 "(만국사회당대회에서) 식민지 문제가 제기된 둘째 날을 맞이하자, 인도 소작농의 부인인 자르마ㅡ사회당의 대의원은 아니고 영국인이 명예 고문으로 추천한 여성ㅡ가 이날 등단하여 연설하면서 영국인이 인도를 대하는 잘못을 간절히 호소하였다. 연설을 마치자 아울러 인도의 삼색 국기를 펼쳐서 청중에게 시위했다."라고 나온다.

30) 원문은 '匠'인데 『遺書補遺』는 '近'으로 수정하였다. 번역은 『遺書補遺』를 따랐다.

31) 원문은 '速'인데 『遺書補遺』는 '途'로 수정하였다. 번역은 『遺書補遺』를 따랐다.

다. 두 사람은 모두 위인이다.

가령 도쿄에 유학하는 인도 학생들도 남몰래 큰 계획을 세우고 실학에 힘써서 폭동과 암살의 성공을 추구하고 있다. 본국에서는 국민의회를 결성하여 5개 지부로 나누어 세웠는데 모집한 회원이 40여만 명이다. 그 가운데 혁명의 종지를 확고히 품고 있는 자들은 노선이 대략 두 파로 나뉜다. 한 갈래는 폭도의 힘을 빌려서 정부를 전복시키려는 그룹이다. 다른 한 갈래는 인민을 동원하는 정책을 펴서 개개인이 세금 징수에 항거하고 동맹으로 총파업하며, 아울러 병역 및 관청 직무를 거부하도록 만들려는 그룹이다. 어떤 인도 분이 "인도의 하급 관리에는 언제나 토착민을 쓰고 병사도 토착민이 다수를 차지한다. 만약 인도인이 동맹으로 관직에서 사퇴하거나 군대에서 전역한다면, 아마도 순식간에 무정부적 상황이 벌어질 것이다."라고 언급하였다. 이 주장은 아주 타당하다. 이외에도 특히 군인을 동원하는 경우는 그 수를 다 헤아릴 수 없었다. 그러므로 최근 몇 달 동안에 일어난 철도 직공의 파업·토착민의 폭동·병사들의 반란은 전부 영국인의 난폭한 기세를 꺾기에 충분하다.

다시 어떤 인도 분은 다음과 같이 언급하였다.

"인도의 서쪽 변경에는 부탄이란 독립국이 있는데 그 백성은 용맹하고도 지혜롭다. 또 북방의 시크인은 비록 영국에 이용당하고 있지만 습성이 용감하다. 이들을 영국에 저항하도록 설득한다면, 다들 영국인의 강적이 될 것이다. 구르카인[32]도 전투에 뛰어나니 교육을 좀 실시하면 독립은 어려운 일이 아니다."

---

32) 구르카(Gurkha)인은 네팔의 중부 및 서부의 산악지대에 사는 강건한 농경민으로 목축도 겸하였다. 19세기 초에 그들은 영국에 정복당한 뒤에 용병으로 채용되어 용맹을 떨쳤다.

인도인은 진솔해서 남을 잘 속이지 않기 때문에 이분의 진술도 거짓이 아니라고 생각한다. 이상은 인도가 독립을 도모하고 있다는 증거이다.

(2) 베트남

베트남은 나라가 망한 뒤로 독립지사들이 의병을 일으켜 항거한 지도 어느덧 11년이 지났다. 최근에 어떤 베트남 분은 다음과 같이 언급하였다.

"지금 베트남의 인민 가운데 일본에 유학하는 자는 총 30명인데 전부 체포를 피해 망명한 사람들이다. 그들은 자신과 가정을 돌보지 않고 광복을 도모한다. 프랑스인은 그들을 아주 깊이 증오하기 때문에 일본과 프랑스 간의 협약이 체결되었다. 그러나 베트남인의 지식수준이 점차 높아지면서 개인적으로 서적과 신문·잡지를 출간하는 사람이 나타나고, 사적으로 조직을 결성하는 자도 나오며, 또 몰래 유학하는 자도 생겼지만 프랑스인이 그들을 모조리 엄금할 수는 없었다. 그러므로 현재 프랑스에 동조하는 자는 겨우 국민의 10분의 1을 차지하는데 모두가 프랑스인에게 기생하는 사람들이다. 만약 노동계 및 중산층 이상의 국민이라면 다들 프랑스 배척을 꾀하지만, 애석하게도 전함과 무기가 없어서 아직은 프랑스와[33] 대적할 수 없다. 그런데 프랑스인이 모집한 용병은 토착민이 실로 다수를 점한다. 오늘날 과감히 독립을 도모하자면 아무래도 그들에게 기대야 한다. 작년에 어떤 군인이 거짓으로 프랑스에 동조하며 몰래 프랑스군의 진지를 급습하려고 계획해서 의사(義士)들과 서로 연락하였다. 모사는 결정되자마자 들통이 나고 말았다. 그 때

---

33) 원문은 '興'인데 『遺書補遺』는 '與'로 수정하였다. 번역은 『遺書補遺』를 따랐다.

문에 프랑스인이 토착민 병사를 감시해서 거사를 갑자기 일으키기는 몹시 어렵게 되었다. 그러나 일단 기회가 생기게 되면, 이 무리는 일제히 프랑스의 적이 되어 총부리를 거꾸로 돌릴 것이다. 그러면 순식간에 프랑스인을 모조리 축출하는 일도 어렵지 않다."

그분의 이러한 말은 베트남인이 프랑스에 대해 얼마나 분노하고 있는지를 충분히 증명해 준다.

다시 근래 런던에서 보내온 전보(電報)에는 이런 소식이 나온다.

"요사이 영국령 인도에서는 토착민이 반란을 모색하고 있다. 그 영향이 파급되어 프랑스령 인도차이나[34]에서도 모반의 조짐이 생겨났다. 의회 창립에 대한 문제제기에서 더 나아가 자치제도의 실시를 요구하고 있다. 현지의 신문지상에서는 '프랑스인이 만약 토착민의 요구를 들어주지 않으면, 토착민의 소요가 일어나 훨씬 더 위험한 사태가 벌어질 것이다.'라고 지적하였다."

그리고 프랑스의 신문에서도 이렇게 보도하였다.

"프랑스령 코친차이나의 통킹(東京) 지역 토착민 가운데 혹자는 온갖 불평불만으로 가득 차 있고, 또 다수의 유력한 토착 인사들이 그들에게 폭동을 교사하였다. 현재 법정에서는 이들을 철저히 체포하고 있다고 전해왔다."

---

34) 일반적으로 동남아시아의 프랑스 식민지로 이루어진 연방을 말한다. 그 지배 영역은 대략 베트남·라오스·캄보디아 등지이다.

위의 두 가지 사례로 볼[35] 때, 베트남의 반란은 그 시기가 이미 성큼 다가와 있다. 이상은 베트남이 독립을 도모하고 있다는 증거이다.

(3) 조선

조선의 인구는 2천만으로 인민은 식자층이 많으며 농업을 근본으로 삼는다. 어떤 조선 분은 이렇게 언급[36]하였다.

"지금 (대한)자강회는 비록 해산되었지만 각처로 흩어진 회원들이 여전히 힘을 다해 운동을 펼쳐서 의로운 깃발의 물결이 전국 팔도를 뒤덮고 있다. 그들은 모두 항일을 취지로 내세우는데 유생(儒生) 및 군인이 다수를 차지한다. 또한 도쿄에 유학하는 학생은 대략 700명인데 대부분이 항일을 주장한다. 이런 말은 아마도 조선인의 과장에서 나온 것으로 확실하지 않다. 만약 그의 말이 확실하다면, 조선은 어째서 외세에 빌붙어 망국하는 지경에까지 이르렀는가? 또 국내에서 신봉하는 종교로 천도교(天道教)라는 것이 있다. 그 교리는 평등에 아주 가까우며 은밀히 독립자강의 취지도 담고 있다. 그리고 비밀리에 출간된 서적과 신문·잡지가 날로 늘어나고 있다. 그 밖에도 미국에 유학하는 자들은 대동보국회(大同保國會)[37]를 조직하고, 그 분회를 상해에 따로 두었다. 그들도 역시 암암리에 독립을 도모한다. 이외에도 암살을 기도하는 자가 등장하고 사적으로 선전하는 자도 있으나, 애석하게도 일본인에게 발각되어서 대부분 거사를 도중에

---

35) 원문은 '親'인데『遺書補遺』는 '視'로 수정하였다. 번역은『遺書補遺』를 따랐다.
36) 원문은 '宮'인데『遺書補遺』는 '言'으로 수정하였다. 번역은『遺書補遺』를 따랐다.
37) 1907년 미국의 샌프란시스코에서 창립된 독립운동단체이다. 기관지로『大同公報』를 발간하였다.

포기하고 말았다. 그렇지만 만약 단체[38]를 연합하여 세력을 확장시킨다면, 일본인은 두려워할 만한 대상이 아니다."

다시 최근 각종 신문기사에서 한인(韓人)의 폭동사건이 날마다 보도되는 상황을 보면, 조선 인민은 일본인의 지배하에 굴복하지 않으려 한다는 사실을 명확히 알 수 있다. 이상은 조선이 독립을 도모하고 있다는 증거이다.

이외에도 페르시아는 비록 의회를 개설했지만 수도의 혼란은 날로 극심해지고 있다. 수상이 이미 암살당하고 국왕도 피살되었다는 소문이 자자하다.[39] 중국의 인민 중에도 민족주의를 제창하는 사람이 나타나고 공화주의를 제창하는 자가 등장하며 암살과 폭동의 사태도 잇달아 벌어지고 있다.

대체로 오늘날 아시아의 여러 약소민족 가운데 강한 민족의 지배 아래 압제받는 자들은 이미 매 순간 그 속박에서 벗어나기를 염원하고 있다. 또한 군주와 관리의 통치하에서 압제받는 자들도 그 폭정에서 벗어나서 인민의 기세를 떨치고자 갈구한다. 이는 모두 아시아의 여러 약소민족이 억압받는 상태를 달가워하지 않는다는 증거이다.

2. 점차 사회주의를 이해하고 있다.

요즈음 아시아의 각 약소민족은 일체의 재원(財源)을 모조리 강한 민족에게 착취당하고 있다. 그 결과로 인민은 생계가 갈수록 곤란해져서

---

38) 원문은 '圍體'인데 『遺書補遺』는 '團體'로 수정하였다. 번역은 『遺書補遺』를 따랐다.
39) 원문은 '着聞'인데 『遺書補遺』는 '著聞'으로 수정하였다. 번역은 『遺書補遺』를 따랐다.

절박한 처지에 빠져버렸다. 인민은 먹고살 길이 막막해지면 어쩔 수 없이 사회주의로 나아가게 된다.

근래에 인도의 지사들은 그림을 그려 넣은 지도 한 장을 창안하였다. 그 지도에 인도를 5개 구역으로 나누어[40] 지역별로 금전을 늘어놓고, 그 곁에는 영국인이 약탈하는 모습을 묘사해서 국민을 크게 깨우쳤다. 어떤 조선 사람이 나와 이야기하면서, "일본은 조선에 대해 재정을 정리한다는 명분을 내세우지만 실지로는 부의 근원 일체가 남김없이 약탈당하고 있다. 전국 인민의 재정 고갈은 전적으로 여기에서 비롯되었다."라고 토로하였다. 베트남인도 "프랑스인은 베트남을 통치하면서 세금 징수를 가장 중시한다. 가옥·가축·배·수레는 하나도 빠짐없이 세금을 부과하고, 아래로는 연회·혼인·장례·제사까지도 경찰서에 비용을 납부해야만 한다. 인구와 농토의 조세는 더욱 언급할 필요조차 없다."라고 호소하였다. 중국 인민도 배상금의 상환 및 신정(新政)[41]의 허위 시행 때문에, 세금 징수가 느닷없이 가중되고 물가가 폭등하여 일반 백성은 날로 가난에 빠져들게 되었다. 특히 만주 지역은 생계가 더욱 어려워졌다. 이런즉 아시아 전역은 오늘날에 이르러 재물이 거의 바닥나고 백성이 궁핍해진 상황을 드러내고 있다. 그러므로 사회주의도 점차적으로 흥기하고 있다.

인도의 캘커타에서는 최근 영국인 하디[42]의 운동을 계기로 사회주의 단체를 설립하였는데 '사회민주동맹'이라 불렀다. 또 인도인 가운데 영

---

40) 이 구절의 원문은 '割五印度作五區'인데 『遺書補遺』는 앞의 '五'자를 衍字로 판단하여 '割印度作五區'로 수정하였다. 번역은 『遺書補遺』를 따랐다.

41) 1901년부터 자희태후의 묵인 하에 청 정부에서 시행했던 전면적 개혁 조치로 '淸末新政'이라 부른다.

42) 하디(J. K. Hardie: 1856-1915)는 19세기와 20세기의 교체기에 영국의 독립노동당(Independent Labour Party)과 노동당(Labour Party)의 창당에 핵심적인 역할을 하였다.

국에 머무는 자들도 사회주의 신문을 간행하였다. 도쿄에 유학하는 자들 역시 사회주의를 연구하면서 마르크스[43]와 프루동[44]의 학설에 심취되었다. 게다가 자르마 부인은 마침내 만국사회당대회[45]에 출석하였다. 인도인의 (사회주의) 운동은 여기에 소개한 부분적 사례를 통해 그 전모를 알 수 있다.[46] 조선과 베트남의 인민은 학식이 낮지만, 도쿄에 거주하는 그 나라 유학생에게 사회주의를 설명해주면 모두가 기꺼이 찬동한다. 이들은 사회주의 진흥의 효시이다. 중국 인민 중에는 평균지권(平均地權)[47]을 제창하는 자가 있다. 그리고 중국인은 사회주의의 서적과 신문·잡지도 도쿄에서 대대적으로 간행하고, 프랑스의 수도에서 발간되는 『신세기(新世紀)』[48]도 이런 취지를 견지하고 있다. 또한 페르시아·중국·조선에서 벌어지는 암살도 은근히 무정부당과 부합한다. 이런즉 몇년 안에 사회주의와 무정부주의는 반드시 아시아에 널리 유행되리라. 이는 참으로 아시아의 커다란 행운이라고 우리가 예측할 수 있는 것이다.

3. 점차 대동(大同)주의를 터득하고 있다.

조선과 베트남 지역은 본래 중국의 세력 범위로 문자와 예속이 대략

---

43) 마르크스(Karl Marx: 1818-1883)는 독일 출신의 사상가로 과학적 사회주의를 창시하고 사적 유물론을 정립하였다. 저작은 『공산당 선언』과 『자본론』 등이 있다.

44) 프루동(Pierre Joseph Proudhon: 1809-1865)은 프랑스 출신의 무정부주의자로 사유재산제도를 비판하였다. 저서는 『소유란 무엇인가』 등이 있다.

45) 1907년에 열린 제2인터내셔널의 슈투트가르트대회를 말한다.

46) 원문은 '可見一般'인데 『遺書補遺』는 '可見一斑'으로 수정하였다. 번역은 『遺書補遺』를 따랐다.

47) 토지 소유의 균등화를 말한다.

48) 1907년에 중국의 무정부주의자들이 프랑스 파리에서 창간한 잡지이다.

서로 같기 때문에 그 백성은 항상 중국과 화친하였다. 타이와 일본의 문화도 중국에서 흘러 나왔다. 이것은 동아시아가 연합하기 쉬운 조건이다. 인도는 불교의 발원지이고 불교가 동아시아에 전파된 지도 이제 수천 년이 지났다. 그 뒤에 이슬람교가 아라비아에서 인도로 전래된 상황은 페르시아와 동일하다. 또한 페르시아의 아리아인[49]은 아랍의 잠식을 겪으면서 유민(遺民)으로 분산되었는데 지금도 여전히 인도에 흩어져 살고 있다. 그리고 이슬람교 및 힌두교[50]는 다시 인도에서 동쪽으로 전도되어 남양군도에까지 파급되었다. 이제 인도인 및 필리핀인은 모두가 영어를 두루 사용한다. 이상은 서아시아와 남아시아가 연합하기 쉬운 조건이다. 오로지 그 조건이 연합하기 용이하기 때문에 그 인민들은 점차 대동주의를 터득하고 있다.

현재 아메리카에 거주하는 인도인·일본인·중국인은 그 나라의 노동조직에 배제당해서 점차 스스로 단체 결성의 필요성을 느끼게 되었다. 또한 남아프리카 지역에서 영국인은 장차 화교 노동자에게 의무적으로 등록하도록 강제하였다. 인도의 어떤 변호사[51]는 백인들의 무례에 분개하면서, "저들은 화교를 포로처럼 간주하고 있다. 화교가 요구한다면 당연히 힘을 다해 법률적으로 변호[52]하고, 아울러 보수금을 사절하겠다."라고 밝혔다. 그리고 일본에 유학하는 인도인 가운데 중국과 인도의 연합이 주는 이점에 대해 깨달은 사람은 그 수가 더욱 많다. 이상은 인도인이 대동주의를 알고 있다는 증거이다.

---

49) '이란인'을 말한다.
50) 원문은 '印度婆羅門教'이다.
51) '인도의 어떤 변호사'는 『天義』(第八·九·十卷合冊)의 「南非洲杜城虐待華僑之慘狀」에 근거하면, '마하트마 간디(乾地)'이다.
52) 원문은 '辨護'인데 『遺書補遺』는 '辯護'로 수정하였다. 번역은 『遺書補遺』를 따랐다.

조선의 재미교포가 창립한 대동보국회는 비록 취지가 국가주의에 가깝지만 그「장정」의 제1조에, "본회는 동족 보호·국토 보호·권리 보호를 가장 급선무로 삼기 때문에 명칭을 대동보국회라 한다."라고 나온다. 그「장정」의 제6조에는 다시, "외국 사람도 수긍하여 찬성할 수 있다."라고 나온다. 이상을 보면, 그 '대동'은 단지 빈말이 아닐 것이다. 또한 어떤 조선 분이 나에게 이야기하면서, "오늘날의 이른바 평화란 순전히 유럽의 평화이다. 따라서 제국주의를 견지하는 모든 자들은 전부 죄악에 깊이 빠져 있다. 우리는 마땅히 힘을 다해 배격해야 한다."라고 주장하였다. 어떤 베트남인도 "아시아의 황인종 나라들이 만약 상호 연합한다면, 백인을 물리치는 데 도움이 될 수 있다."라고 강조하였다. 이상은 조선인과 베트남인이 대동주의를 알고 있다는 증거이다.

중국 인민은 항상 민족주의와 국가주의라는 두 가지의 '주의'를 품고 있지만 세계주의를 견지하는 자도 적지 않다. 이런즉 아시아의 여러 약소민족이 국가주의에서 대동단결로 나아갈 날도 이제 분명히 멀지 않다. 이 또한 우리가 예측할 수 있는 상황이다. <u>그런데 일본의 각 정당에서 창설한 일청(日淸)·일한(日韓)·일인(日印)의 협회와 회사는 틀림없이 자국의 세력 확장을 목적으로 삼는다. 이것들은 우리 의 공적(公敵)이니, 대동주의와는 다르다.</u>

이상으로 열거한 내용은 모두 아시아 여러 약소민족의 진보를 충분히 증명해 준다. 만약 아시아의 여러 약소민족이 강한 민족에게 굴복하지 않으려는 의지를 다지고 사회주의와 무정부주의를 실행해서 대동단결한다면, 반드시 강권에 저항하는 날이 올 것이다. 여기에서 특별히 내가 거론하면서 더욱 강조할 점이 있다. 첫째로 아시아의 약소민족은 독립을 실현하지 않으면, 강한 민족의 정부를 전복시킬 수 없다. 둘째로 아시아의 약소민족은 강대국의 여러 인민 당파와 서로 연대하지 않으면, 독립을 실현할 수 없다. 그 이유를 서술해보면 아래와 같다.

(내가) 왜 "아시아의 약소민족은 독립을 실현하지 않으면, 강한 민족의 정부를 전복시킬 수 없다."라고 주장할까? 오늘날 구미의 각 나라에서 정부 및 부유층은 세력이 나날이 증대하는데 인민은 날로 빈곤에 빠져들고 있다. 그 이유는 무엇인가? 그것은 바로 제국주의가 성행하기 때문이다. 제국주의가 발달한 원인을 고찰해 보자. 대체로 정부와 자본가는 다른 나라의 재물을 강탈하고자 그 무지와 허약을 이용하여 위세로써 제압하고, 그로 말미암아 식민이라는 명분을 내세워서 정부와 자본가의 실제 소유를 늘린다. 그러나 그 결과는 약소민족의 인민에게 유해할 뿐만 아니라, 그 영향이 파급되면 곧바로 본국의 인민에게도 해를 끼친다. 각국 정부가 제국주의를 확대하고자 하면 반드시 군사력을 가장 중시하게 된다. 군사력을 중시하여 어쩔 수 없이 군비를 증강시키면, 모든 국민이 부담하는 세액은 결국 전보다 배로 늘어난다. 또한 군사비를 늘리려면 국민에게 증세를 강제하는 것 외에도, 자본가와 결탁하여 그들에게 평민을 수탈할 수 있는 권력[53]을 부여하고 은밀히 그 이익을 챙길 수밖에 없다. 근래 일본의 실제 상황에서 검증해 보면, 그 단면[54]을 알 수 있다. 이상은 제국주의가 본국의 인민에게 해로운 첫 번째 이유이다.

또한 식민지가 날로 늘어나면 본국의 자본가는 시장을 확장시킬 호기로 그것을 이용한다. 투기를 잘하고 농단[55]에 능하면, 창출되는 이윤도 몇 배가 된다. 그래서 부유층의 수가 갈수록 증가하면 빈부의 불평등 현상도 그로 인해 나타난다. 대개 부유층의 자본이 축적되면 평민의 온갖 업종은 낱낱이 합병된다. 또한 시장을 확장시킨다는 이유 때문에 모든

---

53) 원문은 '叔'인데 『遺書補遺』는 '權'으로 수정하였다. 번역은 『遺書補遺』를 따랐다.
54) 원문은 '其一般'인데 『遺書補遺』는 '其一斑'으로 수정하였다. 번역은 『遺書補遺』를 따랐다.
55) 원문은 '龍斷'인데 『遺書補遺』는 '壟斷'으로 수정하였다. 번역은 『遺書補遺』를 따랐다.

공장의 생산품은 다 식민지에 판매할 상품이 되고, 국민의 생필품은 도리어 아주 등한시된다. 그 결과로 노동자는 갈수록 늘어나고 물가는 점점 올라간다. 다시 빈민의 생계도 그 때문에 더욱 곤궁해지게 된다. 마르크스 등이 지은 『공산당 선언』을 보면, "유럽의 자본가 세력은 신대륙이 발견된 뒤에 커졌다."라고 나온다. 크로포트킨도 부유층의 시장 확장이 평민에게 끼친 영향은 엄청나다고 여겼다. 『무정부주의 철학』을 보라. 이런 주장은 퍽 타당하다. 이상은 제국주의가 본국의 인민에게 해로운 두 번째 이유이다.

또한 제국주의가 성행하는 나라에서는 군사력이란 항목이 반드시 가장 우위를 차지한다. 군사력은 이미 약소민족을 정복하는 수단이 되었는데 또 그 증강된 무력으로써 본국의 인민[56]을 억누른다. 그들은 승전의 위세를 몰아 자국민에게 혁혁한 전공을 각인시키고 정부의 전능을 과시하여, 반정부 투쟁의 뜻을 품고 있는 자들이 장차 그 위엄에 압도되어 완전히 사라지도록 만든다. 이는 곧 진시황과 한 무제가 변방을 개척했던 예전의 지략이다. 유럽의 약소국들을 독일·러시아 등의 강대국과 비교하여 그 인민의 자유를 저울질해 보면, 나라가 작을수록 백성은 더욱 안락하고 나라가 클수록 백성은 더 곤궁하다. 여기에서 제국주의는 실로 정부가 서민을 압제하는 서막이라는 것을 알겠다. 이상은 제국주의가 본국의 인민에게 해로운 세 번째 이유이다.

오로지 제국주의가 자국민에게 유해하므로 강대국의 인민 가운데 조금이라도 민생의 고충을 살펴본 자들은 예외 없이 다 제국주의를 반대한다. 제국주의가 인민에게 유해할 뿐만 아니라 또 정부와 자본가의 포

---

56) 원문은 '本國之氏'인데 『遺書補遺』는 '本國之民'으로 수정하였다. 번역은 『遺書補遺』를 따랐다.

학한 기세를 도와서 인민 당파의 저항력을 좌절시키기 때문이다. 그렇지 않다면, 구미 각국의 사회당과 무정부당의 세력은 중국과 페르시아의 인민 당파보다 훨씬 진보했는데 그들이 끝내 정부를 전복할 수 없는 까닭은 곧 국가 권력이 강성하기 때문이다. 그리고 국력의 강성은 제국주의의 실행에서 비롯된다. 만약 아시아의 여러 약소민족이 다들 독립을 도모하면, 인도는 영국과 맞서 싸우고 베트남은 프랑스에 반기를 들며, 중앙아시아는 러시아에 반항하고 필리핀은 미국에 대항하며, 조선은 일본에 항거하고 중국 산동·운남·광동 및 만주의 백성도 일제히 궐기하여 독일·프랑스·일본·러시아에 저항하게 된다. 이 경우에 아시아 식민지를 정부와 자본가의 보물 창고로 간주하는 저들 열강이 어찌 그 식민지의 분리와 독립을 좌시할 수 있겠는가? 열강은 반드시 전력을 기울여 함부로 무력을 휘두르는 유일한 정책을 펼칠 것이다. 그들이 전력을 다해 무력을 남용하는 유일한 정책을 펼친다면, 틀림없이 국민의 세금을 올려서 생업을 파탄시키게 된다. 군대를 보내 전쟁을 벌이는 재앙이 해마다 그치지 않는 지경에 이르면, 그 나라의 국민에게는 반드시 고통 때문에 원망이 일어나고, 그 원망은 다시 분노로 커지게 마련이다. 사회당과 무정부당이 그 기회를 틈타 뭇 세력을 규합하여 정부와 자본가에게 대항하면, 틀림없이 평화의 시기보다 쉽게 성과를 거두게 된다. 또한 나라를 텅 비워놓고 대군으로 식민지 백성을 굴복시키고자 원정할 경우에, 국내의 인민 당파는 그 허점을 노려서 궐기한다. 원정대는 즉시 그 인민 당파를 진압하고자 전군이 철수할 수밖에 없어서 약소민족의 독립이라는 목적도 달성될 것이다.

설령 정부와 자본가 세력이 느닷없이 전복시킬 수 있는 존재는 아닐지라도 아시아 식민지가 강권의 굴레를 벗어버리면, 강한 민족의 국가 권력[57]도 순식간에 무너진다. 이에 전국 인민은 정부란 두려워할 필요가 없다는 사실을 분명히 깨달아서 반항심이 생겨나게 된다. 또한 전국의 부유층이 시장을 확장할 권리[58]를 상실하면 자본가의 세력도 분명히 이전보다 빠르게 약화된다. 지금 한창 새롭게 성장하는 인민 당파로서 권력을 잃어버린 정부와 자본가에게 저항한다면, 그 저항력이 파급되는 곳마다 반드시 승기를 잡을 수 있다. 그러므로 아시아 식민지의 독립은 강한 민족 정부의 전복과 직접적인 관련이 있다. 식민지가 아직 반란을 일으키지 못한 시기에는 정부와 자본가의 세력이 인민 당파를 좌절시키고도 남는다. 그러나 식민지가 이미 반란을 일으킨 뒤에는 정부와 자본가는 인민 당파에게 전복당하기 쉽다. 이런즉 아시아 약소민족[59]의 독립은 단지 강한 민족이 아시아에서 휘두르는 강권에 대해 저항할 수 있는 길일 뿐만 아니라, 아울러 강한 민족이 자국의 인민 당파에게 저지르는 강권[60]도 충분히 종식시킬 수 있는 방법이다. 세계에 팽배한 인위적 통치의 소멸도 여기에 달려 있으리라! 이상은 약소민족의 독립이 끼칠 영향이다.

다시 고찰해 보자면, 톨스토이의 「중국인에게 보내는 편지」[61]에서 "유럽의 인민은 추위와 굶주림에 시달린 나머지 어쩔 수 없이 동방의 농업국을 약탈해서 자신의 생계 수단으로 삼는다."라고 지적하였다. 이 주장에 의거해 볼 때, 백인종의 인민이 정말로 정부와 자본가의 압제에서 벗

---

57) 원문은 '國家威叔'인데 『遺書補遺』는 '國家威權'으로 수정하였다. 번역은 『遺書補遺』를 따랐다.

58) 원문은 '叔利'인데 『遺書補遺』는 '權利'로 수정하였다. 번역은 『遺書補遺』를 따랐다.

59) 원문은 '强種'인데 『遺書補遺』는 '弱種'으로 수정하였다. 번역은 『遺書補遺』를 따랐다.

60) 원문은 '强種'인데 『遺書補遺』는 '强權'으로 수정하였다. 번역은 『遺書補遺』를 따랐다.

61) 원문은 '至中國人書'인데 『遺書補遺』는 '致中國人書'로 수정하였다. 번역은 『遺書補遺』를 따랐다.

어난다면 동아시아에 대한 침략의 야욕도 분명히 사라질 것이다.

(내가 또) 왜 "아시아의 약소민족은 강대국의 여러 인민 당파와 서로 연대하지 않으면, 독립을 실현할 수 없다."라고 주장할까? 근래에 아시아의 여러 약소민족은 인민의 실력이 강대국 정부와 맞서기에 항상 역부족이다. 이런 상황에서 그 굴레를 벗어나려면 반드시 적극주의와 소극주의라는 두 방안을 다 써야만 한다. 적극주의란 실력을 양성해서 암살·납세거부·동맹파업 및 폭동을 실행하는 방법이 그것이다. 소극주의란 강대국의 인민 당파와 서로 연대하여 그 나라 정부의 위세를 꺾어서 그 실력을 은밀히 없애버리는 방법이 그것이다.

근래에 구미와 일본의 인민 당파 가운데 사회주의와 무정부주의를 품고 있는 자들은 지지하는 관점이 두 가지가 있다. 그 하나는 세계주의이고, 다른 하나는 비군비주의(非軍備主義)이다. 두 주의는 모두 본국 정부가 견지하는 침략주의를 반대하는 이론이다. 세계주의를 내세우므로 영국 독립노동당의 우두머리인 하디는 인도를 두루 돌아다니며 극렬한 연설로 인도인을 선동하였다. 또 사회민주당[62]의 하인드먼[63]도 인도문제의 해결에 최선을 다하고 인도 돕기에 전념하는 일을 자신의 임무로 삼았다. 그는 다시 간행하던 신문을 명칭은『정의』[64]이다. 인도로 반입시켜서 사회주의를 전파하는데 정부가 몰수해도 좌절하지 않았다. 일본의 사회당도 조선에 대한 자국 정부의 만행에 격분[65]하였다. 일본 정부가 조선 국왕을 퇴위시킨 그날에는 사회당에서 비밀회의를 열어 조선을 바로 세

---

62) 1881년에 결성된 영국 최초의 사회주의 정치단체인 '사회민주연맹(Social Democratic Federation)'을 말한다.

63) 하인드먼(Henry M. Hyndman: 1842-1921)은 영국의 초기 마르크스주의자로 사회민주연맹의 창립을 주도하였다.

64) 원문은 '細亞斯第斯'인데 'Justice'의 음역명으로 1884년에 창간된 주간지이다.

65) 원문은 '慣'인데『遺書補遺』는 '憤'으로 수정하였다. 번역은『遺書補遺』를 따랐다.

위나갈 방도를 공동으로 모의하였다. 지금도 그 당의 인사들은 흔쾌히 조선인과 친밀하게 지낸다. 또한 일본 사회당의 어떤 분은 나와 이야기 하면서, "조선 인민이 만약 일본의 폭력에서 벗어나고자 한다면, 반드시 본국 일본의 사회운동이 그 나라에까지 확대되어야 비로소 성공할 수 있다."라고 언명하였다. 이런 주장은 좀 편파적인 감이 있지만 일본의 사 회당에서 전적으로 조선을 깊이 연민[66]하고 있다는 사실은 충분히 증명 해 준다. 대체로 세계주의를 지지하면 반드시 약자의 편에 서서 강권을 제거하는 일을 천직으로 삼기 때문에 본국의 식민지 독립에 대해서도 틀 림없이 깊은 동정을 나타낸다.

　비군비주의에 관해 보면, 사회주의자와 무정부주의자는 더욱 그 운동 에 힘썼다. 그들은 군국주의란 순전히 다수 인민의 희생을 담보로 소수 의 권력자를 보위하고, 아울러 국외의 무수한 동포를 죽여서 소수 권력 자[67]의 영광을 키우는 것이라고 여겼다. 그러므로 독일·스위스·일본의 각 인민 당파는 모두 이런 주장을 펼쳐서 인민이 병역의 징집을 거부하 도록 만들었다. 게다가 프랑스인 에르베[68]는 이런 견해를 특히 더 견지 하였다. 그는 법정의 진술에서, "현재의 조국은 순전히 다른 사람을 희생 시켜서 자신을 이롭게 한다. 이 상태가 바로 사회적 불평등이다."라고 폭 로하였다. 또한 "프랑스·독일이 만약 다른 나라와 충돌[69]을 일으키면,

---

66) 원문은 '閔'인데『遺書補遺』는 '憫'으로 수정하였다. 번역은『遺書補遺』를 따랐다.
67) 원문은 '有叔力者'인데『遺書補遺』는 '有權力者'로 수정하였다. 번역은『遺書補遺』 를 따랐다.
68) 원문은 '愛爾威'인데 이 글의 다른 곳에서는 '愛爾威爾'라고도 나온다. 둘 다 프랑스 사회주의자인 'Hervé'의 음역명이다. 에르베(Gustave Hervé: 1871-1944)는 초기에 反軍備主義와 反愛國主義를 내세우는 사회주의자였으나 나중에는 파시스트로 바뀌 었다.
69) 원문은 '衛突'인데『遺書補遺』는 '衝突'로 수정하였다. 번역은『遺書補遺』를 따랐다.

사지에 내몰리는 사람은 우리들 인민이고 이익은 저들 수도의 부귀한 자에게 돌아갈 것이다."라고 강조하였다. 또 "대외 전쟁은 오직 쌍방의 평민이 스스로 같은 처지에 있는 동류를 살육하는 짓이다. 저 부귀한 자들은 승패를 막론하고 언제나 탈 없이 편안하다."라고 지적하였다. 이상의 발언은 2년 전의 일이다. 최근 그는 또다시 격문을 띄워서 대략 이렇게 설파하고 있다.

> "예비병 여러분! 다른 나라의 노동자를 살육하면 안 됩니다. 만일 해외 파병을 획책하면 여러분은 절대 거기에 부응하지 마십시오. 무릇 전쟁이란 전부 죄악에 속합니다. 저들이 정말로 명령을 내리면, 여러분은 총동맹파업의 사례에 따라 일제히 군인이란 직업을 버리십시오."

그 격문의 주장은 위와 같았다. 프랑스인 가운데 이에 호응한 사람이 수천 명이고, 남유럽 및 스위스도 모조리 그 영향을 받았다. 이런즉 비군비주의자는 다들 본국의 식민지 정복에 대해 적극적으로 반대한다.

다시 요즈음 사회당과 무정부당에서 개최한 두 대회를 관찰해 보면, 세계주의와 비군국주의가 점차 확장세를 보이고 있는 현상이 포착된다. 올해 열린 사회당 대회[70]에서 식민지 문제를 제기한 세력은 모두 두 갈래로 나뉜다. 한 파는 식민지도 역시 사회진화의 일환이므로 오직 사회당에서 식민지의 처우에 대해 모름지기 정의와 자유의 표준을 확립해야 된다고 주장하였다. 다른 한 파는 식민정책이란 곧 자국민으로 다른 민족을 통치하는 것이니 사회당[71]은 마땅히 (그 정책을) 배척해야 된다고

---

70) 1907년 8월에 개최된 제2인터내셔널의 제7차 슈투트가르트 대회를 말한다.
71) 원문은 '社□齋'인데 『遺書補遺』는 '□'에 '會'자을 보충하여 '社會黨'으로 수정하였다. 번역은 『遺書補遺』를 따랐다.

강조하였다. 그 당시 영국인 예라디푸아오투(耶拉第夫奧禿)[72]는 연설에서 영국이 남아프리카를 정복하고 미국이 필리핀을 통치하는 행태에 대하여 통렬히 공격하였다. 비군비주의를 제의하게 되자, 그는 또한 "각국의 사회당에서 본국의 육해군 예산안에 대하여 힘을 다해 반대해야 마땅하다."라고 지적하였다. 그리고 에르베는 다시 베벨[73]의 주장을 통렬히 반박하면서, "국가에 만약 전쟁 사태가 터지면 인민은 총동맹파업을 감행해야 마땅하다."라고 지적하였다.

무정부당 대회[74]에 관해 보면, 비군비주의를 제안하면서 "총동맹파업이 벌어질 경우에 군대는 모름지기 발포 명령을 거부해야 된다. 또한 노동자도 군사용 무기의 제조를 반대해야만 한다."라고 천명하였다. 이것은 전적으로 세계주의와 비군비주의가 발달하고 있다는 증거이다. 이런 상황은 강대국 정부에게 불리하지만 약소민족의 인민에 대해서는 이로움이 막대하다. 게다가 『공산당 선언』이 발표된 뒤에는 세계 노동자의 단결이 점차 실현되고 있다. 그리고 올해 무정부당의 결의안에서도 세계의 동지들이 무정부주의 단체를 결성하고, 아울러 모든 단체의 연합이 이룩되기를 희망하였다. 이렇게 약소민족의 인민과 사회당·무정부당의 상호 연대는 전폭적으로 그 당들이 환영하는 바이다. 또한 그 당들의 최근 세력도 예전과는 다르다. 그들이 구미의 여러 나라에서 활약하면서 영국·독일·북미에는 동맹파업이 실행되고, 에스파냐·포르투갈·프랑스·이탈리아 및 남미에는 암살이 일어났다. 러시아에서 발생한 폭동과 암살 등의 사건 소식은 더욱더 날마다 들려오고 있다. 일본의 인민 당파

---

72) '耶拉第夫奧禿'은 신원이 확인되지 않아서 우선 중국어 발음을 그대로 표기하였다.
73) 원문은 '百拜爾'인데 독일 사회주의자인 'Bebel'의 음역명이다. 베벨(August Bebel: 1840-1913)은 마르크스의 영향을 받아 1869년에 독일 사회민주당을 창립하였다.
74) 1907년에 네덜란드 암스테르담에서 열린 국제 아나키스트 대회를 말한다.

도 사회주의에서 무정부주의로 나아가며 직접행동론을 크게 내세워서 총동맹파업의[75] 실현을 기대하고 있다. 그중에 특히 암살론자들은 더 격렬하다. 금년 여름에 일본인은 미국에서 철필판으로 『혁명』이라는 신문을 한 종류 발간해서 천황의 암살을 제창하고, 천황은 일본 민족이 아니라고 보도하며 이어서 동맹파업을 언급하였다. 일본 정부는 그 신문의 반입을 엄금하였다. 일본 천황의 생일인 11월 3일이 되자, 미국[76]에 있는 일본인은 암살주의를 피력한 서한을 발표하였다. 동시에 그 서한을 그곳의 주미 영사 및 천황에게 보내서, "천황은 원숭이 족속으로 국민을 대하는 태도가 러시아 황제처럼 공정하지 못하다."라고 지적하였다. 그 서한은 전체가 수백 자 분량인데 일본어로 인쇄되었다. 또한 미국[77]에 유학하는 일본 학생은 다수가 무정부당에 가입했는데 모 대학이 가장 많다. 이상은 강대국의 각 인민 당파가 오랫동안 자국 정부에게 공포의 대상이 되어왔다는 사실을 충분히 입증해 준다.

만일 현재 아시아의 약소민족이 사회주의와 무정부주의에 대해 잘 이해하고 나아가 이미 그 두 당과 서로 연대한 상태라면, 다음과 같이 단계를 나누어 운동을 전개해야 된다. 우선 아직 독립을 선포하기 전에는 강대국에 거주하는 그 당원들에게 비군비주의를 고취해서 그 나라의 군대를 해산하도록 부추긴다. 또 약소민족의 독립심을 굳건히 다져서 강대국도 두려워할 필요가 없다는 사실을 명백히 깨닫게 만든다. 다음으로 이미 독립을 선포하여 강대국에서 대군으로 진압할 상황이 염려되면, 다시 그 당들과 상호 연계하여 군사비의 납부를 거부하고, 아울러 집단 탈영[78]의 사상을 군인 계층에 주입하도록 만든다. 만약 그 당들의 세력이 확실히 강화되었을 경우에는 그들과 서로 계책을 세워 호응하고 식민지

---

75) 원문은 '不'인데 『遺書補遺』는 '之'로 수정하였다. 번역은 『遺書補遺』를 따랐다.
76) 원문은 '美州'인데 『遺書補遺』는 '美洲'로 수정하였다. 번역은 『遺書補遺』를 따랐다.
77) 위와 같다.
78) 원문은 '同盟脫伍'인데 '동맹파업'을 의미한다.

의 민주 당파들도 일제히 들고일어나도록 선동하면, 영국·프랑스·독일·미국·일본의 각 정부는 분명히 내란에 휩싸여서 원정할 수 없게 된다. 그러면 북만주와 중앙아시아의 인민도 역시 러시아와 동아시아 지역에 있는 민주 당파의 도움까지 아울러 받아서 자유를 획득하게 된다. 이에 동아시아에 대한 강권도 철저히 소멸시킬 수 있다. 이상은 아시아의 독립에 관한 정책이다.

다시 고찰해 보자. 에르베가 법정에서 진술한 내용에는 "만일 독일 정부가 군대를 파견해 폴란드로 쳐들어가서 혁명을 진압한다면, 우리 혁명당은 반드시 러시아와 폴란드의 인민을 도와서 독일을 막아야 한다."라고 나온다. 또한 러일전쟁 시기에 러시아 인민이 총동맹파업을 단행하려 하자, 러시아 황제는 독일과 협약을 맺고 양국 정부의 힘을 합쳐서 그것을 탄압할 작정이었다. 그러나 독일의 인민 당파도 러시아 인민과 서로 내통하며, "독일이 만약 러시아를 지원하면 인민 당파는 국내에서 소요를 일으키겠다."라고 천명하였다. 프랑스와 스페인의 무정부당도 거기에 동조하고 나섰다. 독일[79] 정부의 계획은 결국 저지되었다. 이것은 정부가 다른 나라의 혁명을 억누르려 하자, 이에 인민 당파가 반대했던 경우이다. 그렇다면 하물며 식민지의 혁명에 대해서야 더 말할 나위가 있겠는가? 에르베의 진술 내용 및 독일 인민의 의지를 감안해 볼 때, 아시아의 각 약소민족이 과감히 강권을 물리치는 혁명을 실행한다면 틀림없이 강대국 인민 당파의 도움을 얻어낼 수 있다. 독일 황제 빌헬름 2세[80]는 "오늘날의 정부가 세계 만국을 커다란 동맹으로 통합시킬 수 없으나 무정부당은 만국의 인민을 하나의 단체로 통합해 낼 수 있다."라고 언급하

---

79) 원문은 '法'인데 『遺書補遺』는 '德'으로 수정하였다. 번역은 『遺書補遺』를 따랐다.
80) 빌헬름 2세(Wilhelm II: 1859-1941)는 해외 확장을 적극적으로 도모했던 독일 황제이자 프로이센의 왕이다.

였다. 이 말도 역시 한 나라에 변란이 일어나면 다른 국가가 호응한다는 증거이다. 그러므로 에르베가 법정에서 진술한 내용에서는 또 "전쟁의 시기가 닥치면 우리는 들고일어나 혁명을 일으켜서 사회의 대개혁을 도모한다."라고 밝히고 있다. 이런즉 식민지의 독립은 다시 인민 당파에게 혁명의 기회가 된다. 저 강대국의 인민 당파 중에 어찌 아시아의 각 약소민족의 독립에 대해서 적극적으로 동정을 표시하지 않는 자가 있겠는가?

또다시 고찰해 보자. 최근의 비군비주의에 대해서는 그것이 구미의 각 나라에서 실행되기를 바랄 뿐만 아니라, 더욱이 일본에서도 시행되길 희망한다. 대체로 일본과 러시아·일본과 프랑스·일본과 영국의 각 협약은, 그 대의의 소재가 인도·베트남·북만주 등지에서 반란이 일어나면 일본 정부는 반드시 국외로 파병해서 진압을 실행하는 데 있다고 말한다. 그러므로 아시아 식민지는 독립 과정에서 식민 본국의 억압을 받는 외에도 다시 일본 군대에게 유린당하게 된다. 만일 일본의 군사력이 하루라도 소멸되지 않으면, 아시아 약소민족의 독립은 반드시 거대한 장벽에 가로막히게 된다. 이는 참으로 아시아에서 유일하게 큰 근심거리이다. 다행히도 근래 일본의 인민 당파가 점차 비군비주의를 제창하면서 발간하는 서적과 잡지에서 대부분 이런 취지를 고취하고 있다. 게다가 오스기(大杉)[81] 등 여러 분은 결국 그 때문에 옥살이하였다. 현재 병사 중에는 그 영향을 받아서 이미 탈영하여 몰래 도망치는 자들이 생겨났다. 앞으로 이 비군비주의가 나날이 아시아의 약소민족 사이에 확산된다면, 그 이로움은 실로 적지 않을 터이다.

이상으로 언급한 내용에 근거해 볼 때, 만약[82] 아시아 식민지의 인민

---

81) 오스기 사카에(大杉榮: 1885-1923)는 근대 일본의 저명한 저널리스트이자 사회주의 노동운동가이다.

82) 원문은 '黨'인데 위아래의 문맥을 감안하여 '儻'으로 수정해 옮겼다.

이 구미·일본의 인민 당파와 서로 의지한다면, 인민 당파의 혁명은 식민지에게 독립의 기회가 되고 식민지의 독립은 다시 인민 당파에게 혁명의 호기가 된다. 만일 아시아의 인민이 공동으로 이러한 취지를 파악하고 이런 정책을 실행한다면, 세계적으로 강권이 행사되거나 인위적 통치에 구속되는 상황을 한꺼번에 다 전복시켜서 인류의 자유를 도모할 수 있다. 홍인종과 흑인종의 인민까지도 은연중에 그 혜택을 받아서 강권의 침해에서 벗어나게 된다. 인류의 최대 행복은 분명히 여기에 달려 있으리라! 그런데 내가 아시아의 약소민족에게 바라는 사항이 아직 두 가지가 더 있다.

첫째는 동시에 독립하는 것이다. 현재 강대국의 정부는 서로 협약을 맺고 있다. 한 나라의 식민지에서 변란이 일어나면, 그와 공수(攻守)동맹을 체결한 국가는 모두 군사력으로 돕는다. 저 아시아의 약소민족이 만일 한 나라 인민의 역량만으로 수많은 강대국의 정부에 항거하면, 상황은 틀림없이 몹시 힘들다. 그러나 그들이 만약 동시에 일제히 궐기한다면, 영국 군대는 인도에서 피폐해지기 때문에 결코 일본을 도우러 조선으로 출정할 수 없으며, 일본 군대도 조선에서 지쳐버리기 때문에 결코 영국과 프랑스를 지원하러 베트남과 인도에 원정할 수 없게 된다. 중국과 페르시아는 평화로운 시기라면 혁명이 분할 통치를 초래할 뿐이라고 깊이 우려하는 나라들이다. 그들도 이때 의거를 일으킨다면, 강대국 정부는 자신을 돌보기에 급급할 테니 어느 겨를에 무력으로 간섭 정치를 시행할 수 있겠는가? 이상은 약소민족의 인민이 마땅히 알아야 될 첫 번째 사항이다.

둘째는 정부를 설립하지 않는 것이다. 근래에 아시아의 약소민족은 본국 정부의 억압을 받거나, 또는 다른 나라 정부의 침략을 당해서 온갖 고초를 다 겪었다. 만약 혁명한 뒤에도 변함없이 정부를 설립한다면, 비록 공화정치 체제를 채택하더라도 프랑스와 미국의 전철을 밟는 것에 불과하다. 이는 폭정으로써 폭정을 교체하는 경우나 마찬가지이다. 또한 여러 나라가 병립하게 되면, 틀림없이 국제문제가 전쟁의 참화를 빚어내기 때문에 결코 평화도 길이 보장할 수 없을 터이다. 더욱이 독립할 즈음에 여전히 정부를 두어야 한다는 견해가 남아 있다면, 아무래도 강대국 인민 당파의 도움을 받을 수는 없다. 그러므로 약소민족은 독립한 뒤에 반드시 무정부제도를 시행하고 인민 대통합의 사상을 활용하며, 앞의 내용을 보라. 바쿠닌[83]의 연방주의를 채택하거나 혹은 크로포트킨[84]의 자유결사이론을 실행해야만 대다수 인민의 행복이 영원히 유지될 수 있다. 이상은 약소민족의 인민이 마땅히 알아야 될 두 번째 사항이다.

다시 고찰해 보건대, 정부의 기능이란 오직 대외적인 역할에 불과하다. 그런데 아시아의 약소민족이 정말로 독립하면 분명히 강대국의 정부도 점차 소멸될 것이다. 그러니 무슨 외환을 걱정할 필요가 있겠는가! 이것이 정부를 반드시 없앨 수 있는 근거이다.

이런 정책을 추진해 나가면 거의 강권 배척의 목적을 이룰 수 있고, 공산무정부의 목적도 달성할 수 있다. 이는 곧 아시아 지역의 커다란 행복이자, 또한 세계 인민의 홍복(洪福)이다. 그러므로 그 주장을 받들어 본편에 저술하였다.

---

83) 바쿠닌(M. A. Bakunin: 1814-1876)은 러시아 출신의 무정부주의자로 제1인터내셔널에 참가하여 마르크스 등과 대립하는 무정부주의를 주장하였다. 그의 사상은 크로포트킨과 함께 19세기 후반 러시아 무정부주의를 대표하고, 20세기 초반 세계 무정부주의 운동에 지대한 영향을 끼쳤다.
84) 원문은 '苦魯巴金'인데 '苦魯巴特金'의 오류이다.

부록: 중국 현재 정세론

지금 중국의 인사들이 내세우는 맹목적인 주장은 대체로 국가가 힘써 자강(自强)을 도모하고, 본국의 이권을 보존해서 외국인을 막아내 주길 바라고 있다. 그 가운데 평화론자는 또, "각 나라의 세력이 나날이 중국을 향해 뻗쳐오고 있다. 만약 인민 당파가 혁명을 일으키면, 틀림없이 외국인의 간섭을 초래해서 분할 통치를 재촉하게 된다."라고 지적한다. 극렬주의자는 이에 반대하여, "인민 당파의 혁명은 마땅히 각국 정부에게 찬성을 요구해야 된다."라고 천명한다. 이상은 모두 완전히 잘못된 견해이다. 중국 인민이 강권에 침범당하는 화를 없애길 원하지만 여러 나라와 더불어 무정부를 실행하지 않으면 이 참화는 끝내 소멸시킬 수 없다.

어떤 이는 "세계 각국에서 동시에 정부를 없애자는 목표는 하루아침에 이룩할 수 있는 사항이 아니다."라고 주장한다. 그렇다면 최선은 중국에서 먼저 무정부를 실행하는 것이다. 톨스토이의 「중국인에게 보내는 편지」에는 "중국 인민이 만약 자신들의 진정한 자유를 고수하면, 무릇 관리가 저지르는 잔학과 외국인이 자행하는 약탈에서 다 벗어날 수 있다. 가령 정부가 일으킨 화근도 여러분에게 그 책임을 전가할 수 없게 된다."라고 나온다. 또 "현재 유럽인이 잔혹한 폭력을 중국 인민에게 휘두르는 것은 순전히 중국에 인민이 스스로 인정하는 정부가 존재하기 때문이다. 만약 중국에 지금 정부가 없다면, 유럽인이 아무리 포악해도 국제 관계의 명분을 빌미로 그 흉악한 기세를 부릴 수 없다."라고 나온다. 그 입론의 대의는 대개 중국 인민이 정말로 정부를 없앤다면 외국인도 강권을 휘두를 수 없다는 의미이다. 이제 중국의 과거 사례로 보자면, 대체로 영토 할양과 국권 상실은 전적으로 정부가 스스로 체결한 조약에서 비롯되었다. 이것이 바로 톨스토이의 이른바 '정부가 일으킨 화근'이다. 따라서 만약 정부가 없다면 외국인도 조약의 명분을 빙자하여 함부로 강권을 행사하지 못한다. 이는 참으로 근본부터 철저히 바로잡는 이론이다.

어떤 이는 "만일 정부를 없애면 주권이 사라진 지역에 대해 다른 나라가 제멋대로 침범할 수 있다."라고 강조한다. 그는 인민의 자위력이 정부의 방위력보다 더욱 강성하다는 사실을 모르기 때문이다. 서유럽에서 검증해 보면, 프랑스 황제인 나폴레옹 3세[85]도 독일을 이기지 못했지만 프랑스 인민은 끝까지 파리를 지켜냈다. 중국에서 검증하면, 아편전쟁 당시에 복건·광동·강소·절강 등 여러 성의 병력을 총동원했으나 결국 영국에게 졌다. 오로지 삼원리(三元里)의 인민만은 영국군을 격퇴하였다.[86] 그렇다면 외침의 방어란 본래 정부의 존재에 의지할 필요가 없다는 것이 명약관화하다. 게다가 무정부당의 세력이 여러 나라에 널리 퍼져 있지만 각국 정부는 그 당에 대해서도 오히려 탄압책을 견지할 수 없다. 하물며 무정부를 실행하는 인민에 대해서야 더 말할 나위가 있겠는가? 프랑스 에르베의 언급에서는 "오늘날의 독일 황제로서도 비교적 순수한 독일 국민조차 제압할 수 없는데 어떻게 프랑스 영토를 침략해서 (그 나라의) 더욱 불순한 인민을 굴복시킬 수 있겠는가?"라고 밝히고 있다. 이런 주장을 예로 보면, 구미의 각국에서 비록 정부의 강권을 가졌더라도 무정부가 실현된 뒤의 중국 국민에게는 결코 행사할 수 없다는 사실도 확실히 알 수 있다.

어떤 이는 "오늘날의 중국에서 이 (무정부)제도가 시행되길 바라지만

---

85) 나폴레옹 3세(Napoleon III: 1808-1873)는 나폴레옹 1세의 조카로 1848년 제2공화정에서 대통령으로 선출되었다. 그는 쿠데타를 일으켜서 황제로 즉위하지만 강압 통치를 펼치다가 폐위되었다.
86) 제1차 아편전쟁시기에 廣州 교외의 三元里에서 103개 鄕의 촌민이 연합하여 일으킨 무장 抗英鬪爭을 말한다.

아마도 실력이 아직 충분하지 못하다."라고 천명한다. 그렇다면 여러 나라의 인민 당파에게 또 협조를 요청할 수 있다. 하지만 각국의 정부에 대해 보면, 이 (무정부)주의의 공동의 적이니 어떻게 도리어 그들이 찬성하길 바랄 수가 있겠는가? 만약 이 제도가 미처 실행되기 전에 기존의 권리를 보전하려면, 우리 인민이 쓸 수 있는 대응책을 저울질해 볼 때 전부 두 가지가 있다. 첫째로 겉만 번지르르하게 꾸며대는 신정(新政)을 종식시키는 것이다. 둘째로 각국의 인민 당파와 연대하여 외부의 지원 세력으로 삼는 것이다. 이제 그 이유를 설명해 보겠다.

중국에서는 함풍(咸豊)과 동치(同治)시대 이후로 점차 지방분권의 제도를 시행하였다. 각 성의 고관은 오직 군사와 재정의 두 분야에만 치중하고, 민생과 이치(吏治)는 완전히 경시해버렸다. 그들은 인민에 대해 탄압과 착취라는 두 가지 정책 말고는 달리 통치할 방법이 없어서 인민은 나날이 더욱 곤궁해지게 되었다. 오늘날 신정 실시와 외채 상환 때문에 조세는 갈수록 늘어나고 물가가 날마다 올라서 중류층 가정도 언제나 하늘만 쳐다보며 생계를 걱정하고 있다. 게다가 몇몇 정객은 또 구미와 일본의 거짓 문명에 현혹되어 중국에서 그 제도를 추진하길 바라고, 고위 관리들도 점점 그 견해를 추종한다. 그렇지만 신정을 한번 수행하자면 한바탕 경비를 엄청나게 늘려야 된다. 그런데 중국 인민은 예로부터 지금까지 오랫동안 세금 징수를 폭정으로 간주했으므로 거금을 추렴하려고 시도하면 반드시 큰 변란을 야기할 것이다. 중국의 고위층도 그런 사정을 깊이 알기 때문에 신정 추진비의 마련을 오로지 외채 도입의 한 가지 방법에만 매달리고자 한다. 일단 외채를 빌려 온 이상은 어쩔 수 없이 이권을 저당 잡혀야 한다. 이것이 철로·광산 등 경제적 이권을 빼앗긴 이유이다.

지금 봉천성(奉天省)에서 시행하는 신정을 보면, 겉모습이 제법 그럴듯하지만 이권의 상실도 가장 크다. 그다음은 호북(湖北)으로 외채 액수가 역시 엄청나다. 이를 근거로 미루어 볼 때, 오늘날 가장 호사스런 고관이 막대한 경비가 드는 신정을 이행하기 때문에 거짓 문명이 보급된 곳은 외채를 빌려 온 지역이 되고, 다시 외채가 도입한 곳은 곧 이권을 빼앗긴 지역이 된다. 게다가 실업을 진흥시키는데 국민에게서 모은 자금만으로는 항상 총액을 채우기 어려워서 반드시 외국인과 합자한다. 이렇게 시간이 많이 흐르면 결국에 주객이 전도되어버린다. 따라서 중국의 정치와 실업 두 분야에서 개혁의 시도는 고스란히 이권 상실의 과정이 된다. 만약 장기간 이런 상황을 개선하지 않으면, 틀림없이 거짓 문명이 날로 진척되고 국력이 갈수록 고갈되어 전국 인민은 은연중에 외국 자본주의 제도의 일원으로 전락할 것이다. 따라서 장차 이집트의 전철을 밟지 않을 가능성은 거의 희박하다. 지금 정부는 인민의 재물을 착취하고 싶지만, 내심으로 직접 빼앗으면 반드시 저항이 일어날 것이라고 우려한다. 그러므로 최선책은 먼저 외국 자본을 빌려 오고, 뒤에 저들 인민이 장차 이권을 상실할 사태를 파악하여 어쩔 수 없이 힘을 모아 정부 대신 상환하도록 만드는 방안이라고 판단한다. 이는 정부가 요사이 간접적으로 재물을 수탈하는 비결이다. 그런데 신정이 중지되지 않아서 필요한 경비가 한이 없으면, 들어오는 외채액 역시 앞으로 끝없이 늘어나게 된다. 이권을 저당 잡힌 외채는 설령 일시적으로 다투어 갚더라도 장래에까지 그것을 계속 송금하리라고 보장하기는 어렵다. 따라서 오늘날 여러 정객들이 이권 회수의 사안에 대해서 비록 열심인 것처럼 가장[87] 하지만 그들은 다시[88] 날마다 신정을 고취하고 있다. 이는 신정과 외채 사이에 밀접한 관련이 있다는 사실을 모르기 때문이다. 그러므로 내가 "오늘날 외채를 저지하는 사람은 바로 외채를 들여오는 사람과 같다."라고 지적하는 것이다. 그들이 아무리 매일 모임을 만들

---

87) 원문은 '僞◆'인데 『遺書補遺』는 '僞託'으로 판독하였다. 번역은 『遺書補遺』를 따랐다.
88) 원문은 '◆'인데 『遺書補遺』는 '復'로 판독하였다. 번역은 『遺書補遺』를 따랐다.

어 외채를 막아본들 무슨 도움이 되겠는가! 그러므로 신정은 외채를 끌어들이는 매개이며 외채는 나라를 망치는 장본이다. 겉모습만 그럴싸하게 포장하는 일체의 신정을 척결하지 않는다면, 결코 아직 잃지 않은 이권마저도 보전할 수 없을 것이다. 이상은 중국 인민이 마땅히 알아야 될 한 가지 대응책이다.

다시 중국의 이권 상실은 외국의 자본가가 이권을 동방으로 확장시키려는 야욕에서 비롯되었다. 대개 그들은 본국에서 인민의 재물을 갈취하고 시장의 이윤을 농단[89]하여, 노동자 계급을 마치 해가 사라진 암흑세계에서 신음하듯이 고통스럽게 만들었다. 더 나아가 그들은 악랄한 수법을 다른 민족에게도 부리고 있다. 이를테면, 여복(如福)회사·존 케이의 회사[90] 및 일청(日淸)·노한(蘆漢)·호녕(滬寧) 등의 여러 철도회사가 그렇다. 이후로는 반드시 중국 전역을 통틀어 만주·산동·운남의 상태로 악화시킬 것이다. 또한 철로와 광산의 이권이 미치는 지역은 곧 외국인의 상공업이 경영되는 곳이다. 그 때문에 틀림없이 중국의 다수 농민은 모두 공장의 노예로 전락하고, 중국 인민의 자영업도 몽땅 방해를 받아서 갈수록 궁핍해지는 지경에 이를 것이다. 그러므로 외국 자본을 막는 일도 역시 당면한 주요 과제이다. 다만 중국 인민이 외국 자본을 배척하는데 겨우 신상(紳商) 집단의 모임 및 정부에 대한 요구에만 의지한다면, 이는 완전히 최악의 대책이다.

현재 각국의 사회당과 무정부당은 다들 국제적으로 연합해서 세계의 모든 정부와 자본가에게 대항하고 있다. 자본가 계급이 만일 자기 나라

---

89) 원문은 '龍斷'인데 『遺書補遺』는 '壟斷'으로 수정하였다. 번역은 『遺書補遺』를 따랐다.
90) 원문은 '凱約翰公司'인데 '凱約翰'은 영국인 사업가 'Kay, John'의 음역명이다. 존 케이는 1900년경부터 '安裕公司'를 설립하고 安徽省 광산개발권의 잠식을 기도하였다. '凱約翰公司'는 '安裕公司'를 말한다.

의 인민을 착취할 경우에는 정말로 힘을 다해 반대하고, 설령 다른 나라의 인민을 약탈할 경우에도 그들을 공격하여 세계 인류의 공적으로 간주한다. 중국 인민은 외국인이 중국을 약탈하는 상황에 대해 사실을 있는 그대로 진술하여 그 당들에게 보고하고, 그들과 서로 연대해야 된다. 만약 그렇게 하면 외국의 자본가 계급 가운데 중국을 수탈하려는 자가 나타날 경우에 그 당들은 틀림없이 그런 세력에 힘껏 맞서서 견제할 것이다. 가령 중국의 평민이 외국의 강권에 저항하면 그들도 깊이 공감을 표명하고, 심지어 철로와 광산에서 동맹파업하거나 외국 자본가를 암살하더라도 그들은 역시 적극 찬동하며 도와줄 것이다. 독일 인민이 폴란드를 돕고 러시아를 지원하여 (자국의) 정부에 반항했던 정황을 보면, <u>앞의 내용을 참고하라.</u> 그 본보기를 알 수 있겠다. 이렇게 진행되면 대체로 저 외국의 자본가가 중국에 대해 다시는 약탈을 자행할 수 없고, 중국의 이권도 은연중에 보전될 수 있다. 이상은 중국 인민이 마땅히 알아야 될 또 하나의 대응책이다.

그러므로 중국의 현재 정세에서 말해 보자. 비록 소주(蘇州) · 항주(杭州) · 영파(寧波) · 강서(江西) · 서동(西潼)의 철로 부설권과 산서(山西) · 환남(皖南)[91]의 광산 개발권 및 황해의 항해권과 강서의 경찰 행정권을 남김없이 외국인에게 빼앗기더라도, 정말로 위의 두 가지 대응책을 실행할 수만 있다면 그 역시 거의 만회될 것이다. 그렇지 않다면, 회의를 열어 의견을 모으고 통신으로 서로 논쟁하는 일은 오직 신상 집단이 명성을 낚고 권력을 잡는 데 이바지할 뿐이다. 이런 상황에서도 오히려 "중국을 보전한다."라고 외친다면, 그 누가 거기에 속겠는가! (1907)

---

91) 安徽省의 장강 이남 지역을 말한다.

15
크로포트킨의 학술 약론[1]

크로포트킨의 학술이 공산무정부주의 가운데 가장 원만하다는 것은 오늘날의 학자들이 대부분 알고 있다. 그러므로 그 학술의 중요한 부분을 골라서[2] 이 글에 나열하겠다.

크로포트킨은 러시아인으로 1842년에 태어났다. 러시아의 귀족 출신이고 그의 작위는 대공(大公)이었다. 어릴 적에 상트페테르부르크에서 공부하고[3], 성장해서는 시베리아의 군관이 되지만 폴란드 전투를 계기로 사직하였다. 이에 과학에 종사하다가 다시 지리학회의 서기가 되었다. 1872년에 스위스와 독일을 여행하다가 마침내 국제노동자협회[4]에 가입하였다. 귀국한 이후로는 오로지 혁명의 고취를 일삼았다. 1874년에

---

1) 원제목은 「苦魯巴特金學術述略 (即克雒頗洛庚)」이고 지은이 서명은 '申叔'이다. 이 글은 1907년에 『天義』에 발표되고 『遺書補遺』에 수록되었다. 『天義』의 「目次」에는 제목이 '苦魯巴特全無政府主義述略'으로 나오는데 '苦魯巴特全'은 '苦魯巴特金'의 오류이다. 번역은 『天義』의 원문에 근거하였다.
2) 원문은 '剌取'인데 『遺書補遺』는 '刺取'로 수정하였다. 번역은 『遺書補遺』를 따랐다.
3) 원문은 '肄學'인데 『遺書補遺』는 '肄學'으로 수정하였다. 번역은 『遺書補遺』를 따랐다.
4) 제1인터내셔널이다.

러시아 정부에 체포되었다. 뒤에 영국으로 도망했다가 다시 영국에서 스위스로 가서 혁명 잡지를 만들었다. 또다시 스위스에서 추방당하자 곧 프랑스로 건너갔다. 이어서 리옹에서 일어난 암살 사건에 연루되어 5년간 옥살이를 하였다. 그 뒤에는 영국에서 살았다. 이것이 크로포트킨이 남긴 발자취의 대략적인 줄거리이다. 크로포트킨은 생활이 지극히 검소하였다.

크로포트킨이 지은 책 가운데 필자가 본 것은 『청년에게 고함』·『무정부주의 철학』·『상호 부조론』과 「자유 합의」·「임금 제도」 즉 『빵의 약탈』의 제1장과 제2장이다.[5] 뿐이다. 크로포트킨의 학술에 대해 아직 전체의 내용을 엿보지는 못했다. 하지만 내가 읽은 책에 의거해 보자면, 그의 학술은 전적으로 과학에 근거하는데 대체로 그가 본래 지리학과 박물학의 전문가였기 때문이다. 이제 먼저 그가 견지했던 이론을 언급하면, 하나는 상호 부조론이고 다른 하나는 중심 부재설이다. 그의 모든 학술은 고스란히 이 두 가지 학설에서 파생되었다. 간략히 서술해 보면 아래와 같다.

1. 상호 부조론

크로포트킨이 지은 『상호 부조론』에서는 인류가 상호 부조의 천성을 가지고 있다고 여긴다. 어떻게 인류에게 상호 부조의 천성이 있다는 것을 알까? 생물이 상호 부조의 천성을 갖추고 있다는 사실로써 그것을 증명한다. 그가 저술한 『상호 부조론』의 제1편에서는 먼저 동물의 상호 부조를 말하고, 다음으로 야만인과 반개화인의 상호 부조를 소개하며, 끝으로 당대인의 상호 부조를 언급하고 있다. 그는 대략 이

---

5) 巴金의 번역본 『麵包與自由』(1940년)에 의하면, 「자유 합의」와 「임금 제도」는 각각 『빵의 약탈』의 제11장과 제13장이다.

렇게 주장한다.

"생물의 상호 부조론은 다윈[6]에서 시작된다. 다윈은 비록 생존 경쟁을 생물 진화의 원리로 여기지만 그가 지은『종의 기원』[7]에서 이미 '생존 경쟁의 의미를 한 측면으로만 좁게[8] 보는 것은 부당하다. 마땅히 넓은 시야에서 해석해야 한다. 생존 경쟁은 바로 뭇 생물의 상호 관계이다.'라고 언급하였다. 또한 그가 지은[9] 『인간의 유래』[10]에서도 '동물의 진화는 당대의 경쟁으로써 협력한다. 경쟁이 단합으로 전환되면, 이에 그 종(種, species)은 더욱 우량한 단계로 나아간다. 이른바 우량종이 반드시 자신의 강함과 재능에만 의지하는 것은 아니다. 그것이 치중하는 부분은 오직 단합을 유지하는 데 있다. 그러므로 모든 공동체[11]는 대체로 구성원 피차 간에 서로 대하는 태도가 더욱 돈독한 경우일수록 집단도 더욱 발전한다.'라고 언명하였다.

다윈의 말은 이와 같았다. 그러나 헉슬리[12]는 그의 취지를 오해하여, '동물 가운데 오직 강하고 교활한 것이 살아남는다. 인간도 마찬가지이다. 약하고 어리석으면 반드시 열등하여 패배하게 되며, 강하고 교활하

---

6) 다윈(Charles Robert Darwin: 1809-1882)은 영국 출신의 생물학자로 1859년에『종의 기원』을 발표하여 '진화론'을 확립하였다. 그의 진화론은 뉴턴의 물리학과 더불어 사상의 혁신을 가져와 그 이후 자연관과 세계관의 변혁에 크게 이바지하였다.

7) 원문은 '種源'이다.

8) 원문은 '扁小'인데『遺書補遺』는 '偏小'로 수정하였다. 번역은『遺書補遺』를 따랐다.

9) 원문은 '所着'인데『遺書補遺』는 '所著'로 수정하였다. 번역은『遺書補遺』를 따랐다.

10) 원문은 '物種由來'이다.

11) 원문은 '公共團體'이다.

12) 헉슬리(Thomas Henry Huxley: 1825-1895)는 영국 출신의 생물학자이다. 그는 다윈의 진화론을 적극적으로 옹호하며 반대자들과 격렬히 논쟁하여 '다윈의 불독'이란 별명을 얻었다.

면 결국 우월하여 승리를 차지한다. 그러므로 투쟁을 벗어나면 생존할 근거가 없다.'라고 여겼다. 근래의 사람들은 이런 잘못된 의미를 고수하는 경우가 많다.

사실 헉슬리가 언급한 바는 아직 생물 변화상의 본질에 명확히 부합되지 않는다. 만일 우리가 황야와 산림에 가서 동물을 관찰해 보면, 서로 싸우는 것이 정말로 적지 않지만 상호 부조하는 것은 더욱 많다. 그러므로 경쟁은 생물 변화상의 통례이고, 상호 부조[13]도 생물 변화상의 통례이다. 그런데 경쟁과 상호 부조는 동일하게 생물 변화상의 통례이지만, 만약 군체에게 알맞은 쪽으로 말한다면 곧 상호 부조가 더욱[14] 적합하다. 대체로 생물의 발전이 변함없이 오래가려면 상호 부조가 아니고는 다른 방도가 없다." <u>이상은 크로포트킨의 『상호 부조론』에서 요점을 간추려 적었다.</u>

대체로 크로포트킨은 상호 부조를 생물 변화상의 통례 가운데 하나로 인정하며, 아울러 상호 부조를 생물의 적절한 기능으로 인정하였다. 그가 인용한 증거는 아래와 같다.

"러시아 상트페테르부르크 대학의 교수인 케슬러[15]는 '대체로 사람들이 생물 및 인류를 연구할 때에 항상 경쟁의 사례를 언급하는 데에만 급급해서 상호 부조의 예는 도리어 등한시한다. 상호 부조의 예가 더욱 중요하다는 것을 모르기 때문이다. 대체로 생물은 조직이 견고할수록 그 무

---

13) 원문은 '助互'인데 『遺書補遺』는 '互助'로 수정하였다. 번역은 『遺書補遺』를 따랐다.
14) 원문은 '就'인데 『遺書補遺』는 '尤'로 수정하였다. 번역은 『遺書補遺』를 따랐다.
15) 케슬러(Karl Fedorovich Kessler: 1815-1881)는 러시아의 동물학자로 상트페테르부르크대학의 학장을 역임하고 상트페테르부르크 자연과학자협회를 창설하였다.

리는 우량하게 번성하므로 상호 부조가 경쟁보다 진화에 훨씬 유익하다.'라고 주장하였다."

"러시아 박물학회 회원인 스예베르초프[16]는 '맹금류 가운데 서로 다투며 뺏기를 잘하는 종류는 이미 쇠퇴하였다. 오리과는 날개 조직이 가장 취약하지만 서로 돕기 때문에 그 부류가 결국 지구상에 두루 퍼졌다.'라고 말하였다."

"박물학자인 아들레르쯔[17]는 일찍이 개미를 실험한 뒤에, '시험 삼아 두 종류의 개미를 하나의 주머니에 넣어 두니 줄곧 다툼이 없었다. 대체로[18] 두 종의 개미가 서로 마주쳐도 전부 싸우는 것은 아니다. 더욱이 개미 왕국은 언제나 다수의 개미굴이 모여서 이루어진다. 각 굴마다 대략 30만 마리의 개미가 있다면, 개미 왕국이란 곧 10-100조 마리의 개미가 모여서 형성되는 것이다.'라고 말하였다."

"남미의 박물학자인 허드슨[19]은 잠자리가 다른 여러 종과 결합하여 떼지어 남미의 들판을 건너가고, 메뚜기도 무리지어서 살아간다는 것을 발견하였다."

"박물학자인 베이츠[20]는 남미 아마존강 가에서 노랑과 살굿빛의 나비들이 뒤엉켜 날아서 강을 건너는 것을 발견하였다."

---

16) 스예베르초프(N. Syevertsoff: ?-?)는 러시아 출신으로 맹금류를 연구한 조류학자이다.
17) 아들레르쯔(G. Adlerz: 1858-1918)는 스웨덴 출신으로 개미를 연구한 곤충학자이다.
18) 원문은 '互'인데 『遺書補遺』는 '夫'로 수정하였다. 번역은 『遺書補遺』를 따랐다.
19) 허드슨(W. H. Hudson: 1841-1922)은 아르헨티나 출신의 영국 박물학자이자 문학가이다.
20) 베이츠(H. W. Bates: 1825-1892)는 영국의 곤충학자로 '곤충의 擬態'에 관해 연구하였다.

"박물학자인 파브르[21]는 '예전에 수컷 벌레 네 마리와 암컷 한 마리가 함께 작은 쥐 한 마리를 옮겨서 흙에 묻어 감추는 장면을 보았다. 일이 끝나자 암수 한 쌍만 그것을 먹고 나머지 벌레는 떠나버렸다. 또 예전에 쇠똥구리 두 마리가 함께 똥 공 하나를 만드는 장면을 보았다. 한 마리는 굴리고 다른 한 마리는 보조하면서 비탈길을 올라갔다. 사람들은 이 두 마리가 짝이고 그 공은 새끼를 낳은 곳이라고 여겼다. 검증해 보니 그 공 안에 알이 없어서 비로소 이 두 마리 벌레는 짝이 아니고, 같은 종류가 상호 부조하는 상황이라는 것을 알았다.'라고 말하였다."

이상은 모두 크로포트킨이 나열한 증거로 상호 부조의 예를 증명하는데 고등동물만 그런 것이 아니고 하등동물도 마찬가지이다. 동물이 그렇다면 인류는 지능이 동물보다 우월한 존재로서 그 상호 부조의 감정도 분명히 동물에 비해 더욱 풍부하다. 이는 크로포트킨이 견지한[22] 첫 번째 학설이다.

2. 중심 부재설

크로포트킨은 중심 부재설도 자연과학으로 증명하였다. 그는 『무정부주의 철학』을 지어서 이 이론을 논증해 발표하였다. 거기에 열거된 증거로 가장 중요한 것은 세 가지가 있다.

---

21) 파브르(J. H. Fabre: 1823-1915)는 프랑스의 곤충학자로 곤충의 생활사·본능·습성에 관한 연구에 평생을 바쳤다. 저작은 『곤충기』가 널리 알려져 있다.
22) 원문은 '所特'인데 『遺書補遺』는 '所持'로 수정하였다. 번역은 『遺書補遺』를 따랐다.

(1) 천문학

크로포트킨은 이렇게 설명한다. 고대의 학자는 지구가 우주의 중심이어서 해·달·별이 모두 지구에 의지해 회전한다고 여겼다. 16세기에 이르자 인민이 점점 지혜로워져서 비로소 지구가 실은 태양계 행성 중의 하나이지 우주의 중심이 아니며, 지구 외에도 수없이 많은 행성이 존재한다는 사실을 깨달았다. 이로부터 과거에 지구를 우주의 중심으로 간주하던 자들은 태양을 우주의 중심이라 생각하는 쪽으로 바뀌었다. 19세기 즈음이 되자 천문학자는 태양이 행성의 지배력을 가지고 있다는 것에 대하여 점차 거리낌 없이 의심을 품었다. 최근의 과학에 의하면, 무수한 별들이 우주 공간에 흩어져 있고 혼연일체로 자연의 질서를 따르는데 태양도 그중의 하나일 뿐이고 행성들이 그 지배하에 귀속된 상태는 아니라고 지적하고 있다. 그러므로 상고[23]시대의 사람은 지구를 우주의 중심으로 여기고 중세 이후로는 태양을 우주[24]의 중심으로 간주하며 지금은 우주에 중심이 없다는 설이 점차 발명되었다. 이상이 천문학에서 증명될 수 있는 부분이다.

(2) 물리학

크로포트킨은 이렇게 설명한다. 과거의 물리학자는 모두 전기와 자력의 본질이 물체 밖에 있고, 전기와 자력의 발동은 외계의 어떤 작용력이 미치기 때문에 그런 현상이 나타난다고 여겼다. 사실은 그렇지 않다. 전기와 자력은 고스란히 물체 및 주위 물질이 구성하는 것이다. 그 안에 함유된 것은 모두 극히 미세한 원자인데 그 운동이 지극히 활성화되어 운

---

23) 원문은 '上右'인데 문맥상 '上古'의 오류이다.
24) 원문은 '宙'인데 『遺書補遺』는 '宇宙'로 수정하였다. 번역은 『遺書補遺』를 따랐다.

동에서 충돌을 일으키면, 전기와 자력 및 빛과 열이 전부 그로 말미암아 생겨난다. 어찌 따로 존재하는 다른 물체가 그것이 움직이도록 촉진시킬 수 있겠는가? 이상이 물리학에서 증명될 수 있는 부분이다.

(3) 생리학

크로포트킨은 이렇게 설명한다. 대체로 물체는 전부 극히 미세한 분자로 구성되어 있다. 예를 들면, 사람들은 한 명의 인간이나 하나의 사물에 대해 오직 그 개체의 전체 모습만을 볼 뿐이라서 그것이 모두 셀 수 없이 많은 아주 미세한 분자들의 집합체라는 사실을 모른다. 그러므로 개인은 각 기관이 적절히 결합하여 이루어지고, 이를테면 소화기관과 감각기관의 그렇다. 각 기관은 각 세포가 적절히 결합하여 구성되며, 각 세포는 다시 극히 미세한 원자가 적절히 결합하여 구성된다. 각각의 세포란 전부 분리된 독립체이지만 서로 결합하여 조화를 이룬다. 이는 최근 생리학의 원리이다. 과거의 사람들은 영혼을 중심으로 오해해서 각 지체가 그 지배를 받는다고 여겼다. 지금은 영혼을 도외시하고 실체를 언급하기 때문에 인체에는 실체 이외에 결코 각 지체를 지배하는 영혼이란 없다. 이상이 생리학에서 증명될 수 있는 부분이다.

이상으로 열거한 각 실례에서 보면, 최근 과학의 추세를 알 수 있다. 과학에서 발견한 규칙은 각 사물의 작용이 모두 각 물체가 적절히 결합하여 이루어지며, 결코 중심 및 외계의 지배를 받지 않는다는 것을 증명하고 있다. 물체가 이와 같다면 인류의 조직도 마찬가지이다. 이는 크로포트킨이 견지한 두 번째 학설이다.

위의 두 가지 학설은 전부 과학을 원용하지만 그 요지는 인류의 자연적인 단합을 증명하는 데 있었다. 그러므로 그가 지은 『무정부주의²⁵⁾ 철학』은 먼저 과학을 인용해 증명하나 그 요점에 이르면 다시 각 물체는 피차가 조화되어야 자연적 질서를 이루고, 피차가 조화를 잃으면 충돌이 일어난다고 지적하였다. 이러한 예로 인류를 증명해 보자면, "피차가 조화되어야 자연적 질서를 이룬다."라는 말은 곧 그의 이른바 인류가 상호 부조해서 공산무정부주의의 사회를 이룩한다는 것이다. 반대로 "피차가 조화를 잃으면 충돌이 일어난다."라는 말은 바로 그의 이른바 불평등한 세계에 살게 되면 마땅히 혁명이라는 폭력을 사용해야 한다는 것이다.

크로포트킨의 이러한 학술은 무정부주의의 명확한 증거일 뿐만 아니라, 또한 오늘날 (그와 다른) 학설의 입론 근거를 무너뜨리기에 충분하다. 대개 오늘날 세계의 대악무도는 강권을 휘두르고 인위적 통치²⁶⁾를 숭상하는 데서 비롯되고 있다. 강권이 성행하는 원인은 헉슬리 등이 다윈의 취지를 잘못 이해하여 우승열패를 공례로 삼았기 때문이다. 그러므로 강한 민족이 약소민족을 능멸해서 참상이 빈번히 일어나도 사리가 응당 그렇다고 간주한다. 이를테면 어떤 나라에서 집권층은 오로지 자신의 권위를 끼고 빈곤층을 업신여기면서 도리어 그들이 열등하여 패배한 탓으로 지목해버린다. 평화를 어지럽히고 공리를 멸시하는 짓을 헉슬리 등은 전부 "오직 경쟁해야만 비로소 생존한다."라는 한 마디 말로써 호도하고 있다. "오직 경쟁해야만 비로소 생존한다." 그러므로 경쟁에 능한 것을 강자로 여긴다. 만약 크로포트킨의 상호 부조론에 환해지면, 경쟁할 경우는 항상 열등해져 패배하고 상호 부조하는 경우라야 비로소 살아남아

---

25) 원문은 '無政府均義'인데 『遺書補遺』는 '無政府主義'로 수정하였다. 번역은 『遺書補遺』를 따랐다.
26) 원문은 '人治'이다.

서 강권도 점차 종식시킬 수 있게 된다.

인위적 통치를 숭상하는 것에 대해 보자면, 블룬칠리[27] 등 여러 사람이 국가학을 대대적으로 제창하여 국가를 유기체로 여기고 정부를 국가 기관으로 삼았기 때문이다. 이로 말미암아 정부는 국가의 중심이 되고, 전국의 인민이 전적으로 그 지배를 받는다. 집권층은 그 학설을 이용하고, 이로써 간섭을 명분으로 내세워 실질적인 전제를 행사해서 인민은 권리를 거의 다 박탈당한다. 이는 곧 정부를 중심이라 인정한 탓이다. 만약 크로포트킨의 중심 부재설에 환해지면, 정부 기관을 폐지할 수 있어서 모두가 인위적 통치 밖으로 벗어날 수 있게 된다.

그러므로 오늘날 세계의 그릇된 이론에 대해 크로포트킨의 학설은 그것을 충분히 깨뜨리고도 남는다. 하지만 크로포트킨의 목적은 단지 헛된 이론을 제창하는 데 있지 않았다. 그의 의도는 인류에게 상호 부조의 감정을 증진하고 중심 부재의 제도를 실행하며 집단적 역량을 결집시켜서 현재의 사회를 개조하려는 것이었다. 그런데 새로운 사회로 개조하려면, 반드시 기존의 사회를 파괴하는 일로부터 시작해야 한다. 이제 크로포트킨의 (무정부)주의를 설명하면 아래와 같다.

그가 말하는 인류 사회[28]의 통칙이란 곧 인간 도덕의 진화이다. 진화란 무엇인가? 바로 인간의 삶이 불행한 상황에서 벗어나 한결 행복한 상태에 이르는 것이다. 대체로 세상의 모든 사물은 변화하지 않는 것이 없다. 세계에서 어떤 개혁을 막론하고 대체로 진보에 불리한 사항은 모두 힘써 혁신해서 인민의 삶에 적합하도록 추구해야 마땅하다. 그러므로 사

---

27) 블룬칠리(J. K. Bluntschli: 1808-1881)는 스위스 출신의 법학자이다. 그는 독일의 여러 대학에서 교수로 재직하다가 스위스에 국제법연구소를 설립하고 총재를 지냈다. 그는 국가학 분야에서 '국가유기체설'을 내세웠다.

28) 원문은 '人群'이다.

회를 위해 진보를 도모한다는 것은 곧 인민 전체를 위해 보다 큰 행복을 창출한다는 의미이다. 그러나 오늘날 사회의 여러 제도는 부패가 거의 극에 달해서 생기를 막아버리고 있다. 이를 과감히 혁파하지 않으면 분명히 인류를 진흙탕에서 구할 수 없으므로 오직 혁명만이 최선이다. 대체로 혁명을 실행하여 현존의 조직을 파괴하는 것이 바로 인류의 진화를 촉진시키는 방도이다.

오늘날의 체제 중에는 반드시 파괴해야 마땅한 부분이 존재한다. 크로포트킨이 언급한 내용에 근거해 보면, 가장 중요한 사항은 두 가지가 있다.

1. 법률

크로포트킨은 법률을 논할 때에 우선 법의 권한을 인간 도덕의 진화에 대한 장애로 여겨서 다음과 같이 논단하였다. 즉, 고대 이래로 인민을 통제하는 것은 공무에 충실하고 법을 지키게 만드는 모종의 술수에 지나지 않는다. 매번 한 가지 법률이 늘어날 때마다 곧 치안을 보완한다는 평계를 내세운다. 법률이란 본래 삼가 준수하기에 부족한 것으로, 한낱 사회의 관습을 모아 기록해서 이루어진다는 사실을 모르기 때문이다. 법률이 아직 성행하지 않던 시대에는 피차가 관습에 따라 서로 관계를 유지하여 상호 친목하였다. 사회가 빈부의 두 계층으로 나뉘고 부자가 빈민을 제압하여 복종시키게 되자, 비로소 관습 가운데 자신에게 유리한 부분을 뽑아서 법률로 만들고 아울러 형법으로 뭇 백성을 단속하였다. 그러므로 법률의 의도는 소수의 인민을 이롭게 하는 데 있고, 뭇 백성에게는 유해무익하다. 게다가 일체의 법률은 크게 나누어 보면 세 가지 부류에 불과하다.

(1) 산업 보호

산업을 보호하는 법률은 개인이 사회에 대해 마땅히 획득한 권리를 보장하는 것이 아니라 사회의 모든 일은 전적으로 직공이 해내지만 직공은 그 성과를 누리지 못한다. 이를테면 옷감 짜는 사람은 여전히 추위에 떨고, 농사짓는 사람도 전처럼 굶주리는 상황이 그렇다. 도리어 자본가의 산업을 보호해서 그들이 영세민을 착취하도록 돕는 것이다. 그 불공평은 더할 나위 없이 심하다.

(2) 정부 보호

어떤 정부를 막론하고 시행하는 법률은 순전히 귀족이나 종교인 따위와 같은 상층부의 사사로운 이권을 유지하는 데에서 벗어나지 않는다. 실은 조금도 합당한 부분이 없다.

(3) 인민 보호

인민을 보호하는 법률은 징벌이 아니면 뭇사람의 단속인데 백성을 해친 사람에 대해 처벌하는 근거이다. 그러나 남을 해치는 경우가 어떤 사람은 보복 때문이고, 다른 어떤 사람은 가난 때문이다. 이에 그 원인은 따져보지도 않고서 무조건 법률에 따라 처벌해버리면 무슨 이로움이 있겠는가!

법률의 유해무익이 이미 이와 같으므로 인간 도덕의 진화는 반드시 법률이 존재하는 시대로부터 나아가 법률이 없는 시대에 이르러야 한다. 최근 여러 나라를 보면 폭동 사태가 날로 많아지고 있다. 이는 전부 인민이 법률을 준수하지 않으려는 것이다. 그러므로 법률이 사라지는 시기가 곧 도래할 것을 알겠다.

덧붙인 주석: 크로포트킨은 『무정부주의 철학』에서도 법률을 통렬히 배척하면서, "경찰과 밀정이 날로 늘어나면 살인과 절도의 사건이 많아진다. 그러므로 재판관은 실로 악독 중의 으뜸이고 밀정은 바로 다수의 경찰견이며, 감옥이란 범죄를 양성하는 대학이고 재판소란 악질을 기르는 소학교이다."라고 지적하였다. 또한 "오늘날의 사회는 권력의 지배 및 강권의 제재에서 벗어나지 못해서 실로 인간의 선량함을 타락시켜 죄악으로 몰아넣는다."라고 피력하였다. 그가 법률을 증오하는 것은 이와 같았다.

2. 재산

크로포트킨은 자본주의적 사유제도를 논할 때, 생산수단이 모조리 자본가에게 점유당한 결과로 다수의 일반 사람은 노동력을 파는 노예제도에 함몰된다고 여겼다. 이는 프루동과 마르크스에 다름이 없는 것이다. 그러나 그는 마르크스의 사회주의도 통렬히 배척하였다. 그가 논술한 「임금 제도」[29]에서는 대략 "지금 집산주의를 주장하는 자들도 사유재산의 폐지를 표명한다. 하지만 임금을 산정하는 제도는 각 사람의 성과에 따라 정하거나, 때로는 노동의 시간에 의거해 정한다. 이 모두가 아직 최선은 아니다."라고 지적하였다. 또한 그가 지은 『무정부주의 철학』에서도 집산주의 제도를 매섭게 배격하면서 이렇게 논단하였다. 즉, 집산주의 제도가 시행되면 국가로써 개인을 대신해 경제권을 장악하는 상황에 불과하다. 다수의 노동자는 과거에 개인의 노예였던 상태에서 이제는 일거에 국가의 노예로 바뀌게 된다. 그 감독의 엄격함은 아마 한층 더 참혹하게 강화될 것이다. 그러므로 무릇 국가의 조직을 인정해서 그 지배력

---

29) 『빵의 약탈』의 제13장이다. 巴金의 번역본에는 「第十三章 集産主義的工錢制度」로 되어 있다.

을 중앙에 귀속시키는 것은 전적으로 우리가 반대하는 이유이다. 따라서 우리가 주장하는 바는 곧 국가의 조직을 부정하고 자유롭게 결성된 사회생활을 도모하자는 것이다. 크로포트킨의 언론은 이와 같았다.

그러므로 크로포트킨은 집산주의설 이외에 공산주의이론을 창안하였다. 그 주요 취지로 이렇게 주장하였다. 즉, 이 제도를 실행하려면 반드시 자본주의적 사유제도를 전면 폐지하고, 노동자를 해방시켜서 공동 생산의 체제로 전환해야 한다. 모든 생산물은 전부 일반 사회에서 자유롭게 사용되어야 한다. 다시 그는 이렇게 피력하였다. 생산한 물품은 한 개인의 소유가 아니고 전체의 소유이다. 따라서 생산품은 뭇사람의 생산품이 되니 당연히 상부상조의 정신으로 서로 공급하고, 뭇사람의 사용도 공동으로 함께하는 것이 마땅하다. (크로포트킨의 견해를) 한 마디로 압축하자면, 모든 물품은 뭇사람의 소유가 된다는 그런 말이다. 그러므로 집산주의설과는 다르다.

덧붙인 기록: 크로포트킨은 이상의 두 가지 주장 이외에도 종교적 도덕까지 폐지하자고 언급하였다. 이는 이미 알고 있는 사람이 많아서 다시 인용하지 않고, 이 두 가지 주장만 소개하였다.

이상이 바로 이른바 무정부주의 및 공산제의 이론이다. 그런데 그가 견지한 이론은 온통 중심 부재설을 근거로 삼았다. 요약해서 말하자면, 현존하는 사회를 파괴한 뒤에는 무릇 인류 가운데 전적으로 상호 부조의 감정에 의거하여 공동 생산의 조직을 만들어서 자유롭게 결성된 사회를 완성시키자는 주장일 따름이다. 그러나 크로포트킨이 처음 내세운 이이론은 단순히 터무니없는 관점에서 억측했던 것은 아니다. 그는 이미 만물의 상호 부조로써 이 학설을 증명하고, 동시에 역사 및 현재의 사실을 들어서 증거로 삼았다.

1. 역사를 인용한 증명

『무정부주의 철학』에는 이렇게 언급하고 있다. 즉, 인류의 시작은 사실 사회생활로부터 출발하고 국가의 성립은 그보다 훨씬 뒤에 있었다. 오늘날의 사람들은 단지 국가의 성립만 알고 있을 뿐이니, 어찌 국가가 성립되기 전에 인류에게는 이미 수천 년에 걸친 사회적 생활이 존재한다는 사실을 알겠는가? 예를 들어 그리스와 로마를 보면, 마케도니아 제국이 건설되기 전에 벌써 사회가 존재하고 있었다. 가령 근세 유럽의 여러 국가가 본래 중앙집권제로 유명하지만, 그것은 전부 16세기 초에 건립되고 그 이전은 자치사회였다. 자치사회는 유럽의 중세기에 흥성하는데 9세기부터 시작해서 15세기에 이르러 끝났다. 현존하는 자유도시의 체제는 프랑스 서적 가운데 아직도 그 제도를 상세히 언급한 내용이 있다. 촌락 공동체와 도시동맹에 대해 보면 당시 이 제도도 성행하였다. 근대적 국가가 발생하게 되자, 제왕의 권력과 교회의 권력은 서로 결탁해서 자치사회를 파괴하고 그 공유 토지를 몰수하였다. 그 때문에 자치사회는 결국 모조리 사라졌다. 따라서 인류의 자유로운 결사는 중세 이전에는 확실히 그 사실이 적지 않았다.

2. 현재의 사실을 인용한 증명

『무정부주의 철학』에는 이렇게 언급하고 있다. 즉, 지금 서유럽 인민은 점차 결사의 자유권을 획득하고, 최근 삼사십년 동안에 이런 풍조는 여러 나라로 퍼져 나갔다. 대체로 학술·교육·산업·상업·미술·문학 등의 전 분야에서 각각 단체를 결성하여 상호 유대를 맺었다. 지금은 또 국경을 넘어 국제적인 연합으로 확대되고 있다. 이에 자치사회는 이미 잠재적으로 확장력을 함축하고 있어서 만일 다시 진보하게 되면, 반드시 이 제도로써 현존의 국가를 대체할 것이다. 또한 그는 「자유 합의」[30]를 발표하여 이렇게 주장하였다. 이 글은 지금의 사회로 무정부주의적 현상을 증명한 내용이 많다. 현재 유럽의 철도는 총 20만km인데 사방에 두루 이르러서 승하차와 환승이 무척 편리하고, 각 노선이 서로 이어져서 화물도 상호 운송된다. 이는 수백 개의 회사가 드넓게 건설한 철로를 모아서 완성시킨 것이다. 그러나 이 수백 개 회사의 연대는 모두 자유로운 합의에 기초하여 안건을 서신으로 교환한다. 그 관계는 계약적이지 법률적인 것이 아니다. 이에 근거해 미루어 보면, 만사가 고스란히 계약으로 이루어지는데 다시 수백 개의 회사가 무슨 근거로 철도를 차지할 수 있었을까? 그것은 바로 다수의 노동자가 철도를 공익사업으로 인정하고 합의하여 그 공정을 완성했기 때문이다. 이로부터 유추해 보면, 사회의 모든 일은 노동자 단체의 공동 경영에 맡길 수 있으니 반드시 정부의 존재에 의지할 필요는 없다.

크로포트킨이 견지한 이론은 이와 같았다. 그러므로 그는 자유롭게 결성된 단체로써 현존의 국가와 정부를 대신하고, 공산제로 현행의 사유재산제를 대체하길 꾀하였다. 그의 학술에 대해 보면, 직접적으로 무정부주의라고 명칭을 붙이면서 무정부란 곧 강권이 없는 상태이지 혼란의 의미는 아니라고 여겼다. 또한 무정부주의의 명분은 바로 지금의 나쁜 질서에 반대하고 인생의 가장 완벽한[31] 행복을 추구하는 것이라고 피력하였다. 종합해 보면 크로포트킨의 주장은 터무니없는 이론과 다르다는 점을 알 수 있겠다.

---

30) 『빵의 약탈』의 제11장이다. 巴金의 번역본에는 「第十一章 自由合意」로 되어 있다.
31) 원문은 '光美'인데 『遺書補遺』는 '完美'로 수정하였다. 번역은 『遺書補遺』를 따랐다.

요컨대, 크로포트킨의 자유결사론은 만물의 상호 부조를 근거로 삼았으니 실로 아주 정밀한 이론에 속한다. 중국의 제도로 말해 보자면, 각 성의 회당 및 시골구석에 유행하는 여러 종교가 모두 은연중에 공산제를 함축하고 있지만 다른 점은 오직 수령 및 교주의 계급이 존재한다는 부분일 뿐이다. 만약 이 계급을 제거하면 크로포트킨이 희망하던 제도는 정말로 중국에서 시행될 수밖에 없다. 다만 크로포트킨이 언급한 결사의 제도는 때로 중류층에게 이용당하기 쉽다. 이를테면 오늘날의 상업계· 학계·군인사회·실업계에서 그 실권의 차지는 여전히 신사와 부자에게 돌아간다. 게다가 저들은 항상 단체라는 헛된 명분으로 이권을 갈취해서 빈곤층을 기만한다. 만약 저들이 크로포트킨의 이론으로 자신을 포장한다면, 그 폐해는 말로 다 표현하지 못할 것이다. 그러므로 크로포트킨의 이론은 바로 사회를 개혁한 뒤에 시행할 제도이지만 때로는 이 제도의 설립을 사회 파괴의 준비 단계로 삼아야 한다. 만약 현존의 사회에 대하여 파괴할 방법조차 모르는 채로 한낱 자유로운 결사라는 명분으로 작당하여 사리사욕을 꾀한다면, 크로포트킨은 그것을 수긍하지 않을 것이다. 그러므로 특별히 여기에서 변론하였다.

오늘날 크로포트킨의 이론을 반대하는 사람 가운데 혹자는 톨스토이의 소극주의를 선택하고, 혹자는 슈티르너[32]의 개인주의를 채택한다. 대개 크로포트킨은 문명의 진보를 주장하니 톨스토이의 소극주의와는 다르다. 또한 크로포트킨이 언급한 무정부주의는 자유로운 결사로 귀결되니 슈티르너의 개인주의적 무정부주의론과도 같지 않다.

필자의 우견에서 보자면, 지금 정부가 존재하는 세계와 계급 사회에

---

32) 원문은 '斯撒納爾'인데 'Stirner'의 음역명이며 『遺書補遺』는 '斯撒納爾'로 수정하였다. 번역은 『遺書補遺』를 따랐다. 슈티르너(Max Stirner: 1806-1856)는 독일 출신의 철학자로 헤겔 좌파에 속하며 개인주의적 무정부주의를 주장하였다.

처해 있는데 물질문명을 이용해서 평민의 권리를 빼앗으면, 문명은 공교롭게 백성을 해치는 도구가 되니 차라리 톨스토이의 이론을 쓰는 편이 낫다. 그러나 정부 및 계급 사회가 정말로 폐지될 수 있다면, 문명은 당연히 그 진보를 힘써 추구하게 된다. 대체로 물질문명이 날로 진보하면 인민은 갈수록 편리해진다. 인간의 본성은 오직 편리함을 추구하는데 그 추구가 적극적이지 않고 소극적인 사람은 아직 없었다. 그러므로 톨스토이의 이론은 정부가 있는 세상에다 쓰면 인민을 충분히 이롭게 하고, 크로포트킨의 이론은 정부가 없는 세계에 적용하면 인민을 편하게 만들기에 넉넉할 것이다.

슈티르너의 이론에 대해 보면, 크로포트킨의 이론보다 훨씬 차원이 높지만 근래의 인민은 결코 그런 수준이 아니다. 대체로 근래의 인민은 절대로 사회에서 벗어나 홀로 살아갈 수 없으므로 정부를 없앤 뒤에는 오직 크로포트킨의 자유결사론이 가장 적합하다. 장래에 물질문명이 배로 진보해서 혹시 모든 물자를 자급자족할 수 있게 되면, 슈티르너의 이론은 아마도 실행될 날이 도래할 것이다. 이런즉 슈티르너가 이상화시킨 세계는 곧 크로포트킨이 이상화한 사회보다 훨씬 진보된 형태이다. 반드시 먼저 크로포트킨의 이론을 시행한 뒤에야 슈티르너가 이상화시킨 사회가 비로소 점진적으로 이루어질 수 있다. 따라서 슈티르너의 학설로 크로포트킨의 이론을 배척하면 안 된다. 필자의 졸견이 이렇기 때문에 크로포트킨의 학술을 논의하는 기회에 아울러 언급하였다. (1907)

16
『공산당 선언』 서문[1]

『공산당 선언』은 마르크스와 엥겔스[2]가 공저한 책이다. 구미의 여러 나라에 그 번역본이 아주 많다는 것은 엥겔스의 「서(敍)」 가운데 자세히 소개되어 있다. 일본의 사카이 도시히코(堺利彦)[3] 선생이 영문판에 근거해 직역하고, 민명(民鳴)[4] 선생은 다시 중문으로 옮겼다.[5] 번역이 이미 완성되었기에 내가 그 글머리에 다음과 같이 적는다.

공산주의자동맹 Communist League[6]은 1836년에 창안되었다. 이에 앞

---

1) 원제목은 「『共産黨宣言』序」이고 지은이 서명은 '申叔'이다. 이 글은 1908년에 『天義』에 발표되고 『遺書補遺』에 수록되었다. 번역은 『天義』의 원문에 근거하였다.

2) 엥겔스(Friedrich Engels: 1820-1895)는 독일의 사회주의자로 마르크스와 함께 과학적 사회주의를 창시하였다.

3) 사카이 도시히코(1871-1933)는 근대 일본의 사회주의자이다. 그는 1904년에 『共産黨宣言』을 고토쿠 슈스이(幸德秋水)와 공역하여 『平民新聞』(第53號)에 발표하였다. 1906년에는 일본사회당을 결성하였다.

4) '民鳴'은 筆名인데 신원 미상이다.

5) 民鳴이 번역한 『공산당 선언』의 제1장 및 엥겔스의 「서언」은 『天義』(1908)에 게재되었다.

6) 원문은 'Communist Jeagne'인데 『遺書補遺』는 'Communist League'로 수정하였다. 번역은 『遺書補遺』를 따랐다.

서 독일인 바이틀링 Weitling[7]은 자신의 학문을 공산주의로 표방하여 독일 수도의 청년들에게 추앙받았다. 이어서 다수가 파리로 망명하고 곧 은밀히 비밀결사를 결성하여 바이틀링의 학술을 귀착점으로 삼았다. 1839년에 파리에서 폭동이 일어나자, 독일인은 대부분 추방당할 것을 근심하여 다시 런던으로 달아났다. 당시 회원이 점점 늘어나서 독일인·영국인·덴마크인·폴란드인·헝가리인·스웨덴인은 다수가 동맹에 함께 가입하였다. 1847년이 되자 '공산주의자동맹'이라는 명칭으로 공공연히 대중에게 드러냈다. 그해 봄부터 겨울까지 대회를 두 차례 열었다.

당시 마르크스 및 엥겔스는 모두 사회주의의 거두였다, 엥겔스는『영국 노동자계급의 상태 The Condition of the working Class in England』를 짓고, 마르크스는『철학의 빈곤(貧困) Philosophie de Misère[8]』을 저술하였다. 이어서 둘은 런던에 함께 거주하다가, 마침 동맹의 성립을 맞이하여 선언서의 초안을 서로에게 맡겼다. 이듬해 2월 초순에 드디어『(공산당) 선언』을 세상에 공표하였다. 그 뒤로 유럽[9] 각국 정부의 금지령이 날로[10] 엄해져서 곧 이 동맹도 1852년[11]에 해산되었다. 그러나 1864년에 국제노동자동맹 International Workingmen's Association[12] 이 런던에

---

7) 원문은 '維持林替 Woitling'인데『遺書補遺』는 '維特替林 Weitling'으로 수정하였다. 번역은『遺書補遺』를 따랐다. 바이틀링(Wilhelm Weitling: 1808-1871)은 독일 출신으로 F.M.푸리에와 R.오언의 공상적 사회주의사상을 계승한 사회주의 이론가였다.
8) 원문은 'Mhilosophie de Nisere'인데 'Philosophie de Misère'의 오류이다.
9) 원문은 '歐州'인데『遺書補遺』는 '歐洲'로 수정하였다. 번역은『遺書補遺』를 따랐다.
10) 원문은 '曰'인데『遺書補遺』는 '日'로 수정하였다. 번역은『遺書補遺』를 따랐다.
11) 원문은 '八百五十二年'인데『遺書補遺』는 '千八百五十二年'으로 수정하였다. 번역은『遺書補遺』를 따랐다.
12) 원문은 'Jnternational Workingmens Association'인데『遺書補遺』는 'International Workingmen's Association'으로 수정하였다. 번역은『遺書補遺』를 따랐다.

서 부흥되었다. 현재의 국제사회당대회는 바로 여기에서 비롯되었다. 그
『선언』은 처음에 이탈리아인 마치니가 지었는데 뒤이어 노동자에게 배
척당하자 이에 마르크스가 기초하였다. 이것은 『국제노동자동맹선언』이
고 『공산당 선언』과는 다르다.

　대체로 마르크스는 말년에 종지가 비록 바쿠닌과 갈라지고, 현재 사
회민주당이 국회 정책에 이용하여 자기 자신을 비열함에 빠뜨리는 지
경에 이르렀지만 그가 장년기에 견지했던 취지는 본래 공산주의에 있
었다. 이 『(공산당) 선언』에 서술된 바를 보면, 유럽[13]의 사회 변천에 대
하여 남김없이 상세하게 밝혔다. 그런데 그 요체는 바로 세계 노동자
가 단결하여 계급투쟁을 실행해야 한다는 것이었다. 이는 실로 바뀔
수 없는 주장이다. 다만 그의 이른바 공산이란 민주제적 공산이지 무
정부주의적 공산은 아니다. 그러므로 공산주의가 차츰 집산주의 안으
로 융합되면, 곧 기존에 승인된 국가라는 조직 때문에 재산의 지배는
어쩔 수 없이 중앙에 귀속되기 마련이다. 이로 말미암아 공산이라는
좋은 제도와 선한 취지도 점차 그 참뜻을 잃게 된다. 이것이 마르크스
학설의 폐단이다.

　이 『(공산당) 선언』으로 말하자면, 그 안에 인증된 바가 참고하기에 빠
짐없이 잘 갖추어져 있다. 유럽[14] 자본주의 제도의 발전을 이해하려면
이 책을 연구하지 않을 수 없다. 다시 고금 사회변화의 원인이 모두 계급
간의 상호 투쟁에서 비롯되었다는 견해는 역사학에 대한 발명의 공이 매
우 지대하였다. 그러므로 역사 편찬을 토론할 경우에도 모범으로 받들
지 않을 수 없다. 이것이 바로 민명 선생이 이 책을 번역한 취지이다. (나

---

13) 원문은 '歐州'인데 『遺書補遺』는 '歐洲'로 수정하였다. 번역은 『遺書補遺』를 따랐다.
14) 위와 같다.

는 이상의) 몇 마디 말을 적어 책머리에 기재한다.

선수(申叔)¹⁵⁾가 쓰다. (1908)

---

15) 류스페이의 자이다.

17
공산제는 중국에 시행하기 쉬움을 논함[1]
- Communism in China

근래에 크로포트킨 Kropotkine [2]의 『빵의 약탈 *La conquête du pain*』
을 읽었다. 이 책의 제3장에는 무정부 공산주의 Anarchist communism 를
상세히 기술하고 있는데, 가장 정수인 말은 "무정부로부터 공산제가 생
기고, 공산제로부터 무정부에 이르게 된다."라고 언급한 대목이다. 그는
다시 "고대의 제도에서 비록 농민은 각자 근면하게 농사짓고 길쌈하지
만 도로와 교량 및 습지의 배수·목장의 목책에 관련된 작업은 전부 힘
을 모아 협동하였다. 이것이 촌락자치제도였다. 또한 최근 공업계에서는
모두 노동자가 상호 의지하고, 공동 노동으로 생산한 산물은 반드시 공
동으로 향유하게 되었다."라고 진술하였다. 또다시 "현재 사회의 추세는
이미 점차 공산주의로 기울어져서 오직 고대의 공산제를 보존하고 최근
민간 생활의 각종 일용품을 전부 공산주의의 수립에 기댄다면, 이 제도
의 시행도 멀지 않다."라고 언명하였다. 이제 크로포트킨의 이론으로 현
재의 중국을 검증해 보면, 공산제는 시행이 지극히 쉽다. 무엇 때문일까?

---

1) 원제목은 「論共産制易行於中國」이고 지은이 서명은 없다. 이 글은 1908년에 『衡報』
   에 발표되고 『遺書補遺』에 수록되었다. 번역은 『衡報』의 원문에 근거하였다.
2) 프랑스어 이름이고, 영어명은 'Kropotkin'이다.

공산제도는 중국의 고대사에 확실히 증거가 있다. 『예기』「제법편(祭法篇)」에 "황제(黃帝)는 백성에게 질서를 밝히고 재물을 공유[共財]시켰다."라고 나온다. 여기에서 '공재(共財)'란 두 글자가 정전(井田)을 가리키는지의 여부는 아직 알 수 없지만 태고 적에는 틀림없이 재물을 공유하던 제도였다는 것을 증명하기에 충분하다.

(하 · 상 · 주) 삼대에 이르자 종족 공산제가 나타났다. 『예기』「대전편(大傳篇)」[3]을 살펴보면, 종가를 공경하고 동족을 거두는 것으로부터 미루어 나가서 서민이 편안하고 재물도 풍족해지는 경지에 이르게 한다고 나온다. 고염무(顧炎武)의 『일지록』에서는 이 내용에 대해, "대체로 동족을 거두는 법도가 시행되자, 절기마다 함께 모여 식사하는 온정이 베풀어졌다. 애경사에 재물을 나누는 도리가 생겨나서 홀아비 · 과부 · 고아 · 독거노인 · 장애인도 부양받게 되었다."라고 풀이하였다. 또한 『백호통(白虎通)』[4]에도 "옛날에 반드시 종가가 존재한 까닭은 화목함을 증진시키기 때문이었다. (종가는 동족에게) 있고 없는 물품을 서로 교환시켜서 종족을 다스릴 수 있었다."라고 나온다. 이상은 고대에 한 종족의 재물이 그 종족 전체에게 공유되고, 남는 쪽을 덜어내서 부족한 쪽을 보충해주는[5] 취지에도 부합했다는 사실을 입증하기에 충분하다.

다른 하나는 촌락 공산제였다. 맹자가 정전제(井田制)를 언급할 적에, "(백성은) 죽어서 장사지내거나 이사해도 고향을 벗어나는 경우가 없고, 고향에서는 같은 정전에서 농사를 짓게 한다."라고 진술하였다. 『한서』

---

3) 원문은 '大傳篇'인데 『遺書補遺』는 '太傳篇'으로 수정했지만 모두 오류이다. 번역은 『禮記』에 근거하여 '大傳篇'으로 바로잡았다.

4) 후한의 반고가 편찬한 책으로 章帝 때에 白虎觀에서 벌어진 경학 토론을 정리한 내용이다.

5) 원문은 '褒多益寡'인데 '衰多益寡'의 오류이다.

「식화지(食貨志)」에도 "정전은 사방이 1리(里)인데 이것이 9부(夫)이다.[6] 8가구가 그것을 공유하여 부역과 생산이 공평할 수 있었다."라고 나온다. 대체로 8가구가 비록 각자 사전(私田)을 100무씩 받지만 힘을 모아 공동으로 경작하고 무에 따라 수확을 고르게 하여 재물을 균등히 하는 데에 재물 공유의 취지를 담아냈다. 이들은 모두 고대 제도 가운데 공산제에 가까운 것이다. 그러므로 『예기』「예운편(禮運篇)」에 "노인은 편히 여생을 보내고 청장년은 적절히 뽑혀 쓰이고 유소년은 좋은 양육을 받는다. 홀아비·과부·고아·독거노인·장애인도 빠짐없이 보살핌을 받게 된다."라고 나온다. 또한 "(백성은) 재화가 땅에 버려지는 상황을 꺼릴 뿐이지 그것을 반드시 자신이 사유하려는 것이 아니고, 능력이 자기에게서 발휘되지 않는 상황을 싫어할 뿐이지 그것을 반드시 자기를 위해 쓰려는 것이 아니다."라고 나온다. 이것이 바로 공산제의 명확한 증거이다.

대체로 상고시대의 제도는 확실히 공산제였다. 그러므로 공구(孔丘)[7]는 이에 근거해서 자유(子游)에게 알려준 것이지, 전부 이상에 속하는 말만 했던 것은 아니다. 그 뒤로 동한(東漢)시대에 장노(張魯)[8]가 한중(漢中)을 차지하자 여러 제주(祭酒)가 각자 무료 숙소를 도로의 여관에 설치하고, 공개적으로 쌀과 고기를 놓아두고서 여행객에게 제공하였다. 식사하는 나그네들은 양껏 배불리 먹었다. 이도 공산제가 한쪽 지방에서 시행되었던 것으로, 근래 무정부당이 "네가 원하는 바는 마음대로 가져가게 한다."라고 언급한 바와 매우 부합한다. 또한 옛말에 "100리를 여행하

---

6) 里와 夫는 모두 고대 경작지의 길이와 면적 단위이다. 1里는 길이가 약 300步이고 1 보는 약 6尺이다. 1夫는 100무이고 1무는 100보이다. 따라서 정전은 사방 1리이고 9 부이며 총 900무이다.

7) 孔子의 이름이다.

8) 張魯(?-?)는 후한의 道士 출신으로 五斗米道의 제3대 교주이다. 그는 漢中 지역에서 할거하다가 조조에게 투항하여 고관을 지냈다.

는 사람이 양식을 가져가지 않는다."라고 하였다. 그리고 『당서』에 서술된 개원(開元)연간의 성세에도 그런 말이 있었다. 이는 당시에 대체로 여행객이 지나가는 곳은 어디든지 전부 그들의 요구를 채워주었다는 사실을 입증하기에 충분하다. 또 인민이 식량을 공유로 여기고 자기 혼자만의 물품으로 사유하지 않았다는 것도 충분히 증명해 준다. 이로 말미암아 말하자면, 공산제도는 중국의 고대에 정말로 시행되고 중세 이후에도 변함없이 그 유풍이 잔존하였다. 근대에 이르러서도 공산제는 여전히 남아있는 부분이 있었다. 이제 그 증거를 열거해 보면 아래와 같다.

　요즈음 도시의 주민 가운데 비록 같은 종족이 재산을 따로따로 소유하는 자가 많긴 하다. 그러나 시골의 소도시 및 산간벽촌에서는 동족의 구성원이 항상 촌락을 에워싸고 거주하고 있다. 많은 곳은 1천여 호이며 적은 곳도 수백 호인데 각 집이 사유한 재산 이외에 모두 공동재산이 있어서 종족 전원에게 공유된다. 고대의 의장(義莊)과 의전(義田) 같은 제도이다. 전 종족원은 촌수의 차이나 신분의 귀천을 막론하고, 대체로 관혼상제의 비용은 죄다 여기에서 제공된다. 홀아비·과부·고아·독거노인도 이 재산을 나누어 부양받는다. 그 이하로 과거에 응시하는 경비와 서당에 다니는 학비 등도 고스란히 공유재산에서 지원된다. 안휘성(安徽省) 남부의 휘주(徽州)에서 이런 풍속이 가장 성행하고 있다. 복건성(福建省)·강서성(江西省)·귀주성(貴州省)·광동성(廣東省)에도 간혹 이런 제도가 존재한다. 이는 같은 종족끼리 재산을 공유하는 것이다.

　운남성(雲南省)·귀주성·광동성의 변두리에는 회당이 무척 많다. 그런데 그 결사에 가입하면 언어와 복장이 전부 일반 백성과 구별된다. 그들은 어느 지역에 가든지를 막론하고, 대체로 같은 회당의 성원과 마주치면 음식과 숙소를 오로지 자기가 원하는 대로 차지하지만 상대는 털끝만 한 대가도 받지 않는다. 다른 성의 회당도 이런 제도를 시행하는 경우가 있다. 또 강소성(江蘇省)의 태주(泰州)에서는 함풍(咸豐)과 동치(同治) 시대에 이청봉(李晴峰)[9]이란 자가 양명(陽明)과 심재(心齋)[10]의 여풍을 계승하고 별도로 종교를 창립하는데 몹시 은밀하였다. 근래에는 장강 유역과 해안 지역에 회당 세력이 만연한데 모두 재산 공유의 취지를 고수하여 서로 있고 없는 물품을 교환시켜서 부족분을 채워주고 있다. 이는 회당이 재산을 공유하는 것이다.

중국의 승려 가운데 대체로 이미 계율을 받은 자는 반드시 출가 증명서인 도첩(度牒)이 있다. 만약 이 도첩을 획득했을 경우에 그들은 어느 성(省)에 가든지 모든 사찰 소재지에서 배고프면 먹고 피곤하면 쉴 수 있다. 어떤 사람은 하루만 머문 뒤 바로 가고, 어떤 사람은 수십 일이 지나서야 비로소 떠난다. 따라서 그들은 몸소 1만 리를 여행해도 춥고 배고플 근심이 없다. 이는 승려들이 재산을 공유한 것이다.

몽고족 가운데 만리장성 너머의 지역에 사는 자들은 각각 부락을 구분하지만, 한쪽 부락민이 다른 부락에 갔을 경우에 배고프면 음식을 달라 하고 목마르면 음료를 요청한다. 그들은 해 질 녘이 되면 아무 게르(Ger)[11]에나 들어가 묵는데 통성명할 필요조차 없고, 주인도 대가를 요구하지 않는다. 위원(魏源)[12]의 『성무기(聖武記)』 등 여러 책에서 이 일을 거듭 기재하고 있으며, 지금까지도 여전히 그렇다. 이를테면 직예성(直隸省)과 산서성(山西省)의 다수 한족 사람들이 몽고 지역에 가서 만약 그곳

---

9) 청말에 양명학 좌파 사상과 불교·도교를 절충한 泰谷學派의 대표적 사상가인 李光炘(1808-1885)을 말한다. 晴峰은 그의 호이다.

10) 명대 양명학 좌파의 수장이자 泰州學派의 창시자인 王艮(1483-1541)을 말한다. 心齋는 그의 호이다.

11) 몽고족의 이동식 천막집으로 중국어로는 '파오(包)'라 부른다.

12) 魏源(1794-1857)은 청 중기 경세치용을 주장한 公羊學派의 거두이다. 저작은 『聖武記』와 『海國圖志』 등이 있다.

의 언어에 능통하면 역시 음식과 숙소를 자기 마음대로 구할 수 있다. 이는 공산제가 국외에 남아 있는 것으로, 미개한[13] 민족은 그들의 공산제도에 상고시대의 유풍을 변함없이 보존하고 있다는 사실을 충분히 증명해 준다. 또한 "산서성의 어떤 산이 회당에게 점거되었는데 그 수는 몇천 명, 혹은 몇백 명을 밑돌지 않는다. 그들은 매번 식사 때가 되면 한자리에 모여서 먹고 획득한 재물도 공유한다."라고 들었다. 다만 인민은 그런 정황을 잘 모른다.

중국의 사회 상황을 구미 사회와 상호 비교해 보자면, 구미의 법률은 개인의 재산권을 중시해서 아무리 부모형제라도 재산을 각자 사유하지 않는 경우가 없다. 중국 인민은 재산 사유와 분가를 야박한 풍속이라 여겨서 동족 가운데 입신출세한 사람이 나오면 일족이 두루 그 혜택을 누린다.[14] 이를테면 시골의 빈민은 부유한 일가한테 절기·복날·제사 때 언제나 비용을 요구하여 충당할 수 있다. 그래도 여론은 잘못으로 간주하지 않는다. 또 두메산골의 각 촌락에서는 어느 한 집에 급한 일이 생기면 모든 촌민이 서로 구휼한다. 회북(淮北) 등지에서는 흉년이 들었을 때 먹을거리가 떨어진 사람들은 곡식을 비축한 부잣집이 있으면 그 집의 대문으로 우르르 몰려와서 식량을 구걸한다. 그들의 걸식은 양식이 다 떨어져야 멈춘다. 귀주성에도 이런 풍속이 있다. 북방의 여러 성에는 여행객이 만일 여비가 부족하면 역시 음식을 제공해 주고 대가를 받지 않는 사람들이 있다. 이상을 구미의 풍속과 비교해 보면 실지로 나은 점이 있다.

대체로 중국은 공산제도에서 미처 완전히 벗어나지 못하고, 사유재산제도도 아직 제대로 발달되지 못하였다. 따라서 중국에서 공산제를 실행

---

13) 원문은 '未進代'인데 『遺書補遺』는 '未進化'로 수정하였다. 번역은 『遺書補遺』를 따랐다.

14) 원문은 '治其惠'인데 『遺書補遺』는 '沽其惠'로 수정하였다. 번역은 『遺書補遺』를 따랐다.

하려면 상황이 구미와는 좀 다르다. 구미의 여러 나라에서는 공동 노동의 단체가 날로 발달하므로 공동 노동에서 나아가 공동으로 소유하고, 자본가에 대해 몰수 Expropriation 정책을 시행하면 공산제가 실행될 수 있다. 중국에서 이 제도를 시행하려면, 반드시 먼저 시골 한 곳에다 실시하여 지주가 소유한 농경지와 관리가 보유한 자산 창고와 같은 것이다. 그리고 관상(官商)이 축적한 재물을 각 향촌의 부자는 모두 축재하고 있다. 또 전당포 등 여러 업종은 대부분 부자가 개입하였다. 모조리 공동 소유로 몰수해서 공유 재산의 효시로 삼아야 한다. 만약 도처의 백성이 서로 본받으면 이 제도는 곧바로 실행될 수 있다. 이 제도가 이미 실행될 경우에 다시 물질을 개량시켜서 생산력의 발달을 도모한다. 만일 사회 전체 인민의 일상 생필품 수요를 충족시키게 되면, 분쟁의 단서는 생기지 않고 공산제도도 영원히 보존될 수 있다. 상고시대의 공산제가 보존될 수 없었던 이유는 인민의 생산력이 낮아서 생산한 물품으로 사회 전체의 수요를 충족시키지 못하여 어쩔 수 없이 다른 부족과 서로 전쟁이 벌어졌기 때문이다. 상호 전쟁했던 탓에 노예제도가 만연하고 공산제도는 소멸되었다. 이것이 바로 만민의 행복이리라.

중국의 평민 Chinese Plebeians 에게는 "네 것이 곧 내 것이고, 내 것이 곧 네 것이다. Our With Your Same, Your With Our[15] Same."라는 말 Words 이 있다. 이 두 마디 말을 보면 공산주의는 오랫동안 사람들의 마음에 간직되어 있었다. 만일 모두가 이 두 마디 말을 실천한다면, 이기심이 어떻게 생겨나겠는가? 또 가령 공산제를 실행하는 데 무슨 어려움이 있겠는가? 다만 최근에 사기꾼들이 이 말로써 남의 재산을 갈취하여 자기 혼자만의 사유물로 만들고 있다. 이는 공리에 가장 심하게 어긋난다. (1908)

---

15) 원문은 'our'인데 『遺書補遺』는 'Our'로 수정하였다. 번역은 『遺書補遺』를 따랐다.

중국은 노동자 협회를 조직해야 마땅하다는 것을 논함[1]
-Trades unionists in Chinese

프루동 Proudhon 이 지은 『사유재산이란 무엇인가? *Qu'est-ce que la propriété?*[2]』의 내용에는 "사유 재산권이란 곧 세계 죄악의 근원이다. 대체로 인류가 등장한 이래로 극단적인 죄악 및 재해를 당하는 경우는, 이것이 그 사슬[3]의 첫 번째 고리이다. The right of property was that[4] origin of evil of[5] the earth, the first link in the long chain of crimes and[6] misfortunes which the human race has endured since its birth[7]. —

---

1) 원제목은 「論中國宜組織勞民協會」이고 지은이 서명은 없다. 이 글은 1908년에 『衡報』에 발표되고 『遺書補遺』에 수록되었다. 번역은 『衡報』의 원문에 근거하였다.

2) 원문은 '◆u est-ce que la propriete'인데 『遺書補遺』는 'au est-ceque la propriete'로 판독했지만 다 오류이다. 번역은 프루동의 프랑스어판 원서 제목에 근거해 바로잡았다.

3) 원문은 '連瑣'인데 『遺書補遺』는 '連鎖'로 수정하였다. 번역은 『遺書補遺』를 따랐다.

4) 원문은 'tht'인데 『遺書補遺』는 'that'으로 수정하였다. 번역은 『遺書補遺』를 따랐다.

5) 'of'는 'on'의 오류로 보인다.

6) 원문은 'ane'인데 『遺書補遺』는 'and'로 수정하였다. 번역은 『遺書補遺』를 따랐다.

7) 원문은 'since its bts birth'인데 『遺書補遺』는 'since its birth'로 수정하였다. 번역은 『遺書補遺』를 따랐다.

Proudhon"라고 나온다.[8] 룰러 Roller[9]의『사회의 총동맹파업 *The social General* [10] *Strike*』에도 역시 "근대의 근로자는 비록 영원히 한 사람의 노예가 되지는 않겠지만 이리저리 옮겨 다녀봐야 어차피 죽을 때까지 자본가 계급의 노예가 될 따름이다. 현 사회가 하루라도 파괴되지 않으면, 앞으로 영영 벗어날 가망은 없다. The modern worker of course is not any more the slave of any[11] individual capitalist, but he stays his whole life[12] long the slave of the whole capitalistic class from whose hands he cannot free himself[13] in the present society."라고 언급하였다.[14] 이런즉 오늘날의 상황에서 일체의 혁명은 모두 경제 혁명으로부터 일어나고, 경제 혁명은 다시 노동자 단체로부터 발생한다. 이는 필연적인 추세이다. 그러므로 우리 동지들은 중국에 대해 우선 노동자의 혁명을 바란다. 그러나 이런 주장을 반대하는 사람 가운데 혹자는 중국의 노동자가 혁명할 자격이 없고, 더구나 결성한 단체도 없다고 여긴다. 또한 혹자는 중국 노동자가 혁명을 일으키려면, 그 시기는 아직도 멀었다고 지적한다. 이는 모

---

8) 영문을 번역하면 다음과 같다. "사유 재산권은 이 지구상에 존재하는 악의 근원이자, 인류가 탄생한 이후로 지속되어온 범죄와 불행이라는 긴 사슬의 첫 고리이다. - 프루동"

9) 『天義』(第八·九·十卷合冊)의 「新書介紹」에 의하면, 룰러(A. Roller)는 독일 무정부당의 당원이다.

10) 원문은 'Generat'인데 『遺書補遺』는 'General'로 수정하였다. 번역은 『遺書補遺』를 따랐다.

11) 원문은 'ang'인데 『遺書補遺』는 'any'로 수정하였다. 번역은 『遺書補遺』를 따랐다.

12) 원문은 'fife'인데 『遺書補遺』는 'life'로 수정하였다. 번역은 『遺書補遺』를 따랐다.

13) 원문은 'hinself'인데 『遺書補遺』는 'himself'로 수정하였다. 번역은 『遺書補遺』를 따랐다.

14) 영문을 번역하면 다음과 같다. "근대의 노동자는 물론 더 이상 어느 자본가 한 개인의 노예가 아니지만, 분명히 그는 현 사회에서 자본가들의 손아귀로부터 스스로 벗어날 수 없기 때문에 자본가 계급 전체의 노예로 평생을 살아간다."

두 터무니없는 말이다. 역사에서 검증하고 오늘날의 사회를 관찰해 보면, 곧 노동자 협회라는 제도는 모름지기 중국에서 추진될 수 있고, 뒤이어 진정한 대혁명도 반드시 노동자 협회로 말미암아 일어난다는 것을 알게 된다. 이제 그 증거를 들어 보면 아래와 같다.

1. 중국의 역대 혁명은 전부 노동자에게서 발단되었으니 오늘날의 중국 혁명도 반드시 노동자를 근본으로 삼아야 한다. 구미에서 근래의 혁명은 모두 노동자가 주동하였다. 중국 역사에서 고찰해 보면, 평민 혁명은 요역이 가볍고 부세가 적은 왕조에서 일어난 것이 아니라 백성이 피폐하고 재정이 파탄된 시대에 발생하였다. 노역이 무겁고 조세가 갈수록 가혹해지면, 백성은 폭정을 견디지 못하게 되어 혁명이 비로소 일어난다. 역사에서 고찰해 보자.

옛날 진시황 시대에는 함양(咸陽)에 궁전을 짓고 천하에 치도(馳道)를 건설하며 장성 1천8백 리[15]를 수축하여 산을 깎고 골짜기를 메우느라 인민 가운데 죽은 자가 셀 수 없었다. 조세범·하층민·상인을 병사로 징발하여 남월(南越)을 공략하고, 아방궁(阿房宮)을 지어서 출중한 인재 5만 명을 호위로 징집하였다. 뒤이어 여산릉(驪山陵)을 조성하면서 또한 온갖 사치를 다 부렸다. 그러자 진승과 오광이 드디어 논밭에서 봉기하여 마침내 진을 멸망시켰다. 가산(賈山)[16]은 『지언(至言)』에서 그 상황을 이렇게 논평하였다.

---

15) 수치상에 오류가 있다. 진대 장성은 총 길이가 정확하게 알려져 있지 않다. 명대를 기준할 때 동서의 주선은 길이가 대략 2,700km이고, 지선까지 다 합치면 약 6,259km 이른다.

16) 賈山(?-?)은 전한 文帝 시대의 관료로 황제에게 곧은 말을 서슴지 않았던 인물이다.

"진의 황제는 백성을 희생시켜 자신을 살찌웠다. 백성은 힘을 다 쏟아도 그의 부역을 끝낼 수 없고[17] 재물을 다 써도 그의 징세를 채울 수 없었다. 피로해진 자들은 쉬지 못하고 파산한 자들은 의식주를 해결하지 못해서 모두가 그와 원한을 맺고 집집마다 그와 원수가 되었다. 그러므로 진의 천하는 무너졌다."

이 말을 보면, 진왕조는 노동자의 손에 멸망된 것이 분명하다. 이런즉 진말의 반란은 노동자가 앞장을 선 데서 비롯되었다.

다시 수의 문제(文帝) 시대에는 대대적으로 장정을 징발하여 장성을 수축하였다. 양제가 즉위하자 동경(東京)에 궁전을 짓는데 부역한 백성이 20만 명이었다. 또한 수십만 명의 백성을 동원시켜 통제거(通濟渠)를 건설하여 변수(汴水)와 한구(邗溝)에서 장강까지 개통하였다. 또 하북(河北)에는 영제거(永濟渠)를 개설하고 강남(江南)에는 단양하(丹陽河)를 개통하였다. 관리들의 부역 감독이 모질고 다급해서 노역하는 장정 가운데 죽은 자가 10분의 4-5명이었다. 장정이 부족하자 부역이 부녀자에까지 이르렀다. 뒤이어 양제가 용주(龍舟)[18]를 타고 강도(江都)를 순행하는데 그 배를 끄는 장정이 8만 명이었다. 고구려를 침공하게 되자, 또 백성을 인부로 부려 군량미를 운반하고 수레꾼으로 60만 명을 징발하였다. 끌려간 사람은 다들 돌아오지 못하고 병사도 죽은 자가 절반을 넘겼다. 이 때문에 추평(鄒平) 출신인 왕부(王薄)[19]가 「요동으로 가서 헛되이 죽

---

17) 원문은 '不罷勝其役'인데 『遺書補遺』는 '不能勝其役'으로 수정하였다. 번역은 『遺書補遺』를 따랐다.
18) 龍 모양으로 건조된 황제의 전용 배이다.
19) 王薄(?-622)는 수왕조 말기의 반란군 영수이다.

지 말자는 노래」[20]를 지어서 그 사람들을 선동하였다. 원정에서 도망친 자들이 그에게 많이 몰려들자, 결국 무리를 모아 봉기하였다. 게다가 고사달(高士達)[21]과 두건덕(竇建德)[22]의 군사도 모두 그 영향으로 들고일어났다. 이런즉 수왕조 말기의 혁명도 노동자가 그 서막을 열었던 것이다.

송의 휘종(徽宗) 시대에는 조정에서 사방의 재물을 독차지하였다. 염초법(鹽鈔法)[23]을 고치고 광산업의 자산을 갈취하며, 방전법(方田法)[24]을 시행하여 경기 지역에서 백성의 전답을 점유하자 죽는 사람이 엄청나게 많았다. 또한 삼산하(三山河)의 교량을 건설하는 데 수십만 명의 백성을 부역시켰다. 다시 상청보록궁(上清寶籙宮)을 건축하며 제거회절인선소(提擧淮淛人船所)[25]를 건립하고, 동남부에서 화문석을 운반해 오는 데 산을 뚫고 성곽을 허무느라 백성은 도탄에 빠졌다. 이어서 또 만세산(萬歲山)이라는 궁궐 정원을 조성하고, 그 명칭을 '간악(艮嶽)'이라 고쳤다. 여기에 온갖 공예의 기교를 다 부리고, 태호(太湖)의 석재를 옮기는데 노역자가 1천 명이었다. 부역이 때에 맞지 않아서 집집마다 한숨 지며 원망하였다. 또한 하북을 경략하기 위해 강제로 백성에게 군량미를 운송시키는 데 수십만 명의 부역민을 부리고, 아울러 면부전(勉夫錢)[26]도 부과하

---

20) 원문은 '無向遼東浪死歌'이다.
21) 高士達(?-616)은 수왕조 말기 산동 지역의 반란군 영수이다.
22) 竇建德(573-621)은 수왕조 말기 반란군 장수로 高士達의 부하였다.
23) 송대 정부에서 소금 상인에게 현금을 받고 어음을 발행하여 소금 유통을 관리하는 제도이다. 소금 상인은 그 어음으로 염전에서 소금을 사서 각지에 팔았다.
24) 원문은 '方田六法'인데 '方田之法'의 오류이다.
25) 원문은 '提擧淮淛人船所'인데 『遺書補遺』는 '提擧淮淛人船所'로 수정하였다. 번역은 『遺書補遺』를 따랐다.
26) 부역을 면제한 자에게 징수하던 세금이다.

여 걷어 들였다. 목주(睦州) 출신의 칠장이인 방납(方臘)[27]은 주면[28]의 횡포에 격분하여 결국에 빈곤한 사람들을 모아 안휘와 절강에서 횡행하였다. 이로부터 도적떼가 여기저기서 일어나고 외환도 잇달아 터졌다. 이런즉 송왕조 말기의 변란도 노동자가 그 첫발을 떼었던 것이다.

원의 순제(順帝) 시대에 홍수와 가뭄의 재앙이 빈번히 닥치자, 경기 지역의 백성을 거듭 부역시켜 금구하(金口河)를 준설하는데 민가까지 허물어버려서 사상자가 아주 많았다. 또한 장정 1만 5천여 명을 징발하여 조주하(曹州河)를 막고, 하북·하남의 병사와 백성 70만 명을 징집하여 황하의 옛 물길을 파서 흐르게 하였다. 다시 천하에 명령을 내려서 성을 쌓고 해자를 만들며, 백성의 고혈을 짜서 군비에 충당하였다. 민간에서 이것을 빗대어, "외눈박이 돌사람이 황하를 한번 요동치게 하면 천하가 배반한다."[29]라는 소문이 퍼졌다. 그러자 유복통(劉福通)과 한산동(韓山童)[30]의 무리가 마침내 그 틈에 군사를 일으켰다. 다시 태주(泰州)의 소금밭 부역자인 장사성(張士誠)[31]이 부잣집한테 능욕당하고, 염전에서 노역하는 사람들도 바야흐로 중노동에 시달려서 결국 회남(淮南)에서 군사를 일으켜 몽고의 왕통(王統)을 뒤엎어버렸다. 이런즉 원조 말기의 중국 광복도 노동자가 앞장서 제창한 것이다.

---

27) 方臘(1078-1121)은 북송 말기 농민 반란군의 영수이다.

28) 원문은 '朱㫲'인데『遺書補遺』는 '朱勔'으로 수정하였다. 번역은『遺書補遺』를 따랐다.

29) 원문은 '石人一隻眼, 黃河一挑天下反.'이다. 원말에 황하가 크게 범람하자 조정에서 강제로 대규모의 백성을 치수에 부역시켜서 백성은 큰 고통에 시달렸다. 이에 韓山童과 劉福通은 몰래 황하 가에 애꾸눈의 돌사람을 묻어놓고 부역민이 공사할 때 발견되도록 하였다. 아울러 그들은 앞에 소개한 소문을 민간에 퍼뜨려서 선동하였다.

30) 劉福通(1321-1366)과 韓山童(?-1351)은 원말에 일어난 홍건적의 북방 수령이자 백련교의 우두머리이다.

31) 張士誠(1321-1367)은 원말 농민 반란군의 영수이다. 그는 아우들과 군대를 일으켜 '吳'라는 정권을 세웠으나 주원장의 군대에게 패망하였다.

명의 신종(神宗) 시대에는 민간 농지의 측량 사업을 벌였다.[32] 또 광업세를 두루 징수하고 장정을 부려서 광산을 개발하며 각 성에 세무관청을 나누어 설치하였다. 간사한 자들이 광물을 탐사한다는 거짓 명분으로 기회를 틈타서 제멋대로 갈취하여 사방을 근심시키며 백성을 착취하고 나라를 병들게 하였다. 무창(武昌)·한구(漢口)·황주(黃州)·형주(荊州)·양양(襄陽)·상담(湘潭) 및 운남(雲南)의 백성은 가혹한 부역을 견디지 못하고 결국 화근이 되어 관리를 죽이고 감옥을 탈취하였다. 이어서 또 건축공사를 여기저기 일으켜서 각 성으로부터 그 자재를 징발하고, 50만 명의 부역민을 부려서 황하의 주왕구(朱旺口)를 준설하였다. 그래서 소금세와 선박세가 다시 날로 증가되고, 더구나 토박이 상인을 높여서 양민을 억눌렀다. 희종(熹宗)대에 이르러 다시 농지세를 올리면서 그 단위 면적을 따져 군량을 부과하자, 섬서성(陝西省)의 농민인 왕이(王二)[33]·왕가윤(王嘉胤)[34]·왕좌계(王佐桂)[35]가 마침내 유민을 이끌고 반란을 일으켰다. 고영상(高迎祥)[36] 및 이자성(李自成)[37]과 장헌충(張

---

32) 『明史』「食貨志」에 의하면, 萬曆 6년(1578)에 대학사인 張居正의 건의로 시행되었다.
33) 王二(?-1629)는 명말 농민 반란군의 수령이다. 그는 陝西 지역에서 거병하여 명말 농민 반란의 서막을 열었다.
34) 원문은 '王嘉運'인데 그 이름이 『明史紀事本末』의 판본에 따라 다르다. 四庫全書本에는 '王嘉運'이라 표기되고 廣雅書局校刻本에는 '王嘉胤'으로 나온다. 번역은 廣雅書局校刻本의 『明史紀事本末』을 따랐다. 王嘉胤(?-1631)은 명말 농민 반란군의 초기 영수로 高迎祥·李自成·張獻忠 등이 그의 휘하에 있었다.
35) 원문은 '王左掛'인데 『遺書補遺』는 '王佐桂'로 수정하였다. 번역은 『遺書補遺』를 따랐다. 王佐桂(?-?)는 명말의 병졸 출신으로 농민 반란군의 우두머리가 되지만 훗날 명에 투항하였다.
36) 高迎祥(?-1636)은 명말 농민 반란군의 영수인데 스스로 '闖王'이라 호칭하였다. 뒤에 명군에게 사로잡혀 처형되었다.
37) 李自成(1606-1645)은 명말 농민 반란군의 우두머리로 '大順' 정권을 세웠다. 그는 명의 수도를 점령하여 명을 멸망시켰으나 吳三桂와 청의 연합군에게 패망하였다.

獻忠)[38]의 난리가 죄다 이에 뒤따라 터져서 명의 수도를 전복시켰다. 이런즉 명왕조 말기의 폭동도 노동자가 그 토대를 마련한 것이다. 또한 명대 중엽에 복건성 등무칠의 반란은 농민이 지주에게 맞선 것이지만 그 저항력은 아주 컸다. 이상에 근거해 말하자면, 국가에서 가혹한 부역을 한 차례 벌일 경우에 노동자도 반드시 한 차례 혁명을 일으켰다. 노동자 혁명의 원인은 순전히 가혹한 부역의 고통을 견디지 못하여 막다른 처지에서 위험으로 치달았기[39] 때문이다.

대체로 노동자는 곤경에 떨어지지 않으면 혁명하려는 의식이 생기지 않고, 혁명은 노동자가 시작하지 않으면 그 거사도 성공하지 못한다. 그러므로 중국의 역대 혁명은 모조리 노동자가 주동했던 것이다. 다만 한둘의 간사한 부류가 노동자의 격분을 이용하여 자기 혼자만[40]의 영토탈취 전쟁에 도움을 얻고, 군주권의 승계도 한 성씨에게 귀속시켰다. 이는 곧 역대 혁명가들의 수치이다. 이를테면 왕망의 신(新)왕조 말기와 동한의 말엽이나 서진(西晉)에서 일어난 이특(李特)[41]의 반란군과 당 중기에 겪은 안녹산(安祿山)[42] · 사사명(史思明)[43]의 난은 그 변란의 시작을 미루어 보면, 전부 통치자의 세금 징수가

---

38) 張獻忠(1606-1647)은 명말 농민 반란군의 우두머리로 '大西' 정권을 세우고 황제에 등극하였다. 뒤에 그는 청군의 공격을 막다가 전사하였다.

39) 원문은 '挺而走險'인데 『遺書補遺』는 '鋌而走險'으로 수정하였다. 번역은 『遺書補遺』를 따랐다.

40) 원문은 '一巳'인데 『遺書補遺』는 '一己'로 수정하였다. 번역은 『遺書補遺』를 따랐다.

41) 李特(?-303)은 氐族의 추장 출신으로서 巴蜀에서 거병했다가 전사하였다. 그의 아들 李雄은 오호십육국시대에 成漢의 개국 황제가 되었다.

42) 安祿山(703-757)은 당 중기 돌궐족 출신의 節度使로 현종의 신임을 받아 중용되었다. 뒤에 그는 재상인 楊國忠과 반목하여 반란을 일으켜서 '大燕' 정권을 세우고 황제가 되었지만 아들인 安慶緖에게 살해당했다.

43) 史思明(703-761)은 돌궐족 출신의 무관으로 안록산이 거병하자 적극적으로 가담하였다. 안록산이 죽자, 당에 투항했다가 다시 반기를 들었다. 그는 안경서를 제거하고 大燕의 황제에 올랐지만 그 자신도 아들인 史朝義에게 피살되었다.

끝이 없고 요역도 때에 맞지 않아 노동자를 격분시킨 데에서 유발되었다. 이런즉 중국 노동자가 혁명할 자격을 갖추고 있다는 것은 역사에서 고찰해도 확실히 그 증거가 있다.

청대의 옹정제(雍正帝)와 건륭제(乾隆帝) 두 시대에는 남쪽 지방의 광산 개발을 엄금하였다. 그 명령서를 보면, 순전히 광부가 모일 경우에 변란이 쉽게 발생하기 때문이었다. 게다가 영국과 청의 (아편)전쟁에서 청조는 특히 회남(淮南) 지역 소금밭 부역민의 방비에 대해 힘을 기울였다. 그들이 영국군에게 호응할 것을 염려했기 때문이다. 이는 노동자 단결이 곧 정부에서 몹시 두려워하는 상황이고, 노동자 단체는 정부에 저항하는 능력을 갖추고 있다는 사실을 충분히 입증해 준다. 무릇 정부에 저항하려는 자라면, 어찌 노동자의 단결에 힘쓰지 않을 수 있겠는가? 내가 지금 한마디로 잘라 말하면, "중국의 역대 혁명은 전부 노동자 계급으로부터 일어났으니 오늘날의 중국에서도 진정한 대혁명을 일으키려면 반드시 노동자 혁명을 근본으로 삼아야 한다."라는 것이다. 만약 중국의 노동자가 혁명할 자격이 없다고 판단한다면, 정말로 역사에 무지한 것이리라.

2. 노동자 혁명을 제창하려면 반드시 먼저 노동자의 단결에 힘써야 하는데 중국의 노동자에게는 본래 결성된 단체가 있었다. 중국에서 상류층은 단결하는 성향이 부족하지만 하층민은 오히려 조직이 탄탄하였다. 그 유형을 고려해 보면 대략 세 가지로 나뉜다.

(1) 동업 단체
중국에서 직업적 조직은 상인과 장인의 두 부류로 구분된다. 설명하자면 아래와 같다.

① 상업 조직

중국의 각 성도(省都) 및 대도시에는 상업의 매 업종마다 모두 집회 장소가 1곳씩 있는데 '회관(會館)'이라 불렀다. 예를 들면 포목상은 포목업의 회관이 있고, 대부업자는 대부업의 회관이 있던 경우가 그렇다. 어떤 것은 '공소(公所)'라 부르는데 회관조직과 거의 같았다. 이들 회관은 각 업종이 출자해서 세우고 임기를 돌려가며 관리하였다. 대체로 사안 가운데 해당 업종에 관련된 안건은 회의를 열고 모여서 의논하였다. 그 이하로 주류업·기름업·간장업·도축업·미곡상·이발업도 예외 없이 각 업종끼리 점포가 서로 연합하여 가격을 올리거나 혹은 세금을 납부하는 등의 사안이 닥치면, 장소를 임대하고 모여서 논의하였다. 때로는 신사(紳士) 1명을 추천하여 상업단체의 이사로 삼았다. 또한 도소매업자는 판매하는 화물을 전부 각 업종에서 관리하고, 각 소상인도 단체를 결성하여 공적으로 물가를 상의하였다.

② 공업 조직

중국 각 성의 직공은 기와장이·목수·재봉사로부터 차례로 내려가 수레꾼·짐꾼·가마꾼에 이르기까지 업종별로 각각 동업 조직이 있었다. 빈민 중에서 이런 업종에 종사하려는 자들은 모두 동업 조직에 가서 고용되기를 기다려야 하는데, 이를 '투항(投行)'이라고 불렀다. 그렇지 않으면 자유롭게 영업할 수가 없었다. 동업 조직에는 동업 조직의 고용주가 있는데, '공두(工頭)'라고 불렀다. 직공을 고용하는 집에서는 그와 협의하고, 직공의 영업도 그가 관리하면서 임금의 중간 이윤을 챙겼다. 대체로 직공 가운데 같은 동업 조직에 소속된 자들은 전부 서로 연대하였다. 만약 작업하느라 휴가가 적으면 간혹 다른 동업 조직의 사람에게 따로 부탁하여 대신 일을 맡도록 하였다. 북방의 수레꾼에 대해 보면, 또 각 성과 각 부(府)의 모든 동업 조직이 하나로 연결되어 있다. 남방의 짐꾼도 마찬가지이다. 지금 각 성의 중노동자와 뱃사람도 단체가 있다.

(2) 동향 단체

대체로 같은 성(省)이나 같은 부(府) 출신의 사람 가운데 한 지역에 모여 사는 자들은 비록 종사하는 일에 농업·공업·상업 등의 차이가 있더라도 모두가 서로 연대하여 회관과 공소를 기관으로 삼았다. 그 관리자는 임기를 돌아가며 맡거나 혹은 공적으로 선발하였다. 지금 휘주(徽州)와 영파(寧波) 그리고 광동과 호남 출신 가운데 다른 성이나 부에 거주하는 자들은 조직이 가장 튼튼하다. 간혹 토착민과 서로 구별하여 '아무개 방(幫)[44]'이라 부른다. 이를테면 휘방[徽(州)幫]·영방[寧(波)幫]·광방[廣(東)幫]이 그것이다. 같은 '방'의 사람들은 모두 드나들 때에 서로 우애롭고, 어려움을 당하면 상호 돕는다. 예를 들어, 절서(浙西) 지역 항주(杭州)·가흥(嘉興)·호주(湖州)의 농민은 절반이 절동(浙東)의 온주(溫州)·대주(臺州)·처주(處州)에서 옮겨오고, 환남(皖南) 지역 영국(寧國)의 농민은 반수가 호남에서 이주하였다. 이들은 즉시 서로 단체를 결성하고 다른 업종에 종사하는 자도 가입하였다. 또한 강북의 평민 가운데 강남과 절서에 거주하는 자들은 직업이 달라도 사는 곳이 서로 가까우면, 마치 동일 직종에 함께 종사하는 것처럼 반드시 한 사람을 '공두'로 내세워 대표를 삼았다. 그리고 '공두' 역시 같은 마을 사람이었다. 또 최근에 철도와 광산에서 공사가 한창인데 작업하는 사람들은 대개 고향이 각기 다르다. 그러나 무릇 고향이 같은 자들은 하나로 연대한다. 각지에 있는 큰

---

44) '幫'도 일종의 동향 조직이나 동업 조합이다.

부두의 선박업도 마찬가지이다.

공소와 회관의 제도를 보자면, 상해에서 가장 흥성하였다. 지난번 사명공소(四明公所)의 사태에서는 영파 출신의 직공이 단체를 결성하여 프랑스에 저항하였다. 근래의 법정 소란 사건에서는 광동 출신의 직공과 상인이 단체를 연합하여 외국인에게 항거했는데 이 역시 광조공소(廣肇公所)가 일으켰던 것이다. 이는 전부 동향 의식의 결속에서 강권에 저항하는 단체로 발전한 것이었다. 각처 부두의 시장 파업 사태도 어쩌면 이 동향 조직이 전체적으로 궐기하여 다른 동향 조직에까지 번진 것이었다.

다시 살펴보면, 군인의 단결도 대부분 동향 의식에서 비롯되었다. 예를 들면 회군(淮軍)[45]과 상군(湘軍)[46]이 그것이다. 또 몇 해 전에 남경의 군인과 경찰 충돌사건에서 진강(鎭江)에서 징집된 병사 2명에게 누명을 씌워 죽이자, 진강 군인사회의 모든 사람이 분노를 품은 것도 그 명확한 증거이다.

(3) 회당(會黨) 단체

최근 중국에는 회당이 각 성에 두루 퍼져 있다. 남방에 있는 것을 예로 들면, 가노회(哥老會) 장강 일대에 가장 많다.·홍등회(紅燈會) 사천에 있다.·삼합회(三合會) 광동에 가장 많다. 및 청방(靑幇)·홍방(紅幇)이다. 그 북방에 있는 것으로 예를 들면, 안청도우(安淸道友) 강회(江淮) 이북과 황하 이남 지역에 있다.·대도회(大刀會)·소도회(小刀會)·백련교(白蓮敎)·재리교(在理敎) 직예와 산동 두 성에 가장 많다.·팔괘교(八卦敎)가 그 조직이다. 절동과 환북 및

---

45) 청말에 태편천국운동을 진압하기 위해 관료인 李鴻章이 '湘軍'을 본떠서 조직한 군대이다.
46) 청말에 태평천국을 무너뜨리기 위해 관료인 曾國藩이 고향에서 地緣을 토대로 편성한 군대이다.

호남과 광동 각 성에는 회당이 더욱 많고 명칭도 아주 다양하다. 대체로 전부가 은밀히 혁명의 취지를 품고 있어서 산당(山堂)[47]을 나누어 설치하여 널리 추종자들을 거두어들인다. 그 결사에 가입한 자는 다들 수령의 용두(龍頭) 큰형님과 같은 부류이다. 지휘를 받는다. 그들의 계급 구분은 무척 삼엄하다. 그러나 같은 회당의 구성원은 모두가 서로 있고 없는 것을 융통한다. 이는 대략 재산 공유의 취지에 가깝다.

어떤 사람이 "이런 부류의 백성은 직업이 없는 자가 다수를 차지한다." 라고 지적하는데 그는 다음과 같은 사실을 모르고 있다. 즉, 북방의 각 회당은 대부분 수레로 운송업을 경영하고, 환북·사천·산서에 있는 경우는 대부분 소금을 밀수한다. 남방의 경우는 소상인과 잡역부 사이에 섞여 들어가 있는데 개항장에 더욱 많다. 나머지는 철로·광산·질그릇 가마 등의 여러 일에 종사한다. 그리고 절동·광서·호남과 귀주의 여평(黎平) 등 각지 농민도 절반이 회당에 소속되어 있다. 이를테면 영국과 절서의 많은 객가인(客家人)도 대개 농민의 직업을 가지면서 회당의 성향을 지니고 있는 자들이다. 그러므로 회당은 반수가 노동자에 속한다. 이들 단체는 조직이 가장 탄탄한데 만약 같은 회당의 구성원이면서 동일 업종에 함께 종사하면 그 단합은 더욱 견고하다. 근래에 소금 밀수범들이 체포에 저항한 것을 보면 그 단면[48]을 알 수 있다. 몇 해 전에 임안(臨安)과 평향(萍鄉)의 폭동도 회당이 틈을 타서 직공에 가담하고, 주운상(周雲祥)[49]은 바로 광부의 '공두'였다. 구주(衢州)의 제지공도 대부분 회당 사람으로서 그 대열에 가담했던 것은 본 잡지 앞 호의 내용을 보라. 전부 그 명확한

---

47) 근대 비밀결사의 조직 거점이다.
48) 원문은 '一班'인데 『遺書補遺』는 '一斑'으로 수정하였다. 번역은 『遺書補遺』를 따랐다.
49) 원문은 '周窑雲祥'인데 '窑'는 衍字로 보인다. 周雲祥(1872-1903)은 광부 출신으로 1903년에 臨安의 폭동을 주도하였다.

증거이다. 또 강(康) 아무개의 「경덕진자업공사설첩(景德鎭磁業公司說帖)」⁵⁰⁾에서 "경덕진의 도공은 항상 학대를 받아 가혹한 고통을 견딜 수 없던 나머지 모여서 반란을 모의하였다."라고 언급한 것도 직공이 반란을 선호한다는 증거이다.

이들 단체는 바로 크로포트킨⁵¹⁾이 이른바 '상호 부조의 감정으로부터 생겨난 자유로운 모임'이란 것이다. 다만 상업 이사 · 직공 우두머리 · 수령의 제도는 평등에 위배된다. 만약 이런 기존의 단체에서 출발하여 평등의 취지에 따라 단체법을 마련하고 다시 도처 각 업종의 단체를 서로 연합하면, 노동자 협회는 어렵지 않게 성립되리라.

3. 중국은 이제부터 자본가가 세력을 확장하는 시대이다. 자본가의 세력이 확장되어버리면 노동자는 더욱 고통스러워진다. 노동자가 고통스러워지면 반드시 격분해서 단결을 바라고, 다시 단결로부터 혁명을 열망한다. 현재 중국의 평민은 빈곤에 빠졌는데 그 원인을 따져보면 두 가지가 있다. 하나는 정부가 백성의 재산을 수탈하기 때문이고, 본 잡지 제2호의 「중국에서 백성 재산의 착취 현상을 논함」⁵²⁾편을 보라. 여기에는 자세히 인용하지 않겠다. 다른 하나는 자본가가 권력을 확장하기 때문이다. 본 잡지 앞 호의 「중국 자본가 세력의 발전을 논함」⁵³⁾편 내용을 보라. 여기에는 일일이 인용하지 않겠다. 이 두 가지 원인이 있으면 일반적으로 사회에는 결국 다음과 같은 현상이 나타난다. 오늘날 중국의 국민을 병들게 하는 정치는 정부가 점점 자본가를 비호하는 데서 유발되었다. 그러므로 자본가의 죄악은 고스란히 정부가 조장한 것이므로 아래 내용을

---

50) 원문은 '景德公司說帖'인데 『遺書補遺』는 '景德鎭磁業公司說帖'으로 수정하였다. 번역은 『遺書補遺』를 따랐다.
51) 원문은 '苦魯巴金'인데 『遺書補遺』는 '苦魯巴特金'으로 수정하였다. 번역은 『遺書補遺』를 따랐다.
52) 원문은 '論中國搜括民財之現象'이다.
53) 원문은 '論中國資本家勢力之發達'이다.

보면 알 수 있다.

(1) 대체로 예전의 자유 영업자가 지금은 점차 대상인에게 종속되고 있다. 예를 들면 어로와 벌목은 모두 과거에 인민의 자영업이었다. 지금은 연해의 각 성에서 전부 수산 회사를 설립하여 이미 어로 구역을 획정하고 아울러 어업세를 내면서 어부는 결국 대상인에게 종속되었다. 또한 임업 회사가 근래에 창설되어 모든 나무꾼도 앞으로 회사에 예속될 것이다. 또 예전의 각지 광산은 대부분 서민이 사적으로 채굴했지만 이제는 죄다 자본가에게 소유되어버렸다.

(2) 농민의 부업이 점점 자본가에게 방해를 받고 있다. 예를 들면 중국의 농민은 가족이 언제나 부업으로 길쌈하고 누에도 쳤다. 또한 농사의 여가에 어로와 벌목 일을 하였다. 이제는 방적과 방직 분야의 각종 회사가 개항장에 즐비하게 세워졌다. 게다가 기계를 사용하며 재료가 좋고 기술도 뛰어나서 제품 생산이 신속하며 가격도 저렴하다. 이 때문에 비단 천과 명주실처럼 시골 사람의 손에서 만들어지던 물품은 판로가 점점 막혔다. 어로나 벌목과 같은 갖가지 부업도 수산업이나 임업 방면의 여러 회사가 창립되기 때문에 마음대로 영업할 수 없어져서 소득이 더욱 줄어들었다.

(3) 농민은 벌이가 갈수록 나빠지자 어쩔 수 없이 농사를 포기하고 노동하러 나섰다. 농민의 부업이 자본가에게 방해받게 되자 부득이 농사를 포기하고 노동하러 나섰다는 것은 분명하다. 하지만 농민이 농업을 등지고 노동을 선택한 이유는 다시 두 가지가 더 있다.

① 농민은 대부분 다른 사람에게서 농지를 빌려 소작하여 수확량의 5할을 지대로 물었다. 납부하는 지대를 제외하면 남는 돈이 아주 적어서 차라리 개항장에서 근로하고 받은 임금을 자기가 소유하는 편이 나았다.

② 중국은 예전에 곡식 값이 아주 쌌다. 예를 들어, 매 논 1무에서 쌀 1섬을 생산해도 파는 가격은 때에 따라 겨우 은화 2-3원(元)이었다. 가령 농부 한 사람이 논 10무를 경작할 경우에 매년 소득도 겨우 20원 남짓이 된다. 만약 개항장에서 일하면 매일 버는 임금은 아마도 은화 2각(角)[54]에서 5각에 이를 것이니 농사 수입에 비해 소득이 월등히 많다.

이상의 몇 가지 원인이 있는데 이는 농부가 농사를 버리고 노동하러 나섰던 이유이다. 요사이 장지동(張之洞)[55]이 호북성(湖北省)에 보낸 공문을 보면, "호북성의 각 농민은 공장의 벌이가 좋은 것을 탐내어 다수가 농사를 버리고 노동하러 가서 그 결과로 황폐한 농지가 날로 늘어나고 있다. 마땅히 농사 지식을 권장하고, 황무지를 개간할 방안을 세워야 한다."라고 언급하였다. 이는 농민이 농사를 버리고 노동을 했다는 확실한 증거이다. 그런데 호북만 그런 것이 아니었다. 이를테면 강북의 다수 농민 가운데 개항장에 가서 노동하는 사람이 이미 십여만 명을 밑돌지 않으니 다른 성의 상황도 알 수 있겠다. 그러므로 요즈음 각종 직공은 그 절반이 농민의 업종 전환에서 비롯되었다. 그 때문에 생긴 결과는 아래와 같다.

---

54) 1907년경을 기준으로 은화는 10角이 1元이다.
55) 張之洞(1837-1909)은 청말의 대신으로 양무운동을 주도하여 근대화에 크게 이바지하였다.

① 도시의 인구는 나날이 늘어나고, 향촌의 인구는 날로 줄어들었다. 예를 들면 상해·한구(漢口)와 같은 항구는 인구가 이미 1백만이 되었다.

② 대체로 직공으로 고용된 농부가 전부 다른 직종에 종사하자, 그 결과로 품갈이 농부의 품삯이 날로 치솟아서 농민은 그들을 고용할 능력이 없어지고 농경법도 더욱 허접해져 갔다.

③ 농사짓는 사람은 나날이 감소하는데 인구는 날마다 증가해서 생산된 곡식이 일반 인민의 식량을 공급하기에 부족해지자 곡물 가격은 갈수록 비싸졌다. 각 성의 현재 쌀값을 5년 전과 비교하면, 거의 갑절이 넘게 올랐다.

④ 인민은 곡물을 주식으로 하는데 곡식 가격이 치솟자, 쌀 살 돈을 마련하기 위해 다른 물품도 어쩔 수 없이 점차 값을 올렸다.

⑤ 물가가 폭등하면서 평민의 생계는 더욱더 고통스러워졌다.

(4) 교통수단이 발달하기 때문에 내륙의 노동자 및 소상인은 다들 실업의 고통에 시달려서 별도리 없이 도시로 나가 노동하게 되었다. 예를 들면 기차와 기선이 운행되자 대체로 뱃사람·수레꾼·짐꾼이 모조리 생업을 잃었다. 뒤 이어서 도로가의 각종 영세상인도 어김없이 실업하였다. 현재 도시의 직공은 절반이 이런 부류에 속한다.

이상의 몇 가지 요인이 있기 때문에 자본가는 그 틈을 타서 물질문명을 이용하고 생산수단을 농단[56]하며 노동자를 고용하여 자신의 임금제도를 시행한다. 따라서 중국은 오늘날 자본가의 권력이 확장되는 시대이자 동시에 노동자가 임금의 지배를 받는 시대를 맞았다. 이제부터는 자본가 사회와 노동자 사회가 반드시 계급으로 구획되는 양상이 구미·일

---

56) 원문은 '龍斷'인데 『遺書補遺』는 '壟斷'으로 수정하였다. 번역은 『遺書補遺』를 따랐다.

본과 마찬가지이다. 그러므로 노동자가 받는 고초는 지금이 가장 심하다. 이제 노동자가 겪는 최근의 고통을 기록해 보면 아래와 같다.

(1) 자본가는 오직 영리만 알고 인명을 중시하는 경우가 드물어서 노동자의 노동 강도를 나날이 힘들게 만들고 있다. 예를 들자면, 작년에 산동의 역현(嶧縣)에서는 광부 가운데 압사당한 사람이 수십 명인데 다들 팔다리가 떨어져 나갔다. 또한 지난여름에 강남에서는 재난과 유행병으로 호녕(滬寧)철로의 여러 직공 중에 감염자가 매우 많아서 날마다 몇 명씩 죽었다. 안휘성의 철도 근로자도 마찬가지라고 들었다. 또 봉천(奉天)의 광무(礦務)위원인 손(孫) 아무개의『광산조사일지』에는 "병오년[57] 12월 12일에 연대(煙臺) 탄광의 광부 숙소를 시찰하니 불결해서 다가갈 수가 없었다. 광부는 옷을 몸도 채 가리지 못할 정도로 걸치고 땅바닥에 드러누워 있는데, 얼굴이 온통 시커멓고 겨우 흰 이만 드러나서 괴물처럼 무서웠다. 듣기로는, 내년 3월이 되어야 비로소 세수할 수 있단다."라고 나온다. 또다시 일본 어떤 분의『평향(萍鄕)광산조사기』에도 "땅속 갱도에 있는 광부는 산 사람의 모습으로 회복되지 못하고, 공기가 막혀 질식사하는 경우가 많다."라고 지적하였다. 최근에 직예의 어떤 분이 말한 내용을 들어보면, 광부 가운데 당산(唐山)의 개평(開平) 갱도 안에서 갇혀 죽은 사람이 모두 몇 명인지조차 모른다고 한다. 대체로 과거의 근로는 단지 체력만 썼을 따름인데 지금은 생명의 위협까지도 아울러 감수하고 있다.

(2) 정부가 자본가를 비호하기 때문에 노동자를 억압하는 법률은 갈수

---

57) 光緒 32년(1906)이다.

록 혹독해지고 있다. 예를 들면, 『청국광무신장(淸國礦務新章)』의 제14장
에는 비록 「광부 보호」 및 「광부의 작업 면제 허가」 등 각종 조목이 있긴
하다. 그러나 제69항에는 "광부가 만약 법규를 위반하고 소동을 일으켜
지역에 해를 끼치거나, 도적·전과자·교민(敎民)[58]으로서 섞여 들어가
있으면, 때를 불문하고 언제든지 광산 업주가 해고할 수 있다."라고 나
온다. 그 제70항에는 다시 "광부가 만일 광산 업주[59]의 지휘 행사를 따
르지 않거나, 혹은 광산 업주와 그 동료에 대해 폭력을 휘두르거나, 혹은
광산 업주가 결코 학대나 임금 삭감 등의 정황이 없는데도 꼬투리를 잡
아 파업으로 위협하면, 곧 지역에 피해를 끼치는 조항에 의거해 광무(礦
務)위원은 광산 업주에게 직공을 관청에 넘겨 처벌받도록 강요할 수 있
다."라고 나온다. 이 장정(章程)을 보면, 그 얼마나 광부를 억압하고 있는
가! 이런즉 뒤이어 제정될 일체의 공장 법규도 틀림없이 자본가를 비호
하기 위해 마련되어 노동자를 억압할 것이다. 이는 위의 장정을 근거로
추측할 수 있다.

(3) 자본가는 자신의 권력을 믿고 제멋대로 직공을 학대하고 있다. 예
를 들자면, 환남의 철로 인부는 임금이 삭감되고[60] 날마다 채찍질을 당
하는데, 상해의 각종 신문에서 모두 그 사실을 보도하였다. 근래 남경에
서 나누어 설립한 철도회사도 직공의 장려금을 빼앗고 '공두'를 구타하
여 가두었다. 본 잡지의 앞 호를 보라. 또한 몇 해 전에는 상해의 어떤 실공장
에서 사장 동업자가 여공을 겁탈하려다 성공하지 못하자 실을 훔친다고

---

58) 청말에 천주교나 기독교를 믿는 중국인을 두루 '敎民'이라 불렀다.
59) 원문은 '礦工'인데 『遺書補遺』는 '礦商'으로 수정하였다. 번역은 『遺書補遺』를 따랐다.
60) 원문은 '尅控工資'인데 『遺書補遺』는 '尅扣工資'로 수정하였다. 번역은 『遺書補遺』
를 따랐다.

관청에 무고하였다. 그녀는 목에 칼을 쓰고 문책을 받았다. 이어서 금화부(金華府) 직포국(織布局)[61]에서는 신사(紳士)와 '공두'가 여공을 강간했기 때문에 그녀의 집에서 현청에 고소했다가 도리어 구속된 채로 심문을 당했다. 전부『천의(天義)』를 보라. 또 강 아무개의 「경덕진자업공사설첩」에 "요업(窯業)[62] 업주는 도공을 가축처럼 천대하여 마치 우리에서 사육하듯이 나쁜 음식을 먹인다. 임금을 요리저리 깎아서 명목은 10이나 실제는 5만 준다. 턱짓으로 지시하며 맘껏 부리는데 질타가 빗발친다."라고 언급하였다. 이상의 몇 가지만 열거해도 공장 안은 몹시 참혹하여 마치 강간과 도살의 현장 같다는 것을 알게 된다. 이는 오로지 자본가가 부를 이루기 위해 모질게 굴었던 결과이다.

(4) 노동하는 사람이 나날이 늘어나기 때문에 임금은 갈수록 싸지고 있다. 예를 들자면, 상해 제사공의 하루 품삯이 4각(角)에서 3각 내지 2각으로 떨어진 것은 그 실제 증거이다. 본 잡지의 제1호를 보라. 대체로 과거에는 노동하는 사람이 적어서 자본가는 높은 임금으로 유혹하였다. 이제 노동자가 날로 많아지게 되자, 다시 낮은 품삯으로써 상대를 협박한다. 그들의 생각으로는, "너희가 일을 그만두어도 고용을 기다리는 사람은 차고 넘친다. 너희가 장차 나한테 어찌할 수 있겠는가?"라고 판단한다. 대체로 자본가의 의도는 노동자가 마땅히 받아야 하는 임금을 착취하여 모조리 자기 소유로 차지하려는 것이다. 외국의 자본가는 날마다 임금 절감을 목적으로 삼는다. 그러므로 공장에서는 항상 여성 및 아동을 고용한다. 그들의 임금이 싸기 때문이다. 각 나라에는 모두 그 통계가 나와 있다. 현재 중국의 자본가도 마찬가

---

61) 양무운동시기에 건립된 근대식 방직공장을 말한다.
62) 흙을 구워서 도자기·벽돌·기와 등을 만드는 업종이다.

지이다. 예를 들면 방직업 등의 여러 공장에서 여공을 많이 고용한다. 봉천의 전산(甸山)에 근래 설립된 생사 공장도 남녀 어린이를 견습공으로 모집하고 있다. 이는 봉천성(奉天省) 관리의 「전산견창판법보고(甸山繭廠辦法報告)」[63]에 보인다. 따라서 몇 해 뒤에는 여성 및 아동의 노동 비율이 분명히 몇 배로 늘어나서 공장에서 절감하는 공임도 다 기록할 수 없게 될 것이다. 직공의 고통은 상상할 수 있는 정도가 아니다.

이상에 열거한 상황은 고스란히 직공이 절실하게 몸소 겪고 있는 고통이다. 그런데 경제에 관련된 사항이 몇 가지 더 있다.

첫째, 과거에 집에서 작업하면 그 물품을 가져다 금전으로 교환하여 가치 전체를 획득할 수 있었다. 따라서 자기 노동의 수고를 넉넉히 보상받고 또 자유롭게 사용할 수도 있었다. 지금은 공장에 고용되면 가령 생산한 제품이 1원에 충분히 팔리지만 받는 임금은 때로 절반에도 못 미친다. 그래서 자기 손으로 완성한 생산품조차 도리어 현금을 내고 구매해야 한다. 이것은 고통이 예전보다 가중되는 첫 번째 상황이다.

둘째, 공장에서 제작된 생산물은 대부분 빈민의 필수 일용품이 아니다. 예를 들어 철공소 및 명주실·담배가 그것이다. 과거 농사에 힘쓰던 농민을 몰아 무더기로 상업을 경영하게 하면, 농업은 나날이 무너진다. 따라서 민간 생활의 일용품은 날로 비싸지기 때문에 직공이 받는 임금으로는 가족을 먹여 살리기에 부족하다. 이런즉 직공도 높은 임금을 탐내기 때문에 물가가 점점 치솟아서 자신의 생계를 더욱 절박하게 만드는 지경에 이른다. 이것은 고통이 예전보다 가중되는 두 번째 상황이다.

셋째, 도시는 화려하고 사치스러운 공간이다. 빈민이 한번 도시에 들

---

63) 원문은 '甸山繭辦法報告'인데 『遺書補遺』는 '甸山繭廠辦法報告'로 수정하였다. 번역은 『遺書補遺』를 따랐다.

어가면, 분명히 그 풍조에 물들어 소비도 날로 커져서 결과적으로 틀림없이 갈수록 빈곤에 떨어진다. 이것은 고통이 예전보다 가중되는 세 번째 상황이다. 다시 예를 들면, 상해에 전차가 개통되자 인력거꾼은 대부분 실업하였다. 만약 이후에 공장이 나날이 늘어나서 생산품을 다 팔 수 없게 된다면, 그 때문에 반드시 폐업하는 곳이 생겨난다. 고용된 직공도 어김없이 프랑스와 미국처럼 해고당하는 화를 겪게 된다.

그러므로 노동자는 오늘날에 고통이 극에 달한 것이다. 구미 노동자의 반란을 고찰해 보면 그 통례가 두 가지 있다. 하나는 노동자가 갈수록 고통으로 치닫기 때문에 일어나고, 다른 하나는 노동자가 한 곳에 운집하기 때문에 발생하였다. 지금 중국 노동자의 고통은 이미 극한에 이르고, 여러 대도시는 다시 수십만의 노동자를 한 지역에 집결시켰으니 노동자의 반란이 터질 시기는 틀림없이 아주 가까워졌다. 그러므로 노동자 협회를 조직해서 반란이 빨리 일어나도록 촉진하는 것이 바로 당면한 급선무이자, 우리의 유일한 본분이다. 노동자 협회의 조직 방법에 대해서는 별도로 다음 호에서 설명한다. (1908)

(未完)[64]

---

64) 후속편은 전하지 않는다.

19
형서 세 편[1]

과거의 자취를 살펴서 미래의 모습을 그려보는 것은 선현들께서 중시했던 부분이다. 오늘날의 이 시대는 온 세상이 혼탁하여 민생은 어려움이 많다. 하루아침에 인위적 통치가 모조리 폐지되고 서민이 재산을 공유하는 그런 제도를 가지려면, 과연 어떤 방도를 선택해야 할까? 심사숙고해 보니 그 방책은 세 가지가 있다. 하나는 국학 문제이고 다른 하나는 생계 문제이며 마지막 하나는 인종개량 문제이다.

국학 문제

지금의 세태는 학문이 실용의 추구를 중시해서 배우는 것이 모두 시세에 영합하게 되었다. 대체로 시세에 영합하는 것이 본래의 뜻은 아니다. 공령(功令)[2]에 매이고 권위에 눌리며 재물에 현혹되니 그 상황에서 어쩔 수 없이 그렇게 될 뿐이다. 사람마다 시세에 영합하는 것을 학문으로 여

---

1) 원제목은 「衡書三篇」이고 지은이 서명은 '申'이다. 이 글은 1908년에 『衡報』에 발표되고 『遺書補遺』에 수록되었다. 번역은 『衡報』의 원문에 근거하였다.
2) 전근대시기 관리 등용에 관련된 법규이다.

기는 지경이 되면, 학문 가운데 쓰기에 적합하지 않은 영역은 반드시 도태에 직면하게 된다. 이는 오늘날의 중국에서 국수(國粹)가 거의 쇠락한 이유이다. 대체로 국수가 거의 쇠락한 원인은 세 가지가 있다.

첫째는 치용(致用)에서 비롯되었다. 인위적 통치의 시대에는 공령이 조정에서 나온다. 이 때문에 군주는 존중받고 아래에서도 순응한다. 벼슬하기를 탐내는 무리는 명령을 받들기에 능하거나, 혹은 옛날 경전을 익혀서 관리가 되는 수단으로 삼거나, 혹은 임기응변을 시세에 부응하는 지름길로 여긴다. 그러나 유행에 매몰된 학문은 스스로의 참된 깨달음을 방해할 뿐 아니라 또한 모호한 상태에 빠지게 한다. 그러므로 (그런 학문은) 비록 추앙을 받더라도 후세에 가르침을 줄 수 있는 경우가 몹시 드물다. 예를 들어 한 무제의 시대를 보면, 금문경학가(今文經學家)[3]의 학설은 학관(學官)들이 배워 익혔다. 박사(博士)[4] 가운데 사제 간의 폐쇄적 연구 전통을 고수하는 자들은 간혹 경학에 통달하여 실용적 목적을 달성한다고 스스로 자랑하였다. 그러나 이는 완전히 학문을 왜곡시켜서 시세에 영합한 것이었다. 따라서 14박사[5]의 서적은 이제 모조리 사라져 버렸다. 그 뒤에 당조에서는 사과(詞科)[6]를 숭상하지만 시부(詩賦)의 문장은 위·진시대보다 훨씬 뒤떨어지고, 청조 초기에는 성리학을 숭상하지만 어록(語錄)의 글은 송대와 명대보다 훨씬 뒤졌다. 그러므로 공령에 의한 학문은 전부 스스로 독자적인 학설을 이루기에 충분

---

3) 한대에 통용된 예서체로 필사한 유가 경전을 '今文經'이라 부르고, 그 전공자는 '今文經學家'로 지칭하였다.

4) 전한 무제 때에 『易』·『書』·『詩』·『禮』·『春秋』 등 五經에 대해 금문경학자 출신의 박사를 두었다.

5) 후한의 광무제 시대에 금문경학을 기본으로 五經에 대해 14명의 박사를 두었다.

6) 당 현종 때에 과거제도의 과목으로 처음 실시된 '博學宏詞科'의 약칭이다. 시험의 내용은 詩·賦·議論 각 1편씩, 총 3편의 문장을 평가하였다.

하지 않다. 오늘날의 인사들도 여전히 마찬가지일 뿐이다. 어떤 이는 법률과 제도를 언급하고 어떤 이는 하찮은 재능을 뽐낸다. 이를테면 두루 통달한 선비도 반드시 선현의 도리를 견지하고 당대의 지식에 해박하다는 명성을 빌려서 군주에게 신임을 간구한다. 그들이 말하는 학문은 순전히 책사가 이해관계를 따져 군주를 설득하는 종횡가(縱橫家)적 지식일 뿐으로 실사구시란 것과는 다르다. 이상은 국학이 소멸하는 원인의 하나이다.

둘째는 열강을 두려워하기 때문이다. 대체로 오늘날 사람들은 강대국 사이에 끼여 있어서 오직 열강만을 숭배한다. 대개 진귀한 서적의 학리를 가늠할 때면 반드시 서양의 책과 비교해 검증한다. 즉, 의미가 (서양 책과) 부합하면 학리가 시원찮아도 낫다고 여기지만, 학리가 (그것과) 다르면[7] 의미가 심장해도 얕다고 본다. 재정의 운용을 빌미로 『주관(周官)』[8]에 함부로 부회하고, 기예의 중시를 빌미로 묵적(墨翟)[9]을 일제히 추대한다. 국법의 반포를 말할 때면 『관자』를 원용하고, 외교를 말할 때면 『국책(國策)』[10]을 숭상한다. 왕학(王學)[11]을 언급하게 되면, 일본[12]이 그것을 써서 강해졌다고 여겨서 어리석은 인사들마저도 마치 비결처럼 신봉한다. 『불경』을 거론하게 되면, 나라를 망쳐 폐허로 만드니 무슨 학문이라 거론할 가치가 있겠는가라고 생각하므로 명철한 인사들일지라

---

7) 원문은 '學岐'인데 『遺書補遺』는 '學歧'로 수정하였다. 번역은 『遺書補遺』를 따랐다.
8) 『周禮』를 말한다. 이 책은 전한 초기에 원래 『周官』이라 부르다가 劉歆이 처음으로 그 서명을 『周禮』로 고쳤다. 왕망의 시대에 이르자 『周禮』로 확정하고 博士를 두었다.
9) 묵자의 이름이다.
10) 전한의 劉向이 정리해 편찬한 전국시대의 역사서 『戰國策』을 말한다.
11) 명대 王守仁의 양명학을 말한다.
12) 원문은 '東瀛三島'이다.

도 다투어 그런 주장을 내세운다. 이런 까닭으로 현재의 인사들이 학문은 진심으로 연구하지 않고 오로지 국력만을 빙자하니 옛날 서적을 천시하는 태도도 참으로 그들에게는 당연하다. 이상도 역시 국학이 소멸하는 원인이다.

셋째는 백성의 가난에서 비롯되었다. 민생의 여러 가지 어려움은 현재 극에 달해 있다. 세금을 가혹하게 거두고 재물을 긁어모으는 신하들이 마치 연못의 물을 싹 퍼내고 고기를 잡듯이 착취한다. 중류층의 가정은 다 파산하여 마침내 가난하고 곤궁해져서 가족이 다들 권유하는 바람에, 필연적으로 공부는 속성으로 끝내고 사방으로 나가 호구지책을 모색한다. 아무리 향학열이 강하고 간절하더라도 부유층에게 고용되면, 몸이 세속의 그물망에 얽매이는 데다가 또 반드시 가난 때문에 학업을 그만두고, 세속에 물든 천박한 학문의 찌꺼기를 습득해서 유행에 영합한다. 이제부터 부유층이 자본을 축적하여 빈민을 고용하며, 동시에 학자들이 춥고 굶주림에 내몰리는 상황은 현재보다 더욱 심해질 것이다. 학술의 쇠락은 언제나 그런 상황에서 비롯되었다. 이상은 또다시 국학이 소멸하는 원인의 하나이다.

이러한 세 가지 원인이 존재하는데 날마다 국학의 보존을 언급해본들 도대체 다시 무슨 도움이 되겠는가? 아무리 제자를 모아 강의를 해도 역시 헛된 명분일 뿐이다. 이제 근본적인 해법을 제시하자면, 국학이란 공령·권위 및 재산과는 나란히 병존할 수 없다. 공령을 제거하려면 반드시 인위적 통치를 소멸시키고, 권위를 없애려면 반드시 국가를 전복시키며, 재산을 폐지하려면 반드시 공유제를 시행해야 한다. 이런즉 중국 국수의 존망은 오직 공산무정부주의의 실행 여부에 달려 있을 따름이다.

어떤 이는 이렇게 지적한다.

"오늘날 세상에서 대체로 학문에 힘쓰는 사람들은 모두 학술이 심오하면 반드시 군주에게 존중을 받아서 벼슬길에 오르거나, 또는 전문적인 재능을 가지고 관리와 부유층의 명령에 대비하면 임금의 액수가 틀림없이 좀 더 풍부해질 수 있다고 여긴다. 이런 바람 때문에 곧 배우려는 마음이 싹튼다. 만약 인위적 통치가 폐지되어 뭇사람이 재산을 공유해버리면, 학문이 아무리 뛰어나더라도 자신을 부귀에 이르게 할 수는 없다. 그 결과로 백성이 나태함에 빠져버리면, 어느 누가 학업에 부지런히 정진할 수 있겠는가?"

(이런 지적은) 현재 학술의 쇠락이 바로 거기에서 기인한다는 사실을 모르는 말이다. 예로부터 지금까지 무릇 학설 가운데 후세에 전달될 수 있는 이론은 그것을 저술한 사람이 다들 학문으로써 부귀를 누리려 하지 않았던 경우이다. 간단히 말하자면 그들은 바로 자신을 인위적 통치의 굴레 밖에 두었던 사람이다. 예를 들어 서한 초엽[13]을 보면 유생을 천시하지만 모공(毛公)[14]과 복승(伏勝)[15]은 경서를 끌어안고 연구하면서 삶을 마쳤다. 이는 은거하여 신념을 추구하는 자의 행위에 가까워서 그들의 학문은 마침내 전승되었다. 이를테면 송대의 낙민학(洛閩學)[16]은 비록 무욕의 실천을 숭상하지만 그 시대에는 역시 조정에서 엄격히 배척당하였다. 그러나 그 학문은 오로지 자기의 소신에서 나왔으므로 그 학설도 번창하였다. 따라서 스스로 이치를 터득한 학문은 모두 인위적 통치에

---

13) 원문은 '初業'인데 『遺書補遺』는 '初葉'으로 수정하였다. 번역은 『遺書補遺』를 따랐다.
14) 전한 시대 『(古文) 詩經』 주석의 권위자인 毛亨(?-?)을 말한다. '毛公'은 존칭이다.
15) 伏勝(B.C. 260-B.C. 161)은 전한 시대 『(今文) 商書』의 권위자로서 세간에서는 '伏生'이라 불렸다.
16) 程顥 · 程頤 형제와 朱熹의 '程朱理學'을 말한다. 정호 · 정이가 洛陽 출신이고, 주희는 閩省(福建省)에서 학문을 강론했기 때문에 정주이학은 '洛閩學'으로도 불렸다.

저항하던 사람에게서 완성되었다.

이상에서 미루어 보면, 인위적 통치가 폐지된 뒤에는 일체의 학술은 고스란히 자신의 참된 터득으로 귀착될 것이다. 그러나 요즈음 학문하는 선비들은 단지 그 학문이 다른 사람에게 고용되기 위한 것일 따름이다. 그들은 설사 학문에 전념하더라도 이미 흉중에 부귀를 갈망하는 생각이 오랫동안 쌓여 있어서, 학문이 빠른 성공에 이롭지 않으면 곧 그로써 이익을 추구한다. 이는 온 세상의 공통된 폐단이다. 가령 자기가 지은 책과 남을 도와 편찬한 서적을 비교해서 그 우열을 가늠해 보면, 자기가 지은 책이 분명히 비교적 낫다. 그 책 안의 의미가 자신의 창의에서 나오고 다른 무엇에 얽매인 바가 적으므로 주장에도 자신의 참된 깨달음이 많기 때문이다. 이런 사례로 보면 학술의 진보는 반드시 다른 무엇에 얽매이는 부분이 적어지는 상태로부터 시작된다. 다시 그 얽매임을 적어지게 하려면, 모름지기 재물과 벼슬을 바라지 않도록 만드는 일로부터 착수해야 된다. 또 재물과 벼슬을 바라지 않게 하려면, 반드시 귀천과 빈부를 없애는 일로부터 착수해야 된다. 이는 공산무정부주의의 실행이 학술의 진보와 서로 표리가 되는 이유이다.

게다가 고대 학술의 흥성은 두 가지 원인이 있었다. 하나는 정무(政務)에 정신을 빼앗기는 일이 드물기 때문이고, 다른 하나는 생계가 넉넉하기 때문이었다. 예를 들어 위·진·육조의 시절을 보면, 학자들은 도가와 불교에 침잠하고 고결함에 익숙해져서 저술을 세속적 잡무로 간주하며, 초연히 현실을 벗어나 자연의 기제에서 유유자적하였다. 따라서 철학적 이치의 심오함과 문장 서술의 기법은 전부 후대가 따라갈 수 없는 수준이었다. 가령 서예와 회화의 학문에서부터 곁가지로 조각 공예·거문고 연주·바둑 기술까지도 당시에 흥성하였다. 게다가 문장이 뛰어난 인사와 다재다능한 인물은 모두 귀족에서 배출되었다. 이는 비록 학술적

전제의 폐단이지만 오로지 귀족은 생계를 근심하는 한탄이 적었기 때문일 뿐이다. 다시 이를테면 청대의 유학자는 항상 고증(考證)에 정진하였다. 장림(臧琳)[17] · 진계원(陳啓原)[18] · 매문정(梅文鼎)[19] · 혜동(惠棟)[20] · 강성(江聲)[21] · 여소객(余蕭客)[22] 등의 무리는 다 몰입상태를 기꺼이 견지하고 입신출세를 바라지 않았다. 또한 원정도(袁廷檮)[23] · 양옥승(梁玉繩)[24] · 엄원조(嚴元照)[25] · 강번(江藩)[26] · 김방(金榜)[27] · 공자진(龔自珍)[28]과 같

---

17) 臧琳(1650-1713)은 청대 전기의 저명한 학자로 한 · 당의 경학에 두루 정통하였다. 저작은 『經義雜記』 등이 있다.

18) 원문은 '陳啓原'인데 『淸史稿』에 의하면, '陳啓源'의 오류이다. 번역은 『淸史稿』를 따랐다. 陳啓源(?-?)은 청대 전기의 학자로 『詩經』에 조예가 깊었다. 저작은 『毛詩稽古編』 등이 있다.

19) 梅文鼎(1633-1721)은 청대 제일의 수학자이자 천문학자이다. 저작은 『梅氏叢書輯要』 등이 있다.

20) 惠棟(1697-1758)은 청대 중기의 대학자로 '吳派經學'을 확립하였다. 저작은 『周易述』 · 『易漢學』 · 『古文尙書考』 등이 있다.

21) 江聲(1721-1799)은 청 중기의 경학자로 혜동의 제자이며 『尙書』에 조예가 깊었다. 저작은 『尙書集注音疏』와 『六書說』 등이 있다.

22) 余蕭客(1732-1778)은 청 중기의 학자로 혜동의 제자이다. 그는 평생 벼슬길로 나가지 않고 경학 연구에 정진하였다. 저작은 『古經解鉤沈』 등이 있다.

23) 袁廷檮(1764-1810)는 청 중기의 학자이자 藏書家이다. 저서는 『金石書畵所見記』 등이 있다.

24) 梁玉繩(1744-1792)은 청 중기의 학자로 '經史考證學'에 정통하였다. 저작은 『史記志疑』와 『古今人表考』 등이 있다.

25) 嚴元照(1773-1817)는 청 중기의 경학자로 언어문자학에 조예가 깊었다. 저작은 『爾雅匡名』 등이 있다.

26) 江藩(1761-1831)은 청 중기의 경학자로 강성과 여소객에게 배워서 오파경학의 학맥을 계승하였다. 저작은 『國朝漢學師承記』와 『國朝宋學淵源記』 등이 있다.

27) 金榜(1735-1801)은 청 중기의 경학자로 『周禮』 · 『儀禮』 · 『禮記』에 두루 정통하였다. 저서는 『禮箋』 등이 있다.

28) 龔自珍(1792-1841)은 청 중기의 학자이자 사상가로 '춘추공양학'의 대가이다. 저작은 『定庵集』 등이 있다.

은 부류는 (고우(高郵)의 이왕(二王)[29]도 마찬가지이다. 모두 자산이 넉넉하였다. 초순(焦循)[30]과 정역주(程易疇)[31]의 생계도 충분히 먹고살 만하였다. 이외에 대체로 고증에 뛰어난 학자는 두루 조정에서 녹봉을 받아먹는 자가 다수를 차지하였다. 이런즉 책을 읽어 고대를 연구하는 학자들은 인위적 통치에서 초탈하거나 재물이 풍족하였다.

오늘날에 공산무정부주의가 정말로 시행된다면, 모든 중생은 다 인위적 통치권의 밖으로 벗어나 각자가 자기의 선택을 추구하고 생계 걱정의 한숨도 사라지게 된다. 최선을 다해 근로하고 나서도 짬 있는 날이 퍽 많고 또 고금의 서적이 공유되어 찾아보기에 편리해진다면, 중국 학술을 연구하는 사람은 틀림없이 지금보다 훨씬 늘어날 것이다. 이에 국학 보존은 확실히 기다릴 필요조차 없는 것이다. 대체로 인위적 통치가 폐지되고 국경도 없어진다면, 어찌 학술 연구가 반드시 지역에 연연하여 구분되겠는가? 그런데 중국의 글자는 유달리 상형(象形)을 쓰며 아울러 형성(形聲)과 전주(轉注)의 사례도 있다. 따라서 문자의 형태를 살피면서 그 의미를 생각해 보면, 원시 사회의 모습을 깊이 탐구할 수 있다. 예를 들면 졸저인 「소학발미」[32]에 기재한 내용이 그것이다. 또한 역사서가 풍부하여[33] 고

---

29) 청 중기의 경학자이자 언어문자학의 거두인 王念孫(1744-1832)과 王引之(1766-1834) 부자를 말한다. 그들의 고향이 江蘇省 高郵이므로 세간에서 '高郵 二王'이라 불렸다. 왕염손의 저작은 『廣雅疏證』·『讀書雜志』·『古韻譜』 등이 학계의 이목을 끌고, 왕인지의 저술은 『經傳釋詞』와 『經義述聞』 등이 유명하다.

30) 焦循(1763-1820)은 청 중기의 경학자이자 희곡이론가이다. 그는 특히 『周易』에 정통하여 저작으로 『易章句』과 『易通釋』 등을 남겼다.

31) 청 중기 '皖派經學'의 대표 학자인 程瑤田(1725-1814)을 말한다. '易疇'는 그의 자이다. 저작은 『禹貢三江考』·『儀禮喪服文足徵記』·『通藝錄』 등이 있다.

32) 원문은 '文學發微'인데 『遺書補遺』는 '小學發微'로 수정하였다. 번역은 『遺書補遺』를 따랐다. 아쉽게도 「小學發微」는 아직 발견되지 않고 있다.

33) 원문은 '活繁'인데 『遺書補遺』는 '浩繁'으로 수정하였다. 번역은 『遺書補遺』를 따랐다.

대를 고찰하는데 충분히 근거할 만하다. 주·진(周·秦)시대의 제자백가와 육조의 현학(玄學)에는 비록 장단점이 동시에 보이지만 그래도 정밀한 논지가 수두룩하다. 게다가 구전법(區田法)은 또 미래 세계의 모범이 된다. 이 글의 다음 편을 보라. (앞으로) 비록 우리 강역과 너희 영역 사이에 경계가 모조리 사라지더라도 어찌 동양 학술의 장점을 죄다 버릴 수 있겠는가? 게다가 상형문자는 사회학자가 참고할 만한 가치를 충분히 지니고 있으므로 동양에서 독차지할 바가 아니다. 애석하게도 예서체[34]와 해서체가 통행되어 점점 그 참모습을 잃어버렸다. 마땅히 『허서(許書)』[35]에서 전주(篆籀)체[36] 글자를 발췌하여 에스페란토 Esperanto[37]의 발음으로써 반절(反切)[38] 표기하고, 아울러 에스페란토의 문장을 써서 해석해야 된다. 그리하여 세계 만민이 두루 중국의 상형문자를 원용하고, 그 글자의 창제 원리를 탐구해서 사회의 기원을 고찰할 수 있게 만들어야 한다. 이것은 바로 학술이 세계에 유익한 점이다. 구전제도도 마땅히 번역하여 그 우수한 제도의 좋은 취지가 세상에 널리 시행되도록 만들어야 한다. 이상은 사사로이 우리 국수(國粹)를 편들기 위한 계책이 아니고, 실로 뭇사람의 이익을 위한 아이디어일 뿐이다. 응용 학과 및 에스페란토 문자에 대해 보면 또한 모두가 당연히 함께 익혀야 하는 대상이리라.

---

34) 원문은 '篆'인데 『遺書補遺』는 '隷'로 수정하였다. 번역은 『遺書補遺』를 따랐다.

35) 허신의 『說文解字』를 말한다.

36) 원문은 '篆籀'인데 『遺書補遺』는 '篆籀'로 수정하였다. 번역은 『遺書補遺』를 따랐다.

37) 1887년에 폴란드의 의사 출신인 자멘호프(L. L. Zamenhof)가 창안한 국제 공용어를 말한다. 무정부주의자들은 '1민족 2언어주의'에 입각하여 같은 민족끼리는 모국어를 쓰고, 다른 민족과는 중립적인 에스페란토를 사용하자고 주장하였다.

38) 한자음의 표기법으로, 한 글자의 音韻을 다른 두 자의 음을 반씩 따서 합성하는 방식이다.

덧붙인 주석: 다른 나라의 문자로써 중국의 한자음을 본뜨는 일은 몹시 어렵다. 중국에는 발음만 있고 자형(字形)이 없는 글자가 많기 때문이다. 그러나 에스페란토는 표음문자이므로 어떤 글자의 발음을 막론하고 전부 반절로 구성할 수 있다. 게다가 중국 한자는 그 귀한 가치가 고스란히 글자의 모양에 있다. 만약 타국의 자모표기법을 모방하면, 육서(六書)[39]의 정밀한 취지[40]는 버려질 것이다. 이제 중국 글자의 자형을 보존하고 에스페란토 문자의 발음으로써 반절 표기하면, 한자 가운데 사물의 소리를 본떠서 발음을 정한 글자들은 [원주: 예를 들면 작(雀)·아(鴉)·양(羊)·목(木)·수(水) 등이 그것이다.] 외국인이 보아도 이해하기 쉽다. 다만 (에스페란토로써) 본뜨는 한자음은 마땅히 고대의 발음에 근거해야지, 현재 두루 통용되는 관화(官話)나 또는 각 성의 사투리에 근거하면 안 된다.

생계 문제

오늘날의 중국은 지배층이 함부로 가혹한 세금을 마구 걷어서 하층민은 때때로 하늘만 쳐다보며 삶을 한탄한다. 농사에 힘쓰는 집은 부업을 부유층에게 방해받는다. 만약 농사를 버리고 노동하면 공장에 고용되어 소나 말처럼 천대받는다. 게다가 자연 재해까지 자주 일어나서 물가가 날로 폭등하면, 실업자 가운데 남성은 도적떼에 들어가고 여성은 매춘부로 전락한다. 이 시대의 위급한 상황을 해결하려면 반드시 농업과 공업이 결합된 제도를 시행하여 재력이 농촌에 모이도록 만들어야 한다. 그러나 지금의 이런 지론은 무정부주의가 실행된 이후의 일에 속한다.

---

39) 한자의 구성과 응용 방식에 관한 6가지 유형이다. 즉 象形·指事·會意·形聲·轉注·假借를 말한다.
40) 원문은 '精詣'인데 『遺書補遺』는 '精旨'로 수정하였다. 번역은 『遺書補遺』를 따랐다.

대체로 생명이 있는 부류는 모두 번식하여 점점 많아진다. 역사 서적에서 검증해 보면 역대의 말기[41]에 호구의 총수가 개창한 초기보다 반드시 몇 배로 증가하였다. 이를테면 청의 건륭(乾隆) 23년(1758)에 인구는 겨우 1억 9천34만 명 남짓인데 29년(1764)에는 2억 5백59만 명 남짓으로, 이 6년 사이에 인구의 증가는 1천5백20여만 명에 이르렀다. 가경(嘉慶) 17년(1818)이 되자 인구수는 총 3억 6천1백69만 명 남짓으로, 그간의 시간차는 48년에 불과한데 인구는 폭발적으로 1억 5천이나 증가하였다. 그런데 당시는 여전히 군주독재의 시대라 형벌에 죽거나 자연 재해에 죽거나 전란의 창칼에 죽은 이들의 예를 들면 가경연간 초기에 백련교(白蓮教)의 난[42]이다. 수효는 아마도 다 조사해 낼 수 없을 정도이지만, 인구의 증가는 오히려 이렇게 빨랐다. 유럽[43]도 마찬가지였다. 독일은 건국 초에 인구가 겨우 3천9백만 명이었다. 1905년의 전체 통계에 의하면 1890년에 비해서 약 1천1백만 명이 늘어났다. 하물며 무정부주의가 실행된 뒤에는 어떻게 될까? 그 시기를 맞이하면 지역 안에는 빈민이 없어지고 형벌의 시행이 불필요하며 전쟁의 참화도 사라지게 된다. 그러므로 100년이 넘지 않아서 인구의 증가는 그 총수가 틀림없이 배로 늘어날 것이다. 중국으로 말해 보자면, 현재의 토지 생산력으로는 4억 명의 수요도 공급하기에 부족한데 하물며 미래에는 어떻겠는가?

사회학자의 주장에 의하면, "원시인은 공산제에 가까운 상태였다. 다만 생산력이 낮고 인구가 나날이 늘어나자,[44] 토지 생산력은 인류를

---

41) 원문은 '末業'인데 『遺書補遺』는 '末葉'으로 수정하였다. 번역은 『遺書補遺』를 따랐다.
42) 원문은 '教匪之亂'이다.
43) 원문은 '歐州'인데 『遺書補遺』는 '歐洲'로 수정하였다. 번역은 『遺書補遺』를 따랐다.
44) 원문의 이 구절은 인쇄 상태가 너무 나빠서 일부 글자의 판독이 불가하다. 위아래 문맥의 흐름을 감안하여 그 내용을 구성하였다.

다 먹여 살리기에 부족해서 어쩔 수 없이 서로 다툼이 일어났다. 그 때문에 노예제도가 흥성하면서 공산제의 의미는 상실되었다."라고 언급하였다. 또한 중국은 역대로 호구가 적을 경우에 나라는 반드시 평안하고, 호구가 많을 경우에 세상은 반드시 어지러웠다. 만일 지금부터 공산제가 실행되더라도 생산되는 재화가 늘어나지 않으면, 간혹 전쟁으로써 공산제를 파괴하는 상황도 예상되는 바이다. 예컨대 현재 구미의 각 나라는 식민 정책에 의지하고 있다. 그러나 세계가 이상 사회를 맞이하면 타민족을 희생시켜서 자민족에 이롭게 하는 짓은 평등의 취지에 크게 위배된다. 공산제를 유지하려면 오로지 생산을 증진시키는 방법밖에 없다.

대체로 생산을 늘리는 법에 대해 크로포트킨[45]이 논술한 바에 의하면, 항상 기계로써 토지의 생산력을 극대화시키라고 주장한다. 그런데 지금 중국에서 이런 체제는 아직 싹도 트지 못하고 있다. 가령 공산제가 시행되더라도 광대한 면적을 감안하면, 영농의 기계화를 어떻게 모든 지역에 보급시킬 수 있겠는가? 중국의 농경지로 언급해 보자. 가경 17년(1818)의 통계에 의하면 농지는 총 7백91만 5천2백51경(頃) 남짓인데 강희(康熙)연간에 근보(靳輔)[46]의 「상유항생재소(上裕項生財疏)[47]」에는 "천하에 실제로 등록된 농지는 모름지기 2천4백30만 경이 된다."라고 나온다. 근래에 영국인 하트[48]는 "중국의 1천6백만 평방리(平方里)[49] 안에 모름지

---

45) 원문은 '苦魯巴金'인데 '苦魯巴特金'의 오류이다.
46) 靳輔(1633-1692)는 강희제 시대에 강과 하천 관리에서 뛰어난 업적을 남긴 명신이다. 저서는 『治河方略』과 『治河奏續書』 등이 있다.
47) '上裕項生財疏'는 '上裕餉生財疏'의 오류로 보인다.
48) 하트(Robert Hart: 1835-1911)는 청말의 영국 외교관이다. 그는 45년(1863-1908)간 중국 해관의 총세무사를 지냈다.
49) 면적 단위로 사방 1리이다.

기 농지는 80억 무가 된다."라고 말하였다. 사실 현재의 상황에서 추측해 보면, 이미 개간된 농지는 10억 무 가량을 넘지 않고 그 상세한 상황은 『천의』의 「중국 민생문제」라는 편을 보라. 농지의 곡물 산량의 평균치는 대략 1무당 1석(石)이다. 이는 곧 10억 석 가량의 곡식으로 4억여 인구를 먹여 살려야 하는 것이니 백성의 식량 부족은 불 보듯 뻔하다.

이제 곡식 생산을 늘리려면 반드시 고대의 구전법을 널리 시행해야 한다. 가고평(賈高平)[50]의 『제민요술(齊民要術)』에서 인용한 『범승지서(氾勝之書)』[51]에 의하면, "상급의 농부는 각 1무의 농지를 3천7백 개 구역으로 나누고 중급 농부는 1천27개 구역으로 나누며 하급 농부는 567개 구역으로 나눈다."라고 나온다. 그리고 『제민요술』에는 다시 "상급 농부는 하루에 1천 개 구역을 경작하는데 구역마다 곡식 3승(升)을 거두면, 1무당 100휘(斛)를 수확하고 10무에서는 1천 석을 거둔다. 중급 농부는 하루에 300개 구역을 경작하는데 1무당 곡식 91석을 거둔다. 하급 농부는 하루에 200개 구역을 경작하는데 1무당 28석을 수확한다."라고 나온다. 원대 왕정(王禎)[52]의 『농상통결(農桑通訣)』[53]에는 "한 가구의 5식구가 1무를 경작하면 자급자족할 수 있다."라고 나온다. 또한 "옛날 사람은 이 농사법을 써서 1무당 66석을 거두어들였다."라고 언급하였다. 현재의 사람들이 농법을 배워서 그 반을 수확할 수 있다고 계산할 경우에, 구전법을 쓰

---

50) 북위시대의 관료이자 농학자인 賈思勰(?-?)을 말한다. 그가 '高平太守'를 지낸 적이 있어서 '賈高平'으로도 불렸다. 대표작인 『齊民要術』은 중국에 현존하는 가장 오래된 農書이다.

51) 전한 말기 관료이자 농학자인 氾勝之(?-?)가 저술한 農書이다. 『氾勝之書』는 이른 시기에 유실되었고, 현존하는 판본은 청 중기에 洪頤煊이 복원한 것이다.

52) 王禎(1271-1368)은 자가 伯善으로 원대에 지방관을 지낸 농학 전문가이다.

53) 원문은 '農桑口訣'인데 『遺書補遺』는 '農桑通訣'로 판독하였다. 번역은 『遺書補遺』를 따랐다.

면 가장 나쁜 농지라도 1무당 수확량은 역시 30석이 평균치가 된다. 매 사람이 하루에 쌀 1승을 먹는 것으로 기준하면, 한해의 식량은 약 3석 6 두(斗)이니 1무의 수확량으로 8식구의 양식을 대기에 넉넉하다. 4억여 인 구를 기준할 경우에 필요한 농지는 겨우 5천만 무면 충분하다.

만약 8식구 가운데 노인과 유아로서 경작할 수 없는 사람이 있다면, 그 둘을 제외해도 경작할 수 있는 자는 여전히 6명이다. 『범승지서』의 "하급 농부는 567개 구역으로 나눈다."라는 내용과 『제민요술』의 "하급 농부는 하루에 200개 구역을 경작한다."라는 내용에 의거하여 계산해 보 자. 만약 6명이 농지 1무를 농사지을 경우에 한 사람의 경작 면적은 100 개 구역을 넘지 않아서 반나절치의 노동이면 충분하게 된다. 수확 작업 도 마찬가지이다. 이런즉 각 사람은 한 해 동안 하루치의 노동만 하면 식량이 부족할 것을 걱정할 필요가 없다. 또한 『농상통결』에는 구전법 이 상세한데 "정월에 봄보리를 씨 뿌리고, 2-3월에는 마와 토란을 심는 다. 3-4월에는 조 및 크고 작은 콩을 파종하며, 8월에는 보리와 완두를 심는다."라고 나온다. 이런즉 계절마다 조와 쌀을 경작하는 것 외에도 6 명 가운데 각자가 하루치의 노동을 하면, 생산하는 잡곡 및 채소가 전부 그 수요를 공급하기에 충분하다. 먹거리를 심고 거두는 작업을 합산해 도 불과 1년에 5일치의 노동일 뿐이다.

이런 농법의 광범위한 시행에 관해 언급하면, 현재 실지로 개간된 농 지가 이미 10억 무 남짓에 이른다. 이제 농지 5천만 무만 필요하니 경작 하지 않는 농지는 대략 10억 무이다. 이 10억 무 가운데 그 반을 휴경하 여 한전(閑田)으로 삼아서 인구의 증가에 대비한다. 기타 5억 무는 그 5 분의 1로써 숙사를 짓는 데 쓰고, 나머지 4억 무는 고스란히 생산의 자 본으로 사용한다. 현재의 걱정거리는 생산물이 지역에 따라 달라서 상호 간에 있고 없는 산물을 교환해야 되므로 어쩔 수 없이 무역이 필요하다는 데 있다. 이유는 단지 작물 운송의 수고 때문일 뿐만 아니라 투기상들도 기회를 틈타서 활개를 치기 때문이다.

　사실 작물의 이식 재배가 좋은 방법이 아니라는 주장은 실험을 거친 말이 아니다. 회남(淮南) 지역을 보면, 매번 겨울철에 부잣집에서는 반드시 당화(唐花)를 사들인다. 당화란 작약·모란·월계 등의 부류이다. 원예사가 석탄불로써 따뜻하게 쬐이므로 봄이 아직 오지 않아도 꽃을 피울 수 있다. 따라서 열대 식물에게 만일 이 방법을 쓰면 전부 한대 지방에다 옮겨 심을 수 있다는 사실을 알게 된다. 또한 일본의 식물원을 보면 한대와 열대의 각종 초목에 대해서 따로 재배 시설을 만들어 기른다. 한 곳은 얼음을 묻어 두고 다른 한 곳은 석탄불로 쬐이면, 식물이 무성해져 옮겨심기 전과 같아진다. 이어서 크로포트킨[54]의 저서를 보면 온실 사용법을 상세히 소개하고 있다. 즉, "영국의 런던 북부에 남유럽의 포도나무를 옮겨서 재배[55]하니 수확량이 도리어 남유럽보다도 많았다. 이를테면 남미의 각종 야채도 마찬가지였다."라고 나온다. 지금 중국에서 만약 이런 방법을 시행하여 4억 무 가운데 농지 1억 무를 떼어내서 온실이나 냉실을 만들면, 복건과 광동의 모든 과실수를 고스란히 북방에 옮겨 심을 수 있고, 북방의 채소와 과일도 예를 들면, 결구배추[56] 등이다. 남방에 이식할 수 있어서 작물 운송의 노고가 다 없어지게 된다.

　얼음 보관과 석탄 캐기에 관해서는 비록 인력에 의지하지만 크로포트

---

54) 원문은 '苦魯巴金'인데 '苦魯巴特金'의 오류이다.

55) 원문은 '賠'인데 『遺書補遺』는 '培'로 수정하였다. 번역은 『遺書補遺』를 따랐다.

56) 원문은 '黃芽菜'인데 북유럽과 동남아시아가 원산지인 품종의 배추이다. 재배하기 쉽고 수확이 많으며 잎이 여러 겹으로 겹쳐서 포탄 모양으로 둥글게 속이 드는데 저장하거나 다루기 좋다.

킨[57]의 통계에 근거하면, 영국에서 13에이커[58] Acre 의 농지에 석탄 1천 석을 때서 조생종의 야채 이외에 과실을 143톤까지 생산할 수 있었다. 만약 채굴하는 광산의 갱도에 전부 기계를 채용할 경우는 한 사람이 1년 내내 24시간만 노동하면 충분하게 된다. 역시 크로포트킨의 통계에 의거한 것이다. 게다가 미국의 아이루모야(愛魯漠亞)[59]가 이미 석회를 연소시켜 석탄을 제조하는 방법을 발명했는데 그 방법은 모든 석회를 화학적 합성법으로써 연소시키면 곧 석탄으로 변한다. 이미 재작년에 아구더나이(阿固德奈)시[60]에서 이 방법을 실험하였다. 정말로 이런 방법을 채택하면 석탄을 캐는 노고를 없앨 수 있다. 만약 전기로 농지를 북돋워주는 방법으로써 토질을 개량하여 농토를 점점 따뜻하게 만들면, 또한 석탄을 때는 수고를 덜 수 있다. 다만 얼음을 보관하는 방법은 어쩔 수 없이 묘안을 짜내야만 한다. 중국의 북경은 여름철에 인민이 모두 살구냉차[61]를 마신다. 그래서 얼음 보관법이 매우 뛰어나니 드라이아이스[62]와 함께 사용할 수 있다. 그 외의 3억 무 중에서 일부는 초지를 조성하여 목축[63]에 편리하게 만들고, 일부는 뽕나무와 면화를 심어서 비단과 천을 짜는 데 제공하며, 일부는 숲을 가꿔서 건축에 자재를 공급한다. 때로는 약간의 농지를 남겨서 담뱃잎·대나무·옻나무 등의 갖가지 작물을 심는다.

목축 및 방직 등의 여러 업종에 관해 보면, 크로포트킨[64]이 진술한 바

---

57) 원문은 '苦魯巴金'인데 '苦魯巴特金'의 오류이다.
58) 1에이커는 약 4,047m²이다.
59) '愛魯漠亞'는 신원이 확인되지 않아서 우선 중국어 발음을 그대로 표기하였다.
60) '阿固德奈'시는 소재가 확인되지 않아서 우선 중국어 발음을 그대로 표기하였다.
61) 원문은 '氷杏湯'인데 북경 지역의 여름철 전통 음료이다.
62) 원문은 '汔蒸氷'이다.
63) 원문은 '蓄牧'인데 『遺書補遺』는 '畜牧'으로 수정하였다. 번역은 『遺書補遺』를 따랐다.
64) 원문은 '苦魯巴金'인데 '苦魯巴特金'의 오류이다.

를 고스란히 본받아 시행할 수 있다. 『빵의 약탈』의 「미래 사회의 생산 방법」[65] 편에 보인다. 『천의』를 참고하거나[66] 본 잡지의 앞 호를 보라. 벌목하는 업종에 대해 보면 그 역시 작업이 무척 고되다. 그러나 근래에 프랑스의 과학자가 이미 새로운 방식의 벌목 법을 발명하였다. 전기의 흐름을 백금 침에 통하게 만들어서 톱을 대체하는 방법인데, 톱 쓰는 것보다 일을 8분의 7이나 줄였다. 이 또한 새 방법을 반드시 채택해야 마땅한 이유이다.

취사와 건축의 방법에 관해 보면, 근래 일본군의 장교 가운데 이름이 오카모토 류노스케(岡本柳之助)[67]란 자가 취사용 수레를 개발하였다. 그 방식은 목재로 큰 수레를 제작하여 4명이 끄는데, 위에는 증기관을 설치하고 중간에 석탄을 때서 1시간 반이면 쌀 1석을 밥하여 500명분의 식사를 넉넉히 제공할 수 있다. 그 밖에 육류·채소·분식·분말도 그 시간에 조리하면 소모되는 석탄은 겨우 20전(錢)어치이다. 이것은 근래에 도쿄(東京)의 봉래관(蓬萊館)[68]에서 시험적으로 시행하고 있는 방식이다. 만약 이런 방법을 쓰면 1번 취사에 필요한 인력은 5명에 불과하지만 1시간 반 사이에 조리한 음식은 500명에게 제공하기에도 충분하다. 매일 3번 취사한다면 필요한 인원은 고작 15명이다. 한 사람의 노동을 1시간 반씩으로 계산하면 15명이 들이는 시간은 총 22시간 30분이다. 500명의 사

---

65) 『빵의 약탈』의 제8장이다. 巴金의 번역본에는 「第八章 生産的方法與手段」으로 되어 있다.

66) 류스페이는 『빵의 약탈』의 제8장 제2절을 번역하여 「未來社會生産之方法及手段」이란 제목으로 『天義』(1908)에 게재하였다.

67) 오카모토 류노스케(1852-1912)는 일본의 국수주의자이자 大陸浪人이다. 육군소좌 출신으로 朝鮮宮內府 및 軍部顧問官을 지냈다. 그는 명성황후의 시해사건을 주도하고, 신해혁명이 일어나자 상해로 건너갔다가 그곳에서 죽었다.

68) 원문은 '蓬萊館'인데 『遺書補遺』는 '蓬萊館'으로 수정하였다. 번역은 『遺書補遺』를 따랐다.

회를 기준하면 한 해 동안에 대략 8천 시간을 노동한다. 5백 명이 그것을 분담할 경우에 한 사람은 한 해 동안에 16시간만 노동하면 충분하게 된다. 이런 방식은 석탄 소비도 무척 절약된다. 가령 석탄 캐기를 합산해도 한 해에 4시간 노동을 넘지 않는다.

집 짓는 분야를 보면, 중국의 기존 주택 가운데 비좁아 위생에 알맞지 않은 것이 있을 경우는 일괄 재건축해야 합당하다. 새로운 건축법에 대해 말하자면 마땅히 고대의 가옥제도[69]를 채택해서 지붕의 둘레에 배수용 홈을 만들고 옥상은 평평하게 짓는다. 인구가 늘어나면 바로 판판한 지붕을 밑받침으로 삼아 그 위에 따로 층을 올린다. 이는 무척 편리한 방법이다. 이같이 시행하면 인구가 열 배로 증가해도 남은 농지는 여전히 5억 무가 있으니 40억 명의 식량을 공급하기에 넉넉하다.

만약 인구가 또다시 늘어나면 구전(區田)하는 농지가 반드시 기름진 땅일 필요는 없다. 『범승지서』에는 "모든 산간 구릉지ㆍ읍(邑) 근교 지역ㆍ급경사 지대 및 무너진 성터에도 다 구전할 수 있다."라고 나온다. 『농상통결』에도 역시 "외진 군현의 높은 지대라도 해마다 파종하면 예외 없이 항상 수확할 수 있다."라고 언급하였다. 또한 근래에 구주(衢州)의 첨문환(詹文煥)[70]은 시험 삼아 관사(官舍)의 텃밭에다 실행하고, 형계(荊溪)의 주제(周濟)[71]도 화분에 시행해 보았다. 그리고 대만(臺灣)의 토착민은 해안가에서 바닷물에 대나무 뗏목을 띄우는데 길이가 대략 몇 리나 되고, 그 위에 흙을 1척이나 5촌의 두께로 고르게 깔아서 벼를 기른다. 다

---

69) 원문은 '◆屋制'인데 『遺書補遺』는 '章屋制'로 판독하였다. '章屋制'는 '표준가옥제도'라고 번역할 수 있으나 원문의 인쇄 상태나 문맥으로 볼 때 그렇게 단정하기도 어려워서 우선 '가옥제도'로 옮겼다.

70) 詹文煥(?-?)은 청 전기의 관료로 監督을 지냈다. 저작은 『四書合講』이 있다.

71) 周濟(1781-1839)는 청 중기의 진사 출신으로 淮安府學敎授를 지냈다. 저서는 『未雋齋詞』와 『詞辨』 등이 있다.

시 호남과 귀주의 인사들이 하는 말을 들었는데, "동정호(洞庭湖) 연안
및 귀주성의 여러 하천에서도 농민이 역시 물에 뗏목을 띄우고, 그 위에
부토해서 곡식을 재배한다."라고 언급하였다. 만일 이런 방법을 시험적
으로 실행하면 산간·구릉·임야·수풀·하천·못·도랑·수렁·삼각주
·포구일지라도 남김없이 농토로 가꿀 수 있다. 이는 전체 토지 가운데
3분지 1의 쓸모없는 땅도 버리지 말자는 주장이다. 그리하면 설사 인구
가 다시 20억이 증가하더라도 식량의 부족을 근심할 필요는 없다. 이것
이 바로 공산제를 유지할 묘책이리라.

덧붙인 주석: 구전 농법의 이로움은 고금을 통하여 모두 실험된 사례가 있다. 『제민요
술』에는 "곤주자사(袞州刺史) 유인지(劉仁之)[72]가 옛날에 낙양에서 택전(宅田)[73]에다
70보(步) 크기의 농지를 기준으로 구획하고, 그것을 구전으로 삼아서 곡식 36석을 거두
어들였다."라고 나온다. 이것은 옛 사람이 실행했던 사례이다. 손택규(孫宅揆)[74]의 「구전
설(區田說)」에는 "강희연간의 정해(丁亥)년(1707)에 주용요(朱龍耀)[75]가 포현(蒲縣)의
현령으로 부임하자, 고을이 첩첩 산중에 있어서 그곳에 구전법을 채택해 시험하였다. 다
시 태원사마(太原司馬)가 되자, 평정(平定)에서도 마찬가지로 시행해서 구전마다 4-5승
을 거두어들여 1무당 30석가량 수확하였다."라고 나온다. 또한 "요성(聊城) 등종악(鄧鐘

72) 劉仁之(?-544)는 북위의 관료로 서예에 조예가 깊었다. 관직은 著作郎·中書令·袞
州刺史를 지냈다.
73) 관리가 퇴직한 뒤에 생계를 유지할 수 있도록 나누어 받은 농지를 말한다.
74) 원문은 '孫宅撥'인데 『皇朝經世文編』에 의하면 '孫宅揆'의 오류이다. 번역은 『皇朝經
世文編』을 따랐다. 孫宅揆(?-?)는 청대 전기의 관료로 자는 熙載이며 저술은 『教稼
書』가 있다.
75) 원문은 '朱龍耀'인데 『皇朝經世文編』과 『熙朝新語』에 근거하면, '朱龍耀'의 오류이
다. 번역은 『皇朝經世文編』과 『熙朝新語』를 따랐다. 朱龍耀(?-?)는 孫宅揆와 같은
시대의 인물로 지방관을 역임하였다. 그는 區田法과 區種法을 깊이 연구하고 시행하
여 가시적인 성과를 냈다.

岳)[76]은 옹정(雍正)연간의 말기에 이 농법을 시행하여 1무의 수확량이 일반 농지보다 20휘(斛)나 많았다."라고 나온다. 이것은 근래의 인사들이 효과를 거둔 사례이다.

　대체로 볼 때 구전 농법은 대략 1무의 농지에 다수의 구역을 획정한다. 구역의 네 가장자리에는 모두 빈 간격을 두고, 농토를 아주 깊게 갈지만 소의 힘을 빌리지 않는다. 종자와 비료를 땅속에 알맞게 투입해서 지력을 모으고 공기를 소통시킨다. 그러므로 수확이 매우 풍성하다. 지금 회남 지역의 농민을 보면, 그 중에 생강을 심고 부추를 기르며 땅콩을 파종하는 자들은 농법이 대개 고대의 구전법에 가깝다. 그러므로 무당 벼를 재배할 경우에 겨우 1-2석을 수확하는데, 만약 생강과 부추로 바꿔서 경작한다면 반드시 무당 20여 석을 거두게 된다. 이에 근거하여 생강과 부추 등 여러 작물의 재배 농법을 곡식의 경작에 적용시키면, 그 수확량은 틀림없이 20여 배로 증가된다는 것을 알겠다. 이상은 구전 농법을 반드시 실행할 수 있다는 근거이다.

　다만 구전법의 시행이 비록 밭농사에 적합하나 『농상통결』에 "그것은 물가가 최상이다."라고 나온다. 「구전설」에도 "비가 때맞춰 내려주면 가만히 앉아서 그 결실을 누릴 수 있고, 가물 경우에도 물대기를 5-6번[77]만 해주면 된다."라고 언급하였다. 이런즉 구전법은 물이 필요 없는 농법은 아니다. 다만 북쪽 지방은 물을 구하기가 몹시 어려우니 그 지역에 일본의 우물 파는 기계를 두루 보급해야 마땅하다. 이것도 구전제를 유지해 나가는 한 가지 방법이다. 게다가 중국은 물난리가 아주 빈번하다. 그러나 미래 사회에서 만약 구전제를 시행하면 남는 농경지가 매우 많아지니 대략 강가와 해변의 농지를 잠시 방치하여 휴경해도 좋다. 그렇지 않으면 공동으로 힘을 모아서 제방을 쌓는다. 황하의 수재 발생에 대해 보면, 순전히 모래가 강어귀에 퇴적되기 때문이다. 만약 준설기를 쓰면 바로 재난을

---

76) 원문은 '鄧鐘音'인데 『皇朝經世文編』에 의하면 '鄧鐘岳'의 오류이다. 번역은 『皇朝經世文編』을 따랐다. 鄧鐘岳(1674-1748)은 康熙 60년(1721)에 장원급제하여 江蘇學政 · 廣東學政 · 內閣學士 등을 역임하였다. 저서는 『知非錄』과 『寒香閣詩文集』 등이 있다.
77) 원문은 '六七次'인데 「區田說」에 의하면 '五六次'로 나온다. 번역은 「區田說」을 따랐다.

없앨 수 있을 것이다.

　다시 부연 설명하자면, 구전제도는 중국에서 시행할 수 있을 뿐만 아니라 어떤 나라를 막론하고 두루 추진할 수 있으며, 지금도 바로 시험 삼아 실행할 수 있다. 만약 당장 시행한다면 농가는 1무의 농경지를 얻게 된다. 그렇지 못할 경우에는 집 앞의 공터에 그것을 실시하면, 모두 자급자족할 수 있어서 소작의 고통을 없앨 수 있다. 이에 지주제도 전복시켜버릴 수 있다.

　「인종 개량」편이 더 있는데 다음 호에 게재하겠다.[78] (1908)

---

78) 「인종 개량」편은 현존하지 않는다.

20
중국 문자가 세계에 이로움이 있다는 것을 논함[1]

미래를 예측하는 쓰임새로 가장 귀중한 것은 간직된 과거이다. 과거의 자취를 살펴보지 않으면, 어떻게 미래의 모습을 알겠는가? 중국의 역사서는 사실과 제도에 관한 기술이 일목요연하다. 다만 사회 통치의 진화와 예속(禮俗)의 기원에 대해서 그 오묘한 이치를 탐구하는 전문가는 드물었다. 이런 학문의 발전은 백인종에게서 시작되었다. 영국인은 Sociology[2]로 부르는데 한자로 옮기면 곧 사회학이며, 군학(群學)으로 번역되는 Humanism과 서술하는 대상이 대략 일치한다.[3] 즉, 대개 인간 세상의 다양한 현상을 수집하고 사물의 필연적 귀추를 모아서, 차분히 관찰해 그 진상을 파악하며 통계에 의거해 그 실체를 증명한다. 무릇 통치

---

1) 원제목은 「論中國文字有益於世」이고 지은이 서명은 '師培'이다. 이 글은 1908년에 『國粹學報』에 게재되었는데 그 「目錄」에는 제목이 「論中國文字有益世界」로 되어 있고, 『遺書』의 「左盫外集」에 「論中國文字有益於世界」라는 제목으로 수록되었다. 번역은 『國粹學報』의 원문에 근거하였다.
2) 원문은 'Socislogz'인데 『遺書』는 'Sociology'로 수정하였다. 번역은 『遺書』를 따랐다.
3) 『朱校本』에 의하면, 이 내용은 정확하지 않다. Humanism은 흔히 인간성·인본주의·인문주의 등으로 번역된다. 청말의 嚴復은 'Sociology'를 '群學'으로 옮겼는데 '군학'은 바로 '사회학'과 이음동의어이다.

와 교화가 발전하거나 퇴보한 유래와 민간 체제가 형성되거나 해체된 시말에 대해서는 모두 일례를 가지고 전체를 검증하며 발단에 의거해 귀결을 검증한다. 이를테면 이 학문의 전공자는 고금의 변천을 추론해 기록하고 회통(會通)의 이치를 깊이 연구해서 우주의 보편성을 증명할 수 있다. 이 학문이 번창하자, 서적에서 설명해 열거한 내용은 낱낱이 그 심오한 의미까지 미루어 파악할 수 있었다. 온갖 문물제도도 다 그 근원을 속속들이 파헤쳤다. 이에 옛 습속을 묵수하는 풍조와 운수가 순환한다는 이론도 그 근거를 상실하여 다시는 학자들에게 준수되지 않게 되었다. 그러므로 이 전공은 정묘한 학과라고 평가할 수 있겠다.

백인 가운데 이 학과의 전공자들은 저술이 아주 풍부하지만, 내가 본 바로는 스펜서와 엥겔스의 저서가 가장 훌륭하다. 그런데 이 학문이 성립한 근원에는 두 가지 연고가 존재한다. 그 하나는 교통이 나날이 발전하면서 야만 종족에 대해 전부 그 예속을 깊이 연구해서, 인류의 아주 먼 옛날 제도도 그와 같았다는 것을 알 수 있었기 때문이다. 다른 하나는 고고발굴의 기술이 정교해지자 상고의 유물을 얻어서, 옛날 기물에 근거해 옛 제도를 궁구할 수 있게 되었기 때문이다. 이런 두 가지 이유로 말미암아 이 학문이 날로 정묘해졌다. 그러나 견강부회한 흔적과 억지 주장은 아무리 명저를 저술한 대가일지라도 가끔 벗어날 수 없었다.

이제 이 학문이 절충할 대상을 얻어내길 바란다면, 반드시 중국 문자를 근거로 삼아야 한다. 나는 전에 지은 「소학발미」에서, "문자의 발달 정도에서 그 당시 통치와 교화의 수준을 충분히 엿볼 수 있다. 그런데 중국의 글자는 상형을 벼리로 삼고 있다. 그 편방(偏旁)을 살펴보면, 옛날 인민의 사회 상황이 환히 다 드러난다."라고 밝혔다. 그러므로 소학(小

學)⁴⁾을 연구하는 자는 마땅히 그것을 사회학과 서로 증명해야 된다. 지금 그 증거들을 여기에 한번 들어 보겠다.

인류 사회의 초기에 재물과 인력은 사유되지 않고 사회에서 재산을 공유하여 민간에는 사적 축재가 없었다. 농경과 목축의 생산이 시작되자 그 제도는 점차 상실되었다. 이는 사회학자가 공인하는 견해이다. 이제 중국 문자를 보면, 현(玄)자와 전(田)자가 합쳐서 축(畜)자가 된다.『허서』에서는 "경작하여 이루어진 축적이다."라고 그 글자를 풀이하였다. 다시 축(畜)자와 축(蓄)자는 뜻이 같은데 '쌓아 모으다'라는 의미이다. 또한 적(積)과 사(私)라는 두 자는 모두 의미 부분이 화(禾)이다. 이런즉 인민이 자기의 재물을 사유하는 상황은 농경과 목축이 시작된 뒤에 생겨났다. 이상이 고찰할 수 있는 첫 번째 사례이다.

태초에는 아직 혼인제도가 시작되지 않고 남녀 간의 구분도 엄격하지 않으며 부부의 명목도 성립되지 않았다. 그러므로 혈통의 계승은 고스란히 여성을 위주로 삼고 남성으로 전하지 않았다. 모계의 성행은 부계보다 앞섰던 것이다. 이는 사회학자가 공인하는 견해이다. 이제 중국 문자를 보면, 여(女)자와 생(生)자가 합쳐서 성(姓)자가 된다. 성씨로 획득된 글자는 모두 의미 부분이 여(女)인 형태이다. 그중에 요(姚)·희(姬)·강(姜)·영(嬴) 등의 자가 가장 두드러진다. 이런즉 옛날이 모계였다는 사실은 더욱 증거가 있다. 이상이 고찰할 수 있는 두 번째 사례이다.

상고시대에 동류의 취합과 무리의 구분은 고스란히 토템으로써 그 이합집산을 나타냈다. 유목제도가 시작되자, 갈래의 차이는 깃발로 구별하였다. 만일 그 표식이 부합하면 결국에는 부족을 이루었다. 이는 사회학자가 공인하는 견해이다. 이제 중국 문자를 보면, 족(族)자는 '화살촉'으

---

4)   전근대시기 중국의 언어문자학을 말한다.

로 풀이되고 의미 부분이 시(矢)와 언(㫃)인데 (언은) 깃발을 장식하는 띠이다. 그러므로 옛날 사람은 깃발로 백성을 표시하고, 백성이 같은 깃발에 속하면 곧 동족이 되었다. 최근까지도 만주와 몽고에는 여전히 그런 제도가 존재하고 있다. 그러므로 그 의미를 확대하면 바로 성씨의 명칭이 된다. 이상이 고찰할 수 있는 세 번째 사례이다.

종법(宗法)제도의 성행은 씨족에서 부족으로 확대되었다. 추장제는 곧 가장(家長)에서 자라나왔다. 아버지는 집안의 군주이고 군주는 나라의 아버지였다. 이는 사회학자가 공인하는 견해이다. 이제 중국 문자를 보면, 군(君)자는 의미 부분이 윤(尹)인데 옛 서적에서는 항상 윤자로 군자를 대신하였다. 윤자는 의미 부분이 우(又)인데 지팡이를 들고 있는 형상을 본뜬 것이다. 부(父)는 가장으로서 교화를 이끄는 사람인데 이 글자도 의미 부분이 우이며 지팡이를 들고 있는 모습을 표상하였다. 이런즉 국가의 기원은 가족에서 비롯되었다. 이상이 고찰할 수 있는 네 번째 사례이다.

이외에도 가령 추장(酋長)의 추(酋)자는 '오래된 술'에서 파생되었다. 즉, 고대에는 술을 사람들에게 베푸는 자를 인민이 우두머리로 추대하였다. 사족(師族)의 사(師)자는 의미 부분이 잡(帀)과 퇴(𠂤)이며 (퇴는) '많다'라는 뜻으로 풀이된다. 고대에 병(兵)과 민(民)이라는 두 자는 뒤섞여서 아직 구별되지 않았다. 이와 같은 보기는 이루 다 헤아리기 어렵다. 다시 예를 들면, 물(物)자는 의미 부분이 우(牛)인데 우는 귀중한 동물이니 곧 우는 물물교환의 매개 품목이었다. 또 칙(則)자는 의미 부분이 패(貝)인데 패는 물품 화폐이고, 법률적 처벌은 벌금형이 우선하였다. 따라서 도구·기물의 변화와 정치·교화의 변천은 전부 이상의 사례를 본받아 유사하게 탐구할 수 있다. 그러므로 사회학이 발전하려면 반드시 중국 문자로써 증거를 삼아야 된다.

그런데 이 학문을 연구하자면 몇 가지 본보기가 있다. 문자가 본뜬 형상을 살펴보는 것이 그 첫째이다. 문자가 뜻을 가지게 된 처음을 파헤치는 것이 그 둘째이다. 한 글자가 여러 의미라면 그 인신의 연고를 탐구하는 것이 그 셋째이다. 이 세 유형의 사례가 명백해져서 중국 문자의 옛 뜻이 다 드러나고 그것으로써 사회학을 증명하면, 주장하는 바에 모두 근거가 생겨서 허황된 견해와는 사뭇 달라진다. 이상은 바로 중국 학술이 세상에 유익한 부분이다.

오늘날의 인사들은 이런 점을 살펴보지 않고 중국 문자에 대해 함부로 발음부호[5]를 만들어서 (먼 해외에까지) 널리 유통시키려고 기도한다. 이는 중국 문자의 가치가 오로지 자형(字形)에 있다는 사실을 모르기 때문이다. 자음(字音) 면으로 말하면, 발음은 존재하지만 글자가 없는 것이 거의 절반을 차지한다. 서양의 서적이 수입되어 매번 인명과 지명을 한자로 옮겨 적을 때면, 번역된 발음이 (원음과) 서로 어긋나 일치되지 않아서[6] 언제나 긴가민가한 상태에 빠진다. 또한 여러 글자가 같은 발음인 사례도 드물지 않게 자주 보여서 항상 자형에 의지해 구별된다. 만약 자형을 버리고 자음만 남긴다면, 여러 자가 한 가지 발음인 글자들은 전부 그 가리키는 대상을 모르게 된다. 이것은 일본 사람이 로마자로 발음기호를 창안한 사례와 비교하면, 그 식견이 훨씬 더 오류이다.

중국 글자의 발음이 (먼 해외에까지) 널리 유통될 수 없다는 상황을 이해했다면, 중국 문자가 (먼 해외에까지) 통행되기에 충분한 이유는 오로지 자형에 의지해서라는 것도 알게 된다. 게다가 자형이 (먼 해외에까지) 널리 통행되기에 합당한 까닭은 이렇다. 즉, 자형을 살피고 그 뜻을 고려해

---

5) 원문은 '音母'이다.

6) 이 구절의 원문은 '悍格不相合'인데『朱校本』은 맨 앞의 '悍'자를 '捍'이나 '扞'의 오자로 보았다. 번역은『朱校本』을 따랐다.

보면, 원시 사회의 상황을 깊이 탐구할 수 있어서 사회학자에게 발췌될 자료를 마련하기에 흡족하기 때문이다. 따라서 동양에서만 독차지할 바가 아니다. 애석하게도 예서체와 해서체가 유행하면서 점차 그 참모습을 잃어버렸다.

이제 중국 문자의 쓰임새를 넓히길 바란다면, 최선은 『설문해자』라는 한 권의 책을 선택하여 에스페란토 Esperanto[7] 곧 중국인의 이른바 세계(공통) 어이다. 의 글자로 번역하는 방안이다. 그 옮겨 적는 방법은 다음과 같다. 먼저 앞머리에 전자체(篆字體)를 나열하거나 또는 고문(古文)과 주문(籀文)의 두 가지 자형을 나란히 열거한다. 그다음에 에스페란토[8]의 발음으로써 반절 표기하고, 이어서 에스페란토[9]의 해당하는 의미로 비교하면서 아울러 그 글로써 상세히 해석을 달아 놓는다. 그리하여 세계 인민이 전부 중국 전주(篆籀)의 글자체를 원용하여 그 문자가 창제될 때의 자형과 자의(字義)를 궁구해서 사회의 기원을 고찰할 수 있게 만든다. 이 역시 세계의 학술이 진보하는 한 측면이다. 조국의 영광을 떨치려는 뜻을 품은 사람이 세상에 있다면, 앞으로 이에 종사하길 바란다! (1908)

---

7) 원문은 'Gsperanto'인데 『遺書』는 'Esperanto'로 수정하였다. 번역은 『遺書』를 따랐다.
8) 원문은 'Csperanto'인데 『遺書』는 'Esperanto'로 수정하였다. 번역은 『遺書』를 따랐다.
9) 위와 같다.

해제*

도중만

혁명시대의 '독서종자(讀書種子)'

격동기에는 언제나 역사적 시간이 급격하게 흐르기 마련이다. 1911년 10월에 무창봉기를 신호탄으로 신해혁명의 소용돌이가 중국 전역에 거세게 휘몰아쳤다. 국내의 정치상황이 숨 막히게 돌아가자, 해외에서 활동 중이던 혁명지사들은 속속 귀국하였다. 당시 혁명원로이자 대국학자로 추앙받던 장빙린(章炳麟: 1869-1936)도 오랜 일본 망명에서 돌아왔다. 입국하자마자 장은 눈앞에 벌어진 정치혁명이 중국 학계에 미칠 심각한 부작용을 크게 우려하였다. 결국 그는 같은 해 12월 1일자의『국민보(民國報)』지상에 강한 어조로 다음과 같이 선언하고 있다.

> 옛날에 요 소사(姚 少師: 姚廣孝)는 (명의) 성조(成祖)에게 이렇게 아뢰었다. "(남경) 성이 함락되는 날, 방효유(方孝孺)를 죽이지 마세요. 효유를 죽이면 독서인의 씨[讀書種子]가 마르게 될 것입니다."

---

* 이 해제는 졸고「劉師培의 初期 中 · 西學術會通」(『中國史研究』제66집, 2010, pp.135-170) ·「學戰 · 飜譯과 啓蒙」(『東洋史研究』제101집, 2007, pp.221-248) ·「國粹와 西學」(『中國現代史研究』제8집, 1999, pp.31-57)을 토대로 작성하였다.

오늘날 문화가 쇠퇴하고 학식이 높은 선비들이 사라졌으니 한둘에 불과한 통박한 인재인 류광한(劉光漢)과 같은 무리들이 비록 자잘한 하자가 있더라도 깊이 논죄하는 것은 마땅하지 않다. 만약 당파적 편견에 얽매여서 예전의 원수를 갚고자 한다면, 한 사람을 죽여 보아야 중국에 무익하나 학문[文學]은 이로부터 소멸될 것이다. (그 결과로) 중국이 오랑캐의 후예로 전락하게 된다면 누구의 책임이겠는가?[1]

혁명의 급박한 상황에서 중국 학계의 앞날과 류광한의 안위[2]를 걱정하는 대학자 장빙린의 마음이 생생히 감지된다. 장이 특별히 지명한 류광한은 바로 우리가 만날 이 번역서의 지은이 류스페이(劉師培: 1884-1919)의 신해혁명시기 이름이다. 류는 당시 장과 국학으로 쌍벽이었다.[3] 장은 류를 명초의 숙유 방효유[4]에 비견되는 '독서종자(讀書種子)'로 평가하고 있다. 류에 대한 장의 호평은 실로 이례적인 것이다. 장은 평소 칭찬이 아주 인색하기로 유명했기 때문이다. 마침내 방효유는 참혹하게 주살되었지만 류는 장의 호소에 힘입어 겨우 살아남았다.

류스페이는 지금부터 꼭 100년 전에 중국에서 활동했던 저명한 국학자이자 사상가이다. 자는 '선수(申叔)'이고 호는 '쥐안(左盦)'을 썼다. 류

---

1) 章太炎,「宣言 五」, 湯志鈞 編,『章太炎政論選集』下册(北京: 中華書局, 1977), p.528.
2) 류광한은 당시 청조의 고관인 端方을 수행하여 四川의 保路運動을 진압하다가 혁명군에게 사로잡힌 상태였다.
3) 류스페이는 장빙린보다 15살이나 어렸다. 하지만 동시대 사람들은 류와 장을 '二叔'이라 부르며 존경하였다. 류의 호가 '申叔'이고 장은 '枚叔'이었기 때문이다.
4) 방효유의 사안은 張廷玉 等撰,『明史』卷141,「列傳」第29,「方孝孺」(臺北: 鼎文書局, 民國68年), pp.1074-1075; 谷應泰,『明史紀事本末』卷18,「壬午殉難」(上海: 上海古籍出版社, 1994), p.79 참고.

는 청조가 망해가던 1884년에 학문의 중심지인 양주(揚州)를 대표하는 유명한 학자집안에서 태어나서, 신문화운동이 한창인 1919년에 북경대학 교수의 신분을 끝으로 세상을 떠났다.[5] 36년의 짧은 생이었지만 류는 그야말로 파란만장한 삶을 살았다. 특히 그의 인생길은 1903년과 1908년에 두 차례 획기적으로 전환되었다. 그 두 해를 기준삼아 류의 생애를 편의상 초기(1884-1902)·전성기(1903-1908)·후기(1909-1919)의 세 시기로 나누어 살펴보자.

1. 초기(1884-1902)

어린 시절과 청소년기에 류스페이는 고향인 양주에서 전통적인 교육을 받으며 과거시험 준비에 매진하였다. 전기 자료에 의하면,[6] 어려서부터 류는 병약하지만 재주가 워낙 뛰어나서 '신동(神童)'으로 불렸다. 어머니의 지도 아래 8살부터 『주역(周易)』을 배우고, 12살에는 『사서오경(四書五經)』을 마쳤다. 시 짓기에도 남다른 재능을 보였다. 하루나 이틀 만에 100여 수의 시부(詩賦)를 창작해 주위를 놀라게 하였다. 물론 과거 응시도 아주 순조로웠다. 18살이 되던 1901년에 양주 부시(府試)에 합격하여 수재(秀才)가 되고, 19살인 이듬해에 향시(鄕試)에 급제하여 거인(擧人)이 되었다. 하지만 학자 가문 태생의 신동으로서 류의 평탄한 삶은 여

---

5) 류스페이의 생애와 가문에 관해서는 梅鶴孫 著, 梅英超 整理,『青谿舊屋儀徵劉氏五世小記』(上海: 上海古籍出版社, 2004); 方光華,『劉師培評傳』(南昌: 百花洲文藝出版社, 1996); 萬仕國 編著,『劉師培年譜』(揚州: 廣陵書社, 2003); 嵯峨隆 지음, 李元錫 옮김,『중국의 근대 혁명과 전통 사상 사이에서-劉師培 평전』(서울: 경인문화사, 2012) 참고.

6) 劉富曾,「亡姪師培墓志銘」, 劉師培 著, 錢玄同 編,『劉申叔先生遺書』第1冊(民國23年寧武南氏校印25年印成本); 尹炎武,「劉師培外傳」, 같은 책; 蔡元培,「劉君申叔事略」, 같은 책; 梅鶴孫 著, 梅英超 整理, 위의 책, p.26, p.51 참고.

기까지였다. 20살이 되던 1903년에 회시(會試)에 떨어지면서 인생의 최대 전기를 맞이하게 된다.

2. 전성기(1903-1908)

1903년 과거에 낙방한 뒤, 약관의 류스페이는 상해로 들어가 적극적으로 반청혁명에 투신하였다. 그 후 혁명에 등을 돌리는 1908년까지 6년 동안 류의 정치 행보에는 갈수록 급진적인 성향이 농후하게 나타난다. 상해에 가자마자 그는 혁명가인 장빙린 · 차이위안페이(蔡元培: 1868-1940) 등과 교류하면서 혁명단체인 중국교육회와 애국학사(愛國學社)에 가담하였다. 심지어 자신의 이름까지 아예 '광한(光漢)'이라 고쳐버렸다. '광한'은 만주족에게 빼앗긴 한족의 영토를 광복시키겠다는 단호한 의지의 표명이었다. 또 '우외(無畏)'와 '과격파 일인자[激烈派 第一人]'라는 필명을 쓰며, 「황제기년론」· 「과격의 장점을 논함」· 『양서(攘書)』 등 일련의 글을 발표하여 배만민족주의(排滿民族主義)를 고취하였다.

22살이 되던 1905년에 류스페이는 상해에서 활동하던 혁명 진영의 젊은 지식인들과 힘을 모아 국학보존회(國學保存會)를 세우고, 기관지 『국수학보(國粹學報)』를 월간으로 펴냈다. 류는 창간호부터 편집을 전담하면서 자신도 한꺼번에 15편의 논문을 싣기 시작하였다. 그는 첫해에만 이 잡지에 무려 150편이나 게재하며 일약 국수파의 이론적 대변자로 사상계에 두각을 드러냈다. 당시 그는 국수주의운동을 통하여 '보종(保種) · 애국(愛國) · 존학(存學)'[7]이라는 청말 지식인의 시대적 사명을 다할 수 있다고 굳게 믿었던 듯하다.

24살이 되던 1907년 2월에 류스페이는 먼저 일본으로 망명해 있던 장

---

7) 「國粹學報發刊辭」, 『國粹學報』 第1年 第1號, p.1b.

빙린의 요청에 따라 가족을 데리고 도일(渡日)하였다. 도쿄에 도착한 류는 바로 중국혁명동맹회에 가입한 뒤, 기관지인 『민보(民報)』 지상에 「만주족은 중국의 신민이 아님을 밝힘」과 「전호(佃戶)를 슬퍼하는 글」을 발표하였다. 전자는 입헌파의 거두 량치차오(梁啓超: 1873-1929)와 '배만혁명의 정당성' 문제를 둘러싸고 치열한 필전을 벌인 논문이다. 특히 후자는 류의 혁명사상이 배만민족주의에서 무정부주의로 전향했다는 사실을 알리는 이정표이다. 이 글의 말미에서 "대체로 오늘날의 지주는 모두 큰 도둑이다."라고 단언하는 류의 모습은, 마치 "소유란 무엇인가? 그것은 도둑질이다."[8]라고 거듭 자문자답했던 프랑스 아나키스트 프루동(1809-1864)의 탈을 쓰고 있는 듯하다.

그 뒤로 류스페이는 25살이 되던 1908년까지 무정부주의를 적극적으로 전파하였다. 류는 일본의 아나키스트인 고토쿠 슈스이(幸德秋水: 1871-1911) · 사카이 도시히코(堺利彦: 1870-1933) 등과 폭넓게 사귀며 사회주의강습회를 열었다. 동시에 『천의(天義)』와 『형보(衡報)』를 창간하여 선전 매체로 삼았다. 그는 무정부주의 혁명의 핵심을 이렇게 천명하고 있다. 즉, 인간의 천부적 평등을 실행하고 인위적 불평등을 없애서 모든 통치기구를 전복하며 일체의 계급사회 및 분업조직을 제거한다는 것이다. 그는 다시 혁명의 강령으로 네 가지 사항을 들었다. 첫째, 국가를 폐지하고 정부를 설립하지 않는다. 둘째, 국경과 인종의 경계를 제거한다. 셋째, '인류의 노동균등설[人類均力說]'을 실행함으로써 인류의 고통과 즐거움을 고르게 한다. 넷째, 남녀 사이에 절대적인 평등을 실행한다. 그는 무정부주의 혁명을 통하여 '인류의 완전한 평등과 최대 행복'을 이룩할 수 있다고 믿었다.

---

8) 프루동 지음, 이용재 옮김, 『소유란 무엇인가』(서울: 아카넷, 2003), pp.31-33.

당연한 귀결이겠지만, 이 무렵에 무정부주의자 류스페이의 시야는 국경을 넘어 '세계 혁명'으로 넓어졌다. 류는 장빙린과 함께 일본에 도피해 있던 아시아 여러 나라의 망명객을 한데 모아 아주화친회(亞洲和親會)를 결성하였다. 이 모임의 취지는 열강의 제국주의 침략에 반대하고 주권을 빼앗긴 아시아 식민지의 독립을 쟁취하는 데 있었다. 류는 『천의』에 발표한 「아시아 현재 정세론」에서 아시아의 약소민족은 대동단결하고, 서구의 사회주의자·아나키스트와 연대하여 '세계 혁명'을 일으켜야 한다고 외쳤다. 그가 아시아주의를 넘어 '세계 혁명'의 이상에 젖어들자, 이제 현실은 아득해졌다.

전성기에 류스페이는 격동의 세월을 너무 숨 가쁘게 극좌의 '이상세계'로만 치달렸던 것일까? 류의 생애에 다시 급반전이 일어난다. 1908년 말에 그가 이번에는 극좌에서 단숨에 극우로 전향하여 혁명운동에 등을 돌리고 귀국 길에 오른 것이다.

3. 후기(1909-1919)

"극좌와 극우는 통한다."라는 역사의 아이러니는 정말 맞는 것일까? 혁명을 배반하고 상해로 돌아온 류스페이는 26살이 되던 1909년에 침몰하는 청 정부에 몸을 실어 스파이로 전락해버렸다. 자신의 정체가 바로 탄로 나자, 다시 고관인 단방(端方: 1861-1911)의 막료로 들어가 금석문 고증에 몰두하였다. 28살인 1911년에 류는 단을 따라 철도국유화 정책에 반대하는 보로운동(保路運動)을 진압하기 위해 사천(四川) 지역으로 갔다. 신해혁명이 터지자 단은 혁명군에게 사살되고 류는 사로잡혔다. 장빙린과 차이위안페이가 구명운동에 나선 덕택에[9] 그는 겨우 살아날

---

9) 장빙린은 사천 군정부에 류스페이의 구명운동을 벌이는 한편 차이위안페이와 연명

수 있었다. 석방된 류는 성도국학원(成都國學院)에서 교편을 잡고 칩거하
며 국학 연구에 전념하였다.

30살이 되던 1913년에 류스페이는 사천을 떠나 산서도독(山西都督) 옌
시산(閻錫山: 1883-1960)의 도독부 고문이 되었다. 31살인 1914년에 류는
옌의 추천을 받아 북경(北京)으로 가서 위안스카이(袁世凱: 1859-1916) 정
부의 공부자의(公府諮議)가 되었다. 그 무렵 대총통인 위안은 황제가 되
려는 허황된 야심에 사로잡혀 제제운동(帝制運動)을 벌이고 있었다. 32
살인 1915년에 류는 위안을 황제로 추대하는 일에 발 벗고 나섰다. 그는
제제지지 단체인 주안회(籌安會)를 발기하고 이사직에 취임하였다. 위안
은 류를 참정(參政)에 임명하고 상대부(上大夫)의 작위를 내렸다. 33살인
1916년에 류는 「군정복고론(君政復古論)」을 발표하여 제제운동을 더욱
적극적으로 옹호하였다. 결국에 시대착오적인 제제운동은 물거품이 되
고 위안이 병으로 죽자, 류는 천진(天津)의 조계로 몸을 숨겼다.

34살이 되던 1917년에 류스페이는 북경대학 총장인 차이위안페이의
초빙을 받아 중국문학 교수로 부임하였다. 류가 교단에 섰을 즈음 북경
대학은 중국 사상계의 지적 혁명을 선도하는 신문화운동의 사령탑으로
거듭나고 있었다. 류는 신문화운동에 합류하지 못하고, 도리어 그 대척
점에 위치하였다. 그는 수구 진영의 인사들과 국고사(國故社)를 조직하
고 『국고(國故)』를 창간하여 신문화운동에 맞섰다. 결과는 수구파의 역
부족으로 끝났다. 5·4운동의 폭풍이 막 지나간 1919년 말에 36살의 류

으로 그의 연락을 바라는 요청서를 『大共和日報』에 며칠간 연재하였다. 류의 제자
劉文典도 당시 스승의 안전을 부탁하기 위해 장빙린을 찾아갔는데, 장은 "선수(류스
페이)가 만약 죽었다면, 내 어찌 홀로 살 수 있겠는가?"라고까지 걱정했다고 술회하
고 있다. 이러한 사실에 관해서는 湯志鈞 編, 『章太炎年譜長編』 上冊(北京: 中華書
局, 1979), pp.381-382; 萬仕國 編著, 앞의 책, pp.203-204; 章炳麟·蔡元培, 「尋找
劉申叔啓事」, 高平叔 編, 『蔡元培全集』 第2卷(北京: 中華書局, 1984), p.128 참고.

는 지병인 폐병이 악화되어 북경에서 쓸쓸히 세상을 떠났다.

전성기의 사상적 특징과 지적 유산

류스페이의 36년에 불과한 인생길은 참으로 드라마틱했다. 거시적으로 그의 생애와 학문을 돌아보면, 은하계의 '신성(新星, nova)'을 많이 닮았다는 인상을 받는다. '신성'이란 평소 눈에 잘 띄지 않던 별이 갑자기 강렬한 빛을 뿜기 시작하여 환히 보이다가, 얼마가 지나면 다시 원래대로 흐려지는 별을 말한다. 류의 삶에도 학문적으로나 정치적으로 마치 폭발한 '신성'처럼 최대의 빛을 발산했던 전성기가 있다. 바로 1903년부터 1908년까지의 6년간이다. 류는 1903년 이전까지 역사의 무대에 모습을 드러내지 않았다. 약관이 되던 해인 1903년부터 느닷없이 엄청난 빛을 뿜어내며 청말의 사상계와 정치계에 큰 별로 떠올랐다. 1909년이 되자, 다시 빛을 잃었다. 혁명운동을 배신하고 학술도 전통의 품으로 완전히 돌아가 버렸다. 이렇게 그의 지적 활동과 정치적 행보는 '신성'의 역정과 유사한 궤적을 공유하였다.

류스페이는 아주 단명했지만 실로 괄목할 만한 지적 유산을 남겼다. 특히 신해혁명시기와 맞물리는 전성기의 지적 활동은 찬란한 '신성'처럼 빛났다. 이 번역서는 바로 류가 전성기에 발표한 논문 가운데 학술과 혁명에 관련된 20편을 뽑아서 우리말로 옮겨 묶은 책이다. 당시 그의 사상적 특징을 종합적으로 살펴보자.

류스페이의 학문 세계에는 경고문학(經古文學)이 바탕색으로 짙게 깔려 있다. 그가 양주 학술과 류씨 가학의 학맥을 충실히 이어받아 평소에 경학 연구를 게을리하지 않은 결과였다. 고향인 양주 지역은 청대 중기 이후로 학문의 중심지로 부상하였다. 게다가 류씨 가문은 19세기 초부터 3대에 걸쳐『춘추좌씨전(春秋左氏傳)』연구로 학계의 이목을 끌었다. 양주 학술과 류씨 가학의 가장 큰 특색이 '회통(會通)'과 '독창(獨創)'에 있었다는 것은 이미 잘 알려진 사실이다.[10] 류의 학술도 향학과 가학의 장점인 '회통'과 '독창'을 양대 기조로 삼아 전개되었다.

대체로 학문 연구에서 '회통'이 '독창'에 이르는 방법이라면, '독창'은 바로 '회통'의 목적이 된다. 전성기의 류스페이는 '독창'을 최대한 달성하기 위해 '회통'의 외연을 서양의 근대 학술과 사상으로 넓혀 나갔다. 청말에 새로 유입된 서학(西學)은 류의 지적 활동에 일대 활력을 불어넣었다. 신해혁명시기에 류의 중·서 학술회통은 중학과 서학을 모두 전유(專有: appropriation) 및 재전유하여 혁명의 맥락에서 소비시켰다. 혁명의 시대에 행동하는 지식인으로서 류에게 학술과 정치는 결코 분리될 수 없었기 때문이다. 그 무렵에 류는 중·서 학술회통을 통해 반청혁명의 경험공간을 재구성하며, 거기에 체제를 전복하고 역사에 변화를 가져올 목소리를 담아 혁명운동의 새로운 기대지평을 열어 나갔다. 다만 그가 무정부주의에 경도되어 이상세계를 꿈꾸면서 중·서 학술회통의 토대 위에 세워진 그의 혁명론도 '환영(幻影)'으로 빠져들었다.[11] 류가 갑자기 정치적으로 변절하자, 그의 학술에 두드러졌던 중·서회통의 특색도 빠르게 역사의 뒤안길로 사라졌다.

생전에 류스페이는 논저를 대략 세 가지 형태로 발표하였다. 하나는

---

10) 양주 학술과 류씨 가학에 관해서는 張舜徽,『淸代揚州學記』(上海: 上海人民出版社, 1962), pp.164-208; Benjamin A Elman, *Classicism, Politics, and Kinship*, University of California Press, 1990, pp.9-10; 郭院林,『淸代儀徵劉氏『左傳』家學硏究』(北京: 中華書局, 2008) 참조.

11) 嵯峨隆 지음, 李元錫 옮김, 앞의 책, p.54 참고. 같은 책(p.159)에서 저자는 심지어 "일찍이 유사배가 그렸던 '혁명'은 모두 환영(幻影)이었다. 아니, 그의 정치에 대해 관련한 일체가 환영의 추구일 수밖에 없었다."라고 주장하였다.

단행본으로 펴낸 저서이다. 1903년과 1904년 사이에 반청혁명을 선전한 『양서』·『중국민족지』·『중국민약정의(中國民約精義)』등을 출간하였다. 1905년과 1906년에는 국학보존회를 위해 편찬한 『윤리교과서』·『경학교과서』·『중국문학교과서』·『중국역사교과서』·『중국지리교과서』 등 5종의 교과서를 간행하였다. 이외에, 그의 강의노트인 『중국중고문학사강의』가 1917년에 북경대학출판부에서 출판되었다. 다른 하나는 각종 잡지에 게재한 논문 및 시부(詩賦)이다. 전성기에 류의 시문은 주로 혁명 진영의 급진적 언론매체인 『소보(蘇報)』·『경종일보(警鐘日報)』·『황제혼(黃帝魂)』·『강소(江蘇)』·『중국백화보(中國白話報)』·『국수학보』·『민보』·『천의』·『형보』 등에 실렸다. 후기의 논문은 대체로 학술잡지인 『중국학보』·『사천국학잡지(四川國學雜志)』·『국고구침(國故鉤沉)』·『국고(國故)』에 게재되었다. 또 다른 하나는 스스로 편찬한 문집이다. 류는 1910년 무렵에 처음으로 자신의 글을 선정하여 『쭤안집(左盦集)』(8권)으로 묶어 출간하였다.[12] 이어서 1914년에는 『쭤안잡저(左盦雜著)』를 펴냈다. 이상으로 소개한 류의 각종 논저는 전부 류의 생시에도 구해 보기가 쉽지 않았다. 저서는 출판 부수가 적고, 논문은 워낙 여러 잡지에 흩어져 있었기 때문이다.

　사후에 류스페이가 남긴 지적 유산은 여전히 중국 학계의 각광을 받은 데 비해 정리와 출간은 좀 더디게 이루어진 편이다. 류가 작고한 이듬해에 북경대학의 동료교수이자 중국 최초의 마르크스주의자인 리다자오(李大釗: 1888-1927)가 먼저 나섰다. 리는 북경대학에 류의 유작(遺作) 4종을 출판하라고 건의하였다.[13] 북경대학은 리의 요청을 받아들이지 않

---

12) 『左盦集』은 1928년에 北平隆福寺修綆堂에서 중간하고, 다시 1993년에 中國書店에서 영인본으로 재판하였다.
13) 『北京大學日刊』第573號(民國 9年 3月 27日) 「本校新聞」 참고.

았다.

　1939년에야 류스페이의 대표적인 저술은 대부분 첸쉬안퉁(錢玄同: 1887-1939)의 손에서 『류선수선생유서(劉申叔先生遺書)』(74권)로 편집되어 세상에 나왔다. 류가 타계한 지 꼭 20년 만의 일이다. 특히『류선수선생유서』의 서두에는 엮은이 첸이 작성한 「총목(總目)(해제)」·「쭤안연표(左盦年表)」·「저술계년(著述繫年)」·「서(序)」 4부작이 놓여 있다. 이 4편의 글은 지금까지도 류의 학문 세계로 들어가려는 연구자에게 나침판 역할을 톡톡히 해주고 있다. 『류선수선생유서』는 대만과 일본에서도 영인본으로 재판되어 류스페이 연구의 기초 자료로 가장 널리 활용되고 있다. 다만 이 책의 큰 흠은 무정부주의에 관련된 논문이 거의 다 빠져 있다는 것이다.

　중국이 개혁·개방된 이후 류스페이의 저작은 다시 빛을 보기 시작하였다. 1990년대에 리먀오건(李妙根)은 전성기 류의 학술과 정치에 관련된 글을 다수 뽑아서 3종의 선집을 잇달아 펴냈다. 첫 책은『류스페이의 학문과 정치 논집[劉師培論學論政]』(1990)이고, 다음은『류스페이 문장 선집-국수와 서화[劉師培文選-國粹與西化]』(1996)이며, 마지막은『류스페이의 신해년 이전 문장 선집[劉師培辛亥前文選]』(1998)이다. 이 3권의 선집은 리의 기획을 거쳐 시리즈로 발간되지 못한 상태라서 내용상에 서로 중복된 글이 많다는 단점이 있다. 반면에 장점은 모두가 류의 무정부주의 논문을 일부 수록하고 있다는 것이다. 게다가 맨 뒤에 나온 선집에는 주웨이정(朱維錚)의 교주가 달려 있어 더욱 유익하다.

　특기할 사항은 2008년에 완스궈(萬仕國)가 엮어낸『류선수유서보유(劉申叔遺書補遺)』이다. 완은 원래 류스페이와 동향 출신으로 20년간에 걸쳐 류의 자료를 모으고 연구하여 먼저『류스페이연보(劉師培年譜)』(2003)를 출간하였다. 이어서 완은 그 연보 작업을 토대로 류의 각종 문장을 편집하여 『류선수유서보유』를 완성했다. 책 제목이 시사해 주는 것처럼,『류선수유서보유』는 전적으로 첸쉬안퉁이 편찬한 『류선수선생유서』의 모자람을 보완하기 위해 마련되었다. 따라서 『류선수유서보유』는 『류선수선생유서』에서 누락시킨 류의 문장만을 수록하고 있다. 결국 전자와 후자는 상보적인 자매편의 성격을 띠게 되었다. 양자를 합치면, 전집처럼 거기에 류의 지적 유산은 거의 다 망라되는 셈이다. 이 두 책은 모두 본 번역서에도 크게 이바지하였다.

국내의 연구와 번역의 어려움

우리나라에서 류스페이의 학술과 사상을 연구하기 시작한 시기는 지금부터 30년 전쯤이다. 류의 무정부주의 사상이 먼저 학계의 주목을 받았다. 1988년에 처음으로 조광수가 류의 무정부주의 평등사상을 소개하였다. 1990년 이후로 류에 대한 연구는 넓고 깊어졌다. 천성림은 류의 무정부주의 혁명론과 국수주의를 심도 있게 고찰하였다. 이원석은 류의 민족주의 혁명론과 전통 학술관을 다각도로 파헤쳤다. 역자도 류의 중·서 학술회통을 분석하였다. 2000년대에 들어오면서 류에 관한 논의는 더 활발해지고 가시적인 결실도 나왔다. 연구자가 늘어나고 논제도 역사학에서 문학과 철학으로 확대된 것이다. 주요 실적은 이원석의 관련 저서와 번역서를 들 수 있겠다. 이원석은 2002년에 자신의 박사학위 논문을 증보하여 『근대중국의 국학과 혁명사상-유사배의 국학과 혁명론』을 펴냈다. 그는 다시 2012년에 사가 다카시(嵯峨隆)가 지은 『근대 중국의 혁명 환영(幻影)-유사배의 사상과 생애』를 우리말로 옮겨 내놓았다.

현재 학계에서 무척 아쉬운 부분은 류스페이의 논저를 직접 번역하여 소개한 성과가 거의 없다는 것이다. 아마도 1997년에 박제균이 옮긴 「아시아 현정세와 연대론[亞洲現勢論]과 최근에 역자가 번역한 「전호를 슬퍼하는 글」 2편이 다인 듯하다. 류의 저작이 이미 동아시아의 근대 경전으로 자리매김한 상황을 감안한다면, 아쉬움은 더욱 커질 수밖에 없다. 본 번역서가 부족하나마 그 아쉬움을 조금이라도 덜어줄 수 있을 것으로 기대한다.

1920년대에 로젠츠바이크(F. Rosenzweig: 1886-1929)는 아예 "번역하는 일은 아무도 못한다."[14]라고 잘라 말했다. 번역이 얼마나 어려우면 이렇게 극단적으로 표현했을까? 역자는 류스페이의 논저를 번역하면서 로젠츠바이크의 단언에 깊이 공감하게 되었다. 번역 과정에서 너무 자주 난관에 봉착했기 때문이다. 역자가 몸소 겪은 고충을 몇 가지 소개해 보겠다.

먼저 저본의 인쇄 상태가 매우 나빠서 알아보기 어려운 부분이 적지 않았다. 특히 『경종일보』・『천의』・『형보』 등에 실린 류스페이의 논문은 오자・탈자・연자(衍字)가 비일비재하다. 그 원인은 대략 2가지가 있었다. 하나는 당시의 열악한 출판 상황을 헤아려 보면 쉽게 이해된다. 신해혁명시기에 전성기의 류는 혁명을 고취하는 과격한 논설을 가장 급진적인 여러 잡지에 실었다. 이들 잡지는 항상 청정부와 일제 경찰의 삼엄한 감시망 속에 있었다. 그러니 간행의 어려움이 오죽했으랴! 잡지를 졸속으로 발행하는 데 급급해서 내용을 제대로 교정할 겨를이 없었을 것이다. 『천의』와 『형보』는 출판 여건이나 재정 상태가 더욱 형편없었다. 그 결과 저본은 오탈자투성이가 되어버렸다. 다른 하나는 설상가상으로 류의 글씨체도 오류를 일으키는 데 톡톡히 한몫 거들었다. 그는 워낙 악필로 유명해서[15] 편집자나 식자공이 원고의 판독에 아주 애먹었던 것으로

---

14) 최성만, 「해제: 발터 벤야민 사상의 토대: 언어-번역-미메시스」, 발터 벤야민 지음, 최성만 옮김, 『발터 벤야민 선집 6』, p.17에서 재인용.

15) 劉成禺, 「劉申叔新詩獲知己」, 『世載堂雜憶』(太原: 山西古籍出版社, 1995), p.158; 章

보인다. 일본에서 출간된 『민보』의 「전호를 슬퍼하는 글」에는 심지어 식자공이 편집자의 수정 의견을 원문에 잘못 집어넣어 인쇄한 경우까지 확인된다. 물론 첸쉬안퉁 · 완스궈 · 리먀오건 · 주웨이정 등이 류의 문집과 선집을 편찬하면서 저본의 오탈자를 상당히 바로잡았다. 하지만 오류는 아직도 수두룩하게 남아 있다. 역자는 저본을 꼼꼼히 교감하여 나머지 오탈자도 최대한 줄여보고자 노력하였다.

다음으로 원문에 확인하기 힘든 외래 고유명사의 음역명이 꽤 많았다. 전성기 류의 학술은 중 · 서회통의 특징이 돋보인다. 자연히 그의 문장에는 한자로 음역된 다른 나라의 고유명사가 자주 나오기 마련이다. 구미는 물론 인도와 아프리카의 인명 · 지명 · 서명 · 대학 이름 등이 다양하게 포함되어 있다. 문제는 이들의 한자 음역명이 아직 정형화되기 전이라서[16] 그 원어명의 파악이 용이하지 않다는 것이다. 게다가 일부 표기는 일본식의 한자 음역어를 그대로 차용한 탓에 어려움이 배가되었다. 결국 불학무식의 소치로 역자가 끝까지 원어 명칭을 찾아내지 못한 음역명은 십여 개나 된다. 대부분은 인명이고 지명과 대학 이름이 두어 개 섞여 있다. 어쩔 수 없이 우선 교육부 고시 외래어표기법에 따라 중국어 발음으로 적어 놓고 훗날을 기약한다.

마지막으로 원문이 근거한 자료 자체에서 비롯된 오류가 더러 있었다. 가장 전형적인 사례를 하나만 보자. 류스페이는 「무정부주의의 평등관」에서 "그리스의 고대사에 의하면, 사투르누스[17]의 아들들이 3개 지역

士釗, 「疏黃帝魂」, 『章士釗全集』 第8卷(上海: 文匯出版社, 2000), p.184 참고.

16) 이를테면 러시아 출신의 무정부주의자인 크로포트킨(Kropotkin)의 음역명은 적어도 '苦魯巴特金' · '克雛頗洛庚' · '枯魯巴特金' · '苦魯巴金' · '苦魯巴特全'의 5가지가 혼용되고 있다. 뒤의 '苦魯巴金'과 '苦魯巴特全'은 '苦魯巴特金'의 오류인 듯하다.

17) 원문은 '撒邾婁'인데 라틴어 'Satúrnus'의 일본식 한자 음역명을 그대로 차용한 것이다.

에 나누어 살아서 황인·흑인·백인 3색 인종의 시조가 되었다고 한다."
라고 언급하였다. 이 설명에는 적어도 2가지 착오가 있다. 첫째, 사투르
누스는 '그리스의 고대사'가 아니라 로마 신화에 등장하는 농경신이다.
둘째, 사투르누스의 아들들이 '황인·흑인·백인 3색 인종의 시조'가 되
었다는 대목도 로마 신화의 줄거리와 전혀 다르다. 왜 이런 착오가 벌어
졌을까? 류가 활용한 자료 때문이다. 류는 대략 루소(J. Rousseau: 1712-
1778)의 『사회계약론』 제1부 제2장을 토대로 해당 내용을 구성했던 것으
로 확인된다. 다만 서양 언어에 서툴렀던 류는 루소의 원서를 직접 이용
하지 못하고, 그즈음 동아 세계에 널리 유통되던 나카에 조민(中江兆民:
1847-1901)의 번역본 『민약역해(民約譯解)』(1882)를 원용하였다. 문제는
루소의 원서와 나카에의 번역본을 대조해 보면, 해당 내용에 뚜렷한 차
이가 존재한다는 것이다.[18] 나카에의 붓끝에서 루소의 원문이 변질되었
기 때문이다. '그리스의 고대사'와 '황인·흑인·백인 3색 인종의 시조'에
관한 구절도 그때 첨가되었다. 번역본의 가필된 그 내용을 류가 다시 임
의로 압축하여 자기 글에 인용하면서 오류는 더 심각해졌다. 다른 유사
한 사례도 본 번역서에 주석을 달아 밝혀 놓았다.

　번역은 흔히 저자와 독자라는 다른 집에 사는 두 주인을 섬기는 일
로 표현된다. 당연히 양자를 섬기는 정도가 같아야 가장 이상적이다.
그것이 실제로 가능할까? 실현 불가능한 경우가 대부분이다. 현실은
대개 두 주인 가운데 어느 한편을 배반하게 만들기 때문이다. 그래서
고토쿠도 일찍이 서양의 경구를 빌려, '번역은 반역'이라고 말했나 보

---

18) 장 자크 루소 지음, 이환 옮김, 『사회계약론』(서울: 서울대학교출판부, 2007), p.8;
　　戎雅屈·婁騷 著, 中江篤介 譯解, 『民約譯解』第1卷(東京: 佛學塾出版局, 明治15年),
　　p.13 참조.

다.[19] 하지만 역자는 류스페이의 문장을 우리말로 옮기면서 줄곧 두 주인을 모두 배반하지 않으려고 애썼다. 노력은 허사였다. 결국 번역하는 사이에 때때로 저자에게 반역하고 말았다. 독자의 편에 설 수밖에 없었기 때문이다. 이제 역자에게 남은 소망은 그동안 저자한테 저지른 반역이 '창조적'이었기를 바랄 뿐이다. 물론 그 '창조적 반역'이 혹시라도 20세기의 문턱에서 중국의 한 청년 지식인이 먼저 통찰했던 '지나간 미래'의 명암을 온전히 우리 독자에게 되살려 줄 수 있다면 금상첨화이리라.

---

19) 고토쿠 슈스이, 「번역의 고심」, 고토쿠 슈스이 지음, 임경화 옮김, 『나는 사회주의자다』(서울: 교양인, 2011), p.502.

찾아보기